Angst, Phobien und Zwang

Angst, Phobien und Zwang

Diagnostik und Behandlung

von

Paul M. G. Emmelkamp
Theo Bouman
Agnes Scholing

aus dem Niederländischen übersetzt von
Veronika Brezinka und Michael Bitter

Verlag für Angewandte Psychologie
Göttingen · Stuttgart

Prof. Dr. Paul M. G. Emmelkamp, geb. 1949. Studium der Psychologie an der Universität Utrecht, Dissertation 1975. Seit 1986 Ordinarius für Klinische Psychologie und Psychotherapie an der Universität Groningen. Von 1988 bis 1990 Präsident der *European Association of Behavior Therapy.* Hauptschriftleiter von *Clinical Psychology and Psychotherapy: An International Journal of Theory and Practice.*

Dr. Theo K. Bouman, geb. 1956. Studium der Psychologie an der Universität Groningen. Tätigkeit als Verhaltenstherapeut und Universitätsdozent. 1987 Dissertation zum Thema „Diagnostik von Depression". Er ist in Therapie, Forschung und Lehre im Bereich der Angststörung tätig.

Dipl.-Psych. Agnes Scholing, geb. 1957. Studium der Psychologie an der Universität Groningen, Dissertation zur Ätiologie und Verhaltenstherapie von sozialer Phobie. Seit 1991 als Verhaltenstherapeut und Universitätsdozent an der Universität Groningen tätig.

© by Verlag für Angewandte Psychologie, Göttingen 1993
Verlagsgruppe Hogrefe

Umschlaggraphik: „ohne Titel" von Max, 1976. Aus: Leo Navratil, Die Künstler aus Gugging, 1983.
Satz: Druckvorlagen Bernert GmbH, Göttingen
Druck: Grosse-Druck GmbH, Göttingen
Printed in Germany
Auf säurefreiem Papier gedruckt

ISBN 3-87844-035-9

Inhaltsverzeichnis

Vorwort

Dieses Buch möchte eine Übersicht geben über neuere Entwicklungen auf dem Gebiet von Angststörungen. Als Zielgruppe denken wir nicht allein an interessierte Professionelle wie Psychologen und Psychiater, sondern vor allem auch an Hausärzte und Sozialarbeiter, sowie an Auszubildende in diesen Berufen.

Es ist unmöglich, sämtliche Untersuchungen, die in den letzten Jahren auf diesem Gebiet durchgeführt wurden, in einem solchen Buch zusammenzufassen. Wir beschränken uns daher auf die Hauptsachen. Obwohl wir Richtlinien geben für die Behandlung von Angststörungen, ist dieses Buch kein Therapiemanual. Für die Durchführung von Behandlungen ist nämlich eine breite Kenntnis der Psychopathologie (breiter als sie hier besprochen wird) und Training in therapeutischen Techniken nötig, wobei vor allem Supervision eine wichtige Rolle spielt.

Durch die Präsentation von Kasuistiken und Beispielen aus der Behandlung wollen wir im Gesundheitswesen Tätige aufmerksam machen auf die vielen verschiedenen Formen von Angststörungen. Bei der Besprechung der Phänomenologie der Angst gehen wir von der dritten Revision des ,Diagnostic and Statistical Manual (DSM-III-R)' der American Psychiatric Association aus. In diesem Sinn präsentieren wir eine Übersicht dieser viel verwendeten diagnostischen Kriterien. Darum enthält dieses Buch auch für diejenigen, die sich mehr für Diagnostik als für Behandlung interessieren, wertvolle Information.

Selbstverständlich sind die Fallbesprechungen so verändert, daß die Betroffenen nicht erkennbar sind. Weiterhin haben wir uns zum konsequenten Gebrauch des Wortes „Patient" anstatt „Klient", „Betroffener" oder anderen Umschreibungen entschlossen. Dies bedeutet nicht, daß wir implizit oder explizit von medizinischen Modellen oder Paradigmen ausgehen. Die Kapitel über Behandlung gehen wegen der wichtigen Ergebnisse, die damit bei der Behandlung von Angststörungen erreicht werden konnten, von (kognitiven) verhaltenstherapeutischen Prinzipien aus. Der explizite Ausgangspunkt ist dabei die ambulante Behandlung, obwohl einige Methoden auch in semi- oder intramuralen Behandlungssituationen verwendet werden können.

Wir hoffen, daß dieses Buch seinen Weg in Unterricht und Praxis des Gesundheitswesens finden wird.

Paul Emmelkamp, Theo Bouman und Agnes Scholing

Groningen, Februar 1993

1. Phänomenologie

1.1. Was sind Angststörungen?

Bleich und nervös sitzt Anna bei ihrem Hausarzt. Sie hat Wochen zu diesem Schritt gebraucht, und jetzt kann sie kaum Worte finden, um das zu erklären. Wird er denken, daß sie verrückt ist? Wird sie aufgenommen werden? Wie kommt sie aus diesem Elend wieder heraus? Diese und andere Gedanken hämmern ihr durch den Kopf und bewirken, daß sie noch nervöser wird, als sie es war, als sie von zu Hause wegging. Der Hausarzt sieht sie verständnisvoll an und fragt: „Wovor haben Sie denn genau Angst?" Ja, wovor genau? Es scheint, als ob sie im letzten halben Jahr nichts mehr ohne Angst tun kann. Wenn sie daheim sitzt, klopft ihr das Herz in der Kehle und wird ihr ab und zu sehr beklommen zumute. Auf die Straße wagt sie sich schon lange nicht mehr, wenn sie da in Panik käme, was würden dann die Nachbarn denken? Sowieso fühlt Anna sich in Gegenwart anderer Menschen nicht sehr wohl; ihre Anwesenheit macht sie unsicher, sie achtet dann die ganze Zeit auf sich selbst und weiß nie, ob sie es wohl richtig macht. Zu allem Überfluß scheint ihr Mann Johan davon wenig zu begreifen. Er sagt oft, daß sie sich nicht so anstellen soll und daß doch nichts passieren kann. Manchmal haben sie deshalb gestritten, so wie das eine Mal, als sie zur Geburtstagsfeier seiner Mutter nicht mitgehen wollte. Durch die Angst, die Reibereien zu Hause und die Aussichtslosigkeit fühlt sie sich in der letzten Zeit sehr niedergeschlagen. Wenn Johan nicht zu Hause ist, weint sie oft und kommt nicht zu ihrer Arbeit im Haushalt. Bei ihrem vorigen Besuch beim Hausarzt verschrieb er ihr Beruhigungstabletten, aber sie hat nicht den Eindruck, daß ihr das hilft. Nun sitzt sie wieder hier; er wird sie wahrscheinlich für eine enorme Quenglerin halten. Aber der Hausarzt ist sehr nett und möchte alles wissen über ihre Ängste und Sorgen. Das hilft ihr, und langsam bekommt Anna den Eindruck, daß mindestens ein Mensch ihre Situation begreift. Schließlich sagt der Arzt: „Es scheint mir vernünftig, Sie zu einem ambulanten psychosozialen Dienst zu überweisen. Dort sind Menschen, die über diese Probleme und ihre Behandlung viel wissen. Wenn Sie wollen, schreibe ich einen Überweisungsschein für Sie." Viel Auswahl habe ich nicht, denkt Anna, und es muß doch etwas geschehen.

Frauen und Männer mit Problemen, wie sie Anna hat, wenden sich oft an Einrichtungen des (seelischen) Gesundheitswesens. Einige können genau angeben, wovor sie Angst haben und was ihnen Schwierigkeiten macht, andere erleben ihre tägliche Existenz als bleierne Last. Wenn wir die Probleme, mit denen Anna zu ihrem Hausarzt kommt, näher betrachten, fällt auf, daß verschiedene Erscheinungsformen von Angst darin vorkommen: sie hat Angst davor, alleine daheim zu sein, sie hat Angst, aus dem Haus zu gehen, und wird nervös, wenn sie mit anderen Menschen umgehen muß. Als Folge dieser Beschwerden bekommt sie Streit mit ihrem Mann, kann den Haushalt nur mit Mühe führen und wird mit der Zeit depressiv.

Wenn wir Menschen mit diesen Beschwerden helfen wollen, ist es zuerst notwendig, eine Problemanalyse durchzuführen: worin bestehen die Beschwerden, wovor hat jemand Angst, was erlebt, denkt und tut jemand mit Angst? Die Analyse von Angstbeschwerden ist das Thema dieses ersten Kapitels. Im Lauf der Jahre wurden verschiedene Versuche unternommen, Ordnung zu schaffen in der oft unklaren Namensgebung dieser Erscheinungen. Das führte zur Aufstellung von diagnostischen Kriterien. Zur Zeit wird am meisten Gebrauch gemacht vom Diagnostic and Statistical Manual of Mental Disorders (Third Edition Revised) (DSM-III-R) der American Psychiatric Association (APA, 1987). Die Autoren des DSM gehen von einer atheoretischen Zugangsweise aus, in der manifeste Symptome als Kriterien aufgenommen werden. Ausgangspunkt ist eine multiaxiale Betrachtungsweise, worin *"...every case be assessed on several 'axes' each of which refers to a different class of information"* (APA, 1987, p. 15). Die fünf Achsen beziehen sich auf:
1. Achse I: Klinische Syndrome
2. Achse II: Entwicklungs- und Persönlichkeitsstörungen
3. Achse III: Organische Störungen
4. Achse IV: Ausmaß des psychosozialen Streß und
5. Achse V: Das höchste Niveau der psychosozialen Anpassung
                       im vergangenen Jahr.

Es ist vielleicht gut, darauf hinzuweisen, daß mit diesem Klassifizierungssystem eine Einteilung von Störungen und nicht von Personen vorgeschlagen wird. Eine Folge hiervon ist, daß das System es ermöglicht, bei jemandem mehr als eine Angststörung oder neben der Angststörung ein anderes klinisches Syndrom (wie z. B. Depression oder Hypochondrie) zu diagnostizieren; es gibt also mehr Möglichkeiten als eine Diagnose auf Achse I. Ein solches kategorisches Klassifikationssystem könnte den Eindruck erwecken, daß Angst ein Phänomen ist, das genau abgegrenzt werden kann von anderen seelischen Zuständen; nichts ist weniger wahr, denn Angst kann auch ein Teil von vielen anderen psychopathologischen Erscheinungen sein. Für eine ausführliche Übersicht über die Hintergründe des DSM-III-R und die operationellen Kriterien der verschiedenen diagnostischen Kategorien wird auf den Originaltext verwiesen. Schließlich muß man auch bedenken, daß der DSM-III-R auf der Übereinstimmung vieler Kliniker bezüglich Psychopathologie basiert; das System ist keine direkte Abbildung der Wirklichkeit und daher offen für Kritik und Revision.

Angststörungen werden zur Achse I (klinische Syndrome) gerechnet und sind ihrerseits wieder unterteilt wie in Tabelle 1.1 angegeben.

Tabelle 1.1: Kategorien von Angststörungen im DSM-III-R

Panikstörung mit Agoraphobie
Panikstörung ohne Agoraphobie
Agoraphobie ohne Panikanfälle in der Vergangenheit
Soziale Phobie
Einfache Phobie
Zwangsstörung
Postraumatische Streßstörung
Generalisierte Angststörung
Angststörung, die nicht andernorts spezifiziert ist

Die Autoren des DSM-III-R haben ein Flußdiagramm für die Diagnose von Angststörungen entwickelt, in dem zwei Beobachtungen bestimmend sind für die Frage, ob eine weitere Exploration der Angstbeschwerden notwendig ist. Erstens müssen Symptome von irrationaler und übertriebener Angst vorliegen oder von Grübeln, Vermeidungsverhalten oder erhöhter Reizbarkeit, die nicht einer psychotischen Störung zuzuschreiben sind. Zweitens dürfen keine organischen Faktoren festgestellt werden, die die Störung verursachen oder aufrechterhalten. Erst wenn beide Bedingungen erfüllt sind, kann vom Vorhandensein einer oder mehrerer Angststörungen gesprochen werden.

In den folgenden Abschnitten dieses Kapitels wird für jede Angststörung eine Übersicht der diagnostischen Kriterien der DSM-III-R-Klassifikation gegeben. Zusätzlich wird das klinische Bild besprochen und anhand von Falldarstellungen erläutert. Auf die Kategorie „Angststörung, die nicht anderweitig spezifiziert ist" gehen wir nicht ein. Damit wird nämlich auf Angststörungen verwiesen, die nicht den DSM-III-R-Kriterien entsprechen und deren Diagnose nach Ausschluß anderer Angststörungen gestellt wird.

1.2. Die Panikstörung

„Ich dachte, ich würde sterben", sagt Karl (34), als der Psychologe ihn fragt, wie er sich gefühlt habe. Er hat sich auf Anraten seines Hausarztes für ein Erstgespräch angemeldet und erzählt jetzt, was ihm solche Angst machte. Vor acht Monaten fühlte er sich an einem gewöhnlichen Abend völlig elend. Er saß auf dem Sofa und sah Fußball im Fernsehen, so wie jeden Sonntagabend. Seine Frau hatte die Kinder zu Bett gebracht und sie hatten soeben Kaffee getrunken. Plötzlich (er weiß immer noch nicht, wie das kommen konnte) begann sein Herz rasend schnell zu klopfen, er fühlte sich schwindlig im Kopf, brach in Schweiß aus und bekam entsetzliche Angst. Das wurde noch schlimmer, als er Stiche in seiner Brust fühlte, die in den linken Arm ausstrahlten. ‚Ruf den Arzt‘ hatte er seiner Frau zugerufen. Er lag totenstill auf dem Sofa und wagte es kaum, sich zu bewegen. Dauernd spukten ihm Gedanken durch den Kopf, daß seine letzte Stunde bevorstand. Es schien Stunden zu dauern, bevor der Notarzt kam. Dieser untersuchte ihn kurz, hörte sein Herz ab, fühlte seinen Puls und sagte: „Gehen Sie ruhig schlafen, das sind nur Spannungen. Ihr Herz ist in Ordnung, das ist alles psychisch." Kaum beruhigt, lag Karl die halbe Nacht wach und achtete auf seinen Herzschlag. Am nächsten Tag hörte er von seinem Hausarzt dasselbe und bekam den Rat, ruhiger zu leben. Er hatte in der letzten Zeit tatsächlich sehr viel zu tun gehabt: den Schwiegereltern mit dem Umbau helfen, tagsüber arbeiten, am Samstag Fußball spielen, am Sonntag mit den Kindern einen Ausflug machen, drei Abende pro Woche zum Billardklub. Karl nahm sich den Rat des Hausarztes zu Herzen, aber nach einigen Monaten schien das ruhigere Leben auch nicht zu helfen. Er befürchtete, wieder so einen Anfall zu bekommen, was tatsächlich auch noch einige Male geschah. Es überfiel ihn einfach, er konnte nichts dagegen tun. Als er jetzt endlich beim Psychologen sitzt, fragt dieser, ob es Dinge gibt, die Karl nicht mehr tut oder sich nicht mehr getraut seit den Panikanfällen, aber laut Karl ist das nicht der Fall. Er tut alles, was er früher auch tat, aber es fällt ihm auf, daß er sich sicherer fühlt, wenn das Auto in der Nähe ist – sollte etwas geschehen, kann er schnell nach Hause. Auch aktiven Sport – er spielt Fußball – traute er sich in den letzten Monaten nicht mehr auszuüben, aus Angst vor einem Anfall.

DSM-III-R Kriterien

Das zentrale Kennzeichen der Panikstörung ist der Panikanfall, das heißt eine besondere Periode von intensiver Angst und Spannung, die oft unerwartet auftritt. In der Rubrik ‚Angststörungen‘ des DSM-III-R nimmt der Panikanfall einen wichtigen Platz ein. Die Diagnose einer Reihe von Störungen (vor allem die Panikstörung mit oder ohne Agoraphobie) entlehnt ihre Existenzberechtigung dem Vorhandensein von Panikanfällen, während die Diagnosen anderer Angststörungen erst dann gestellt werden, wenn anzunehmen ist, daß Panik nicht das zentrale Thema ist (z.B. soziale Angst oder generalisierte Angststörung). Zuerst wird die Panikstörung besprochen, dann gehen wir ein auf den Zusammenhang mit Agoraphobie.

Der DSM-III-R spricht von einer Panikstörung, wenn zu einer bestimmten Zeit während der Störung ein oder mehrere Panikanfälle vorkommen, die unerwartet sind (d.h. nicht auftreten unmittelbar vor oder nach einer Situation, die fast immer Angst auslöst) und die nicht auftreten in Situationen, in denen die Aufmerksamkeit anderer auf die Person gerichtet ist. Vier dieser Anfälle sind innerhalb einer Periode von vier Wochen aufgetreten, oder ein bzw. mehrere Anfälle werden gefolgt von einer Periode von mindestens einem Monat, in der Angst vor einem neuen Panikanfall herrscht.

Während mindestens einem der Anfälle kommen vier der folgenden Symptome innerhalb von 10 Minuten vor, gerechnet ab dem ersten Symptom, mit dem der

Anfall beginnt. Wenn weniger als vier Symptome vorhanden sind, spricht man von einem begrenzten Symptomanfall.

1. Kurzatmigkeit (Dyspneu) oder beklemmendes Gefühl
2. Schwindel, Schlappheit, leichtes Gefühl im Kopf
3. Herzklopfen oder schneller Herzschlag
4. Zittern oder Beben
5. Schwitzen
6. Erstickungsgefühl
7. Übelkeit oder seltsames Gefühl in der Magengegend
8. Depersonalisierung oder Derealisierung
9. Taubheit oder prickelndes Gefühl in den Gliedmaßen (Parästhesien)
10. Wallungen oder Schüttelfrost
11. Schmerz oder unangenehmes Gefühl in der Brust
12. Angst zu sterben
13. Angst, verrückt zu werden oder die Kontrolle über sich selbst zu verlieren.

Als Ausschlußkriterium gilt, daß keine organischen Faktoren festgestellt werden können (z. B. Amphetaminvergiftung, Koffeinvergiftung, Hyperthyreoidie), die die Störung auslösten oder aufrechterhalten.

Bezüglich der Intensität von Panikanfällen macht der DSM-III-R einen Unterschied zwischen mild, mäßig und ernst. Von einer milden Panikstörung ist die Rede, wenn im vergangenen Monat nicht mehr als ein Anfall vorkam oder wenn nur beschränkte Symptomanfälle (also weniger als 4 Symptome) auftreten. Eine ernste Panikstörung liegt vor, wenn im vergangenen Monat mindestens acht Panikanfälle auftraten. Die mäßige Panikstörung liegt zwischen diesen beiden Formen.

Klinisches Bild

Ein wichtiges diagnostisches Kriterium ist die unerwartete Art des Panikanfalls; man spricht auch von einem ‚spontanen' Anfall, womit angedeutet wird, daß die Symptome augenscheinlich aus dem Nichts auftauchen. Tatsächlich ist es am Anfang meistens unklar, wodurch so ein Anfall eigentlich entsteht. Im Lauf einer psychologischen Behandlung wächst oft die Einsicht in die Art der direkten Auslöser eines Anfalls (s. Kapitel 6).

Körperliche Symptome, die bei Panik auftreten (wie Schwitzen, Zittern, Druck auf der Brust, Angst, bewußtlos zu werden, warme und kalte Schauder) zeigen große Ähnlichkeiten mit den körperlichen Symptomen, die mit Hyperventilation einhergehen (Ley, 1985). Der DSM-III-R erwähnt diesen Zusammenhang jedoch nicht. Hyperventilation ist ein zu schnelles oder tiefes Atemholen in Momenten,

in denen der Körper das nicht braucht. Bei körperlicher Anstrengung wird das Atemholen auch stärker, weil mehr Sauerstoff (O_2) verbraucht und mehr Kohlendioxid (CO_2) gebildet wird. In so einem Moment paßt sich das Atemmuster den Bedürfnissen des Körpers an. Bei Hyperventilation handelt es sich jedoch um ein stärkeres Atemholen, als es notwendig ist, um den Körper mit Sauerstoff zu versorgen. Dadurch wird mehr CO_2 aus den Lungen ausgestoßen als gewöhnlich. Dadurch sinkt der CO_2-Gehalt im Blut und der pH-Wert (Säuregrad) steigt an. Dieses Phänomen wird ‚respiratorische Alkalose‘ genannt. Als Folge des beschleunigten und tieferen Ausatmens kann eine Reihe körperlicher Beschwerden auftreten, die zusammenfassend ‚Hyperventilationssyndrom‘ genannt werden. Nicht bei jedem treten alle Beschwerden auf, denn es gibt große intra- und interindividuelle Unterschiede in den Folgen von Hyperventilation. Man könnte die Beschwerden in die folgenden Rubriken einteilen:
– Atembeschwerden (z.B. Engegefühl, Gefühl, nicht durchatmen zu können)
– Parästhesien (Kribbeln oder Gefühllosigkeit in den Gliedmaßen, vor allem in Händen und Füßen, aber manchmal auch in der Mundgegend)
– neuromuskuläre Beschwerden (Steifheit, Tremoren oder Krampf in den Gliedmaßen)
– zerebrovaskuläre Beschwerden (z.B. Schwindel, unscharfes Sehen, Gefühl, ohnmächtig zuwerden)
– kardiale Beschwerden (z.B. Zunahme der Herzschlagfrequenz, unregelmäßiger Herzschlag, Stechen in der Herzgegend)
– Temperaturempfindungen
– gastrointestinale Beschwerden (z.B. Übelkeit, aufgeblasenes Gefühl im Magen)
– psychische Beschwerden (z.B. Angst, Unruhe, Angespanntheit)
– allgemeine Beschwerden wie Müdigkeit und Schwächegefühl.

Hyperventilation kann oft als die körperliche Komponente eines Panikanfalls betrachtet werden. Es ist anzunehmen, daß es sich bei Hyperventilierenden um eine spezifische Überresponsivität des Atmungssystems handelt, die durch genetische Faktoren oder durch Lernen entstanden sein kann. Einige Untersucher sehen Hyperventilation als eine Reaktion auf eine bedrohliche Situation: manche Personen hyperventilieren schneller als Antwort auf eine angstinduzierende Situation als andere.

Das plötzliche akute und intensive Erleben von Angst kann als die psychologische Komponente von Panik aufgefaßt werden und ist verantwortlich für die Neigung zu fliehen, die so kennzeichnend ist für den Panikanfall (‚ich muß hier so schnell wie möglich weg‘). Das Fluchtverhalten hat als Ziel, den Anfall zu beenden, was manchmal erst nach geraumer Zeit gelingt. Erlaubt die Situation eine Flucht nicht (z.B. wenn jemand zuhause ist), beginnen manche Patienten, rastlos hin und her zu laufen oder sehr schnell zu sprechen.

Hibbert (1984a) untersuchte die Kognitionen von Menschen mit Panikanfällen und stellte fest, daß ihr Denken sich auf das Thema ,persönliche Gefahr' konzentrierte. Dies war am deutlichsten bei den körperlichen Symptomen, wobei Patienten, die unter Panikanfällen litten, ,... *systematically misconstrue their somatic experiences as dangerous ...'* (p. 622). Patienten ohne Panikanfälle hatten sowohl weniger angstbesetzte Gedanken als auch weniger schwere körperliche Symptome. Oft haben Kognitionen den Charakter von Antizipationen gefürchteter Situationen (Antizipationsangst). Dadurch entsteht an sich bereits eine erhöhte Aktivierung *(arousal)*, noch bevor der Betroffene sich wirklich in die Situation begibt. Ein Patient beschreibt das so: ,Ich fühlte mich letztes Mal schon sehr schwindlig, also werde ich mich jetzt auch sicher nicht gut fühlen. Vielleicht werde ich dieses Mal wirklich ohnmächtig.'

Was an den Erzählungen von Menschen mit Panikanfällen auffällt, ist das Erlebnis, daß sie irgendwie die Kontrolle über einen Teil ihres Funktionierens verlieren oder denken, sie zu verlieren. Die Antizipationsangst, die oft zwischen den Panikanfällen auftritt, ist daher auch stark bestimmt von der Bedrohung eines solchen Kontrollverlusts. Wir können dabei global vier Themen unterscheiden, nämlich die Angst vor somatischem, psychischem, verhaltensmäßigem und sozialem Kontrollverlust.

a. Erstens gibt es Menschen, bei denen vor allem die Angst vor somatischem Kontrollverlust im Vordergrund steht; sie haben Angst vor einem Herzinfarkt, einer Hirnblutung oder einer Ohnmacht oder mehr allgemein davor, daß ihr Körper sie im Stich läßt. Durch ihre Angst und ihre starke Beanspruchung somatischer Gesundheitsdienste landen viele dieser Patienten wiederholt bei Fachärzten wie Kardiologen, Internisten und Neurologen. Weil keine organische Ursache gefunden wird, wird der Patient zunehmend verunsichert und ängstlich.

b. Bei Angst vor psychischem Kontrollverlust richtet sich die Aufmerksamkeit vor allem darauf, daß jemand den Griff auf die Ereignisse verliert. Die Angst ist zentriert auf die als wahrscheinlich erlebte Möglichkeit, verrückt zu werden: es geschehen Dinge, die ich nicht erfassen kann und die nicht normal sind. Diese Angst kann sich verselbständigen zur Angst vor Verrückten oder vor abweichendem Verhalten und kann zu spezifischem Vermeidungsverhalten führen. (Eine unserer Patienten wagte es z. B. nicht mehr, Nachrichten zu sehen, aus Angst, daß sie einen Polizeibericht sehen könnte über jemand, der in verwirrtem Zustand spurlos verschwunden war. Sie hatte Angst, daß ihr dasselbe zustoßen könnte.) Wenn der Betroffene merkt, daß er nicht mehr klar denken kann, kann diese Feststellung als solche schon Auslöser eines Panikanfalls sein. Unser Eindruck ist, daß vor allem Menschen, die gewohnt sind, alles in Ordnung zu halten und eine Neigung zum Rationalisieren aufweisen, außerordentlich ängstlich werden durch einen solchen erlebten Panikanfall.

17

Während des Aufnahmegesprächs macht Johan (28) einen angespannten und nieder-geschlagenen Eindruck. Langsam hatte er begonnen, alles an sich selbst in Zweifel zu ziehen. Immer hatte er alles in Ordnung gehabt, gewußt, was er wollte, und viel erreicht. Nun sitzt er hier wie ein Häufchen Elend, das Hilfe braucht und sein Leben nicht mehr im Griff hat. Seine Freunde können sich das nicht vorstellen: Johan, der immer so stark schien und mit allem fertig wurde. Nachdem er einen plötzlichen Panikanfall hatte, ist sein Selbstbild völlig verändert. So etwas hatte er noch nie erlebt. Er ging ruhig mit seinem Hund spazieren, als er plötzlich eine Welle von Angst durch sich strömen fühlte. Nicht einfach Angst, sondern eine Art Todesangst, die ihm das Denken unmöglich machte. Sein Herz hämmerte, als wollte es seinen Brust-kasten zersprengen, er brach in Schweiß aus und begann zu laufen. Aber was ihn am meisten ängstigte, war, daß er seine Gedanken nicht mehr ordnen konnte: was er auch zu sich selbst sagte, es half nichts. Er war völlig verwirrt und verlor die Orientierung auf der Straße. Und das passierte ausgerechnet ihm, der immer so kühl und rational gefunden wurde. So schnell er konnte, war er nach Hause gelaufen, und seitdem kaum mehr von dort weggegangen.

c. Die Kontrolle über eigenes Verhalten zu verlieren, ängstigt andere Menschen wiederum am meisten. Sie fürchten eine totale Enthemmung, wie z.B.: mit etwas werfen, sich selbst etwas antun, zu schreien oder zu kreischen anfangen. Einer unserer Patienten hatte z.B. Angst, daß er während eines Panikanfalls in einen Kanal springen könnte. (Es ist wichtig, in diesem Zusammenhang zu unterscheiden zwischen dieser Art Panikanfall und der Zwangsvorstellung, sich etwas anzutun. Letzgenannte ist nicht an Angstanfälle gebunden.)

d. Menschen, die Angst vor Kontrollverlust in sozialer Hinsicht haben, schämen sich oft für die (vermeintlichen) Hinweise auf die zugenommene Aktivierung. Manche schämen sich für die Beschwerden, die wirklich auftreten, wie Ner-vosität, Zittern und Weglaufen(wollen) (‚Es macht auf andere so einen komi-schen Eindruck, wenn man von einem Treffen einfach so wegläuft‘ oder ‚Die Leute glauben sicher, daß ich verrückt bin‘.). Andere haben ein Bild vor Au-gen, was geschehen könnte, wenn sie wirklich in Ohnmacht fallen würden, während das noch nie geschehen ist (‚Dann würdest du da am Boden liegen und jeder schaut dich an: ich würde im Boden versinken, was für eine Bla-mage‘.).

Es ist von großer Bedeutung, beim Erstgespräch ein deutliches Bild zu erhalten von der Art, wie der Patient den Kontrollverlust erlebt, weil diese Information wichtige Anknüpfungspunkte für die Behandlung liefern kann.

Viele Patienten mit Panikanfällen beginnen sehr rasch nach ihrem ersten Pa-nikanfall oder auf die Dauer Situationen oder Aktivitäten zu vermeiden, von denen sie denken, daß diese einen Panikanfall auslösen könnten. Extremes Ver-meidungsverhalten kann bewirken, daß jemand keine Panikanfälle mehr hat, aber gleichzeitig nie mehr seine Wohnung verläßt. Die Diagnose ‚Panikstörung mit Agoraphobie‘ wird gestellt, wenn die Beschwerden den Kriterien der Panikstörung und denen der Agoraphobie entsprechen (s. u.). Aus Untersuchungen von u. a. Garssen et al. (1983) geht hervor, daß 60 Prozent der Agoraphobiker unter Hyperventilationsbeschwerden leiden, und daß 60 Prozent der Hyperventilierenden agoraphobische Symptome aufweisen. In vielen Fällen treten diese Anfälle relativ selten auf oder es ist sogar Monate oder Jahre her, seitdem der letzte Panikanfall stattfand. Williams (1985), Thyer et al. (1985) und Turner et al. (1986) betonen, daß Menschen, die an einer Panikstörung leiden, im allgemeinen auch agoraphobische Ängste haben. Forschungen zeigen, daß ‚Paniker‘ im Vergleich mit Agoraphobikern die gleichen körperlichen Symptome haben, aber weniger stark. Aber auch Gruppen ohne psychiatrische Problematik scheinen unter Panikanfällen zu leiden: 24 % einer Versuchsgruppe von Studenten, 21 % ihrer Partner und 5 % ältere Menschen berichteten, daß sie mindestens einen Anfall in der vergangenen Woche gehabt hatten (Craske et al., 1987).

Turner et al. (1986) suggerieren eine zeitliche Beziehung zwischen Panikstörung und Agoraphobie: agoraphobische Symptome entwickeln sich später und als Funktion des Panikanfalls. Damit wird Panik als Vorstadium von Agoraphobie aufgefaßt. Auch Thyer und Himle (1985) und Garvey und Tuason (1984) gehen von diesem Zusammenhang aus: Agoraphobie als sekundäre Manifestation von Panik. Nach Williams (1985) spricht jedoch die Tatsache, daß agoraphobisches Verhalten auch in langen Perioden, in denen keine Panikanfälle auftreten, aufrechterhalten bleibt, gegen das Argument, daß Panik die primäre Ursache von agoraphobischer Vermeidung sei. ‚*Rather, it appears that any relationship existing between panic attack and avoidance must be mediated primarily by cognitive factors*‘ (p. 115). In dem einflußreichen Artikel von Goldstein und Chambless (1978) wird der Begriff *fear of fear* vorgestellt als das zentrale Element der Agoraphobie. Menschen, die Panikanfälle hatten, verfolgen ihre körperlichen Empfindungen mit höchster Aufmerksamkeit und interpretieren diese als Vorboten einer nahenden Katastrophe. Last (1984) bespricht die Rolle von Kognitionen in einem kognitiv-verhaltenstheoretischen Rahmen, in dem „... *maladaptive cognitions are conceptualized as primarily responsible for the maintenance of fear and avoidance patterns characteristic of phobic disorders*‘ (p. 66). Diese Kognitionen lösen ihrer Meinung nach vor und während des Kontakts mit den phobischen Stimuli Angst aus und erhöhen die physiologische Aktivierung, was die Angst verstärkt und schließlich zu Vermeidungsverhalten führt.

Differentielle Diagnostik

Obwohl die Panikstörung aus verschiedenen Angstepisoden besteht, kann sie mit einigen anderen Störungen verwechselt werden. Panik muß unter anderem unterschieden werden von Störungen wie Hypochondrie und der generalisierten Angststörung. Hypochondrie bedeutet die beharrende Überzeugung, krank zu sein, was einhergeht mit Angst und dem Drang, Beruhigung zu suchen. Bei der Panikstörung ist die Krankheitsüberzeugung hauptsächlich beschränkt auf die Periode der Anfälle selbst, dazwischen ist der Patient imstande, seine Besorgheit zu relativieren. Zudem beziehen sich bei der Panikstörung die somatischen Sorgen auf Phänomene, die während eines Anfalls auftreten, wie Kopfschmerzen, Herzklopfen oder Schwindel.

Die generalisierte Angststörung (s. weiter unten in diesem Kapitel) ist gekennzeichnet von einer umfangreichen Aktivierungserhöhung, die sich über eine Vielfalt von Situationen erstreckt. Manchmal zeigt eine Panikstörung hiermit Ähnlichkeiten, weil auch zwischen den Anfällen die Spannung oder Angst ziemlich hoch ist. Meistens wird letzteres verursacht durch Antizipationsangst oder ängstliche Erwartungen bezüglich eines neuen Anfalls.

Auf den Unterschied zwischen Panikstörung und sozialer Phobie wird im Abschnitt ‚Soziale Phobie‘ näher eingegangen.

Organische Ursachen der Aktivierungserhöhung müssen ausgeschlossen werden, wie z. B. Hyperthyroidie. Unmäßiger Konsum oder Mißbrauch von bestimmten Substanzen (u. a. Kaffee und koffeinhaltige Produkte; DSM-III-R (1987), p. 139) führt zu einer Reihe von panikartigen Symptomen wie Rastlosigkeit, Nervosität und beschleunigtem Herzschlag, ebenso wie Entzugserscheinungen oder ein Kater nach Alkoholkonsum zu Symptomen wie Angst, autonomer Hyperaktivität wie z. B. Herzklopfen, Schwitzen und erhöhter Blutdruck; DSM-III-R, p. 130). Auch der Rebound-Effekt von Tranquillizern darf nicht unerwähnt bleiben (s. Kapitel II und DSM-III-R, p. 160).

1.3. Agoraphobie

Gaby, eine Hausfrau von 35 Jahren, meldet sich über den Hausarzt bei uns im Zusammenhang mit ‚Ängsten‘. Es kostet sie die letzte Zeit immer mehr Mühe, das Haus zu verlassen. Sie wagt es nicht mehr, ihren sechsjährigen Sohn zur Schule zu bringen. Sie sagt, daß sie kein Selbstvertrauen mehr hat, sich auf die Straße zwischen Menschen zu begeben. Wenn sie dort läuft, fühlt sie sich schwindlig und leicht im Kopf; es fühlt sich an, als ob sie einen Hügel hinauf läuft. Ihre Knie scheinen dann wie aus Gummi, wodurch sie Angst bekommt, ohnmächtig zu werden. Weil sie sich außerhalb des Hauses nicht sicher fühlt, sitzt sie nun immer mehr zu Hause, denn sie glaubt, daß ihr da nichts passieren kann. Ihr Mann macht nun die Einkäufe und muß dafür eine Dreiviertelstunde früher von seiner Arbeit kommen. Als der Therapeut ihn danach fragt, sagt der Mann, daß er das nicht schlimm finde, weil er gerne etwas für seine Frau tut, die es jetzt so schwer hat. Nur muß er sich manchmal sehr beeilen, wenn seine Arbeit etwas länger dauert. In den letzten drei Jahren (so lange liegen die Beschwerden schon vor) ging die Familie auch nicht mehr auf Urlaub. Als sie einmal nach Frankreich wollten, mußten sie nach 10 Kilometern schon nach Hause zurückkehren, weil Gaby es nicht mehr aushielt. Sie war damals zu nichts mehr zu bewegen, so daß die Ferien zu Hause verbracht werden mußten. In der letzten Zeit macht Gaby nur Ausflüge in die Stadt in Gesellschaft ihrer Mutter, die zum Glück nur zwei Straßen weiter wohnt. Sie tut dies auch nur an Tagen, an denen sie sich gut fühlt. Sie kann eigentlich nie im vorhinein sagen, wann das so ist; daher kann sie kaum Verabredungen treffen und muß diese oft absagen. Zur Zeit beschäftigt sich jedermann mit ihr und versucht ihr zu helfen.

DSM-III-R-Kriterien

Der DSM-III-R unterscheidet zwei ‚Sorten‘ Agoraphobie, nämlich die, die mit einer Panikstörung zusammenhängt und die Agoraphobie ohne Panikstörung in der Anamnese. Dieser Unterschied bezieht sich vor allem auf die Ursachen, warum jemand Situationen vermeidet. Agoraphobie wird umschrieben als die Angst, sich auf Plätzen oder in Situationen zu befinden, aus denen man schwierig flüchten kann oder wo im Fall eines Panikanfalls keine Hilfe verfügbar ist. Bei Agoraphobie ohne Panikstörung geht es um Angst vor plötzlich auftretenden Symptomen, die jemanden in Verlegenheit bringen oder hilfsbedürftig machen können. Oft handelt es sich um die Angst, die Kontrolle über Blase oder Darm zu verlieren, erbrechen zu müssen, Depersonalisation oder Derealisation und Schwindel. Als Folge dieser Angst schränkt jemand seine Reisen ein oder geht nur mehr in Begleitung von zu Hause weg. Es kommt auch vor, daß die Person sich doch in die gefürchteten Situationen begibt, aber dann mit großer Angst.

Es werden verschiedene Abstufungen des Schweregrades dieser Störung unterschieden, nämlich ‚mild‘, ‚mäßig‘ und ‚schwer‘. Von milder Agoraphobie ist die Rede, wenn Vermeidungsverhalten vorliegt, während der Betroffene trotzdem ein ziemlich ‚normales‘ Leben führen kann. So etwas ist z. B. der Fall, wenn die Person sehr wohl das Haus verläßt, wenn das notwendig ist, aber z. B. nicht alleine reist. Mäßige Agoraphobie wird nach dem DSM-III-R gekennzeichnet durch einen beschränkten Lebensstil in dem Sinn, daß jemand es zwar noch wagt, alleine aus dem Haus, aber nicht mehr als einige Kilometer ohne Begleitung vom Haus weg zu gehen. Wenn jemand völlig an sein Haus gebunden ist oder sich kaum mehr alleine hinauswagt, ist die Rede von einer schweren Agoraphobie.

Klinisches Bild

Aus dem eben Gesagten wird deutlich, daß Vermeidungsverhalten eines der auffallendsten Merkmale von Agoraphobie ist. Die Reihe der Situationen, die von Agoraphobikern als angstauslösend bezeichnet werden, ist lang. Die populäre Auffassung, daß Agoraphobie das Gleiche ist wie ‚Angst vor Straßen‘, ‚Angst vor Plätzen‘ oder ‚Angst vor offenen Räumen‘ wird der Verschiedenheit der Si-

21

tuationen, die von Agoraphobikern als schwierig erlebt werden, nicht gerecht. Das zentrale Thema ist eher ‚nicht einfach weglaufen können‘, oder ‚festsitzen‘, und ist viel wichtiger als die offenen Räume an sich; manchmal sind es nämlich nicht einmal große offene Räume, sondern gerade beschränktere Situationen, in denen die Person sich gefangen fühlt. Einige Beispiele für solche Situationen sind:

- in der Schlange stehen an der Kasse
- in einem großen Geschäft oder Shoppingzentrum sein
- mit öffentlichen Verkehrsmitteln reisen (Bus, Zug, Flugzeug)
- Menschenmassen, wie belebte Straßen oder große Versammlungen
- Autobahnfahren (wegen der Unmöglichkeit, umzudrehen)
- im Stau stehen
- eine Brücke überqueren oder auf einer Brücke stehen
- beim Friseur sitzen
- auf der Straße mit jemandem ins Gespräch kommen.

Der Wunsch, schnell weg zu können, bewirkt, daß manche Leute entsprechende Vorsorgemaßnahmen treffen. Sie verlassen das Haus z. B. nie ohne Fahrrad oder Auto, denn wenn ‚es‘ geschieht, können sie schnell wieder zu Hause sein. Diese und andere Formen von Vermeidungsverhalten muß der Therapeut genau inventarisieren, weil sie manchmal sehr subtil sind.

Herr Roth (40) begann vor einigen Jahren zum ersten Mal unter agoraphobischen Beschwerden zu leiden, nachdem er von seiner Frau geschieden wurde. Im Lauf der Zeit war es ihm immer schwerer gefallen, alleine weiter wegzugehen. Er wohnt im Osten des Landes und möchte gerne seine Familie im Westen besuchen. Weil er beim Autofahren Angst hat, vertraut er sich im Verkehr selbst nicht mehr. ‚Denn‘, so argumentiert er, ‚wenn mich im Auto etwas überkommt, kann ich etwas falsch machen und vielleicht ein tödliches Unglück verursachen.‘ Es hatte damit begonnen, daß ihm klar wurde, daß man auf einer Autobahn nicht einfach umkehren kann; man muß bis zur folgenden Ausfahrt weiterfahren. Wenn er sich sehr ängstlich fühlt, könnte so eine Entfernung zu lang sein. Als er merkte, daß er sich beim Autofahren nicht mehr konzentrieren konnte, bekam er noch mehr Angst und beschloß, das Auto nur mehr für Fahrten in seinem Wohnort und für kurze Strecken auf Landstraßen zu verwenden. Er konnte damit leben, bis er nach einiger Zeit entdeckte, daß ihn auch das Zugfahren Mühe kostete. Der Gedanke, daß man nicht unmittelbar aussteigen kann, wenn man Angst hat, begann ihn immer mehr zu beunruhigen, wodurch er auch im Zug immer nervöser wurde. Kurzum, im Lauf der Zeit schränkte sich sein Aktionsradius ziemlich ein. Nachdem er sich jetzt nur mehr an seinem Wohnort ohne Angst bewegen kann, hat er sich für eine Behandlung angemeldet.

Eine Reihe von Autoren (u. a. Goldstein und Chambless, 1978) haben argumentiert, daß Agoraphobie in erster Linie eine Angst vor der Angst ist, und nicht so sehr die Angst vor bestimmten Orten. Chambless (1982) ist der Meinung, daß Agoraphobie nicht allein definiert werden kann als Angst vor öffentlichen Räumen. Sie findet, daß auch Angst vor dem Verlassen des Hauses und der bekannten

Umgebung (Plätze und Menschen, die psychologische Sicherheiten garantieren) genannt werden muß. Die meisten Agoraphobiker (95 % nach Marks, 1969) sind auch viel ängstlicher, wenn sie alleine sind. Oft vermeiden sie das Alleinsein und fühlen sich weniger ängstlich, wenn sie in Gesellschaft einer vertrauten Person sind (z. B. der Partner oder jemand, der über ihre Beschwerden informiert ist). Das kann so weit gehen, daß der Agoraphobiker sich in Gesellschaft dieser Person in alle Situationen begeben kann, in die er sich alleine nie wagen würde.

Beim Erstgespräch wird Frau Müller gefragt, was sie gewöhnlich alles unternimmt. Das scheint sehr viel zu sein. Als der Therapeut die Frage darauf zuspitzt, was sie alleine tut, muß Frau Müller zugeben, daß das nur sehr wenig ist; eigentlich wagt sie es kaum, beim Metzger um die Ecke einzukaufen. Befindet sie sich dagegen in Gesellschaft, traut sie sich beinahe überallhin. Der Therapeut fragt, ob sie damit meint, daß jede Gesellschaft gut ist, oder ob es einen Unterschied macht, wie vertraut ihr jemand ist. Die Antwort zeigt, daß Frau Müller sich mit ihrer Schwägerin am wohlsten fühlt; die weiß von ihren Ängsten und würde es auch verstehen, wenn sie außerhalb des Hauses plötzlich von Angst überfallen würde. Bei ihrem Mann fühlt sie sich nicht so wohl, wenn sie außer Haus sind; er stachelt sie immer an und läßt sie manchmal auch alleine irgendwo stehen: ,Zur Übung' sagt er dann. Diese unangenehmen Überraschungen ihres Mannes machen Frau Müller nur noch nervöser, so daß sie mit ihm nur mehr selten etwas unternimmt. Auf die Frage, was ihre Schwägerin eigentlich tun könnte, wenn sie einen Anfall bekommt, muß Frau Müller die Antwort schuldig bleiben: ,Tja, eigentlich nichts, einfach da sein.' Es wird ihr bewußt, daß es eigentlich irreal ist, auf diese Art Hilfe zu erwarten, aber wie dem auch sei, es funktioniert.

Die angstreduzierende Rolle von Begleitung scheint einer der wichtigsten aufrechterhaltenden Faktoren der Agoraphobie zu sein. Genau wie bei Frau Müller ist es oft von Bedeutung, wer diese Begleitung ist, nämlich bevorzugt jemand, der weiß oder versteht, was es bedeutet, so ängstlich zu sein und sich so vieles nicht zu getrauen. Es ist jedoch nicht so, daß alle Agoraphobiker einer Begleitung beruhigende Wirkung zuschreiben. Einige von ihnen berichten genau das Gegenteil: wenn sie sich mit jemandem außer Haus befinden, sind sie nervöser und ängstlicher, als wenn sie alleine draußen sind. Wenn man schnell weg will, sitzt man nämlich an der Begleitung fest und muß sich entschuldigen. Der Unterschied zwischen Kontrollverlust somatischer Art (nämlich der Angst, körperlich unwohl zu werden, wobei man Hilfe von anderen braucht) und Kontrollverlust sozialer Art ist darin zu finden. Was letzteren betrifft, scheint es, daß in Gegenwart anderer in Panik zu geraten etwas ist, wodurch sich der Betroffene in große Verlegenheit gebracht fühlt. Die Anwesenheit der (eigenen) Kinder scheint für manche Betroffene gerade eine besondere Sorgenquelle zu sein anstatt einer Beruhigung, nämlich in den Fällen, wo sich der Patient verantwortlich fühlt für die (kleinen) Kinder. Die bereits vorhandene Spannung nimmt dadurch noch zu, und das macht es schwieriger, mit Kind(ern) als ohne sie das Haus zu verlassen.

Bezüglich der katastrophalen Gedanken fanden Last und Blanchard (1982) eine signifikant größere Zahl katastrophaler Gedanken in einer Gruppe von Agoraphobikern als in einer Gruppe von Patienten mit Panikanfällen ohne Vermeidung. Darüber hinaus befanden sich in der agoraphobischen Gruppe mehr Personen mit katastrophalen Gedanken als in der Gruppe von Panikpatienten. Auch Reiss et al. (1986) weisen nach, daß *anxiety sensitivity* (der Gedanke, daß Angsterlebnisse negative Implikationen haben) stärker assoziiert ist mit Agoraphobie als mit anderen Angststörungen.

Differentielle Diagnostik

Vermeidung von Situationen kann verschiedene andere Ursachen haben außer der hier genannten Agoraphobie (mit oder ohne Panikanfälle). Bei depressiven Patienten sieht man oft einen Mangel an Interesse und Initiative, was zu einer Verminderung von Aktivitäten außer Haus führt. Weil auch bei Depression einige Angst auftreten kann, kann solches Vermeidungsverhalten leicht für eine Agoraphobie gehalten werden. Das Motiv für dieses Verhalten ist jedoch nicht die Angst vor einer möglichen Katastrophe, wie ein Nachfragen beim Patienten zeigen wird. Eine andere Quelle von Vermeidungsverhalten bildet die soziale Phobie. Eine Gruppe sozialer Phobiker traut sich nicht, alleine zu reisen oder sich in die Öffentlichkeit zu begeben wegen der Angst, die sie im Umgang mit anderen erleben. Auf den ersten Blick könnte man die Diagnose *Agoraphobie* erwägen, aber auch hier ist das Motiv für die Vermeidung ausschlaggebend. Alleine Ausgehen bedeutet Kontakt mit Fremden, etwas, was von einem begleitenden Partner übernommen werden kann. In dem Abschnitt über die differentielle Diagnostik der sozialen Angst wird darauf näher eingegangen.

1.4. Soziale Phobie

Alex, ein junger Mann von 21 Jahren, wird von seinem Hausarzt an uns überwiesen. Sein größtes Problem ist, daß er sich in eigentlich allen sozialen Situationen sehr unwohl und ängstlich fühlt. Die Angst ist am stärksten in einer Gruppe, tritt aber auch in Gesprächen mit einer anderen Person auf. Alex hat einen Bruder und eine Schwester und wohnt zu Hause bei seinen Eltern.

Manchmal spielt er mit dem Gedanken, ein Zimmer zu mieten, aber seine Angst, dann in völlige Isolation zu geraten, hält ihn von konkreten Schritten zurück. Seitdem er mit 16 die Schule abgeschlossen hat, hat er außerhalb seiner Familie beinahe keine Kontakte mehr gehabt. Auf der Schule hatte er noch einige Freunde von der Volksschule, aber nach dem Abschlußexamen sind diese Kontakte schnell verwässert. Alex schreibt dies vor allem der Tatsache zu, daß er selbst überhaupt keine Initiative ergriffen hat, die Kontakte zu pflegen. Nach der Schule begann er sich zu bewerben, und mit 17 wurde er zu einem Gespräch für eine Stelle in einem Supermarkt bei ihm in der Nähe eingeladen. An dieses Gespräch hat er schlechte Erinnerungen, da er schon nach fünf Minuten ,ausstieg'. Er konnte kein Wort mehr hervorbringen und lief zur Türe hinaus. Seit dem Gespräch vermeidet er diesen Supermarkt und Bewerbungsgespräche im allgemeinen. In den Jahren danach hat er, um doch etwas zu tun, regelmäßig im Geschäft eines Onkels gearbeitet. Mit zwanzig beschloß er, daß es so nicht mehr weitergehen könne und begann eine zweijährige administrative Ausbildung. Die Ausbildung selbst macht ihm wenig Probleme, aber auch hier beginnt seine soziale Angst ihm Schwierigkeiten zu machen, was der direkte Anlaß ist, jetzt Hilfe zu suchen. Er war übrigens schon einmal für einige Monate in Behandlung wegen seiner Problematik, hat diese aber abgebrochen, ohne daß sich etwas geändert hätte. Alex hat selbst den Eindruck, daß er immer schon still und verlegen war, aber erst auf der weiterbildenden Schule wirklich darunter zu leiden begann. Beim Durchgehen einer Liste von sozialen Situationen im Erstgespräch zeigt sich, daß sich die Angst inzwischen sehr ausgebreitet hat und daß Alex viel vermeidet. Telefonieren ist für ihn z. B. ein großes Problem. Er ruft nur an, wenn es wirklich notwendig ist, und dann, nachdem er es einige Tage hinausgeschoben hat. Bevor er anruft, sorgt er dafür, daß er alleine zu Hause ist, und daß er alles, was er sagen möchte, aufgeschrieben hat. Geburtstagsparties besucht er nur, wenn es sich um Familienmitglieder handelt (inzwischen wird er woanders auch nicht mehr eingeladen), und er hält sich dann den ganzen Abend im Hintergrund. Im Wartezimmer beim Arzt oder bei einer offiziellen Instanz wiederholt er immer wieder, was er gleich sagen will, wobei er Angst hat, daß er wieder ,aussteigen' könnte. Selbst ein Gespräch anknüpfen tut er nie, er überläßt die Initiative immer anderen. Gespräche mit Mädchen sind noch viel schwieriger als mit Jungen. In der jetzigen Klasse ging es am Anfang einigermaßen, Alex ist zwar still, aber er hält sich zugute, daß er im Vergleich mit den anderen Schülern nicht aus dem Rahmen fällt. Mit fortschreitendem Schuljahr nehmen seine Schwierigkeiten jedoch zu, da er davon überzeugt ist, daß die anderen inzwischen herausgefunden haben, wie verlegen er ist.

DSM-III-R-Kriterien

Im DSM-III-R ist die Diagnose ,soziale Phobie' umschrieben als eine anhaltende und hartnäckige Angst vor einer oder mehreren Situationen, in der die betroffene Person einer möglichen kritischen Beurteilung durch andere ausgesetzt ist, und in der sie Angst hat, sich lächerlich zu machen. Diese Angst darf nicht in Beziehung stehen mit einer anderen Störung auf Achse I (wie die Panikstörung) oder Achse III. Das bedeutet z. B. daß Angst zu zittern als Folge von Parkinsonkrankheit nicht als soziale Phobie bezeichnet werden kann. Wenn die Person sich in der gefürchteten Situation befindet, löst dies fast immer eine Angstreaktion aus. Meistens wird die Situation darum vermieden oder mit viel Angst durchgestanden, wenn Vermeidung nicht möglich ist. Durch das Vermeidungsverhalten wird das Funktionieren in einem Beruf oder in sozialen Beziehungen nachteilig beeinflußt. Der Betroffene ist zudem davon überzeugt, daß seine Angst in Wirklichkeit übertrieben ist und in keinem Verhältnis steht mit der realen Gefahr, der er ausgesetzt ist.

Will man bei Patienten unter 18 Jahren von einer ‚sozialen Phobie‘ sprechen, muß die Diagnose ‚Vermeidungsstörung der Kindheit oder Adoleszenz‘ ausgeschlossen werden (DSM-III-R, pp. 61–63).

Klinisches Bild

Zeitweilige Spannungsgefühle in bestimmten sozialen Situationen sind für die meisten Menschen eine bekannte Erscheinung. Bewerber, die während ihres ersten Gesprächs mit ihrem potentiellen zukünftigen Chef lieber die angebotene Tasse Kaffee ausschlagen, weil sie fürchten, sie nicht ohne Kleckern trinken zu können, sind sicher keine Seltenheit. Genauso fürchten viele sich davor, eine Rede vor einer Gruppe halten zu müssen. Diese Situation geht manchmal einher mit Spannung, die sich in körperlichen Symptomen äußert wie schwitzenden Händen, Erröten, zitternder Stimme und Herzklopfen. Diese Symptome werden oft durch ein gemeinsames Element ausgelöst, nämlich durch die Angst, im Zentrum der Aufmerksamkeit von anderen zu stehen und, vor allem, von ihnen (kritisch) beurteilt zu werden. Für die meisten Menschen ist diese Spannung kein Grund, solchen Situationen aus dem Weg zu gehen und die entstehende Wachsamkeit wird sogar als förderlich für das Leistungsvermögen gesehen. Diese Beispiele zeigen, daß es schwierig ist, eine Grenze zu ziehen zwischen den ‚normalen‘ Gefühlen von Unwohlsein in sozialen Situationen und der klinisch relevanten sozialen Angst. Das Beispiel von Alex verdeutlicht, daß es Menschen gibt, die sich durch ihre Angst in (bestimmten) sozialen Situationen so behindert fühlen, daß Hilfe notwendig ist. In diesen Fällen ist, angesichts der Schwere der Symptome, die Diagnose ‚soziale Phobie‘ angebracht.

Der Ausdruck ‚soziale Phobie‘ hat sich übrigens erst seit kurzem eingebürgert, um genau zu sein: seit dem DSM-III (1980), in dem er zum ersten Mal bei den Angststörungen genannt wurde. Die Kriterien für soziale Phobie waren in dieser Ausgabe umschrieben als eine hartnäckige Angst vor einer bestimmten sozialen Situation, dem Wunsch, diese Situation zu vermeiden, und der Einsicht des Phobikers selbst, daß diese Angst tatsächlich unbegründet ist. Nach dem DSM-III handelte es sich in Fällen von Angst vor mehr als einer Situation nicht um eine Angststörung, sondern um eine vermeidende Persönlichkeitsstörung; der DSM-III-R ordnet diese Variante der Diagnose ‚soziale Phobie‘ zu, mit der Zufügung ‚generalisierter Typus‘.

Das Phänomen ‚soziale Phobie‘ wurde übrigens schon viel früher beschrieben. Dieser Begriff wurde 1966 von Marks und Gelder vorgestellt und definiert als ‚Angst vor Essen, Trinken und Schreiben in Anwesenheit von anderen Menschen und vor allem Angst zu erröten, zu zittern oder zu erbrechen‘. Nach Meinung dieser Autoren war ein wesentliches Merkmal eines Sozialphobikers die Angst, sich in den Augen anderer Menschen lächerlich zu machen. Seitdem wurden verschiedene Untersuchungen über solche Beschwerden publiziert. Problematisch dabei war jedoch, daß wenig Übereinstimmung vorlag über die verwendeten Begriffe und deren Bedeutung. Man verwendet z.B. die Begriffe ‚verlegen‘, ‚unsicher‘, ‚menschenscheu‘, ‚sozial gehemmt‘, ‚Sprechangst‘, ‚soziale Angst‘ und ‚interpersonelle Angst‘, manchmal ohne daß dafür eine genaue Umschreibung gegeben wird.

Dadurch war der Vergleich von Forschungsergebnissen schwierig. Ein zusätzliches Problem war, daß die Versuchsgruppe in vielen Fällen nicht aus Sozialphobikern bestand, sondern aus psychiatrischen Patienten mit verschiedenen Störungen, wobei die soziale Angst oft nur ein zweitrangiges Problem war, oder aus Studenten oder ‚Normalen‘ mit einer leichten Form von sozialer Angst. In diesem Sinn war die Umschreibung, wie sie im DSM-III gegeben wurde, ein wichtiger Schritt vorwärts. Zu Beginn der achziger Jahre zeigte sich jedoch, daß diese Definition in verschiedener Hinsicht ungenügend war. Der wichtigste Kritikpunkt war die Vorstellung im DSM-III, daß das Individuum Angst hat vor einer sozialen Situation und im allgemeinen ein Individuum nur eine soziale Phobie hat. Eine solche ‚spezifische‘ soziale Phobie, wie Schreibangst in Gegenwart von anderen oder Angst, in den Spiegel des Friseurs zu sehen, scheint relativ selten vorzukommen. Untersuchungen von Turner et al. (1986a) zeigten, daß praktisch alle Mitglieder einer Gruppe von 21 Sozialphobikern Schwierigkeiten mit mindestens zwei verschiedenen sozialen Situationen haben, und beinahe die Hälfte gab an, sich in drei oder mehr sozialen Situationen angespannt zu fühlen. Auch unsere eigenen Erfahrungen mit sozial ängstlichen Patienten weisen darauf hin, daß gewöhnlich mehr als eine Situation Probleme macht.

Äußerlich wahrnehmbares Verhalten bei Sozialphobikern kann unterschieden werden in zwei Komponenten, nämlich in soziale Fertigkeiten und in Vermeidungsverhalten. Forschungsergebnisse bezüglich des ersten Aspekts sind nicht ganz eindeutig. Manche Autoren stellten fest, daß sozial ängstliche durch unabhängige Beurteiler als weniger sozial geschickt beurteilt wurden als nicht-ängstliche Personen (Twentyman und McFall, 1975; Arkowitz et al., 1975). Diese Unterschiede wurden jedoch beim Vergleich spezifischer sozialer Fertigkeiten wie Aufrechterhalten des Blickkontakts und Gesamtdauer der Sprechzeit nicht gefunden (Monti et al., 1984).

Über Vermeidungsverhalten sind wenig Forschungsergebnisse bekannt. Seit der Einführung des DSM-III wird die Diagnose ‚Soziale Phobie‘ nur aufgrund von Vermeidung sozialer Situationen gegeben, so daß die Frage, ob Sozialphobiker Vermeidungsverhalten aufweisen, mehr oder weniger rhetorisch ist. Zur Bestimmung der Schwere der Phobie und für die Behandlung ist es aber sinnvoll, das Vermeidungsverhalten genau zu betrachten. Dieser Punkt wird bei der Beschreibung der Behandlung von sozialer Phobie näher besprochen (s. Kapitel 7).

27

Unter der kognitiven Komponente von sozialer Phobie verstehen wir die Art, wie ein Sozialphobiker sein eigenes Verhalten und das von anderen einschätzt und bewertet. In einem Übersichtsartikel nennt Arkowitz (1977) die folgenden fünf kognitiven Mechanismen und Denkstile:

1. Sozialphobiker weisen im allgemeinen viel mehr negative Selbstbeschreibungen in sozialen Kontakten auf als Personen ohne soziale Angst. Beispiele dafür sind Gedanken wie ‚Siehst du, das haut wieder nicht hin‘ und ‚das wird wieder mal nichts‘.
2. Sozialphobiker neigen dazu, ihr eigenes (soziales) Verhalten übertrieben negativ zu evaluieren.
3. Damit zusammenhängend scheinen sie an ihr eigenes Verhalten sehr hohe Anforderungen zu stellen, im allgemeinen viel höher als an das Verhalten von anderen (‚Messen mit zweierlei Maß‘).
4. Dabei sind sie in ihren Erinnerungen ziemlich selektiv: angenehme oder positive Ereignisse werden vergessen oder als unwichtig zur Seite geschoben, während Ereignisse, über die sie unzufrieden sind, sehr lange im Vordergrund stehen.
5. Schließlich sind sie oft geneigt, die Ursache des guten Verlaufs von sozialen Kontakten außerhalb ihrer selbst zu suchen (externe Attribution), während bei unbefriedigenden Situationen die Ursache eher intern gesucht wird.

Bei Untersuchungen von sozialer Phobie werden regelmäßig Versuche unternommen, Subtypen innerhalb dieser Angststörung zu isolieren. Dies erfolgt u. a. aus dem Grund, daß verschiedene Behandlungsarten zwar gleich gute Resultate aufweisen, wenn große Patientengruppen verglichen werden, aber daß dieselben Behandlungen in manchen individuellen Fällen kaum eine Wirkung zu haben scheinen. Dies hängt möglicherweise zusammen mit den großen Unterschieden, die innerhalb der Gruppe von Sozialphobikern vorliegen. Im DSM-III-R wird kein expliziter Unterschied gemacht zwischen Subtypen. Der einzige Vorschlag in diese Richtung besteht in der Anmerkung, daß bei Individuen mit einer breiten Skala von sozialen Situationen der Zusatz ‚generalisierter Typus‘ erwogen werden muß. Diese Ausweitung ist jedoch zu beschränkt. Um ein Beispiel zu nennen: während verschiedener Behandlungen, die wir im Lauf der Jahre durchführten, zeigte sich, daß vor allem Individuen mit der Angst, in Gesellschaft zu erröten (Erytrophobie), zu zittern (Tremophobie) und zu schwitzen (Hydrosophobie) wenig von den üblichen Behandlungen wie Training in sozialen Fertigkeiten und kognitiver Therapie profitieren. Obwohl solche Beschwerden nach dem DSM-III-R als spezifische soziale Phobie aufgefaßt werden müssen, scheinen sie doch von etwas anderer Art zu sein als z. B. die Angst, andere Menschen anzuschauen. Bis jetzt wurde in der Literatur dieser Art von Beschwerden auffallend wenig Interesse entgegengebracht. In einer Literaturübersicht zur Errötungsangst (Vandereycken und Pollentier, 1986) wird betont, daß Angst vor dem Erröten deutlich unterschieden werden muß vom Erröten selbst. Es gibt wenig konkrete Information zu der Frage, ob bestimmte Menschen als Folge ihrer körperlichen Konstitution (z. B. dünne Haut, vasomotorische Labilität) schneller erröten als andere, aber die Antwort darauf scheint nicht so wichtig zu sein. Verschiedene erytrophobe Patienten laufen praktisch den ganzen Tag herum mit großer Angst zu erröten, während dieses Phänomen in Wirklichkeit kaum auftritt. Andererseits erröten viele Menschen regelmäßig, ohne darunter zu leiden.

Max ist ein 26jähriger, unverheirateter Mann, der von seinem Hausarzt an uns überwiesen wurde. Beim Erstgespräch fallen die folgenden Punkte auf. Er trägt einen Bart, der den größten Teil seiner Wangen bedeckt, und eine Brille mit dunkel getönten Gläsern, wodurch seine Augen schwer zu sehen sind. Sein Händedruck ist feucht. Seit zehn Jahren hat er Angst, in Gesellschaft zu erröten und zu schwitzen. Er kann sich noch sehr gut daran erinnern, wie diese Angst begann. Auf dem Gymnasium wurde er einmal zu Beginn des Schuljahres von Klassenkameraden geärgert, weil sich eines der Lieblingsmädchen der Klasse neben ihn gesetzt hatte. Als er daraufhin rot wurde und dies wieder kommentiert wurde, kam er in Panik. Er hatte das Gefühl, als werde er feuerrot bis hinter seine Ohren und als breche ihm überall der Angstschweiß aus. In dem Moment lief er zur Klasse hinaus. Seit dieser für ihn schockierenden Erfahrung hatte er dauernd Angst, daß so etwas wieder geschehen könnte. Er vermied die Gesellschaft von Mädchen, vor allem in der Schule. Mit Ausreden versuchte er, Klassenabenden zu entgehen. Vor diesem traumatischen Ereignis konnte er in der Klasse gut mitkommen, ohne ein Star zu sein, aber danach wurden seine Leistungen allmählich schlechter. Er blieb sitzen und beschloß, auf eine mittlere technische Schule zu gehen. Im Nachhinein bedauert er diese Entscheidung. Er glaubt, daß er das Gymnasium hätte abschließen können, wenn er nicht durch seine Angst so behindert worden wäre. Seine Entscheidung für die mittlere technische Schule hing weniger damit zusammen, daß er so gerne etwas Technisches machen wollte, als damit, daß er nicht mehr mit Mädchen in einer Klasse sitzen wollte. Er hatte an der Schule guten Erfolg und ging weiter auf die höhere technische Schule. Dort wurde es schwieriger, weil an die mündlichen Leistungen mehr Anforderungen gestellt wurden. Er mußte regelmäßig Referate vor der Klasse halten, was ihm nur gelang, indem er den gesamten Text auswendig lernte. Wurde unerwartet eine Frage gestellt, verlor er völlig den Faden und begann zu erröten. Er fürchtete sich entsetzlich vor dem mündlichen Abschlußexamen, aber das verlief unerwartet gut. Inzwischen war er zwanzig, und obwohl er einige gute Freunde hatte, war es schwierig, Kontakt mit Frauen anzuknüpfen. Er versuchte es zwar manchmal, merkte aber, daß er sehr schnell zu erröten und zu schwitzen begann. Vor allem wegen des Schwitzens vermied er jede Art von Körperkontakt, und wenn eine Frau ihn zufällig berührte, brach ihm schon der Schweiß aus.
Inzwischen hat er eine gute Stelle als technischer Ingenieur, die ihm keinerlei Probleme macht. Die Probleme treten vor allem außerhalb seiner Arbeit auf, in der informellen Sphäre. Bei Einladungen und Parties hat er es sehr schwer, vor allem wenn getanzt wird. Vor einigen Monaten hat er zum ersten Mal eine intime Beziehung mit einer Frau begonnen, besser gesagt, er ist auf ihre Initiativen eingegangen. Aber auch hier machte ihm seine Angst vor Körperkontakt Probleme. Er wagte es nicht wirklich, sie zu berühren, und der Geschlechtsverkehr verlief mühsam, weil er sich so für sein Schwitzen schämte. Die Beziehung scheiterte unter anderem an diesen Problemen, was für Max der direkte Anlaß ist, jetzt etwas zu unternehmen. Beim

Auflisten seines Vermeidungsverhaltens zeigt sich erst, in welchem Ausmaß sein Leben durch diese Probleme beherrscht wird. Er vermeidet möglichst alle Situationen, in denen er erröten oder schwitzen könnte. Das bedeutet, daß er nicht nur direkten Kontakt mit Frauen vermeidet, sondern auch Situationen, in denen Anspielungen auf Beziehungen zwischen Mann und Frau und auf Sexualität gemacht werden können. Um zu zeigen, in welchen Situationen er bereits nervös wird, erzählt er, daß er im Wartezimmer des Arztes errötete, als eine Frau erzählte, daß sie schwanger sei.

Tremophobie (Angst zu zittern) ist ein ähnliches Problem, obwohl die Situationen, in denen es auftritt, im allgemeinen einfacher zu vermeiden sind, z. B. Essen und Trinken in Gesellschaft (Suppe, Kaffee und Tee) oder Unterschreiben. Auch bar zu bezahlen kann Probleme machen, vor allem Bezahlen mit Kleingeld. Eine unserer Patientinnen erzählte, daß sie nie Schecks ausschrieb und immer mit großen Scheinen bezahlte. Sie zählte nicht nach, wieviel sie zurückbekam, weil sie solche Angst hatte, daß ihre zitternden Hände dabei auffallen würden. Manchmal sind die Situationen jedoch nicht oder kaum zu vermeiden, wodurch die Notwendigkeit, Hilfe zu suchen, zunimmt. So erzählte eine Krankenschwester, daß sie ihre Arbeit nicht mehr ausüben konnte, weil sie beim Spritzen manchmal heftig anfing zu zittern, vor allem wenn ein Arzt in der Nähe war.

Kennzeichnend für die Gruppe mit Angst vor den genannten körperlichen Beschwerden ist das Vorhandensein eines Teufelskreises, vergleichbar mit dem von Patienten mit einer Panikstörung: durch die Antizipationsangst wird genau das ausgelöst, wovor man Angst hat (nämlich das Erröten oder der Panikanfall). Aus diesem Grund können Menschen mit Errötungsangst, Angst zu zittern oder zu schwitzen als eigene Gruppe betrachtet werden, bei der die Behandlung mehr auf das spezifische Problem zugeschnitten werden muß. Die ersten Erfahrungen mit dieser Gruppe von Patienten weisen darauf hin, daß sie sich in verschiedener Hinsicht von anderen Sozialphobikern unterscheiden. Erstens handelt es sich oft um relativ junge, gut ausgebildete Menschen, die scheinbar über adäquate soziale Fertigkeiten verfügen. Bei einem großen Teil der Gruppe scheint es vor allem um einige Kognitionen zu gehen wie ‚Ich muß alles unter Kontrolle haben und darf keine Schwäche zeigen‘, ‚Ich darf keine Fehler machen‘.
Neben dieser Gruppe können möglicherweise andere Subtypen unterschieden werden, wobei folgende Dimensionen wichtig sind:
- sozial geschickt versus ungeschickt
- rationaler versus irrationaler Denkstil
- wenig vermeidend versus stark vermeidend
- Schwierigkeiten in Situationen mit Bekannten versus Unbekannten
- Schwierigkeiten in Gruppen versus in Situationen mit einem oder zwei anderen.

In vielen der obengenannten Situationen versuchen diese Patienten, sich durch den Gebrauch von angstreduzierenden Strategien zu behaupten. Auffallend ist zum Beispiel bei vielen Sozialphobikern der umfangreiche Alkoholkonsum oder sogar -mißbrauch. Bis jetzt wurde nicht untersucht, ob ‚Normale‘ und Sozialphobiker sich in ihrem Alkoholkonsum unterscheiden. Aber aus Forschungen ist inzwischen bekannt, daß Sozialphobiker vor allem Alkohol verwenden, bevor sie irgendwo hingehen, weil sie sich ohne Alkohol gar nicht hinauswagen (‚antizipierendes Trinken‘). Das kann manchmal extreme Formen annehmen, wodurch die soziale Phobie noch eine Alkoholabhängigkeit zur Folge hat.

> Ein Beispiel dafür ist ein 29jähriger Mann, der schon jahrelang mindestens acht Schnäpse trinkt, bevor er irgendwo hingeht. Wenn er alleine zuhause ist, verwendet er kaum Alkohol. Obwohl er selbst genau weiß, warum er trinkt, kann er damit nicht aufhören. Seine Angst vor einer zunehmenden Alkoholabhängigkeit ist der eigentliche Anlaß, Hilfe für seine soziale Angst zu suchen.

Der Alkoholkonsum verstärkt seinerseits oft die soziale Angst, weil man sich dafür schämt, getrunken zu haben und deshalb allerlei Ausreden erfindet. In der Studie von Amies et al. (1983) zeigte sich, daß 20 % einer Gruppe von Sozialphobikern übermäßig Alkohol konsumierten, gegenüber 7 % einer Gruppe von Agoraphobikern. Auch die umgekehrte Beziehung, nämlich das Vorliegen von sozialphobischen Beschwerden bei Alkoholikern, wurde mehrmals untersucht. Die Ergebnisse sind nicht ganz eindeutig. In einer Studie von Mullaney und Trippett (1979) litten 23 % der Alkoholiker auch an Sozialphobie, während das in einer anderen Untersuchung nur bei 2 von 84 Personen der Fall war (Weiss und Rosenberg, 1985). In beiden Studien zeigte sich jedoch, daß die phobischen Symptome früher aufgetreten waren als die Alkoholprobleme.

Differentielle Diagnostik

Mit den verbesserten Kriterien des DSM-III-R sind die Probleme bei der Diagnose sicher noch nicht gelöst. So kann zur Zeit die Abgrenzung zwischen sozialer Phobie und vermeidender Persönlichkeitsstörung kaum durchgeführt werden, da sechs der sieben Kriterien, die für diese Persönlichkeitsstörung aufgeführt werden, sich völlig überlappen mit den Symptomen einer generalisierten sozialen Phobie (vgl. DSM-III-R, S. 241–243 und 351–353). Auch die Abgrenzung der Angststörungen untereinander ist nicht immer eindeutig. Die Tatsache, daß der DSM-III-R als atheoretisches, rein beschreibendes System entworfen wurde, erweist sich auch in dieser Hinsicht als Mangel. Bis jetzt wird nämlich zu wenig nach den Gründen gefragt, warum jemand vor bestimmten Situationen Angst hat und diese Situationen vermeidet. Daß dies sehr wohl von Bedeutung ist, illustriert die folgende Fallbeschreibung.

Kurt, ein neunzehnjähriger junger Mann, wird wegen phobischer Symptome vom Sozialarbeiter an unsere Abteilung überwiesen. Beim Erstgespräch begleitet ihn seine Mutter, die selbstverständlich davon ausgeht, daß sie beim Gespräch dabei sein wird, denn ‚er weiß doch nie, was er sagen soll...‘. Nachdem der Therapeut der Mutter mit einiger Mühe beibringen konnte, daß er sie nach dem Gespräch mit ihrem Sohn gerne noch sprechen will, kann das Gespräch beginnen. Dieses verläuft jedoch mühsam, da Kurt in der Tat gewöhnt ist, daß seine Mutter für ihn spricht und nur unter großer Anstrengung selbst ein Gespräch führen kann. Er kann jedoch sehr wohl angeben, was der Grund für sein Kommen ist. Nachdem er einige Jahre arbeitslos zu Hause gewohnt hat, kann er jetzt eine Stelle bekommen im Magazin eines Warenhauses im Stadtzentrum. Das Problem ist jedoch, daß er seit Jahren nicht mehr allein, ohne seine Mutter, auf die Straße gegangen ist, und sich das auch nicht mehr getraut. Allein mit öffentlichen Verkehrsmitteln zu reisen ist ein ebensolches Problem, und in Geschäfte oder Einkaufszentren getraut er sich sogar in Begleitung seiner Mutter nicht hinein. Auf den ersten Blick eine schwere Form von Agoraphobie. Kurt hat in solchen Situationen jedoch noch nie einen Panikanfall gehabt. Auf die Frage, wovor er genau Angst hat, kann er anfangs keine Antwort geben. Erst nach einiger Zeit erzählt er, daß er es vor allem unangenehm findet, Menschen auf der Straße zu begegnen, angefangen bei den Nachbarn. In Begleitung seiner Mutter ist das kein Problem, denn dann braucht er niemals selbst etwas zu sagen. Aus diesem Grund scheint die Diagnose ‚soziale Phobie‘ passender.

Dieses Beispiel zeigt, wie wichtig es ist, bei allen phobischen Störungen genau nachzufragen, wovor die Person Angst hat. Das Wesentliche bei der sozialen Phobie ist das Erleben von Angst im Kontakt mit anderen Menschen, und zwar vor allem Angst vor (kritischer) Beurteilung. Bei Panikstörung und Agoraphobie handelt es sich dagegen um die Angst vor einem Panikanfall, vor Kontrollverlust oder davor, hilflos und alleine zu sein. Jemand mit einer sozialen Phobie kann z. B. erzählen, daß er sich zu Hause nicht aus der Wohnung und natürlich nicht zum Einkaufen traut, während dieselbe Person ruhig in eine unbekannte Stadt reist und dort in den Warenhäusern einkauft. Der Unterschied ist, daß er in seinem Wohnort Angst hat, Bekannte zu treffen und in einer unbekannten Stadt nicht. Genauso sind viele Sozialphobiker bestens imstande, alleine in Urlaub zu fahren, dort allerlei soziale Beziehungen mit Fremden zu knüpfen und sich relativ mühelos in eine Gruppe einzuordnen. Einer unserer Patienten erzählte z. B., daß es ihm nicht schwer fiel, im Urlaub mit Mädchen ‚anzubandeln‘ und daß er schon mehrere Urlaubsabenteuer hinter sich hatte. Beim Gedanken, in seiner gewohnten Umgebung ein Mädchen anzusprechen, brach ihm jedoch der Angstschweiß aus.

In einigen Untersuchungen konnten Unterschiede in den somatischen Symptomen zwischen Sozialphobikern und ‚Normalen‘ bzw. Agoraphobikern nachgewiesen werden. In einer Studie von Turner, Beidel und Larkin (1986b) zeigten sozial ängstliche Personen eine signifikant größere Steigerung von Herzschlag und Blutdruck als ‚Normale‘, wenn sie sich mit einer Person des anderen Geschlechts unterhalten mußten. In einer anderen Studie schien der Unterschied mit Agoraphobikern vor allem in der Art der körperlichen Symptome zu liegen:

32

Sozialphobiker klagten besonders über Erröten und Muskelzucken, während von Agoraphobikern Atemprobleme, ein schlaffes Gefühl in den Gliedmaßen und Schwindel genannt wurden. Bei Herzklopfen, trockener Kehle, Zittern und Schwitzen zeigte sich kein Unterschied zwischen den beiden Gruppen (Amies et al., 1983).

Oft ist es schwierig, Panikstörung und soziale Phobie zu unterscheiden. Viele Phobiker sagen, daß sie sich in Gesellschaft unwohl fühlen, weil sie dabei allerlei körperliche Symptome erleben, vor denen sie Angst haben. Die beiden Diagnosen schließen sich gegenseitig nicht aus, obwohl es in diesen Fällen problematisch sein kann, eine Primärdiagnose zu stellen. Bei der sozialen Phobie sind die körperlichen Symptome an verschiedene soziale Situationen gebunden. Die Primärdiagnose ‚Panikstörung‘ ist eher angebracht, wenn das unangenehme Gefühl verursacht wird durch (die Antizipationsangst vor) einen möglichen Panikanfall. Im letzteren Fall schämt die Person sich für das (potentielle) Auftreten eines Panikanfalls in Gesellschaft und nicht so sehr für ihr eigenes soziales (Dis)funktionieren.

Eine Störung, die im DSM-III-R nicht zu den Angststörungen, sondern zu den somatoformen Störungen gerechnet wird, ist die sogenannte Dysmorphophobie. Diese Diagnose wird gestellt bei Menschen, die sich übermäßig mit einem bestimmten Körperteil beschäftigen, weil sie glauben, daß dieses nicht in Ordnung bzw. verunstaltet ist, obwohl es dazu objektiv gesehen keinerlei Grund gibt. In jenem Fall, wo wirklich eine leichte körperliche Abweichung vorliegt, wird die Diagnose nur gegeben, wenn die Besorgtheit darüber stark übertrieben ist. Beispiele für diese Störung sind:
- Die Überzeugung, verunstaltende Haare im Gesicht und am Körper zu haben, auf die andere Menschen dauernd achten und damit ihren Spott treiben.
- Die Überzeugung, daß man einen unangenehmen, durchdringenden Geruch verbreitet.
- Die Überzeugung, daß etwas nicht stimmt mit der Form oder Größe der Geschlechtsorgane oder anderer Körperteile wie Nase oder Ohren.

Angesichts des zwanghaften Charakters der Störung stellt sich natürlich die Frage, ob sie nicht verwandt ist mit Zwangsstörungen. In einer Untersuchung von Hardy & Cotterill (1982) wurden Dysmorphophobiker verglichen mit einerseits Patienten mit Zwängen und andererseits Psoriasispatienten. Dysmorphophobiker hatten höhere Depressionswerte als Psoriasispatienten, und beide Gruppen zeigten mehr zwanghafte Symptome als eine Kontrollgruppe von ‚Normalen‘. Die Hypothese, daß Dysmorphophobie unter die Zwangsstörungen fällt, wurde in dieser Studie jedoch nicht bestätigt. Die Tatsache, daß die meisten Dysmorphophobiker sich vor allem bei sozialen Kontakten sehr schlecht fühlen und diese auch oft vermeiden, spricht für die Einordnung unter die Diagnose soziale Phobie. In einer Untersuchung der Behandlungserfolge dieser Störung von Marks und Mishan (1987) zeigte sich, daß bei vier von fünf Dysmorphophobikern soziale Angst und Vermeidungsverhalten als Folge der Störung vorlagen, und daß die Angst verschwand, wenn die Dysmorphophobie abnahm.

1.5. Einfache Phobie

Peter, ein 43jähriger Mann, meldet sich bei uns an wegen zunehmender phobischer Beschwerden und Depression. Er ist seit 23 Jahren verheiratet und hat 3 Kinder. Beim Erstgespräch zeigt sich, daß er eine schwere Form von Klaustrophobie hat, die zwar nicht so sehr eine Behinderung im täglichen Leben bedeutet, aber manchmal starke Angstsymptome hervorruft. Die Beschwerden haben in den letzten Monaten zugenommen. Er getraut sich z.B. nicht mehr in die Umkleidekabinen des Schwimmbads, in das er dreimal pro Woche geht. Es wird auch immer schwieriger für ihn, alleine im Auto zu sitzen; schon jahrelang sitzt er in einem Auto mit Kindersicherung oder ohne vier Türen nicht mehr auf der Rückbank. Zur Illustration seiner Angst, eingeschlossen zu werden: Er hat sich vorgenommen, daß er, falls er jemals Krebs bekommen sollte, sich nicht bestrahlen lassen wird, selbst wenn die Krankheit sich dann schneller ausbreiten würde. Auch seine Familienmitglieder mußten versprechen, dafür zu sorgen, daß er z.B. nach einem Unfall nicht eingegipst und zwischen allerhand angstauslösende Apparate gelegt werde. Er sagt, er wolle lieber sterben als eingeschlossen werden. Peter kann sich nicht gut daran erinnern, wann die Beschwerden begonnen haben. Ein Ereignis hat er noch genau vor Augen, nämlich daß er mit 10 Jahren eine halbe Stunde in einem WC im Schwimmbad eingeschlossen war. Er kann sich noch erinnern, daß er damals große Angst hatte, vor allem, weil es Samstagnachmittag kurz vor Schließung war und er vorhersah, daß er das ganze Wochenende dort bleiben müsse. Zu seiner Erleichterung wurde er befreit, und obwohl er monatelang nach dem Zwischenfall vorsichtig war beim Absperren von Türen, weiß er genau, daß er diese Angst später jahrelang nicht hatte.

DSM-III-R Kriterien

Eine einfache oder spezifische Phobie wird nach der Definition des DSM-III-R gekennzeichnet von einer anhaltenden und irrationalen Angst vor einem bestimmten Objekt oder einer bestimmten Situation. Es besteht ein zwingendes Verlangen, das betreffende Objekt oder die Situation zu meiden, was beträchtliche Probleme verursachen kann. Wird der Betroffene der gefürchteten Situation ausgesetzt, hat dies unmittelbar eine Angstreaktion zur Folge. Die obengenannten Objekte oder Situationen hängen nicht zusammen mit der Angst vor einem Panikanfall (wie bei der Panikstörung oder Agoraphobie), mit der Angst vor Erniedrigung oder Gesichtsverlust (wie bei der sozialen Phobie) oder mit Zwangsstörungen. Übrigens sieht der Betroffene ein, daß seine Angst überproportional und nicht gerechtfertigt ist.

Klinisches Bild

Aus den diagnostischen Kriterien entsteht der Eindruck, daß es sich bei einfachen Phobien um eine Restkategorie handelt. Obwohl der ‚phobische Stimulus‘ sehr verschiedenartig sein kann, stimmen die unterschiedlichen Formen dieser Angststörung im wesentlichen miteinander überein. Nur die Blut- und Schluckphobie nehmen eine Sonderstellung ein, weshalb wir sie auch gesondert besprechen werden. Beide Phobien kommen nämlich in leichter Form in der ‚normalen‘ Bevölkerung häufig vor, und die Unterscheidung zwischen der ‚normalen‘ Angst und der phobischen Variante ist fließend. Im Fall einer einfachen Phobie kommt hinzu, daß der phobische Stimulus im allgemeinen ziemlich leicht zu vermeiden ist, was zur Folge hat, daß wenige Phobiker eine Behandlung notwendig finden.

Unter den Nenner einfache Phobie fallen verschiedene Formen wie z. B. Höhenangst, Angst vor Enge, Tierphobien, Blutphobie u. a., manchmal mit ihrem aus dem Griechischen stammenden Namen bezeichnet. Übrigens hat die Verwendung von solchen pseudo-griechischen Ausdrücken zu merkwürdigen Auswüchsen geführt, wie die Übersicht in einem Handbuch zeigt, in der beinahe 275 mögliche Phobien genannt werden. Einige Beispiele sind die Angst vor Büchern (Bibliophobie), vor neuen Dingen (Cainophobie), vor Freude (Cherophobie), vor Geld (Chrematophobie), vor Stehlen (Kleptophobie), vor Nasenbluten (Epistaxiophobie), vor der Ehe (Gamophobie), vor einer Predigt (Homilophobie) und vor der Unglückszahl 13 (Triskaidekaphobie). Angst haben vor schwierigem, pseudowissenschaftlichem Sprachgebrauch wird ausgedrückt mit dem Terminus Hellenologophobie. Der Vollständigkeit halber wird schließlich noch die Phobophobie genannt: die Angst vor einer Phobie.

In der klinischen Praxis treten die Phobien vor bestimmten Tiersorten, vor kleinen geschlossenen Räumen, vor Höhe, vor Blut und ärztlichen Handlungen (Spritzen, Zahnarzt etc.), vor Unwetter und vor dem Essen von bestimmten Lebensmitteln am häufigsten auf. In vielen Fällen liegen keine anderen (Angst-)Störungen vor, und wenn ja, dann scheinen sie oft unabhängig von der Tierphobie zu sein. Eine Tierphobie kennzeichnet sich durch eine anhaltende Angst vor einem bestimmten Tier, wobei es sich nicht um Angst vor Ansteckung handelt (diese Angst fällt eher in die diagnostische Kategorie Zwangsstörung). Alle Tierarten kommen als mögliches phobisches Objekt in Betracht, aber bei einer Person beschränkt sich die Phobie gewöhnlich auf eine bestimmte Tierart. Am häufigsten sind Ängste vor Spinnen, Mäusen, Katzen, Hunden und Pferden. Vor allem die Bewegung des Tieres löst Angstgefühle aus und führt manchmal zu starken Vermeidungsreaktionen, die in keinem Verhältnis mit der wirklichen Gefahr stehen.

Marks (1987) beschreibt das Beispiel einer Frau, die solche Angst vor Spinnen hatte, daß sie mitten im Meer aus einem Ruderboot sprang, als sie eine Spinne sah, und vergaß, daß sie nicht schwimmen konnte. Nur selten ist die Tierphobie der einzige Grund, Hilfe zu suchen. Ist das der Fall, zeigt sich meistens, daß die praktischen Lebensumstände des Betroffenen sich geändert haben und er jetzt öfter mit dem gefürchteten Tier konfrontiert wird. Das geschieht z. B. nach einer Übersiedlung von der Stadt aufs Land, wo es mehr Spinnen und Mäuse gibt. Frauen nennen als Grund für ihre Suche nach Hilfe manchmal die Angst, ihre eigenen Beschwerden auf ihre Kinder zu übertragen.

> Eine 19jährige Frau suchte Behandlung wegen heftiger Angst vor Spinnen. Die Angst hatte sie immer schon gehabt, sich dadurch aber nicht eingeschränkt gefühlt. Seit kurzem wohnte sie jedoch mit ihrem Freund zusammen. Die Wohnung lag im Parterre und hatte einen Garten und ein Gartenhäuschen. Nachdem sie mehrmals im Gartenhäuschen eine Spinne gesehen hatte, nahm die Angst schnell zu. Wirklich problematisch wurde die Situation jedoch, als sie im Haus eine Spinne sah. Seit damals wagte sie es nicht mehr, alleine daheim zu sein und hielt alle Fenster, Türen und Schränke im Haus hermetisch verschlossen. Wegen ihrer Angst schlief sie schlecht und unruhig, was wieder einen negativen Einfluß auf ihre Arbeit als Sekretärin hatte. Sie begann aus Müdigkeit Fehler zu machen und wurde reizbarer, wodurch sie öfter mit ihren Kollegen und ihrem Freund Konflikte hatte.

Eine andere Form von einfacher Phobie ist die Klaustrophobie, d. h. die Angst, in kleinen Räumen eingeschlossen zu sein. Verschiedene Situationen können schwierig sein, wie z. B. Aufzüge, Toiletten oder Duschräume (vor allem unbekannte, abgeschlossene), Umkleideräume im Schwimmbad, Keller und die Rückbank in einem Auto ohne rückwärtige Türen. Männer, die beim Militär waren, nennen manchmal noch Schützenlöcher. Vor allem wenn die Phobie zu schweren Problemen bei der Arbeit oder im täglichen Leben führt, ist Hilfe notwendig. Das ist z. B. der Fall bei einem Fensterputzer, der jahrelang keine Probleme hatte. Nachdem er einen Unfall hatte, bekommt er Höhenangst und traut sich nicht mehr die Leiter hinauf.

Neben den obengenannten situationsgebundenen Phobien nennen einige Patienten spezifische Objektphobien. Essens- und Schluckphobien sind zwei verschiedene Beschwerden, wobei eigentlich nur letztere für die klinische Praxis relevant ist. Was oft ,Essensphobie' genannt wird, ist meistens keine Phobie, sondern eine Aversion vor bestimmtem Essen. Der Konsum dieses Essens bewirkt meistens nicht Angst, sondern Ekel und Brechreiz. Solche Aversionen können in der Kindheit entstehen (der bekannte Widerwille gegen Kohlsprossen, Zwiebeln oder Spinat) oder erst später. Im letzten Fall spielt oft eine aversive Erfahrung eine Rolle, die mit dem betreffenden Essen assoziiert war. Da es beinahe immer möglich ist, das unerwünschte Essen zu vermeiden, ist eine Behandlung kaum notwendig. Anders ist es bei der Schluckphobie, die meistens nicht an den Geschmack von bestimmtem Essen gebunden ist. Bei einer Schluckphobie geht es nämlich meistens um die Angst, am Essen zu ersticken. Darum ist die phobische Angst bei festem Essen stärker als bei flüssigem. Diese Phobie kann schwere Formen annehmen, so sehr daß z. B. starker Gewichtsverlust die Folge ist. Zudem hat eine solche Phobie gewöhnlich eingreifende Folgen für das soziale Leben, da Essen und Trinken in Gesellschaft bei schweren Formen kaum mehr möglich ist.

Blutphobie

Das Sehen von Blut oder Körperverletzungen löst bei vielen Menschen ein unangenehmes Gefühl aus, meistens Übelkeit. Viele Krankenpfleger und Medizinstudenten haben manchmal große Schwierigkeiten, bei der ersten Konfrontation mit blutigen Szenen ihre körperliche Reaktion und die Neigung, wegzulaufen, unter Kontrolle zu bekommen. Nach einer Studie von Lapouse und Monk (1959) ist leichte Angst vor Blut bei 44 % von sechs- bis achtjährigen Kindern und bei 27 % von neun- bis zwölfjährigen Kindern normal. Eine echte Blutphobie kommt nur bei 2–3 % der ‚normalen‘ Population vor, womit dies übrigens eine der häufigsten Phobien bei Erwachsenen ist (Agras et al., 1969; Miller et al., 1974). Die Blutphobie unterscheidet sich in mehrfacher Hinsicht von anderen einfachen Phobien, vor allem was die körperlichen Symptome betrifft, die begleitenden Gefühle und die Tatsache, daß Blutphobie teilweise familiär bestimmt zu sein scheint. Diese Punkte werden hier kurz besprochen.

Von den Tierphobien, Situationsphobien (Höhenangst und Klaustrophobie) und anderen Objektphobien ist bekannt, daß die Angst sich äußert in erhöhtem körperlichen Arousal wie z. B. schnellerem Herzschlag. Außerdem wird oft von den Betroffenen das Gefühl berichtet, bei der Konfrontation mit dem phobischen Stimulus ‚beinahe ohnmächtig zu werden‘ (‚schlaffes Gefühl in den Beinen, Schwindel‘). Wirkliches Ohnmächtigwerden kommt bei diesen Beschwerden jedoch kaum vor. Bei der Blutphobie hingegen tritt nach einer anfänglichen (sehr kurzen) Erhöhung des allgemeinen Arousal ein deutliches Absinken von Herzschlag und Blutdruck auf. Der Betroffene wird bleich, beginnt zu schwitzen und klagt über Übelkeit, wonach Ohnmächtigwerden sicher keine Ausnahme ist (Cohn et al., 1976; Connolly et al., 1976; Marks, 1987). Solche Symptome sind ein Hinweis auf die Aktivität des parasympathischen Nervensystems, die auf eine anfängliche sympathische Aktivität folgt. Dieser Wechsel wird ‚diphasisches Responsemuster‘ genannt. Dauert die Konfrontation mit Blut nur kurz, treten die parasympathischen Symptome nicht auf. Übrigens sind von ‚Normalen‘ ähnliche Reaktionen beim Sehen von Blut bekannt. Der Unterschied zwischen beiden Gruppen liegt nicht in der Art der Reaktion, sondern im Schweregrad der Symptome (Carruthers und Taggart, 1973; Öst, 1986). Der zweite Unterschied zwischen Blutphobie und den anderen einfachen Phobien ist, daß bei ersterer nicht so sehr Angst, sondern Übelkeit berichtet wird. In diesem Sinn ist es sogar zweifelhaft, ob der Ausdruck ‚Blutphobie‘ wohl richtig gewählt ist. Die betroffene Person scheint mehr Angst davor zu haben, ohnmächtig zu werden, als vor dem Blut an sich.

Differentielle Diagnostik

Bei den diagnostischen Kriterien wurde schon erwähnt, daß nach dem DSM-III-R die Diagnose ‚einfache Phobie‘ erst gestellt werden kann, nachdem andere Angststörungen ausgeschlossen wurden. Vor allem wird dabei die Angst vor einem Panikanfall, unter Umständen kombiniert mit Agoraphobie, genannt. Auch die Angst vor kritischer Beurteilung durch andere Personen oder Verlegenheit ist keine einfache, sondern eine soziale Phobie. Das Nicht-Berühren bestimmter Gegenstände (z. B. Türen, Stühle, andere Menschen) aus Angst vor Ansteckung fällt nicht unter die einfache Phobie, sondern unter Zwangsstörungen. Vermeidung von Stimuli, die an ein Trauma erinnern (z. B. das Vermeiden bestimmter Orte oder z. B. Photos) tritt oft auf bei einer post-traumatischen Streßstörung. Auch in diesen Fällen ist die Diagnose ‚einfache Phobie‘ nicht angezeigt.

1.6. Zwangsstörungen

Georg ist ein unverheirateter Mann von 32 Jahren, der zwar eine eigene Wohnung hat, aber wegen seiner Unsicherheit bei seinen Eltern wohnt. Das Hauptsymptom ist der Zwang, alle möglichen Gedanken aufschreiben zu müssen. Er hat Angst, daß er Dinge vergißt, die er gesehen, gefühlt und erlebt hat. Zudem ist er im allgemeinen sehr perfektionistisch. Vor sieben Jahren begann er mit dem zwanghaften Schreiben, ohne daß es einen deutlichen Anlaß gegeben hätte. Zu Beginn tat er es in Form eines Tagebuchs, was zum andauernden Aufschreiben seiner Gedanken und Gefühle ausgewachsen ist. Der Gedanke, etwas vergessen zu können, macht ihm große Angst; durch das Schreiben selbst nimmt die Spannung vorübergehend ab. Er schreibt seine Gedanken und Gefühle auf kleine Zettel, die er in Schachteln aufhebt. Dinge, die er aufschreiben muß, sind sein Alter, körperliche Erfahrungen, Ereignisse, die er behalten möchte, Buchtitel, Erinnerungen. Damit ist er täglich stundenlang beschäftigt. Georg vermeidet es, Zeitung zu lesen, weil er dann immer wieder rückwärts lesen und Dinge aufschreiben muß. Zudem leidet er unter einem Kontrollzwang (gerichtet auf Gas, Licht, Türen etc.) und übertriebener Ordentlichkeit: alles hat seinen festen Platz und seine feste Reihenfolge. Außerdem muß alles aufgehoben und darf nichts weggeworfen werden (Sammelzwang). Abgesehen von seinen Eltern hat er keinerlei soziale Kontakte.

Bei der Zwangsstörung stehen Zwangsgedanken *(obsessions)* oder Zwangshandlungen *(compulsions)* im Mittelpunkt. Beide Symptome stimmen in vieler Hinsicht überein, manifestieren sich jeweils auf charakteristische Weise und kommen oft in Kombination vor. Der DSM-III-R umschreibt Zwangsgedanken als hartnäckige Ideen, Gedanken, Impulse oder Vorstellungen, die jedenfalls anfänglich als aufdringlich und sinnlos erlebt werden. Das ist z. B. der Fall, wenn ein Elternteil wiederholt den Impuls hat, das Kind, das er liebt, zu töten, oder wenn eine religiöse Person immer gotteslästerliche Gedanken hat. Der Betroffene versucht, solche Gedanken oder Impulse zu negieren, zu unterdrücken oder sie mit einem anderen Gedanken oder einer anderen Handlung zu neutralisieren. Der Patient sieht ein, daß die Zwangsgedanken ein Produkt seines Geistes sind und ihm nicht von außen aufgezwungen werden (wie bei Gedankeneingabe).

Liegt eine andere Störung der Achse I vor, besteht mit dem Inhalt der Zwangsgedanken kein Zusammenhang. Die Ideen, Impulse oder Vorstellungen haben z. B. im Fall einer ‚depressiven Periode im engeren Sinn' keine Schuldgefühle zum Inhalt.

Zwangshandlungen kennzeichnen sich durch wiederholte, zielgerichtete und beabsichtigte Verhaltensweisen, die ausgeführt werden als Antwort auf einen Zwangsgedanken oder stereotyp nach bestimmten Regeln. Ziel des Verhaltens ist das Neutralisieren oder Verhindern von Unwohlsein und Spannung oder von einem bestimmten gefürchteten Ereignis/Situation. Die Handlung hat realistisch jedoch nichts zu tun mit dem, was verhindert oder neutralisiert werden soll, oder ist eindeutig überproportional dazu.

Der Patient sieht ein, daß sein Verhalten übertrieben und unrealistisch ist. Letzteres braucht bei kleinen Kindern oder bei Menschen, deren Zwangsgedanken sich langsam zu wahnartigen Ideen entwickelt haben, nicht so zu sein. Zudem verursachen die Zwangshandlungen oder -gedanken beträchtliche Schwierigkeiten, sie sind zeitraubend (sie beanspruchen mehr als eine Stunde pro Tag) und sie interferieren mit dem Alltag, der Berufsausübung oder üblichen sozialen Aktivitäten oder Beziehungen mit anderen.

Klinisches Bild

Obwohl zwanghafte Rituale und Zwangsgedanken gewöhnlich nicht unterschieden werden, leiden etwa 80 % der Menschen mit Zwangsstörungen unter beiden Phänomenen. Reine Rituale ohne Zwangsgedanken kommen selten vor. Meistens gehen die Zwangsgedanken den Ritualen voraus, aber es kann auch umgekehrt sein. Die folgende Fallgeschichte ist eine gute Illustration.

Eine junge Frau von 27 Jahren leidet seit dem achten Lebensjahr unter Zwangsgedanken wie ‚Gott ist verflucht‘, ‚Gott ist ein Trottel‘, ‚Gott ist verrückt‘. Diese Gedanken werden oft auf Englisch formuliert, weil ihr das weniger Angst macht. Sie versucht, die Gedanken zu neutralisieren, indem sie sich täglich ca. 20 mal an einem willkürlichen Platz in ihrer Wohnung hinkniet. Dann bittet sie Gott um Verzeihung durch lautes Beten, Wimmern, Kopfschütteln, sich nach links drehen, einen Schritt rückwärts gehen, nicht auf Linien gehen etc. Sie hat auch Zwangsgedanken mit dem folgenden Inhalt: ‚Bete ich zu Gott oder zum Teufel?‘, ‚Darf ich einen Mann anschauen oder nicht?‘, ‚Liebe ich meinen Mann eigentlich?‘, ‚Darf ich ein Auto kaufen?‘, ‚Darf ich ein Videogerät kaufen?‘. Auch diese Gedanken versucht sie zu neutralisieren. Beim Erstgespräch zeigt sich, daß die Patientin streng reformiert erzogen wurde. Schon ab dem achten Lebensjahr war sie unsicher, was gut und schlecht ist, weil die Bibel ihrer Ansicht nach diesbezüglich keine genaue Auskunft gibt. Vor allem das biblische Gebot, die Eltern zu ehren, macht sie unsicher. Emotional kann die Patientin ihren Zorn auf ihre Eltern nicht vereinbaren mit den Geboten, die sie täglich hört. Der erste Zwangsgedanke aus dieser Zeit, an den sie sich erinnert, hat den Inhalt ‚Meine Eltern sind verflucht‘. Um diesen Gedanken ungeschehen zu machen, fügte sie das Wort ‚nicht‘ an, bis sie im Lauf der Zeit fünf oder sechs Mal das Wort ‚nicht‘ verwendete: ‚Meine Eltern sind nicht nicht nicht nicht nicht nicht verflucht.‘ Die Zweifelgedanken entstehen nach ihrer Heirat. Ihre Mutter war mit ihrer Wahl nicht einverstanden, was die Patientin in große Konflikte brachte. Auch ihre Zwangsgedanken, sie könnte anderen etwas antun, sind in dieser Zeit entstanden und haben als Inhalt, daß sie ihren Mann und ihre Schwiegereltern töten könnte.

Die häufigsten Zwangsgedanken betreffen die Angst vor Schmutz und Ansteckung. Einer von vier Patienten hat Gedanken über Gewalt oder dazu, jemandem etwas antun zu wollen (z. B. das eigene Kind zu töten). Zweifel (sich z. B. wiederholt fragen, ob man schwere Fehler gemacht hat) kommt in vielen Fällen als Zwangsgedanke vor. Häufige Zwangshandlungen sind zählen, putzen oder (Hände) waschen, kontrollieren und berühren.

Putzzwang wird meistens in Zusammenhang gebracht mit der Angst vor Ansteckung, die dazu führt, daß Patienten sich selbst, ihre Wohnung und ihre Kinder und Partner reinigen wollen. Berührt so jemand etwas, das ansteckend sein könnte (z. B. ein Türknauf, andere Menschen oder Lebensmittel), müssen Arme und Hände gewaschen oder ein Bad/eine Dusche genommen werden. ‚Müssen‘ verweist auf den zwingenden Charakter der Handlungen: der Betroffene kann sich ihm nicht entziehen, weil in diesem Fall Angst und Spannung sehr stark zunehmen. Nicht nur eine tatsächliche Berührung, sondern auch Gedanken daran können die Wasch- und Putzrituale in Gang bringen.

Bei Kontrollzwang prüft der Betroffene oft, ob Türen und Fenster zu sind und das Gas ausgeschaltet ist. Verläßt der Patient das Haus, so geht er oft etliche Male zurück, um zu kontrollieren, ob alles in Ordnung ist. Nicht zurückgehen führt zu großer Anspannung, die vom Betroffenen als unerträglich erlebt wird, während Kontrollieren die Spannung reduziert. Das Kontrollieren kann viele Formen annehmen, wie z. B. mit dem Auto umkehren, um zu sehen, ob man einen Unfall verursacht hat, oder ins Büro zurückgehen und nachsehen, ob man jemanden im Schrank eingesperrt hat. Auffallend ist, daß Waschzwang häufiger bei Frauen und Kontrollzwang häufiger bei Männer vorkommt (Hoekstra et al., 1989).

Eine depressive 23jährige Lehrerin, Ilse, hat Zwangsgedanken, daß sie lesbisch ist, und muß alles mögliche kontrollieren. Die Beschwerden begannen vor drei Jahren, nachdem sie mit einer lesbischen Frau Kontakt gehabt hatte. Es fand kein sexueller Kontakt statt, aber weil sie das Interesse der Frau angenehm fand, begann sie zu fürchten, sie sei selbst lesbisch. Ilse fand diese Entdeckung schrecklich und hatte große Angst, es aus Versehen anderen zu erzählen. Danach entstanden verschiedene Rituale wie das Kontrollieren von Zeitschriften, Büchern und Schulheften aus Angst, sie könnte darin etwas aufgeschrieben haben über Menschen, die homosexuell seien. Zudem muß sie dauernd die Schränke in der Schule kontrollieren, aus Angst, sie habe ein Kind eingesperrt. Zuhause muß sie das Gas kontrollieren (aus Angst vor Brand), den Wasserhahn und die Toilette (aus Angst vor einer Überschwemmung) und Fenster und Türen (aus Angst vor einem Einbruch). Sie muß alles, was sie getan hat, aufschreiben, damit sie sicher weiß, daß sie alles kontrolliert hat.

Menschen mit Zwangsgedanken und -handlungen versuchen meistens, Situationen und Stimuli zu vermeiden, die solche Gedanken oder Handlungen auslösen könnten. Das wird bezeichnet mit dem Ausdruck ‚passive Vermeidung'. Mit ‚aktiver Vermeidung' hingegen ist die motorische Komponente der Zwangsstörung gemeint, wie kontrollieren und putzen. Im allgemeinen hängt das aktive und passive Vermeidungsverhalten der zwanghaften Person eng zusammen mit dem Inhalt des Zwangs. Das folgende Beispiel verdeutlicht das.

Bei Frau Kohl, 52 Jahre, begann der Zwang erst im späteren Lebensalter. Obwohl sie immer sehr ordentlich war, entstand ihr Putzzwang vor vier Jahren nach einer Krankenhausaufnahme wegen Entzündung der Gebärmutter. Seit damals hat sie große Angst vor allem, was mit Krankheit und möglicher Ansteckung zu tun hat. Diese Angst führt sowohl zur Vermeidung vieler Situationen, in denen sie sich anstecken könnte, als auch zu ausführlichen Zwangshandlungen. So vermeidet sie Geschäftsstraßen, Kaufhäuser und soziale Kontakte. Wenn sie einkauft, muß sie ein Kopftuch tragen. Sieht sie jemanden, der schmutzig ist, oder hört sie jemanden husten, legt sie ihre Einkäufe weg und läuft nachhause, um zu duschen. Sie duscht durchschnittlich viermal pro Tag. Die Wäsche wird sehr sorgfältig behandelt; beim Aufhängen darf nichts berührt werden. Vor allem Unterhosen machen Probleme; sie müssen geschützt hinter der anderen Wäsche hängen. Im Zweifelsfall, und das ist meistens so, werden die Unterhosen drei bis viermal neu gewaschen. Die Wäsche muß unter einem Schutzdach hängen. Kommt jemand in die Nähe, wird alles neu gewaschen. Sie darf ihre Slips beim Ankleiden nicht mit den Füßen berühren. Ihre Füße wäscht sie etliche Male und schützt sie in speziellen sauberen Schuhen. Berührt sie den Slip doch, wird er sofort wieder gewaschen. Das geschieht manchmal mehrmals hintereinander. Strumpfhosen, lange Hosen und Pyjamahosen trägt sie nicht. Frau Kohl findet den Boden auch sehr angsterregend, daher darf nichts den Boden berühren, z. B. Decken, Bügelwäsche etc.; sonst muß es gleich in die Wäsche. Beim Kochen wäscht sie wiederholt ihre Hände, genauso wie alle Lebensmittel, wie Brot, Fleisch und Orangen. Geht sie auf die Toilette, so läßt sie die Türe immer einen

Spalt offen. WC-Papier verbraucht sie in exzessiven Mengen. Zuvor zieht sie ihren Rock in der Küche aus. Wegen diesem Ritual geht sie außer Haus nie auf die Toilette. Außerdem leidet die Patientin unter Kontrollzwängen bezüglich Gas, Licht, Wasserhähnen, Ofen und Auto. Verläßt sie das Haus, muß sie zehnmal zurückgehen, um alles zu kontrollieren. Sie muß auch dauernd kontrollieren, ob sie in ihrer Strickarbeit eine Masche fallengelassen hat. Ihr Mann muß sie bei diesen Zwangshandlungen andauernd beruhigen. Sie fragt ihn dauernd, ob er etwas beschädigt hat, ob er nicht schmutzig ist und ob er das Haus kontrolliert hat.

Vermeidungsverhalten hängt also eng zusammen mit dem Inhalt der Zwangsgedanken. Patienten mit den Zwangsgedanken, andere verwunden zu müssen, vermeiden scharfe Gegenstände (Messer, Scheren) oder das Alleinsein mit Kindern. Manche haben jedoch eher Angst, daß sie sich selbst etwas antun könnten. Menschen mit Kontrollzwang vermeiden z.B. Situationen, die ihre Rituale auslösen wie z.B. Alleinsein, Autofahren, Streichhölzer verwenden oder als letzter ins Bett gehen. Menschen mit Waschzwang bemühen sich sehr, Ansteckung zu verhindern. Haben Zwangsgedanken mit dem Tod zu tun, vermeiden Menschen alle Situationen, die sie auf solche Gedanken bringen könnten wie Zeitunglesen, Fernsehen und auf ein Begräbnis gehen. In solchen Fällen können die Rituale sehr subtil sein und z.B. im Berühren bestimmter Gegenstände, dem Nennen bestimmter Nummern oder Sprüche oder dem dauernden Wiederholen von Tätigkeiten bestehen.

Weniger übliche Arten von Zwangsverhalten betreffen das zwanghafte Sammeln oder Kaufen. Zwanghaftes Kaufen bedeutet, daß jemand die starke Neigung hat, alles mögliche zu kaufen, ohne daß er es braucht, ,weil es so billig ist'. Jemand der an Sammelzwang leidet, kann Kästen voll mit alten Belegen, Aufzeichungen, Schuhen, Unterwäsche haben. In Extremfällen können die Gegenstände ganze Zimmer füllen. Die Gegenstände werden nicht verwendet, aber der Patient hat Angst, sie wegzuwerfen, weil er sie eines Tages doch noch brauchen könnte. Zwanghaftes Sammeln kann als schwere Variante von zwanghaftem Zweifeln aufgefaßt werden.

Zwanghaftes Zählen ist eine Form von Zwangsverhalten, die oft mit Kontrollieren und Waschen einhergeht; bei manchen ist das Zählen jedoch das Kernsymptom. In so einem Fall muß jemand seine Handlungen mehrmals wiederholen. Es kommt vor, daß Menschen sich eine bestimmte Zahl vorsagen oder alles mit der Häufigkeit von geraden bzw. ungeraden Zahlen ausführen. Andere Zahlen können Gefahr bedeuten und dann muß der Patient verhindern, etwas drei oder sieben oder dreizehn Mal zu tun.

Für manche Menschen ist Sauberkeit das Hauptproblem. Dies ist zu unterscheiden von gewöhnlicher Sauberkeit, die keinen zwanghaften Charakter hat. Sie müssen bestimmte Gegenstände immer wieder auf eine bestimmte Art ordnen, wie z.B. Platten, Bücher, Kleider, Besteck, Möbel etc. In Extremfällen ist der Betroffene den ganzen Tag beschäftigt, alles genau auf bestimmte Art aufzuräumen. Schließlich gibt es Menschen mit zwanghafter Trägheit, die ungewöhnlich lang für Routinehandlungen wie An- und Ausziehen brauchen.

Neutralisierende Gedanken haben oft die gleiche Funktion wie Rituale, nämlich das Ungeschehenmachen von schädlichen Folgen des Zwangs. Einer unserer Patienten, der einen Zwang zur Gotteslästerung hatte (‚Gott ist verrückt‘), mußte jedesmal, wenn der Gedanke auftrat, neutralisierende Gedanken denken (‚Ich bleibe katholisch‘). Dadurch nahm die Angst, die von den gotteslästerlichen Gedanken verursacht wurde, wieder ab.

Differentielle Diagnostik

Zwangsverhalten kann in mehrfacher Hinsicht von anderen Störungen unterschieden werden. Genauso wie Agoraphobiker vermeiden manche Zwangspatienten es, sich außer Haus zu begeben. Der Unterschied besteht im Motiv für das Vermeidungsverhalten: Agoraphobiker haben oft Angst, einen Panikanfall zu bekommen, während Zwangspatienten z. B. vor Ansteckung Angst haben. Sind Zwangsgedanken die Folge von schweren traumatischen Erfahrungen, so spricht man eher von einer post-traumatischen Streßstörung als von Zwangsverhalten.

Depression kommt oft vor bei Menschen mit Zwangsstörungen. In den meisten Fällen ist die Depression sekundär, was angesichts des Schweregrads der Störung nicht erstaunlich ist. Zwangsgedanken treten auch oft in depressiven Episoden auf, verschwinden aber wieder, wenn die Depression vorbei ist; in diesen Fällen wird die Diagnose ‚Depression‘ gestellt. Wenn die Zwangsstörungen während einer psychotischen Periode auftreten, spricht man auch nicht von zwanghaftem Verhalten.

Bestimmte Zwangsgedanken werden nicht als solche benannt. Exzessive Besorgtheit um die eigene Gesundheit fällt unter die Diagnose ‚Hypochondrie‘, während die Vorstellung, eine körperliche Abweichung zu haben, als Dysmorphophobie diagnostiziert wird (diese Störung wurde bereits besprochen).

Ticks unterscheiden sich von Zwangshandlungen darin, daß sie unwillkürlich auftreten. Jedoch leiden viele Menschen mit Gilles-de-la-Tourette Syndrom (mehrere motorische und ein oder mehrere vokale Ticks) ebenfalls an Zwangsstörungen.

1.7. Posttraumatische Streßstörung

Gisela radelte abends durch den Park, als ein Mann mit Glatze sie anhielt. Sie wollte weiterfahren, wurde aber vom Rad gezogen. Es folgte ein kurzer Kampf, bei dem sich schnell zeigte, daß der Mann viel stärker war als Gisela. Unter Bedrohung mit einem Messer vergewaltigte er sie im Gebüsch. Sie kam völlig zerrüttet nach Hause, wo sie von ihrem Freund getröstet wurde. Nach langem Hin und Her beschließt sie, am nächsten Tag Anzeige bei der Polizei zu erstatten. Noch Tage nach der Verge-waltigung ist sie sehr ängstlich und zittert am ganzen Körper. Nachts träumt sie immer wieder von derselben Szene und wacht schweißgebadet auf. Mit ihrem Freund kann oder will sie kaum über das Vorgefallene sprechen und hat auch keinerlei In-teresse an sexuellem Kontakt mit ihm. Sie wird jetzt oft extrem ängstlich, wenn sie Gewalt- und Verfolgungsszenen im Fernsehen sieht, bei der Konfrontation mit glatz-köpfigen Männern und beim Anblick von Ohrringen (der Täter trug einen Ohrring) und Messern. In den Park traut sie sich selbst in Begleitung nicht mehr, und nach Dunkelheit traut sie sich nicht mehr aus dem Haus. Die Vergewaltigung hat in ihrem Leben eine tiefe Spur zurückgelassen.

DSM-III-R Kriterien

Die fragliche Person hat etwas erlebt, das außerhalb der üblichen menschlichen Erfahrung liegt und auf jeden tiefen Eindruck macht. Beispiele dafür sind schwere Bedrohungen der eigenen Person oder des Partners, der Kinder, anderer Famili-enmitglieder oder Verwandter; plötzliche Verwüstung der Wohnung oder der An-blick von jemandem, der bei einem Unfall durch physische Gewalt schwer ver-wundet oder getötet wird. Es können drei Symptomgebiete unterschieden werden in bezug auf Wiedererleben, Vermeidung und Arousal.

Das traumatische Erlebnis wird hartnäckig wiedererlebt auf mindestens eine der folgenden Arten:
- wiederkehrende, bedrängende und beunruhigende Erinnerungen an das Ereignis;
- wiederkehrende, beunruhigende Träume über das Ereignis;
- plötzliches Handeln oder Fühlen, als würde das Ereignis stattfinden (dazu gehört auch ein Gefühl, das Ereignis wiederzuerleben, Sinnestäuschungen, Halluzinationen und dissoziative Momente, auch wenn sie beim Aufwachen vorkommen oder unter Einfluß von Medikamenten);
- intensives psychisches Leiden, wenn die Person Ereignissen ausgesetzt wird, die dem traumatischen Ereignis sehr ähnlich sind oder dieses symbolisieren. Darunter werden auch ‚Geburtstage‘ von traumatischen Ereignissen verstanden.

Hartnäckige Vermeidung von Stimuli, die in Zusammenhang mit dem Trauma gebracht werden, oder eine Betäubung der allgemeinen Affektivität, die vor dem Trauma nicht vorlag. Dies äußert sich in mindestens drei der folgenden Aspekte:
- Versuche, Gedanken und Gefühle zu vermeiden, die mit dem Trauma in Zu-sammenhang stehen;
- Versuche, Aktivitäten und Situationen zu vermeiden, die Erinnerungen an das Trauma auslösen;
- das Unvermögen, sich an einen wichtigen Aspekt des Traumas zu erinnern (psychogene Amnesie);

44

– ein auffallender Verlust an Interesse für wichtige Aktivitäten; – ein Gefühl der Entfremdung von anderen, des Nicht-Dazugehörens; – eine Beschränkung des Affekts, z. B. das Unvermögen, liebende Gefühle zu empfinden;
– ein Gefühl von wenig Zukunftsperspektive, z. B. wenn die fragliche Person nicht erwartet, Karriere zu machen, zu heiraten, Kinder zu bekommen oder lang zu leben.

Mindestens zwei der folgenden Symptome eines erhöhten Arousal (die vor dem Trauma nicht vorlagen) kommen vor, nämlich Einschlaf- oder Durchschlafschwierigkeiten, Nervosität oder Wutausbrüche, Konzentrationsschwierigkeiten, übermäßige Wachsamkeit, übertriebene Schreckreaktionen und physiologische Reaktionen bei Ereignissen, die dem traumatischen Ereignis ähnlich sind oder dieses symbolisieren.

Es handelt sich nur dann um eine posttraumatische Streßstörung, wenn die Symptome aus den genannten drei Bereichen länger als einen Monat vorliegen.

Klinisches Bild

Die posttraumatische Streßstörung ist vielleicht die einzige Angststörung, deren Beginn eindeutig feststellbar ist. Das bedeutet jedoch nicht, daß jeder, der ein Trauma erlebt, auf die gleiche Weise reagiert. Die Traumata sind verschiedener Art und umfassen unter anderem: Krieg, sexuelle und andere Gewaltverbrechen (Vergewaltigung, Belästigung, Inzest), Banküberfälle, extreme Naturkatastrophen und schwere Unfälle. In den USA hat die Untersuchung von Vietnamveteranen wichtige Kenntnisse über die posttraumatische Streßstörung erbracht. In der Literatur findet man nur wenig Information über Betroffene außerhalb der westlichen Welt. Erst bei Flüchtlingen wird klar, welchen Einfluß ein solcher Status auf das heutige Funktionieren dieser Menschen hat. Wegen des Sprachproblems in ihrem Gastland können sie oft kaum ausdrücken, was es für sie bedeutet, gefoltert worden zu sein oder gesehen zu haben, wie ihre Familie ermordet wurde oder anders ums Leben kam.

Bei vielen Menschen beginnt die Störung einige Stunden oder Tage nach der Konfrontation mit dem Trauma. In manchen Fällen vergehen Jahre, bevor Beschwerden (wie Wiedererleben, Vermeiden, gesteigertes Arousal) sich in aller Heftigkeit manifestieren. Von vielen Opfern aus Konzentrationslagern ist z. B. bekannt, daß sie nach dem Krieg hart arbeiteten, um damit alle Erinnerungen an das Trauma zu verdrängen. Man könnte dies als langfristige Form von Vermeidungsverhalten auffassen. Wenn jedoch, auf welche Weise auch immer, die aktive Teilnahme am Arbeitsprozeß aufhört, kann sich eine posttraumatische Streßstörung manifestieren.

Schlafstörungen nehmen bei vielen dieser Patienten einen vorrangigen Platz ein, ebenso wie Alkohol- und Medikamentenmißbrauch und andere Süchte, von denen starkes Rauchen eine der harmlosesten ist. Aus amerikanischen Forschungen ist bekannt, daß unter Vietnamveteranen ein großer Mißbrauch von harten Drogen entstand. Suchtverhalten kann ebenfalls als eine Art der Vermeidung betrachtet werden: man möchte in einen Zustand des Vergessens kommen. Auch aktive Versuche, bestimmte Aktivitäten oder Situationen zu vermeiden, treten bei diesen Patienten häufig auf: z.B. Kriegsopfer, die nicht nach Deutschland fahren. Ein wichtiges Merkmal der Störung ist die beschränkte Responsivität. Das kann in leichten Fällen dazu führen, daß jemand sich anderen entfremdet und nicht zugehörig fühlt. In schweren Fällen handelt es sich um ein Unvermögen, Gefühle zu erleben, vor allem intimere wie Liebe, Sexualität und Zärtlichkeit. Nach Meinung mancher Autoren kann ein schweres Trauma sogar zu dissoziativen Störungen wie der multiplen Persönlichkeit führen.

Die posttraumatische Streßstörung geht oft einher mit Symptomen wie Depression, Selbstmordgedanken und -handlungen, phobischen Ängsten, unerwarteten aggressiven Ausbrüchen und dem schon genannten Medikamentenmißbrauch. Zudem kann die Störung großen Einfluß haben auf die familiären und sozialen Beziehungen des Betroffenen, unter anderem durch die emotionale Abkühlung, die Beschäftigung mit dem traumatischen Thema oder gerade deren Vermeidung. Beziehungsprobleme können so in zweiter Instanz eine Sorgenquelle werden, genauso wie Probleme mit der täglichen Arbeit.

In allgemeinerem Sinn muß gesagt werden, daß diese Störung nicht sehr gut untersucht ist und viele Befunde auf Kasuistiken beruhen.

Differentielle Diagnostik

Manche Menschen erzählen, daß sie tief beeindruckt waren von an sich weniger dramatischen Ereignissen. Einer unserer Patienten sagte z.B., er müsse noch immer an eine Szene seiner Kindheit zurückdenken, bei der ein Huhn geschlachtet wurde. Solche nicht unüblichen Ereignisse, genauso wie wirklich eingreifende Erfahrungen wie Scheidung, Bankrott, natürlicher Tod einer geliebten Person, werden nicht zu den oben genannten Traumata gerechnet.

Bezüglich der differentiellen Diagnostik muß vor allem unterschieden werden zwischen einfachen Phobien (Vermeiden einer spezifischen Situation oder eines Objekts), Zwangsverhalten (immer wieder an ein angstauslösendes Thema denken) und Agoraphobie (was ist das Motiv, warum jemand sich nicht auf die Straße traut oder sich nicht getraut, alleine zu reisen?). Depressive Störungen treten oft als Folge der posttraumatischen Streßstörung auf: es ist darum notwendig, bei depressiven Patienten, die bestimmte Themen zu vermeiden scheinen, auf subtile

Weise weiterzufragen. Schließlich muß zwischen dieser Störung und pathologischer Trauer unterschieden werden.

1.8. Generalisierte Angststörung

Schon seit einem Jahr fühlt Ursula (34) sich nervös und unruhig. Sie hat dafür keine Erklärung, denn es ist nichts Besonderes geschehen. Sie kann sehr gut grübeln und sich Sorgen machen. Wenn ihr Mann etwas später von seiner Arbeit kommt, sieht sie ihn in Gedanken wegen eines Unfalls schon im Krankenhaus liegen. Wenn ihre Kinder draußen spielen, hat sie keine Ruhe, weil sie immer wissen will, ob sie in Sicherheit sind. Ferien sind für sie entsetzlich geworden, weil sie sich die ganze Zeit Sorgen macht, daß etwas schief gehen und ihrer Familie etwas passieren könnte. Wenn sie in der Sonne am Strand sitzt, kann sie nicht zur Ruhe kommen und versucht die ganze Zeit, ihren Mann und die zwei Kinder zu beobachten, damit sie nicht zu weit wegschwimmen und zu wild spielen. Lange Zeit konnte sie sich beherrschen, aber als nun die Ferien wieder vor der Tür stehen, will sie mit einem Psychologen sprechen. Vor einiger Zeit hat der Hausarzt ihr bereitwillig zugehört und gesagt, daß sie wahrscheinlich überarbeitet sei und Ferien ihr gut tun würden. Dieser Rat hat sie in ihrer Überzeugung bestätigt, daß sie geistig nicht ganz normal ist, was wiederum eine neue Quelle von Spannung und Grübeln geworden ist.

DSM-III-R Kriterien

Die Diagnose wird gestellt, wenn es um eine unrealistische oder außergewöhnliche Angst und Besorgtheit (angstvolle Erwartung) bezüglich zweier oder mehrerer Lebensbereiche geht. Beispiele dafür sind Sorgen über mögliche Unglücksfälle der Kinder (wenn diese außer Gefahr sind) oder Geldangelegenheiten (wenn dafür kein Grund vorhanden ist). Diese Sorgen dauern länger als sechs Monate und treten häufig auf. Liegt eine andere Störung der Achse 1 vor, hat die obengenannte Besorgtheit damit keinen Zusammenhang. Die Angst oder Besorgtheit bezieht sich z. B. nicht auf einen Panikanfall wie bei der Panikstörung. Auch kommt die Störung nicht ausschließlich im Lauf einer Stimmungsstörung oder einer psychotischen Störung vor.

Es werden drei Symptombereiche unterschieden, nämlich motorische Spannung, autonome Hyperaktivität und Wachsamkeit. Für die Diagnose sind mindestens sechs der folgenden Symptome oft vorhanden, wenn die Person ängstlich ist. Symptome, die nur während eines Panikanfalls auftreten, werden nicht dazugerechnet.

- Motorische Spannung, die sich in Zittern und Beben, Muskelspannung oder -schmerz, Rastlosigkeit und rascher Ermüdbarkeit äußert.

- Autonome Hyperaktivität in der Form von Kurzatmigkeit, Herzklopfen oder schnellem Herzschlag, Schweiß oder klammen Händen, trockenem Mund, Schwindel, Übelkeit, Durchfall oder anderen Bauchbeschwerden, Wallungen (warm und kalt), häufigem Wasserlassen, beschwerlichem Schlucken oder einem Kloß im Hals.
- Wachsamkeit, die sich äußert als ‚sich aufgekratzt fühlen‘, übertriebene Schreckreaktionen, Konzentrationsschwierigkeiten, Ausfälle wegen der Angst, Schlafschwierigkeiten und Gereiztheit.

Es kann kein organischer Faktor festgestellt werden, der die Störung verursacht oder aufrechterhält (wie Hyperthyroidie oder Koffeinvergiftung). Zudem müssen andere Störungen, bei denen generalisierte Angst oft auftritt, erst ausgeschlossen werden.

Klinisches Bild

Die generalisierte Angststörung ist eine schwer zu beschreibende Kategorie, die von vielen als eine Art Restkategorie des Phänomens Angst betrachtet wird. Erhöhtes Arousal ist das deutlichste Merkmal dieser Störung. Andere Symptome sind: sich sorgen und grübeln über Dinge, die möglicherweise geschehen könnten, für deren Auftreten aber kein Grund vorhanden ist (angstvolle Erwartungen). Außerdem werden viele körperliche Spannungsbeschwerden berichtet, die nicht eindeutig an spezifische Situationen gebunden sind, aber scheinbar durch Grübeln und Sich-Sorgen verursacht werden (nämlich über das, was geschehen kann, im Gegensatz zur Depression, bei der Grübeln oft einen retrospektiven Charakter hat oder sich auf das eigene Scheitern konzentriert).

Butler et al. (1987a) stellten fest, daß bei 64 % ihrer Patienten mit generalisierter Angststörung eine phobische Vermeidung vorlag, die aber keinen spezifischen Fokus hatte wie bei der einfachen Phobie oder der Agoraphobie. Viele Menschen mit generalisierter Angst vermeiden unregelmäßig und nur teilweise. 80 % von Butlers Patienten zeigten Situationsangst und 78 % Antizipationsangst. In derselben Arbeit wurde untersucht, was Menschen selbst gegen diese Beschwerden tun. Übermäßiger Medikamentenkonsum, vor allem Tranquillizer (Benzodiazepine), und häufiger Alkoholkonsum werden bei 15 % der untersuchten Patienten mit generalisierter Angststörung festgestellt. Weiter wird die Suche nach Ablenkung als wichtigste Angstreduktion genannt.

Differentielle Diagnostik

Generalisierte Angst und Panikstörung ähneln einander in gewisser Weise: in beiden Fällen handelt es sich um eine langfristige Erhöhung des Arousal und um angstvolle Erwartung. Der Unterschied zwischen den Störungen besteht darin, daß die Angst bei der Panikstörung von einem drohenden neuen Anfall verursacht wird, während das bei der generalisierten Angststörung nicht der Fall ist. Bei letzterer kann der Betroffene keinen anderen spezifischen Grund angeben für die Angst, als übermäßiges Grübeln und Nachdenken über allerlei Dinge, die geschehen könnten, vor allem Gedanken über die Angst selbst, über Kontrollverlust und über mögliche Krankheiten. Dies alles bedeutet, daß die Diagnose generalisierte Angst nur gestellt werden kann, wenn es sich nicht um eine Panikstörung handelt. Bei Depression tritt ebenfalls eine verstärkte Neigung zum Grübeln auf. Der Inhalt der Grübeleien ist jedoch eher düster als angstvoll gefärbt und weist unter anderem auf eine pessimistische Haltung der Zukunft gegenüber und auf ein negatives Selbstbild hin. Wie schon bei der Panikstörung besprochen, müssen auch bei der Diagnose ‚generalisierte Angststörung‘ ursächliche organische Faktoren ausgeschlossen werden. Wir nannten schon den übermäßigen Konsum von Koffein, Alkohol und Psychopharmaka.

1.9. Schlußwort

Die Verwendung von diagnostischen Kriterien ist eine weniger geradlinige Angelegenheit als man vielleicht auf den ersten Blick denkt. Dabei spielen mindestens zwei Faktoren eine Rolle, nämlich die diagnostischen Fertigkeiten des Klinikers und die Eindeutigkeit der verwendeten Kriterien.

Die Einordnung der Beschwerden verlangt eine genaue Inventarisierung ihrer Art und der Umstände, unter denen sie auftreten. Neben der Beherrschung der üblichen Gesprächsfertigkeiten muß der Diagnostiker einen guten Einblick in die verschiedenen Formen von Angststörungen und ihre jeweiligen Übereinstimmungen haben. Ein Beispiel kann das illustrieren: Ein Patient meldet sich an mit der Angst, in Hochhäusern den Lift zu benutzen. Welche Diagnose kann man stellen? Hat der Patient Angst vor kleinen Räumen (Klaustrophobie)? Handelt es sich um die Angst, nicht unmittelbar wegzukönnen, wenn man sich unwohl fühlt (wie bei der Panikstörung)? Fühlt der Patient sich in Gesellschaft von Unbekannten sehr angespannt (wie bei der sozialen Phobie)? Ist es die Angst, sich beim Berühren des Lifts oder der Menschen darin anzustecken (wie bei Zwangsverhalten)? Hat der Lift eine traumatische Bedeutung, weil der Patient darin sexuell/körperlich mißhandelt wurde (wie bei der posttraumatischen Streßstörung)? Diese und andere diagnostische Überlegungen muß der Kliniker anstellen, bevor die Rede von einer verantwortungsvollen Diagnose sein kann. Vor allem im Hinblick auf die obengenannten Probleme ist es wichtig, daß Kliniker die differentielle Diagnostik von Angststörungen im besonderen und Psychopathologie im allgemeinen gut beherrschen. Vor allem junge Kliniker haben die Neigung, schnell mit der ersten Information, die in eine bestimmte diagnostische Schublade paßt, zufrieden zu sein. Dadurch laufen sie Gefahr, nach den Umständen der Beschwerden und den Motiven des Patienten zu wenig zu fragen. Eine Diagnose gibt oft Anlaß zu weiterem Handeln, wie z. B. zur Aufstellung einer funktionalen Analyse und/oder der Planung und Ausführung einer Behandlung.

Eine andere Schwierigkeit bei der Einordnung von Angststörungen und dem Stellen einer Diagnose betrifft die Undeutlichkeit der diagnostischen Kriterien selbst. Bei den Angststörungen, die in diesem Kapitel besprochen wurden, ist manchmal Angst, manchmal Vermeidung das auffallendste Merkmal. In den meisten Fällen gibt es ein mehr oder weniger deutliches Objekt, auf das sich die Angst richtet. Betrachtet man die diagnostischen Kriterien des DSM-III-R genau, handelt es sich um eine gewisse Hierarchie im System selbst. Manche Diagnosen überwiegen vor anderen, wie z. B. die Panikstörung. Es ist wichtig, sich erst von deren Vorliegen zu überzeugen, bevor man näher eingeht auf eine mögliche soziale Phobie, generalisierte Angststörung oder Hypochondrie. Liegt nämlich eine Geschichte von Panikanfällen vor, fallen die letzten drei Diagnosen aus. Zudem können zwei Diagnosen erst gestellt werden nach (teilweiser) Ausschließung von anderen Angststörungen. Es geht hierbei um die Diagnosen ,einfache Phobie' und ,generalisierte Angststörung', die beide in gewissem Sinn eine Restkategorie bilden. Weil die Formulierung der letztgenannten diagnostischen Kriterien neueren Datums ist, sind viele Kliniker mit dieser Rubrik nicht vertraut und es gibt wenig epidemiologische Studien dazu.

2. Epidemiologie und Ätiologie von Angststörungen

2.1. Epidemiologie

Kleine Kinder haben oft Angst vor allen möglichen Situationen und Objekten (wie Haustieren, Insekten, Staubsaugern, Dunkelheit und Fremden), aber im allgemeinen nimmt diese Angst mit dem Älterwerden ab (Ollendick et al., 1985; Verhulst, 1985). Es scheinen mehr Mädchen als Jungen unter Angst zu leiden. Obwohl bei kleinen Kindern Angst vor solchen Situationen abnimmt, wenn sie älter werden, bleibt Angst, die nach dem sechsten Lebensjahr entsteht, im allgemeinen bis zur Adoleszenz vorhanden. Angst vor Naturereignissen (z.B. Gewitter), soziale Angst und Angst vor Verwundung sind typisch für diese Lebensphase.

Angst vor verschiedenen Situationen ist bei Kindern ziemlich verbreitet, aber selten handelt es sich um echte Phobien. Rutter et al. (1970) stellten in einer Untersuchung an 2000 Kindern zwischen 10 und 11 Jahren fest, daß nur 0,7 % an einer klinisch signifikanten Phobie litten. Schulphobie kommt relativ selten vor, führt aber zu so ernsthaften Folgen, daß Eltern professionelle Hilfe für ihr Kind suchen müssen. Bei Kindern ist dies auch die wichtigste phobische Beschwerde, für die um Behandlung ersucht wird. In der Adoleszenz tritt vor allem soziale Angst häufig auf, und zwar bei Mädchen meistens einige Jahre früher als bei Jungen (Abe und Masui, 1981).

Epidemiologische Untersuchungen an Erwachsenen in den Vereinigten Staaten (Myers et al., 1984; Robins et al., 1984), Kanada (Bland et al., 1988) und Westdeutschland (Wittchen, 1988) zeigen, daß Phobien sehr häufig vorkommen. Aufgrund dieser Untersuchungen kann die Lebenszeit-Prävalenz von Panikstörungen auf 2,3 % und von Phobien auf 13 % geschätzt werden, d.h. daß 2,3 % bzw. 13 % der Interviewten mindestens einmal unter Panikanfällen oder Phobien gelitten haben oder noch leiden. Betrachtet man die Prävalenz der Psychopathologie in dem halben Jahr vor dem Interview, zeigt sich, daß Phobien bei Frauen die häufigste Beschwerde sind. Bei Männern über 25 nehmen phobische Beschwerden nach Alkoholismus die zweite Stelle ein. Zudem scheint Agoraphobie häufiger aufzutreten als soziale Phobie.

Man kann sich fragen, wie es kommt, daß so viele Phobiker keine Behandlung aufsuchen oder nicht dazu überwiesen werden. Es ist nämlich nicht wahrscheinlich, daß die Angst bei den meisten Menschen von selbst vorbeigeht. In einer Follow-up-Studie bei Phobikern, die keine Behandlung bekommen hatten (Agras et al., 1972) zeigte sich, daß von Erwachsenen mit einer Phobie nach fünf Jahren nur 6 % überhaupt nicht mehr unter der Phobie litten. Bei 37 % war die Phobie in den fünf Jahren sogar schlimmer geworden, vor allem bei den Agoraphobikern.

Obwohl anfangs angenommen wurde, daß Zwangsstörungen relativ selten vorkommen, zeigt die oben zitierte epidemiologische Studie, daß die Lebenszeit-Prävalenz der Zwangsstörung auf 2,6 % geschätzt werden kann. In dem halben Jahr vor dem Interview litten durchschnittlich 1,6 % der Bevölkerung unter einer Zwangsstörung im Sinn des DSM-III. Die relativ hohe Prävalenz der Zwangsstörung innerhalb der ‚normalen‘ Population kommt nicht zum Ausdruck in der Zahl der Patienten, die sich wegen dieser Beschwerden für eine Behandlung anmelden. Möglicherweise spielt dabei eine Rolle, daß viele Zwangspatienten sich für ihr Zwangsverhalten schämen, und auch daß einige nicht so sehr unter den Beschwerden selbst leiden, sondern unter den Konflikten, die sie dadurch mit ihrer Umgebung bekommen. Viele Zwangspatienten melden sich erst unter Druck ihrer Familie für eine Behandlung an.

Alter beim ersten Auftreten und Geschlechtsunterschiede

In Tabelle 2.1 sind die Resultate der wichtigsten Untersuchungen bezüglich des Alters beim ersten Auftreten der Beschwerden und Geschlechtsunterschieden für soziale Phobie, Agoraphobie und einfache Phobie zusammengestellt. Emmelkamp (1990b) gibt eine Übersicht von Studien zum Lebensalter bei Entstehung von Zwangsstörungen, die zeigt, daß dieses oft kurz nach dem zwanzigsten Lebensjahr liegt.

Tabelle 2.1: Durchschnittliches Lebensalter bei Entstehung von Phobien in Jahren

		soziale Phobie	Agoraphobie	einfache Phobie
Marks & Gelder	(1966)	19 (25)	24 (84)	
Shafar	(1976)	20 (20)	32 (68)	
Amies, Gelder & Shaw	(1983)	19 (87)	24 (57)	
Thyrer et al.	(1985)	16 (42)	27 (115)	16 (152)
Persson & Nordlund	(1985)	21 (31)	27 (37)	
Solyom et al.	(1986)	17 (47)	25 (80)	13 (72)
Öst	(1987)	16 (80)	28 (100)	

In Klammern die Zahl der Versuchspersonen pro Studie.

Im Gegensatz zur Agoraphobie, die viel häufiger bei Frauen vorkommt als bei Männern, scheint soziale Phobie bei beiden Geschlechtern etwa in gleichem Maß aufzutreten. Die Ergebnisse der verschiedenen Studien sind jedoch so widersprüchlich, daß diese Schlußfolgerung nur unter Vorbehalt gezogen werden kann. In Tabelle 2.2 sind die Forschungsergebnisse aufgelistet.

Tabelle 2.2: Prozentsatz weiblicher Patienten

		soziale Phobie	Agoraphobie	einfache Phobie
Marks & Gelder	(1966)	60 % (25)	87 % (84)	
Shafar	(1976)	55 % (20)	87 % (68)	
Amies, Gelder & Shaw	(1983)	40 % (87)	86 % (57)	
Thyrer et al.	(1985)	52 % (42)	81 % (115)	
Solyom et al.	(1986)	47 % (47)	86 % (80)	78 % (72)
Öst	(1987)	65 % (80)	87 % (100)	80 % (190)

In Klammern die Zahl der Versuchspersonen pro Studie.

Forschungsergebnisse zeigen, daß Sozialphobiker durchschnittlich besser ausgebildet sind als Agoraphobiker, zu einer höheren Schicht gehören und weniger finanzielle Probleme haben (Amies et al., 1983; Persson und Nordlund, 1985; Solyom et al., 1986).

Thyer et al. (1985) stellten bei einer Gruppe von 152 Patienten mit einfacher Phobie ein durchschnittliches Alter zu Beschwerdebeginn von 16 Jahren fest. Dazu muß gesagt werden, daß die Altersstreuung sehr groß war, da die verschiedenen einfachen Phobien in einen Topf geworfen wurden. Dasselbe gilt für die Studie von Solyom et al. (1986), in der sich bei 72 Phobikern ein durchschnittliches Alter von 13 Jahren zu Beschwerdebeginn zeigte. Öst (1987) hat die verschiedenen Gruppen mehr getrennt. Die Ergebnisse stehen in Tabelle 2.3.

Tabelle 2.3: Einfache Phobien: Untersuchungsergebnisse von Öst (1987)

	Anzahl der Personen	durchschnittliches Alter zu Beginn
Klaustrophobie	40	20
Tierphobie	50	7
Blutphobie	40	9
Zahnarztphobie	60	12

Genauso wie andere phobische Störungen treten einfache Phobien deutlich häufiger bei Frauen als bei Männern auf (s. Tabelle 2.2).

2.2. Ätiologie der Angststörungen

Im zweiten Teil dieses Kapitels werden wir erst einige Erklärungsmodelle zur Ätiologie von Angststörungen besprechen, wonach spezifisch auf die Ätiologie der einfachen Phobie, Agoraphobie und Panikstörung, sozialen Phobie und Zwangsstörung eingegangen wird.

2.2.1. Lerntheoretisches Modell

Die lerntheoretische Auffassung über die Entstehung von Phobien und Zwang beruht auf Mowrer's Zwei-Faktoren-Theorie von Angst und Vermeidung. Nach Mowrer ist die klassische Konditionierung verantwortlich für das Lernen von Angst, und die operante Konditionierung für das Lernen von Vermeidungsverhalten. Dieses Modell, das ursprünglich im Labor aufgrund von Tierexperimenten entstand, war für die Theorienbildung innerhalb der Verhaltenstherapie sehr einflußreich. Die ersten verhaltenstherapeutischen Methoden zur Behandlung von Phobien (systematische Desensibilisierung und Flooding) basierten auf dem Zweifaktoren-Modell. Dabei wurde unterstellt, daß Vermeidungsverhalten sich von selbst verändern werde, wenn man die Angst z. B. mit systematischer Desensibilisierung behandle.

Daß eine Phobie mit Hilfe der klassischen Konditionierung erlernt werden kann, wurde in verschiedenen Experimenten bewiesen. Watson und Rayner (1920) gelang es, ein gesundes einjähriges Baby mit klassischer Konditionierung in einen Phobiker zu verwandeln. Sie führten dazu das folgende Experiment durch. Sie ließen den kleinen Albert, der vor nichts Angst hatte, außer vor lauten Geräuschen – eine für diese Lebenszeit normale Reaktion – mit einer Laborratte spielen. Obwohl Albert anfangs ohne Angst reagierte, veränderte sich dieses Verhalten, als zusammen mit der Ratte ein lautes Geräusch produziert wurde. Nachdem das sieben Mal geschehen war, löste bereits der Anblick der Ratte ohne das laute Geräusch Angst aus. Watson und Rayner beschreiben das so: *'The instant the rat was shown, the baby began to cry. Almost instantly, he turned sharply to the left, fell over on the left side, roused himself on all four and began to crawl away so rapidly that he was caught with difficulty before reaching the edge of the table'*. Zudem zeigte sich, daß die Angst generalisiert war auf neutrale Objekte wie einen Hund, eine Pelzjacke und Wolle. Der kleine Albert spielte in der Entwicklung der lerntheoretischen Verfahren mindestens eine so wichtige Rolle wie ein anderer kleiner Junge, nämlich der kleine Hans (Freud, 1909) in der psychoanalytischen Theorie. Obwohl Watson und Rayner tatsächlich bewiesen, daß es möglich ist, eine Phobie mit klassischer Konditionierung zu erlernen, bedeutet das keinesfalls, daß alle Phobien durch einen solchen Lernprozeß entstehen. Mehrere Forscher haben versucht, dieses Experiment bei anderen Kindern zu replizieren, was im allgemeinen nicht gelang. Auch Untersuchungen des Effekts von traumatischen Erlebnissen zeigen, daß solche Ereignisse an sich oft nicht ausreichen für die Entwicklung einer Phobie. Zudem scheinen phobische Patienten sich oft an kein traumatisches Erlebnis zu erinnern.

Obwohl das klassische Konditionierungsparadigma brauchbar sein kann, um die Entwicklung einer Phobie nach einem traumatischen Erlebnis zu erklären, bietet es keine Erklärung für die Fälle, bei denen die Phobie sich graduell entwickelt, wie das bei vielen Patienten der Fall ist. Die meisten Untersuchungen zur Entwicklung von klinischen Phobien unterstützen die Interpretation der Entstehung von Angst mit Hilfe der klassischen Konditionierung nicht (Emmelkamp, 1982). Obwohl bei vielen Agoraphobikern die Phobie als Folge eines ‚spontanen‘ Panikanfalls entsteht, braucht das nicht zu bedeuten, daß klassische Konditionierung an der Entwicklung der Agoraphobie beteiligt ist. Wir kommen darauf noch zurück.

Mehr Evidenz gibt es für die Auffassung, daß die klassische Konditionierung bei der Entwicklung von einfachen Phobien eine Rolle spielt. Untersuchungen von Goldstein und Chambless (1978) zeigten, daß die Entwicklung einer einfachen Phobie bei der Hälfte der Patienten mit traumatischen Erfahrungen zusammenhing, und in der Studie von Lautsch (1971) an Patienten mit Zahnarztphobie konnten sich alle Patienten an deutlich konditionierende Erlebnisse erinnern.

2.2.2. Biologische Faktoren

Erhöhtes Arousal

Verschiedene Untersuchungen zeigen, daß Patienten mit einer Panikstörung, Agoraphobiker und Sozialphobiker ein erhöhtes Arousal haben (Lader, 1967; Lader und Wing, 1966). Bei der Besprechung dieser Forschungsergebnisse schlagen Lader und Mathews (1968) eine Interaktion zwischen Arousalniveau und Konditionierung vor. Sie gehen davon aus, daß bei Agoraphobikern und Sozialphobikern der chronische Zustand der Übererregtheit wichtiger ist als die Konditionierung der Angst, während bei einfachen Phobien Konditionierung vermutlich eine viel wichtigere Rolle spielt, da hier keine Rede von chronischer Übererregtheit ist. Es ist jedoch fraglich, ob das erhöhte Arousal bei Agoraphobikern und Sozialphobikern Ursache oder Folge der phobischen Symptome ist.

Beech und seine Kollegen haben vorgeschlagen, daß ein erhöhtes Arousal die Effektivität des Konditionierungsprozesses beeinflussen kann. Ihre Untersuchungen zeigten tatsächlich, daß eine konditionierte Reaktion leichter bei erhöhtem als bei ‚normalem‘ Arousal erlernt wurde (Asso und Beech, 1975; Vila und Beech, 1977, 1978). Vergleichbare Ergebnisse berichten Hughdal et al. (1977).

Genetische Faktoren

Bis jetzt wurden nur wenige Untersuchungen zur Rolle genetischer Faktoren bei der Entwicklung von Angststörungen durchgeführt. McGuffin und Reich (1984) fanden bei Sozialphobikern eine höhere Inzidenz sozialphobischer Familienmitglieder als bei Panikpatienten und ‚Normalen‘. Obwohl sie dies als einen Beweis für den Einfluß genetischer Faktoren auf die Entstehung einer Sozialphobie betrachten, müssen dazu doch einige kritische Anmerkungen gemacht werden. Solche Untersuchungen bilden nämlich keinen Beweis für einen genetischen Anteil, da auch andere Faktoren wie z. B. Umgebungseinflüsse für die festgestellten Unterschiede verantwortlich sein können. Zudem ist es nicht erstaunlich, daß Kinder, die sehen, daß ihre Eltern alle möglichen sozialen Situationen vermeiden, selbst ähnliche Symptome entwickeln (vgl. die Studie von Windheuser, 1977). Zwillingsstudien geben mehr Aufschluß über einen eventuellen erblichen Anteil, weil sowohl eineiige als auch zweieiige Zwillinge den gleichen Umgebungseinflüssen ausgesetzt sind, zumindest wenn sie in der gleichen Familie aufwachsen. Zwei Studien an eineiigen und zweieiigen Zwillingen sind für die soziale Phobie relevant. Die Untersuchungen von Torgersen (1979) und Rose und Dilto (1983) sprechen für einen (beschränkten) genetischen Anteil bei der Entstehung von sozialer Angst.

Zur möglichen genetischen Determination von Zwangsstörungen wurden mehrere Untersuchungen durchgeführt. Eine Übersicht davon findet man bei McGuffin und Reich (1984) und Torgersen (1988). Obwohl einige Familienmitglieder von Zwangspatienten ebenfalls Zwangssymptome aufwiesen, bedeutet dies an sich noch nicht, daß ein genetischer Faktor im Spiel ist. Wie schon gesagt, kann diese Tatsache auch die Folge von gemeinsamen Umgebungsfaktoren sein. In Zwillingsstudien wurde schon früher eine höhere Inzidenz von Zwangsstörungen bei eineiigen Zwillingen gefunden; diese Untersuchungen waren jedoch nicht repräsentativ. Die Ergebnisse neuerer Studien erlauben noch immer keine definitiven Aussagen über den Beitrag genetischer Faktoren.

Untersuchungen der generalisierten Angststörung und der post-traumatischen Streßstörung weisen darauf hin, daß hier von einem genetischen Anteil nicht gesprochen werden kann. Wohl gibt es einige solche Hinweise für die Entstehung von Panikstörung und Agoraphobie (Torgersen, 1988), aber methodologische Mängel in den Studien, die bis jetzt durchgeführt wurden, machen definitive Aussagen nicht möglich.

Auch für die meisten Formen von einfacher Phobie wurden bis jetzt keine genetischen Einflüsse festgestellt. Dabei muß jedoch eine Ausnahme gemacht werden. Bei Blutphobikern wurde ein auffallend hoher Prozentsatz von Familienmitgliedern mit ähnlichen Symptomen gefunden, nämlich 68 % (Öst et al., 1984b). Dies liegt viel höher als die Zahlen, die bei anderen phobischen Störungen gefunden wurden (Marks, 1969; Öst und Hugdahl, 1981), was suggeriert, daß bei Blutphobie tatsächlich eine genetische Komponente im Spiel ist, z.B. eine erblich bestimmte, außergewöhnlich starke Reaktion des autonomen Nervensystems.

Neurotransmission

Die biologische Psychiatrie nimmt an, daß Angststörungen zusammenhängen mit Störungen in verschiedenen Neurotransmittersystemen: das Benzodiazepin-GABA-System, das noradrenergische System und das serotonergische System. Diese Annahmen beruhen teilweise auf Tierexperimenten, teilweise auf Angstprovokationstests und teilweise auf der selektiven Wirkung verschiedener Medikamente bei Menschen. Obwohl anzunehmen ist, daß diese Systeme eine wichtige Rolle bei der Angstregulierung spielen (Hoehn-Saric und McLeod, 1988; Wamboldt und Insel, 1988), lassen die wenigen Studien, die es bisher gibt, noch keine kausalen Schlußfolgerungen zu.

2.2.3. Psychodynamische Sicht

Die Abwehrmechanismen ‚Verdrängung‘ und ‚Verschiebung‘ sind bei der psychodynamischen Interpretation von Phobien wichtig. Dies bedeutet, daß die ursprüngliche Quelle der Angst verdrängt und die Angst auf einen anderen Gegenstand verschoben wird.

Im Jahr 1926 führte Freud den Begriff ‚Signalangst‘ ein. Die Funktion der Signalangst ist das Mobilisieren von Abwehrmechanismen, um so zu verhindern, daß eine bedrohliche Situation zu einer traumatischen wird (Eagle und Wolitzky, 1988). Nach dieser Auffassung führen aufkommende Gedanken oder Gefühle, die aus instinktiven Wünschen entstehen, zur Signalangst. Diese Angst aktiviert den Abwehrmechanismus und sorgt so dafür, daß der aufkommende Gedanke oder das Gefühl unbewußt bleiben. Scheitern die Abwehrmechanismen, wird Angst erlebt, entweder als ‚frei flottierende Angst‘ oder in Form von Panikanfällen. Phobien werden als eine Art Abwehr der zweiten Linie aufgefaßt, wobei versucht wird, die anfangs diffuse Angst an spezifische Situationen zu binden. In Freuds Theorie bildet ein instinktiver Wunsch, der in Konflikt kommt mit dem Ich oder dem Überich, den Anlaß zur Angst. Manche Psychoanalytiker sind der Meinung, daß ein direkter Zusammenhang besteht zwischen der Art der Phobie und dem Inhalt der abgewehrten Ängste. So wurde Spinnenphobie aufgefaßt als Äußerung der unbewußten Ängste auf sexuellem Gebiet. Abraham (1927) sah in der Spinnenphobie ein Symbol für die unbewußte Angst vor bisexuellen Genitalien. Sperling (1971) behauptete, daß das Problem von Patienten mit einer Spinnenphobie sexuelle Identifikation und Bisexualität sei. Die Schlange wurde schon von Freud als phallisches Symbol betrachtet, und damit ist klar, wie eine Schlangenphobie von ihm interpretiert wurde.

Angst vor Flugzeugen wird nur von wenigen Psychoanalytikern als Angst vor Sexualität aufgefaßt, wobei das Flugzeug ein Symbol für die Gebärmutter sei. Eine allgemein mehr akzeptierte Erklärung ist, daß eine Flugphobie bei Menschen mit großer Angst vor Kontroll- oder Gesichtsverlust entsteht. Horney (1950) schreibt: ,The phobia of falling from heights is a frequent expression of the dread of falling from heights of illusory grandeur'. Die Angst vor Kontrollverlust liegt dann auch der Klaustrophobie zu Grunde.

Über soziale Phobie im allgemeinen wurde in der Psychoanalyse wenig geschrieben. Mehr Aufmerksamkeit wurde einer spezifischen Form der sozialen Phobie geschenkt, nämlich der Erytrophobie oder Errötungsangst. Es würde zu weit führen, hier die Publikationen zu diesem Thema ausführlich zu beschreiben. Eine ausführliche Übersicht stammt von Vandereycken und Pollentier (1986), in der u. a. erwähnt wird, daß das Erröten in der Psychoanalyse anfangs als ein hysterisches Konversionssymptom aufgefaßt wurde (Verlagerung der unterdrückten genitalen Erregung auf das Gesicht), aber auch als Angst vor unbewußten exhibitionistischen Tendenzen. Diese Erklärung wird u. a. von Hitschmann (1943) gegeben, der behauptet, daß Scham und Verlegenheit dazu dienen, die exhibitionistischen Neigungen zu ersetzen. Dieses Ersetzen wird als ein Sieg des Überich über das Ich aufgefaßt, und das Erröten als ein Beweis des Gehorsams gegenüber dem Überich. Von Stekel (1924) wird die Angst, erwischt zu werden genannt, die eine Folge von verbotenen Masturbationsphantasien sei. Auch von Fenichel (1945) und Berger (1944) wurden sehr komplexe Erklärungen gegeben, in denen stets der Wunsch nach Exhibitionismus und die Angst vor Strafe für die eigenen sexuellen Impulse im Mittelpunkt stehen.

2.2.4. Kognitive Aspekte

In den letzten Jahren nimmt das Interesse für kognitive Mechanismen der Psychopathologie im allgemeinen und bei Angst und Depression im besonderen zu. Beck und Emery (1985) sehen generalisierte Angst und Panik als Ergebnis von sogenannten Gefahren-Schemata. Diese Schemata umfassen wichtige Informationen über Erfahrungen in vergleichbaren Situationen in der Vergangenheit, und über Regeln, Ideen und Erwartungen bezüglich der zukünftigen Ereignisse. Die Schemata sorgen dafür, daß eine ängstliche Person Informationen aus der Umgebung selektiv verarbeitet und als gefährlich interpretiert.

In mehreren sorgfältig kontrollierten Studien bewies Mathews (1989), daß ängstliche Versuchspersonen eher bedrohliche als neutrale oder positive Stimuli wahrnehmen, während das umgekehrte für ‚normale‘ Versuchspersonen gilt. Schon früher hatte sich gezeigt, daß emotional bedrohende Worte, die sublim präsentiert wurden, mit einer Aufgabe interferierten, die ängstliche Versuchspersonen ausführen mußten, obwohl sie sich der Worte nicht bewußt waren. Diese Studien bilden eine Unterstützung der Theorie von Beck und Emery.

2.2.5. Die Ätiologie einfacher Phobien

Entwicklungsfaktoren

Bei der Besprechung der Phänomenologie einfacher Phobien wurde schon erwähnt, daß eine leichte Angst vor bestimmten Tierarten oder Objekten in der ‚normalen‘ Bevölkerung häufig vorkommt. Wahrscheinlich hängt dies zusammen mit der Tatsache, daß manche Stimuli für jedes Lebewesen einen bestimmten ‚Angstwert‘ haben. Dies scheint eine Folge der Tatsache zu sein, daß jeder Organismus eine bestimmte Umgebung nötig hat, um überleben zu können, eine Umgebung, in der mehrere Basisbedürfnisse erfüllt werden (Sauerstoff, Wasser, Essen und physische Integrität). Stimuli, die diesbezüglich eine Bedrohung bilden, lösen Angst aus und werden, wenn möglich, vermieden. Höhenangst z. B. ist dann nur eine schwere Form der ‚normalen‘, gesunden Angst, die bei jedermann festzustellen ist, der mit großen Höhenunterschieden konfrontiert wird. Genauso fühlen sich die meisten Menschen in einem zu kleinen Raum nicht wohl. Angst vor neuen Situationen oder unbekannten Objekten ist bei Menschen und Tieren ein bekanntes Phänomen. Auch die Angst, angeschaut zu werden, tritt nicht nur bei Sozialphobikern auf; zwei starrende Augen können auch bei Tieren eine Angstreaktion auslösen, sogar wenn es künstliche Augen sind.

Verschiedene Ängste, darunter die Angst vor bestimmten Tieren, treten in der ‚normalen‘ Kinderentwicklung oft auf. Meistens entstehen diese Ängste zwischen dem zweiten und vierten Lebensjahr und verschwinden nach einiger Zeit von selbst wieder. Nur in wenigen Fällen überdauern die Symptome die mittlere Schulzeit, obwohl auch bei Erwachsenen leichte Ängste eher die Regel als die Ausnahme sind.

Zu Beginn dieses Kapitels wurde erwähnt, daß gerade bei der Entstehung der einfachen Phobien die klassische Konditionierung eine Rolle zu spielen scheint. Bei klinischen Tierphobien wird von Patienten das erste Auftreten im Alter von acht bis zehn Jahren angegeben (Marks und Gelder, 1966; Hugdahl und Öst, 1985; McNally und Steketee, 1985). Das ist einige Jahre nach der frühen Kindheit, in der die ersten ‚normalen' Ängste entstehen. Es bleibt fraglich, ob die phobische Angst nicht doch einige Jahre früher entstanden ist, auch deshalb, weil ein eindeutiger Beginn der Phobie, z.B. durch ein konditionierendes Ereignis, oft nicht genannt werden kann. In einer Studie von McNally und Steketee (1985) wurde festgestellt, daß nur 23 % der Personen mit einer Tierphobie (vor allem vor Schlangen) sich an ein traumatisches Ereignis erinnern konnten, das der Entstehung der Phobie voranging. Dazu muß gesagt werden, daß das Tier in keinem der Fälle körperliche Schmerzen beim Betroffenen verursacht hatte. DiNardo et al. (1988) verglichen zwei Gruppen von Studenten, eine mit (phobischer) Angst vor Hunden und eine ohne diese Angst. In der ersten Gruppe nannten 56 % der Studenten traumatische Erlebnisse, in der zweiten 66 %. In beiden Gruppen hatte das Tier bei mehr als der Hälfte der Fälle tatsächliche Schmerzen verursacht. Dies zeigt, daß sich bei vielen Individuen, die sehr wohl ein traumatisches Erlebnis hatten, keine Phobie entwickelt, eine Tatsache, die auch aus anderen Untersuchungen bekannt ist (Aitken et al., 1981; Goorney, 1970; Lautch, 1971). In verschiedenen Studien werden übereinstimmende Lebensalter zu Störungsbeginn festgestellt, jedenfalls für Tierphobien. Nach Meinung mancher Autoren suggeriert das, daß im Lebensalter von acht bis zehn Jahren eine größere Empfindlichkeit für die Entwicklung solcher Ängste vorliegt, die später wieder verschwindet. Diese Idee wird durch die Tatsache unterstützt, daß bei Tierphobien, die in späterem Lebensalter entstehen, sehr wohl traumatische Erlebnisse zu Beginn der Symptome genannt werden. Es ist jedoch auch möglich, daß diese Unterschiede dadurch verursacht werden, daß traumatische Erlebnisse in späterem Lebensalter besser erinnert werden als in der Kindheit. Die Eindeutigkeit der von Patienten genannten Daten läßt in der Tat vermuten, daß es eine Art kritische Lebenszeit (zwischen 8 und 10 Jahren) für die Entwicklung einer Tierphobie gibt. Gerade in diesem Alter könnte ein geringfügiges traumatisches Erlebnis für die Entwicklung einer Tierphobie ausreichen. Bei Kleinkindern gibt es kaum Geschlechtsunterschiede bezüglich Phobien, während Tierphobien, die später entstehen, vermutlich häufiger bei Frauen vorkommen. Dies unterstützt ebenfalls die Hypothese, daß eine Phobie in höherem Alter sich von einer, die in der Kindheit entsteht, unterscheidet.

Obwohl dysfunktionale Kognitionen bei der Entstehung und Aufrechterhaltung von phobischen Reaktionen im allgemeinen eine Rolle spielen, scheint der Einfluß von Kognitionen bei einfachen Phobien weniger ausgeprägt. Die Rolle von Kognitionen bei phobischen Reaktionen bezüglich bestimmter Tiersorten wurde inzwischen vielfach untersucht. Auffallend ist, daß die meisten Tierphobiker nicht in erster Linie Angst haben, das Tier könne ihnen etwas antun. Das gilt jedoch vor allem für die Schlangen- und Spinnenphobie. McNally und Steketee (1985) stellten fest, daß 91 % der Phobiker Angst hatten vor einem Panikanfall, während nur 41 % Angst hatten vor Schmerzen. In der bereits zitierten Studie von Di-Nardo et al. (1988) zeigte sich hingegen, daß alle Studenten mit einer Hundephobie ziemliche Angst vor Schmerzen oder Verwundung hatten.

2.2.6. Agoraphobie und Panikstörung

Trennungsangst

Verschiedene Autoren sehen einen Zusammenhang zwischen Trennungsangst bei einem Kind und der späteren Entwicklung einer Agoraphobie (Berg, 1976; Casat, 1988). Auch Bowlby (1973) sieht die Ursache der Agoraphobie in der frühen Kindheit. Agoraphobiker hätten Angst, jemanden, an dem sie hängen, zu verlieren. In diesem Zusammenhang wurde oft davon ausgegangen, daß Agoraphobiker überbeschützende Eltern (vor allem Mütter) haben. Kontrollierte Studien konnten dies jedoch nicht bestätigen. Die Arbeiten von Parker (1979) und Arrindell et al. (1983) zeigten zwar, daß die Eltern von Agoraphobikern oft in affektiver Hinsicht unbefriedigend, aber nicht, daß sie überbeschützend gewesen waren. Dazu muß gesagt werden, daß beide Arbeiten retrospektive Studien waren.

Im Mittelpunkt der Theorie von Bowlby (1973) steht der Begriff der ‚Bindung'. Nach Bowlby sind Angststörungen bei Erwachsenen das Ergebnis langer und vielfältiger Trennung während der Jugend bzw. der Drohung mit so einer Trennung. Ainsworth (1984) hat z. B. gezeigt, daß sicher gebundene Kinder anders reagieren als ängstlich gebundene Kinder, wenn sie von ihrer Mutter in einem fremden Raum alleine gelassen werden. Sind sie mit ihrer Mutter allein, zeigen sicher gebundene Kinder Explorationsverhalten, wenn die Mutter sie verläßt, werden sie nervös, und wenn sie zurückkommt, suchen sie Annäherung und Kontakt. Die ängstlich gebundenen Kinder zeigen zwar ein wenig Explorationsverhalten vor, während und nach der Trennung von der Mutter, scheinen aber, wenn die Mutter zurückkommt, oft den Kontakt mit ihr zu vermeiden. Scheinbar verwendet das Kind die Person, an die es gebunden ist, als eine sichere Basis, um die Welt zu entdecken. Ist diese sichere Person nicht mehr da, entsteht Trennungsangst; dadurch wird Bindungsverhalten ausgelöst und Explorationsverhalten verringert. Dies konnte nicht nur bei Kindern, sondern auch bei Affen und Enten nachgewiesen werden. Bowlby meint, daß auffallende Ähnlichkeit besteht zwischen der Schulphobie bei Kindern und der Agoraphobie bei Erwachsenen. Seiner Ansicht nach handelt es sich in beiden Fällen um die Angst, das Haus zu verlassen, und dies sind Beispiele von Trennungsangst.

Der Einfluß belastender Ereignisse (life events)

Obwohl keine eindeutige Beziehung zwischen einem spezifischen traumatischen Ereignis in einer bestimmten Situation und der Entwicklung einer Agoraphobie festgestellt wurde, scheint Agoraphobie doch oft nach einem belastenden Ereignis zu entstehen. Beispiele sind der Tod einer geliebten Person, Krankheit, die Geburt eines Kindes, zunehmende Verantwortung und Beziehungsprobleme. In einer Studie von Kleiner und Marshall (1987) zeigte sich, daß 84 % einer Gruppe von Agoraphobikern in der Periode, die dem ersten Panikanfall voranging, während längerer Zeit ernsthafte Beziehungs- oder Eheprobleme hatten. Andere Forscher fanden jedoch viel niedrigere Zahlen. Nur 15 % von Roth's (1959) Agoraphobikern berichteten Familienprobleme in der Periode vor Entwicklung der Störung und in der Studie von Solyom et al. (1974) galt das für nur 33 % der Patienten. Auch Last et al. (1984) stellten bei einem Drittel der Agoraphobiker interpersönliche Konflikte in der Periode vor dem Auftreten der Symptome fest. In der Studie von Kleiner und Marshall hatten alle Personen verschiedene Arten Streß erlebt, bevor sich die Phobie entwickelte.

Welche Bedeutung müssen wir der Rolle von belastenden Ereignissen für die Entstehung phobischer Symptome nun zuschreiben? Wichtig ist, daß solche Ereignisse mit vielen anderen psychopathologischen Störungen zusammenhängen, vor allem mit Depression, psychosomatischen Störungen und (Rückfall in) Schizophrenie. Es geht scheinbar nicht um eine spezifische Beziehung zwischen bestimmten Stressoren und der Entwicklung von Phobien, sondern um die allgemeine Empfindlichkeit für die Entwicklung von Symptomen in belastenden Perioden. Interessant bleibt die Frage, warum manche Personen in belastenden Perioden sehr wohl Symptome wie z. B. eine Phobie entwickeln und andere nicht. Vermutlich spielen Persönlichkeitsfaktoren dabei eine wichtige Rolle. Eine davon ist möglicherweise die subjektive Kontrollüberzeugung (locus of control). Rotter (1966) schlug vor, daß Personen sich darin unterscheiden, in welchem Ausmaß sie Kontrolle über Umgebungsfaktoren erleben. Menschen mit hoher interner Kontrolle nehmen Ereignisse als unter ihrer Kontrolle wahr, während Menschen mit hoher externer Kontrolle Ereignisse wahrnehmen als das Ergebnis von Glück,

Schicksal oder mächtigen anderen Menschen. Johnson und Sarason (1978) sind der Meinung, daß die persönliche Reaktion auf belastende Umstände abhängt von dem Ausmaß interner bzw. externer Kontrolle. Negative Effekte eines wichtigen (negativen) Ereignisses hätten ihre stärkste Wirkung auf Personen, die das Gefühl haben, keine Kontrolle über solche Ereignisse zu haben. Die Ergebnisse ihrer Untersuchung zeigten, daß *Locus of Control* tatsächlich eine Moderatorvariable in der Beziehung zwischen Lebensereignissen einerseits und Angst und Depression andererseits war. Personen, die viel Streß erlebten und gleichzeitig das Gefühl hatten, keine Kontrolle über diese Ereignisse zu haben, waren viel anfälliger für die Folgen von Lebensereignissen. Emmelkamp und Cohen-Kettenis (1975) stellten schon früher fest, daß *Locus of Control* zusammenhängt mit dem Ausmaß phobischer Angst bei Agoraphobikern: je mehr ,extern kontrolliert', desto schwerer die Agoraphobie. Andernorts haben wir vorgeschlagen (Emmelkamp, 1982), daß Personen mit einer externen Orientierung, die einen Panikanfall während einer belastenden Periode erleben, eher geneigt sind, die Angst externen Ursachen zuzuschreiben, z. B. vielen Menschen oder einer Krankheit wie z. B. einem Herzinfarkt. Andere interpretieren den Panikanfall sogar als Zeichen dafür, daß sie verrückt werden. Personen mit einer externen Orientierung nehmen die Angst also als etwas wahr, das außerhalb ihrer Kontrolle liegt.

Die Rolle von Panik und Hyperventilation bei der Ätiologie der Agoraphobie

Wie wir in Kapitel 1 besprochen haben, weisen die körperlichen Symptome, die bei Panik auftreten (Schwitzen, Zittern, Druckgefühl auf der Brust, Angst, ohnmächtig zu werden und warme und kalte Wallungen) große Übereinstimmung mit den körperlichen Symptomen bei Hyperventilation auf (Ley, 1985). In mehreren Studien wurde gezeigt, daß durch biochemische und physiologische Manipulationen ein Panikanfall bei Menschen ausgelöst werden kann, die im Alltagsleben auch Panikanfälle haben. Diese Manipulationen betreffen unter anderem eine Infusion mit Natriumlactat (Appleby et al., 1981), orale Verabreichung von Koffein (Charney et al., 1985), freiwillige Hyperventilation (Clark et al., 1985) und Inhalierung von CO_2 (Van den Hout und Griez, 1984). Bei Patienten ohne Panikstörung konnte so ein Anfall jedoch nur selten ausgelöst werden. Für eine ausführliche Literaturübersicht wird der Leser auf Ehlers und Margraf (1989) verwiesen.

Anfangs wurden Ergebnisse aus früheren Untersuchungen und der Begriff des ,spontanen' Panikanfalls als Beweis angesehen für eine biologische Ursache der Panikstörung. Es gibt jedoch eine alternative psychologische Erklärung. Es ist anzunehmen, daß die obengenannten Methoden keinen direkt panikauslösenden Effekt haben, sondern nur dann Panik auslösen, wenn die auftretenden Körpergefühle von dem Betroffenen auf eine bestimmte Weise interpretiert werden. Letzteres ist die zentrale Idee in dem Modell von Clark (1986; Clark und Salkovskis, 1989). Es geht davon aus, daß Panikanfälle nicht das direkte Ergebnis körperlicher Prozesse sind, sondern der katastrophalen Interpretation dieser körperlichen Empfindungen. Das bedeutet, daß der Betroffene diese Symptome als viel gefährlicher erlebt, als sie in Wirklichkeit sind (Herzklopfen wird z. B. als Beweis für einen nahenden Herzinfarkt interpretiert).

Es entsteht ein Teufelskreis von Angst, begleitenden körperlichen Symptomen (vor allem zu heftiges Einatmen), katastrophale Interpretation davon, Zunahme der Angst und einer noch stärkeren körperlichen Reaktion darauf. Diesen Teufelskreis findet man in verschiedenen Formen in der Literatur (u. a. bei Orlemans und Ten Doesschate, 1976).

Es sind also nicht die körperlichen Symptome an sich, sondern die Art, wie sie interpretiert werden, wodurch ein Panikanfall entsteht. In Kapitel 5, bei der Besprechung der Behandlung von Panik wird auf dieses Modell ausführlich eingegangen.

Bis jetzt scheinen Forschungsergebnisse das Modell zu unterstützen. Auf Grund des kognitiven Modells könnte man nämlich erwarten, daß die Gedanken von Panikpatienten von Ideen bezüglich der katastrophalen Interpretation körperlicher Symptome gekennzeichnet sind. Hibbert (1984a), Ottaviani und Beck (1987), Rapee (1985) und Reiss et al. (1986) fanden dafür in ihren Studien Unterstützung.

Bezüglich der Reihenfolge der Ereignisse während eines Panikanfalls könnte man erwarten, daß eine körperliche Empfindung eine der ersten Wahrnehmungen während eines Anfalls ist. Auch dafür wurde empirisch Bestätigung gefunden (Hibbert, 1984b; Ley, 1985).

Systemtheoretische Sicht der Agoraphobie

Mehrere Therapeuten haben vorgeschlagen, daß interpersönliche Konflikte, und zwar vor allem Eheprobleme, bei der Entwicklung und Entstehung von Agoraphobie eine wichtige Rolle spielen (Goldstein und Chambless, 1978; Hafner, 1982). Hafner berichtet, daß die Partner von Phobikern positive Effekte der Behandlung hintertreiben oder selbst psychiatrische Symptome entwickeln. Er stellte auch fest, daß eine Veränderung der phobischen Symptome beim Patienten oft negative Folgen für die Ehe hatte. Dies betraf jedoch klinische Beobachtungen, auf deren Grundlage vorgeschlagen wurde, daß ein systemtheoretischer Ansatz notwendig ist, um die Ätiologie und Aufrechterhaltung der Agoraphobie zu begreifen. Auch Fry (1962) behauptet, daß Partner von Agoraphobikern selbst psychiatrische Probleme haben, vor allem sozial ängstlich sind und ein Minderwertigkeitsgefühl gegenüber ihrem Partner haben. Sie hätten ein Interesse daran, daß ihr Partner phobisch bleibt, weil sonst aufkommen würde, daß sie selbst allerlei psychische Probleme haben. Die Phobie des Patienten dient dazu, die Beziehung im Gleichgewicht zu halten. Auch Hafner (1982) beschrieb solche Beziehungen.

Arrindell und Emmelkamp (1985) untersuchten das psychologische Profil der Partner von Agoraphobikern. Dies betraf unter anderem Psychopathologie, Phobien, Feindseligkeit, Neurotizismus und eine Reihe andere Persönlichkeitsmerkmale. Die Partner von Agoraphobikern wiesen auf keiner der Variablen andere Werte auf als die Partner von ,Normalen' und die Partner von nicht-phobischen, psychiatrischen Patienten. Aus diesen Ergebnissen geht also nicht hervor, daß die Partner von Agoraphobikern neurotischer, sozial ängstlicher, zwanghafter oder abhängiger sind als die Partner von Personen aus der Kontrollgruppe.

In einer folgenden Untersuchung (Arrindell und Emmelkamp, 1986) wurde die Qualität der Beziehung von agoraphobischen Paaren verglichen mit mehreren Gruppen anderer Paare, nämlich:
1. Paare, bei denen einer von beiden andere psychische Probleme hatte als eine Phobie;
2. glückliche Paare; und
3. unglückliche Paare, die sich zur Behandlung ihrer Beziehungsprobleme angemeldet hatten.

Auf Skalen zur Beziehungszufriedenheit und Kommunikation zeigten Agoraphobiker und ihre Partner mehr Übereinstimmung mit den glücklichen als mit den unglücklichen Paaren. Die Kontrollgruppe von nicht-phobischen psychiatrischen Patienten und ihren Partnern erlebte ihre Beziehung als genauso negativ wie die Gruppe von Paaren mit Beziehungsproblemen. Das bedeutet natürlich nicht, daß es bei Agoraphobikern keine unglücklichen Ehen gibt. Die Untersuchungsergebnisse zeigen jedoch, daß dies eher die Ausnahme als die Regel ist.

2.2.7. Soziale Phobie

Lerntheoretische Erklärung

Öst und Hugdahl (1981) stellten fest, daß bei 58 % von Sozialphobikern die Phobie das Ergebnis einer traumatischen Erfahrung war und daß diese mittels der klassischen Konditionierung erklärt werden könnte. Diese Schlußfolgerung ist jedoch etwas vorschnell, da nur zwei Fragen gestellt wurden und darüber hinaus alle Patienten nur gefragt wurden, ob sie sich erinnern konnten, daß ihre Angst in einer spezifischen Situation begonnen hatte. Es bleibt unerklärt, warum diese Personen zum ersten Mal in der Situation ängstlich wurden, in der die soziale Phobie begann. Eine andere Möglichkeit ist, daß soziale Phobie als Folge des sogenannten Modell-Lernens entsteht, d. h. des Lernens durch Beobachtung von anderen. Nach diesem Paradigma bewirkt das Beobachten von anderen, die in einer sozialen Situation ängstlich sind, Angst beim Beobachter selbst. Ein anderer, eher indirekter Beweis zugunsten einer Erklärung für die Entstehung von sozialer Angst durch Modell-Lernen kommt aus einer Untersuchung von Windheuser (1977), der feststellte, daß auffallende Übereinstimmung zwischen den Phobien phobischer Kinder und der ihrer Mütter bestand. Dies galt besonders für soziale Angst. Auch Bruch et al. (1989) berichten, daß Eltern von Sozialphobikern selbst auch alle möglichen Situationen vermieden. Bei Öst und Hugdahl (1981) konnte jedoch nur bei 12 % ihrer Sozialphobiker Modell-Lernen für die Entwicklung der Sozialphobie verantwortlich gemacht werden. Dazu muß gesagt werden, daß eine Beziehung zwischen den Phobien von Eltern und Kindern nicht ausschließlich mit Modell-Lernen erklärt zu werden braucht. Auch andere Prozesse könnten dafür verantwortlich sein wie z.B. genetische Faktoren oder Erleben desselben Traumas.

Mangel an sozialen Fertigkeiten

Oft wird unterstellt, daß mangelnde soziale Fertigkeiten Angst in sozialen Situationen bewirken. Untersuchungsergebnisse zu den Fertigkeiten von sozial ängstlichen Versuchspersonen im Vergleich mit nicht-ängstlichen Versuchspersonen sind jedoch nicht eindeutig (Arkowitz, 1977; Beidel et al., 1985; Dow et al. 1985). Untersuchungen an Sozialphobikern zeigen aber, daß mangelhafte soziale Fertigkeiten für die Ätiologie von sozialer Angst weniger bedeutend sind, als man früher annahm (Edelmann, 1985; Newton et al., 1983). Die meisten Personen erleben soziale Angst weniger, weil sie nicht imstande sind, sich sozial passend zu verhalten, sondern eher, weil sie glauben, diese Fertigkeiten nicht zu besitzen. Hartman (1983) hat vorgeschlagen, daß die ‚soziale Inadäquatheit‘ sozial ängstlicher Menschen das Ergebnis von Konzentrationsschwierigkeiten sein könnte. Die sozial ängstliche Person muß in sozialen Situationen ihre Aufmerksamkeit zwischen internen (negative Gedanken und Wahrnehmung der autonomen Aktivierung) und externen Reizen verteilen, während nicht-ängstliche Personen sich auf die interpersonelle Interaktion konzentrieren können. Dadurch, daß Sozialphobiker sich zu sehr mit irrationalen Gedanken (‚sie finden mich sicher komisch‘) und körperlichen Symptomen beschäftigen (‚ich zittere‘; ‚ich erröte‘), widmen sie dem Gespräch zu wenig Aufmerksamkeit, was den Eindruck erwecken kann, daß sie keine sozialen Fertigkeiten besitzen.

Kognitive Faktoren

Mehrere kognitiv orientierte Kliniker gehen davon aus, daß irrationale Ideen als Ursache von sozialer Angst gesehen werden müssen (Ellis, 1962). Obwohl verschiedene Untersuchungen gezeigt haben, daß irrationale Ideen tatsächlich mit sozialer Angst zusammenhängen (Golden, 1981; Goldfried und Sobocinski, 1975; Gormally et al., 1981; Sutton-Simon und Goldfried, 1979), ist die Relevanz dieser Untersuchungsergebnisse beschränkt. In keiner Untersuchung waren die Versuchspersonen sozial phobische Patienten. Eine eigene Studie zeigte, daß auch bei dieser Gruppe ein eindeutiger Zusammenhang bestand zwischen irrationalen Gedanken und sozialer Angst (Sanderman et al., 1987). Obwohl es verführerisch ist, zu denken, daß solche irrationalen Ideen ursächlich mit der Angst zusammenhängen, die man in sozialen Situationen erlebt, ist es auch möglich, daß die erhöhte Anspannung in solchen Situationen manche Personen für bestimmte irrationale Ideen und Erwartungen anfällig macht.

Erziehungsstile

Buss (1980) sieht in sozialer Angst das Ergebnis negativer Erfahrungen in der Kindheit und Jugend in Situationen, in denen Beurteilung durch andere eine große Rolle spielte. Nach Buss ist Überempfindlichkeit für eine solche Beurteilung eine Folge der Art, wie Kinder erzogen wurden. Parker (1979) untersuchte die Erziehungsstile der Eltern von Sozialphobikern und Agoraphobikern: Sozialphobiker beschrieben ihre Eltern als wenig affektiv und sehr überbeschützend, während die Erziehung von Agoraphobikern nur als wenig affektiv gekennzeichnet wurde. Parker schlug vor, daß ein Kind mit überbeschützenden Eltern, die zudem wenig Zärtlichkeit zeigen, später ernsthafte Probleme in interpersonellen Situationen erleben kann: „...parental overprotection, by restricting the usual developmental processes of independence, autonomy and social competence, might further promote any diatheses to a social phobia...' (S. 559). Arrindell et al. (1983) untersuchten ebenfalls die Erziehungsstile der Eltern bei verschiedenen Typen von Phobikern. Die Ergebnisse stimmten mit denen von Parker überein. Auch hier schienen Überfürsorglichkeit und ein Mangel an Zärtlichkeit der Eltern mehr mit sozialer Phobie als mit Agoraphobie zusammenzuhängen.

Bruch et al. (1989) untersuchten, inwieweit die Haltung der Eltern von Einfluß war auf die Angst, in sozialen Situationen negativ beurteilt zu werden. Im Gegensatz zu Agoraphobikern berichteten Sozialphobiker, daß ihre Eltern sie von sozialen Ereignissen ferngehalten hatten und sich darüber Sorgen machten, was andere über sie dachten. Zudem hatten Sozialphobiker in ihrer Jugend mehr soziale Angst erlebt und weniger Freunde und Freundinnen gehabt als Agoraphobiker.

Zusammenfassend kann gesagt werden, daß die Untersuchungsergebnisse zu den Merkmalen der Eltern konsistent sind; Ablehnung und Mangel an Wärme in Kombination mit Überfürsorglichkeit können zu Besorgtheit über die Beurteilung in sozialen Situationen führen, was das Hauptmerkmal der sozialen Phobie ist.

2.2.8. Zwangsstörung

Lerntheoretische Erklärung

Die lerntheoretische Erklärung der Entwicklung von Zwangsverhalten beruht auf der Zwei-Faktoren-Theorie von Mowrer, die bereits besprochen wurde. Bei Zwängen ist es wichtig, zwischen aktiver und passiver Vermeidung zu unterscheiden. Bei passiver Vermeidung vermeidet die Person Stimuli oder Situationen, die Angst und Spannung auslösen können. Aktive Vermeidung verweist gewöhnlich auf die Verhaltenskomponente des Zwangs, z.B. kontrollieren oder putzen (s. Kapitel 1).

Es gibt jedoch wenig Hinweise für die Annahme, daß klassisches Konditionieren bei der Entwicklung von Zwangsverhalten eine wichtige Rolle spielt (Emmelkamp, 1982). Obwohl Patienten oft ein oder mehrere traumatische Ereignisse im Zusammenhang mit der Entwicklung des zwanghaften Verhaltens berichten, führt eine solche traumatische Situation an sich selten direkt zu einer Zwangsstörung. In mehreren Fällen treten verschiedene Zwangsgedanken und Zwangsrituale gleichzeitig auf. Theoretisch könnte man erwarten, daß mit der Entwicklung verschiedener Zwangsgedanken verschiedene traumatische Erlebnisse verbunden sind. In der Praxis scheint dies jedoch nicht oft der Fall zu sein. Es gibt also wenig Beweise dafür, daß klassisches Konditionieren für die Entwicklung einer Zwangsproblematik verantwortlich gemacht werden kann.

Mehr Beweise wurden für die zweite Phase von Mowrers Theorie gefunden. Mehrere Untersuchungen haben gezeigt, daß Zwangsrituale Angst und Spannung reduzieren. Rachman und seine Kollegen (Rachman und Hodgson, 1980) untersuchten, was geschah, wenn Zwangsrituale im Labor provoziert wurden. Bei Menschen mit einem Putzzwang als Hauptproblem führte Ansteckung im Labor zu einer Zunahme von Angst und Spannung, während das anschließende Durchführen des Zwangrituals eine Abnahme der Angst und Anspannung bewirkte. Wenn ,*Responseprevention*‘ angewendet wurde, d.h. dem Patienten nicht erlaubt wurde, seine Hände zu waschen, zeigte sich, daß nach einer gewissen Zeit (ca. einer halben Stunde) die Spannung spontan abnahm. Das galt nicht nur für die Angst, die der Patient erlebte, sondern auch für die physiologischen Maße. Bei Patienten mit Kontrollzwang war diese Beziehung jedoch weniger eindeutig. Bei einigen dieser Patienten wurde durch die Konfrontation mit Zwangssituationen die Spannung und Angst tatsächlich erhöht und durch das Ausführendürfen von Kontrollritualen gesenkt, aber das galt nicht für alle Patienten.

Die Theorie von Herrnstein (1969) scheint besser geeignet, das Verhalten von Patienten mit Kontrollzwang zu erklären, als die von Mowrer. Nach Herrnstein wirkt die Angstreduktion an sich nicht verstärkend, aber Versuchspersonen nach der Durchführung eines Rituals erleben weniger Angst, als wenn sie das Ritual nicht durchgeführt haben. Nehmen wir z. B. eine Patientin, die mehrere Rituale ausführen muß, wie das Berühren verschiedener Gegenstände auf eine bestimmte Art, sobald sie den Gedanken hat, ihren Kindern könnte etwas passieren. Die Durchführung der Rituale an sich braucht keine völlige Angstreduktion zu bewirken und kann sogar Anlaß für eine Zunahme der Angst sein. Es ist jedoch anzunehmen, daß diese Angst weniger schmerzhaft ist als die Angst und das Schuldgefühl, die entstehen würden, wenn ihren Kindern doch ein großes Unglück zustoßen sollte, das sie dann der Unterlassung dieser Rituale zuschreiben würde.

Kognitive Störungen

Verschiedene Forscher haben untersucht, inwieweit Zwangspatienten kognitive Störungen aufweisen. Untersuchungen in den siebziger Jahren haben gezeigt, daß Zwangspatienten sehr schwer doppeldeutige Situationen vertragen können. Untersuchungen zu Beurteilungsaufgaben von Beech (1974) und seinen Kollegen zeigen, daß Zwangspatienten einerseits ein größeres Bedürfnis nach einer Entscheidung haben als Patienten ohne Zwangsstörung, aber andererseits eine Entscheidung aufschieben, wenn sie die Möglichkeit haben, noch mehr Information zu sammeln. Auch eine Studie von Reed (1977) zeigt, daß ein Charakteristikum von Zwangspatienten ist, daß sie nur schwer Entscheidungen treffen können. Carr (1974) schlug vor, daß Zwangspatienten die Wahrscheinlichkeit, daß eine Entscheidung negative Folgen haben könnte, abnormal hoch einschätzen. Forschungsergebnisse zeigen, daß relativ harmlose Situationen von Zwangspatienten als gefährlich erlebt werden.

Prämorbide Persönlichkeit und Erziehung

Nach der psychoanalytischen Theorie haben Zwangspatienten prämorbid, d. h. bevor die Störung ausbricht, eine zwanghafte Persönlichkeit. Black (1974) stellte tatsächlich fest, daß dies bei 71 % der Zwangspatienten der Fall war. Kringlen (1965) verglich die prämorbide Persönlichkeit von Zwangspatienten mit der einer Kontrollgruppe von Patienten ohne Zwangsstörung. 72 % der Zwangspatienten und 53 % der Kontrollgruppe hatten prämorbid eine zwanghafte Persönlichkeit. Auch McKean et al. (1984) fanden vergleichbare Zahlen. Diese Studie zeigte zudem, daß Patienten mit einer zwanghaften Persönlichkeit prämorbid weniger Lebensereignisse erlebt hatten als Patienten ohne eine solche Persönlichkeit. Dies erweckt den Eindruck, daß Patienten mit einer zwanghaften Persönlichkeit Zwangssymptome entwickeln, ohne daß ihnen ein Übermaß an belastenden Ereignissen vorangeht. Die Ergebnisse der Studien von Kringlen (1965) und Rachman und Hodgson (1980) lassen vermuten, daß eine prämorbide zwanghafte Persönlichkeit nicht nur mit der Entwicklung von Zwängen, sondern auch mit anderen Störungen zusammenhängt.

Zusammenfassend: es besteht eine deutliche Beziehung zwischen prämorbiden zwanghaften Zügen und der Entwicklung der Zwangsstörung. Die Daten aus den Studien von Kringlen und Rachman und Hodgson bei nicht-zwanghaften Patienten zeigen jedoch, daß dieser Beziehung nur beschränkte Bedeutung zukommt. Zudem zeigt die Tatsache, daß bei manchen Patienten sich eine Zwangsstörung entwickelt, ohne daß von einer zwanghaften Persönlichkeit die Rede war, daß es sich nicht um eine eindeutige Beziehung handelt.

Rachman (1976) schlug vor, daß Unterschiede im Zwangsverhalten durch Unterschiede in der Erziehung entstehen. Nach seiner Theorie entsteht Kontrollzwang in Familien, in denen die Eltern hohe Anforderungen stellen und sehr kritisch sind. Patienten mit Kontrollzwang versuchen, Fehler zu vermeiden aus Angst vor Kritik und Schuldgefühlen. Andererseits nimmt Rachman an, daß Putzzwang in Familien entsteht, in denen die Eltern überbeschützend sind.

Hoekstra et al. (1989) testeten Rachmans Theorie an 122 Zwangspatienten. In Anlehnung an die Theorie von Rachman wurde angenommen, daß Patienten mit Kontrollzwang ihre Eltern als ablehnender erlebt haben als Patienten mit Putzzwang, während diese ihrerseits ihre Eltern überfürsorglicher erlebt haben müßten als Patienten mit Kontrollzwang. Zudem wurde erwartet, daß alle Patienten ihre Eltern als ablehnender, überfürsorglicher und weniger zärtlich erlebt hatten als ,normale' Kontrollpersonen. Tatsächlich bewerteten Zwangspatienten ihre Eltern im Vergleich mit der Kontrollgruppe als ablehnender und weniger zärtlich. Zwischen ,Wäschern' und ,Kontrollierern' wurden signifikante Unterschiede auf den Faktoren ,Überfürsorglichkeit des Vaters' und ,Ablehnung von seiten der Mutter' festgestellt. Diese Daten unterstützen die Theorie Rachmans nur teilweise. Patienten mit einem Putzzwang betrachteten ihren Vater als überfürsorglicher als Patienten mit Kontrollzwang. Andererseits beurteilten sie auch ihre Mutter als ablehnender als Patienten mit Kontrollzwang, was im Widerspruch steht zu Rachmans Theorie. Zur Zeit gibt es also nicht genügend wissenschaftliche Beweise dafür, daß ein spezifischer Erziehungsstil mit einem spezifischen Zwang zusammenhängt.

Die wichtigste Schlußfolgerung dieser Studie, nämlich daß Zwangspatienten ihre Erziehung viel negativer beurteilen als ,normale' Versuchspersonen, läßt vermuten, daß solche negativen Erziehungsstile mit der Entwicklung von Zwangsverhalten zusammenhängen. Es muß jedoch gesagt werden, daß dieselben Erziehungsstile auch mit anderen Formen von Psychopathologie zusammenhängen, wie z. B. Phobien, Drogenabhängigkeit, Entwicklung von Typ-A-Verhalten und Depression (Gerlsma et al., 1989). Es kann sein, daß solche negativen Erziehungsmethoden Kinder ganz allgemein für Psychopathologie anfälliger machen, und nicht für eine oder einige spezifische Formen von Psychopathologie. Es scheint, daß in Ergänzung zu den negativen Erziehungsmethoden nach anderen Faktoren gesucht werden muß, die schließlich bestimmen, welche spezifische Form der Psychopathologie sich entwickelt.

3. Allgemeine Ausgangspunkte bei der Behandlung

3.1. Funktionsanalyse und Assessment (Bewertung)

Die ausführliche Erörterung der Diagnose-Kriterien im ersten Kapitel könnte die Vorstellung hervorrufen, daß diese Kriterien die bestimmenden Faktoren bei der Aufstellung des Behandlungsplanes darstellen. Aber vor allem wenn man verhaltenstherapeutische Prinzipien als Ausgangspunkt wählt, folgt nach der Feststellung der Diagnose eine weitere Inventarisierungsrunde. Im Grunde kann eine Behandlung nicht beginnen, wenn der Therapeut keine Kenntnis derjenigen Faktoren, welche die Angstbeschwerden verursachen und aufrechterhalten, sowie der Konsequenzen der Beschwerden hat. Störungen, die unter ein und denselben Nenner fallen, werden bei verschiedenen Patienten meist durch unterschiedliche Faktoren verursacht und aufrechterhalten. Es ist darum von großer Bedeutung, um – bevor mit der Behandlung begonnen werden kann – einen Einblick in das Kräftespiel der Faktoren zu gewinnen, welche die spezifische Angststörung beeinflussen.

Aus diesem Grunde besprechen wir zuerst die Grundlagen einer Funktionsanalyse des Problemverhaltens. Ferner ist es in vielen Fällen ratsam, sich während der Behandlung nicht mit einer Funktionsanalyse allein zubegnügen, sondern auch Verlauf und Resultate der Therapie in einer Übersicht festzuhalten. Daher geben wir in der zweiten Hälfte dieses Kapitels eine Übersicht diagnostischer Methoden und Techniken, die dabei behilflich sein können.

Funktionsanalyse

Viele betrachten die Funktionsanalyse (auch funktionelle Analyse oder „Verhaltensanalyse" genannt) als das Kernstück der Verhaltenstherapie. Wir können zwei Analyseebenen voneinander unterscheiden, nämlich die Analyse der funktionellen Relationen innerhalb einer spezifischen Angststörung und die Analyse der Relationen zwischen der Angststörung und anderen Beschwerdebereichen; Emmelkamp (1982) spricht respektive von der „Mikro-Analyse" und der „Makro-

Analyse". Die Intention ist, eine Übersicht über die Antezedenzien, Konsequenzen und Eigenschaften des Problemverhaltens zu vermitteln. In der Regel wird diese Information in einem offenen Interview eingeholt.

Die Mikro-Analyse

Wenn sich jemand für eine Behandlung anmeldet, lautet die erste Aufgabe, die vorgetragenen Beschwerden näher zu analysieren. Bei den Störungen, die wir in diesem Buch behandeln, ist Angst in den meisten Fällen die (konditionierte) emotionale Reaktion *(conditioned emotional reaction: CER)*. In den ersten Sitzungen wird sich das Gespräch hauptsächlich auf Entstehung, Verlauf und heutigen Zustand der Beschwerden konzentrieren. Vor allem beginnende Therapeuten realisieren sich diese Dreiteilung nicht in ausreichendem Maße und geraten demzufolge schnell auf Abwege.

Entstehung der Beschwerden

Es ist von großer Bedeutung, hiervon ein möglichst deutliches Bild zu erhalten: ist hier Sprache von einem deutlich abgrenzbaren Beginn, wie bei einem posttraumatischen Streß-Syndrom oder bei einem ersten Panikanfall? Oder haben sich die Beschwerden allmählich entwickelt, wie das oftmals bei sozialer Angst der Fall ist? Es ist auch wichtig, die Umstände während der Entstehungsperiode kennenzulernen, wie einschneidende Geschehnisse oder eine Anhäufung einer großen Zahl an sich kleiner Streßfaktoren.

Verlauf der Beschwerden

Hat es Perioden gegeben, in denen die Beschwerden zunahmen oder verschwanden? Haben sich im Laufe der Zeit andere Beschwerden oder Probleme neben oder infolge der Angststörungen entwickelt? Hierbei denken wir unter anderem an Depressionen, Alkoholismus oder exzessive Medikamenteneinnahme oder an Beziehungsprobleme.

Der aktuelle Zustand

Bei der Aufstellung des Behandlungsplans wird der Therapeut vor allem von den Beschwerden ausgehen wollen, wie sie sich zum gegenwärtigen Zeitpunkt darstellen.

– Unter welchen Umständen tritt die Angst auf? Der Therapeut will einen Einblick gewinnen in die differenzierenden Stimuli und eine Antwort auf die Frage erhalten, ob diese unter einem einzigen Thema zusammenzufassen sind, z. B. „Reden mit Unbekannten" oder „Sich allein in eine unbekannte Situation wagen". Können verschiedene Themen voneinander unterschieden werden, kann es sich als ratsam erweisen, diese in mehreren Funktionsanalysen unterzubringen (z. B. eine um das Thema „Agoraphobie" und eine andere um das Thema „Soziale Angst"). Derartige Stimuli können sowohl konkret sein (Situationen und Gegenstände) als auch imaginär (intrinsisch angstweckende Gedanken oder Gedanken an konkrete Situationen oder Gegenstände). Ferner können konkrete Stimuli von physischer Natur vorliegen, wie Erröten oder Herzklopfen. Es lassen sich verschiedene Kombinationen interner oder externer, konkreter oder imaginärer Charaktere von Stimuli, Reaktionen und Konsequenzen vorstellen.

– Sind unterstützende Faktoren im Spiel? Hierunter werden Umstände oder Situationen verstanden, welche die Entstehung oder Instandhaltung der Angststörung begünstigen. Dabei kann es sich um Arbeitslosigkeit, Schwachbegabtheit, körperliche Erkrankung, schlechtes Abschneiden bei einem Examen oder ähnliches handeln. Auch Umstände, welche die Beschwerden lindern, verdienen Aufmerksamkeit. Eine Patientin berichtete, daß sie sich nach einem Streit mit ihrem Ehemann auf der Straße um vieles weniger ängstlich fühlte, da sie dann dachte: „Was kann es mir noch ausmachen? Wenn ich tot umfalle, bin ich alle Sorgen los!" Ferner kann man die Frage stellen, ob die Angst in allen Umständen gleich stark ist. Gibt es Wochentage oder bestimmte Umstände, die zur Folge haben, daß dieselben differenzierenden Stimuli mehr oder weniger Angst hervorrufen?

– Wie reagiert der Patient, wenn die Angst aufkommt? Der Therapeut geht auf die Suche nach der (den) konditionierten Vermeidungsreaktion(en) *(conditioned avoidance reactions: CAR)*. Bei Agoraphobie kann es sich darum handeln, daß der Patient vermeidet, allein auf die Straße zu gehen, eine sozial phobische Person wird sich nicht mehr in unbekannter Gesellschaft aufhalten, ein Patient mit Kontrollzwang wird kontrollieren, ob etwas auch wirklich in Ordnung ist.

– Was unternimmt ein Patient darüber hinaus, um die Angst zu reduzieren oder zu vermeiden? Hier denken wir an Medikamenten- oder Alkoholmißbrauch, das Treffen bestimmter Vorsorgemaßnahmen und ähnliches. Ein sozial phobischer Patient z. B. vermied es, zur Kaffeezeit auf Festlichkeiten zu erscheinen. Er fürchtete, zu zittern und dabei – für einen jeden vernehmlich – mit dem Löffel gegen Tasse und Untertasse zu klappern. Darum kam er immer etwas später, nämlich dann, wenn bereits Alkohol serviert wurde; zuhause hatte er auch schon einige Gläser Bier zu sich genommen, wodurch er sich entspannter fühlte. Auch das Mitführen beruhigender Gegenstände kann in diesem Licht betrachtet werden, denken Sie z. B. an Personen, die niemals ohne ihre Beruhigungstabletten außer Haus gehen, obwohl sie diese nur selten benutzen.

- Welche physischen Empfindungen gehen mit dem Erlebnis der Angst einher? Oft findet sich eine Erhöhung des Arousal-Niveaus; dies kann sich in Zittern, Schwitzen, Erröten, Hyperventilieren usw. äußern. Das Ausmaß, in welchem diese Symptome auftreten, sowie die Toleranz des Patienten gegenüber ihnen unterscheidet sich in großem Maße zwischen verschiedenen Personen. Ein leichtes Unruhegefühl kann den einen bereits vor große Probleme stellen, während ein anderer sich inzwischen an mindestens einen schweren Panikanfall pro Tag gewöhnt hat.

- Welche Gedanken hat der Patient während, vor und nach der Angstepisode (*covert operants: COV*). Es ist ein Kennzeichen von Angst, daß sie im allgemeinen begleitet wird von Gedanken an eine bevorstehende Bedrohung. Bei den klinischen Beschreibungen in Kapitel 1 sind wir auf die spezifischen Kognitionen, welche für die verschiedenen Angststörungen charakteristisch sind, näher eingegangen. Die Erfahrung lehrt, daß es oftmals schwierig ist, den Patienten Kognitionen zu entlocken. Die Frage: „Was denken Sie, wenn Sie sich in Situation X befinden und sich ängstlich fühlen?" erbringt nicht immer die erwünschte Information. Alternativfragen sind beispielsweise: „Was ging Ihnen durch den Kopf?" oder „Wovor hatten Sie Angst?" Es hilft auch, den Patienten aufzufordern, die Augen zu schließen, sich die Situation wieder vorzustellen und ihn dann laut denken zu lassen. Vor allem mit dieser letzten Technik vergrößert der Therapeut die Aussicht, ein detailliertes Bild einer angstweckenden Situation zu erhalten.

- Welches sind die kurzfristigen Konsequenzen (C) des Vermeidungsverhaltens? Hierbei muß ein Unterschied gemacht werden zwischen erwünschten (C+) und unerwünschten (C-) Konsequenzen, die ihrerseits zunehmen (+C+ und (+C-) oder abnehmen können (-C+ und -C-). Die meisten Patienten erfahren Spannungsreduzierung (-C-) als einen ziemlich schnell eintretenden Effekt ihres Vermeidungsverhaltens. Was aber nicht bedeutet, daß nach der Vermeidung der gefürchteten Situation eine emotionale Reaktion nicht mehr besteht. Das Bewußtsein, der Vermeidung wieder nachgegeben und sich von der Angst beherrscht haben zu lassen, kann den Patienten in eine äußerst gedrückte Stimmung versetzen. Eine negative Konsequenz ist z. B. die Tatsache, daß der Patient sein Ziel, wie z. B. einkaufen, einen Besuch abstatten oder ein Hobby auszuüben in jenem Augenblick, nicht verwirklicht hat.

- Welches sind die langfristigen Konsequenzen des Vermeidungsverhaltens? Eine Möglichkeit ist die Entwicklung eines konstant erhöhten Arousal-Niveaus als Folge der Antizipationsangst, wobei es nicht zur Konfrontation mit der gefürchteten Situation kommt. Welche Vor- und Nachteile besitzt dieses Verhalten? Manche Patienten entlehnen der „Krankenrolle" gewisse Privilegien, wie besondere Aufmerksamkeit und Rücksicht durch andere (+C+). Langfristige

Nachteile (+C-) können beispielsweise in der Abhängigkeit von anderen oder in (drohender) Arbeitslosigkeit liegen. Für eine Person mit einem umfassenden Kontrollzwang ist das Ausüben des Zwangsverhaltens sehr zeitraubend, denn nach einiger Zeit steht das gesamte tägliche Leben völlig im Zeichen des Zwangs. Ein agoraphobischer Patient sieht sich in zunehmendem Maße von der Umgebung isoliert (+C-), so wie dies auch bei Personen mit einer starken sozialen Phobie geschehen kann. Man muß sich vor Augen führen, daß ein Symptom in einer Mikro-Analyse mehr als nur eine einzige Rolle spielen kann. So kann Herzklopfen als eine physiologische Komponente der Angst betrachtet werden, aber ebensosehr kann es als introzeptiver Stimulus wirken, der die Angst hervorruft. Anhand des folgenden, kurzen Beispiels möchten wir die Aufstellung einer Mikro-Analyse erläutern.

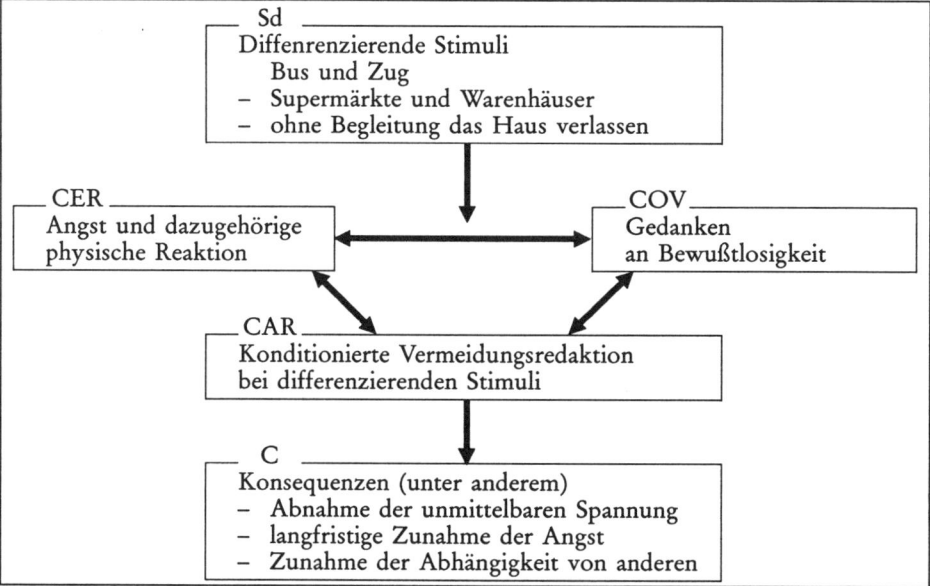

Figur 3.1: Mikro-Analyse der Beschwerden

Eine unserer Patientinnen hatte im Laufe der Zeit agoraphobische Beschwerden entwickelt. Sie hatte Angst davor, das Haus ohne Begleitung zu verlassen, mit Bus oder Bahn zu fahren und Supermärkte oder andere große Warenhäuser zu betreten. Dort stellten sich verschiedene physische Beschwerden ein: ein schlappes Gefühl in den Knien, Druck auf der Brust, ein Gefühl, als sei sie nicht anwesend. In solchen Momenten wurde sie dann stark durch den Gedanken beherrscht, daß ihr übel und sie ohnmächtig auf den Boden fallen würde, wo die anderen sie dann anstarrten. Sie war den Situationen, in denen derartige physische Empfindungen und Gedanken in ihr aufkamen, allmählich aus dem Wege gegangen. Dieses Vermeidungsverhalten resultierte in einer Abnahme der Spannung und Angst. Wenn sie Bekannte oder Verwandte besuchte, mußte ihr Mann sie bringen und auch wieder abholen. Dies hatte im Laufe der Zeit aber dazu geführt, daß die Patientin in zunehmendem Maße von der Hilfe anderer abhängig geworden war, wenn sie das Haus verlassen wollte.

In Figur 3.1 ist die Mikro-Analyse der Beschwerden wiedergegeben.

Das Basisschema der Beschwerden dieser Patientin ist recht geradlinig: verschiedene konditionierte Stimuli führen zu konditionierten, emotionalen Reaktionen und zu Vermeidungsverhalten, welches anschließend seinerseits eine Angstreduzierung bewirkt.

Die Makro-Analyse

Oft stehen die Beschwerden, wegen der sich eine Person anmeldet, nicht isoliert. In den meisten Fällen findet sich eine Verbindung mit anderen (mehr oder weniger deutlich zu umschreibenden) Problemgebieten. In einer Makro-Analyse werden diese Beziehungen schematisch dargestellt, um feststellen zu können, wo die Behandlung in erster Linie ansetzen muß.

> Bei oben genannter Patientin hatte noch eine Reihe weiterer Faktoren an der Entstehung und Fortdauer der Agoraphobie Anteil. Seit ihrer Pubertät fühlte sie sich in der Gesellschaft von anderen in zunehmendem Maße unsicherer, oft fühlte sie sich betrachtet und hatte die Idee, daß andere sie für verrückt hielten. Nachts grübelte sie häufig über dieses gestörte Verhältnis zu ihren Mitmenschen. Dieses Grübeln nahm ihr die Lust an sexuellem Kontakt mit ihrem Mann. Da sie sich nicht traute, ihm das direkt zu erkennen zu geben, schob sie Kopfschmerzen vor und lag entsprechend verkrampft im Bett. Es gelang ihr nicht einzuschlafen, so daß sie am folgenden Tag niedergeschlagen aufstand. Ihr Ehemann hatte wenig Verständnis für ihre abweisende Haltung und reagierte nach einiger Zeit ebenfalls abweisend auf sie. Die Patientin war aber auf ihn angewiesen, um das Haus verlassen zu können, da sie das nicht mehr ohne Begleitung konnte.

Hier zeigt sich, daß die agoraphobischen Beschwerden dieser Patientin Teil eines Komplexes von Faktoren sind, die einander wechselseitig beeinflussen. Die Beziehungen zwischen den Problemgebieten obenstehenden Falles werden schematisch in Figur 3.2 wiedergegeben.

Wenn ein Therapeut eine Behandlung beginnt, ohne daß bei der Anmeldung deutlich ist, welche Faktoren Einfluß haben auf und durch das Problem beeinflußt werden, ist es äußerst zweifelhaft, ob diese Behandlung erfolgreich verlaufen wird. Bei der Ausarbeitung eines Behandlungsplans ist es daher ratsam, die anderen Problemgebiete in die Erwägungen bezüglich einer bestimmten Intervention einzubeziehen. In der Kasuistik, die in den Kapiteln über die Behandlungen präsentiert wird, werden wir darauf näher eingehen. Wenn eine Behandlung auf der Grundlage einer Makro-Analyse des Problemverhaltens aufgebaut wird, wird die Gefahr einer Symptomverschiebung (ehemals eine häufig geäußerte Kritik an der Verhaltenstherapie) unweigerlich abnehmen. Die Ausarbeitung von Mikro- und Makro-Analysen ist übrigens keine einmalige Angelegenheit, die sich auf die ersten Kontakte beschränkt. Auch in einem späteren Stadium der Behandlung, wenn dem Therapeuten mehr oder neue Information zur Verfügung steht, ist es sinnvoll, derartige Analysen anzustellen oder ältere zu korrigieren. Betrachten wir eine Funktionsanalyse als eine Hypothese, so muß diese anhand der Durchführung von Interventionen geprüft werden. Erzielen die Interventionen nicht die erhofften Effekte, ist entweder die Behandlungsstrategie nicht gut gewählt bzw. ausgeführt oder die Funktionsanalyse weist Mängel auf. Im letzteren Fall ist es dann nötig, sich aufs neue zu besinnen und eventuell neue Information beim Patienten oder in seiner Umgebung einzuholen.

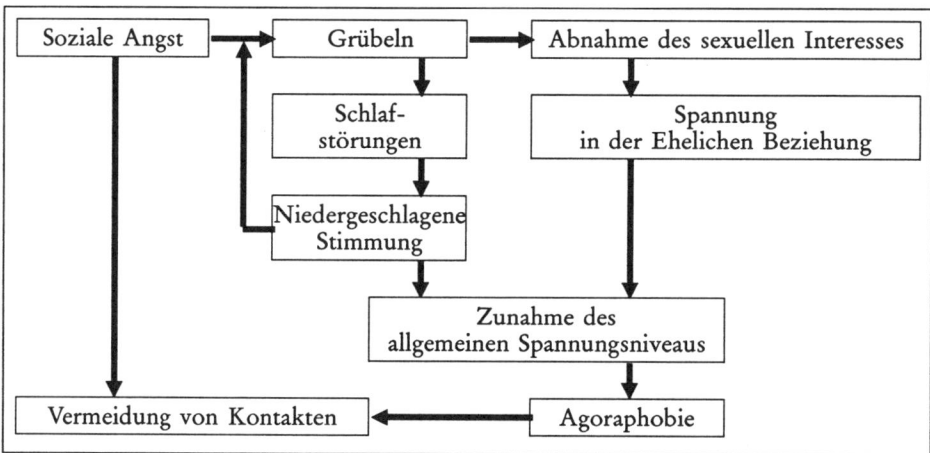

Figur 3.2: Makro-Analyse der Beschwerden

Verhaltensmessungen

Neben Interview, Fragebogen und Observation kann der Therapeut auch wichtige Information durch Verhaltensmessung bekommen. Hierunter verstehen wir Methoden, bei denen der Patient aufgefordert wird, eine (Serie von) Handlung(en) nach einer durch den Therapeuten festgelegten Manier auszuführen. In diesem Sinne unterscheiden sich Verhaltensmessungen von verbalen oder schriftlichen Rapporten des Patienten sowie von Observationen des Therapeuten.

In-vivo-Messung

Die In-vivo-Messung ist eine der wenigen Meßinstrumente bei Agoraphobie, die nicht auf einer Selbstbeurteilung des Patienten basieren. Die Messung erfolgt anhand einer vorher festgelegten Route, die der Patient bewältigen muß (Emmelkamp u. a., 1978). Die standardisierte Instruktion lautet dabei wie folgt: „Versuchen Sie, diese Route vollständig zu bewältigen, aber kehren Sie zurück, sobald Sie merken, daß Sie unruhig werden." Der Patient erhält einen Stadtplan, auf dem die Route abgesteckt ist und macht sich, so ausgerüstet, auf den Weg. Die Strecke ist in eine Anzahl Fragmente (z. B. zwanzig) aufgeteilt. Der Therapeut notiert sowohl die Zeit, die für die Übung verwendet wurde, als auch die zurückgelegten Distanz. Zwischen diesem Maß sowie Angst- und Vermeidungsskalen wurden hohe Korrelationen gefunden. Obwohl diese Verhaltensmessung relativ zeitraubend ist und der Diagnostik von Agoraphobie nur wenig hinzufügt, ist sie doch von Interesse wegen der Extra-Information, die aus ihr gewonnen werden kann. Es entsteht nämlich ein aktueller Eindruck darüber, wie der Patient auf eine derartige Aufgabenstellung reagiert. Im Nachgespräch über den Verlauf der Übung kann der Therapeut nähere Fragen stellen oder einen spezifischen Fragebogen beantworten lassen.

Auch im Falle von sozialer Angst wird im Rahmen von Forschungsprojekten bei einer Anzahl von Fällen eine Verhaltensmessung durchgeführt. Diese Methoden sind aber so zeitraubend, daß sie nicht ohne weiteres in der Praxis durchgeführt werden können.

Hyperventilationsprovokation

Das künstliche Hervorrufen physischer Symptome kann in gewissem Sinne ebenfalls als eine Art der Verhaltensmessung betrachtet werden. In Kapitel 5 werden wir bei der Beschreibung der Behandlung von Panik und Agoraphobie näher darauf eingehen, wie diese Provokation dem Patienten vorgestellt und durchgeführt wird.

Selbstregistrierung

In der Assessment-Phase und während der Behandlung kann Selbstregistrierung durch den Patienten für die Bildung und Vertiefung von Einsicht in den Verlauf der Angstbeschwerden von unschätzbarem Wert sein. In den Aufnahmegesprächen wird die Information nämlich retrospektiv eingeholt, wodurch sie durch Erinnerungsverzerrungen, selektive Wahrnehmung usw. beeinflußt werden kann. Dies kann zu über- oder untertriebener Berichterstattung über das Problemverhalten führen, wodurch der Therapeut nicht die optimale Information erhält. Auf den ersten Blick scheint Selbstregistrierung eine einfache Methode zu sein; das trifft aber nur teilweise zu. Es ist nämlich von allergrößter Bedeutung, daß die richtigen Verhaltensweisen, Emotionen oder Kognitionen für die Registrierung ausgewählt werden. In diesem Zusammenhang bedeutet „richtig", daß die zusammengetragene Information eine direkte Relevanz für die Behandlung besitzen muß. Daneben muß die Anmerkung gemacht werden, daß Selbstregistrierung in psychometrischer Hinsicht einen undeutlichen Status besitzt; oft kann nur von einer Scheinvalidität gesprochen werden. Dies bedeutet, daß man beim Formulieren generalisierender Aussagen auf der Grundlage von auf diese Weise gesammelter Information große Vorsicht walten lassen muß.

Selbstregistrierung kann jeweils in den Momenten durchgeführt werden, wenn ein bestimmtes Problemverhalten auftritt, sie ist aber auch als eine Form kontinuierlicher Registrierung denkbar. Im ersten Fall läßt der Kliniker Frequenz und Intensität der Beschwerden (wie bei Zwangshandlungen, Vermeidungsverhalten, Panikanfällen) erfassen. Diese Methode wird vor allem bei nicht häufig vorkommenden Verhaltensweisen oder Symptomen angewendet. Daneben ist es möglich, den Patienten zu festen Zeiten ein bestimmtes (häufig auftretendes) Symptom registrieren zu lassen *(behavioural sampling)*, um z. B. feststellen zu können, wie sich die Angstkurve im Laufe eines Tag verändert. Je nach Art und Frequenz der Beschwerden sowie dem Zweck der Registrierung werden spezifische oder globale Maße gewählt. Hierbei denken wir u. a. an folgende Möglichkeiten:

– Diskrete Maße, wie Strichlisten der Frequenz, mit welcher eine Handlung verrichtet wurde.
– Skalen, wie z. B. in Fragebögen, die an die Problematik des jeweiligen Patienten angepaßt werden können. So verwenden wir regelmäßig eine Blanko-Version der „Angstskala", in welcher der Patient vor Beginn der Behandlung selbständig angstweckende Situationen notiert. Diese idiosynkratische Skala wird nach Ablauf der Behandlung aufs neue ausgefüllt. Auf diese Weise entsteht ein systematisierter Eindruck des Ausmaßes der Verbesserung.
– Eine „*Visual Analogue Scale*" (VAS) ist eine gleitende Skala, in welcher Ernst oder Stärke von Symptomen eingetragen werden kann. So läßt sich beispielsweise das Ausmaß von Angst durch ein Kreuz auf einer Skala von 0 bis 100 angeben. Dieser Skalentyp kann für die verschiedensten Zwecke benutzt werden.
– „*Thought listing*" ist eine Methode, die häufig vor oder während einer kognitiven Therapie Anwendung findet. Der Patient erhält folgende Instruktion: „Schreiben Sie auf, was Sie in Situation X denken." Während der Therapie kann diese Methode dazu benutzt werden, um den Patienten alternative (rationale) Gedanken notieren zu lassen, neben den spontan wiedergegebenen (oftmals irrationalen oder katastrophalen) Gedanken. Derartige Gedanken können nicht nur schriftlich, sondern auch mit Hilfe anderer Medien registriert

werden. Williams und Rappoport (1983) ließen agoraphobische Autofahrer während des Autofahrens einen Cassettenrecorder mit ihren jeweiligen Gedanken besprechen.

Anwendung

In vielen Fällen ist der Therapeut nicht nur an einem einzigen (Aspekt eines) Verhalten(s) interessiert; dann wird er eine Kombination von Parametern wählen. Das folgende Beispiel kann dies illustrieren.

---

1. Datum: ....../......
   Sind heute besondere Dinge geschehen? Wenn ja, welche?

2. Wie ängstlich/gespannt fühlten Sie sich heute im allgemeinen:

   0...10...20...30...40...50...60...70...80...90...100
   nicht   extrem

3. Zahl der Panikanfälle heute? Keine/......

Welche Symptome	Situation I		Situation II	
1 Atemnot	1		1	
2 Herzklopfen	2		2	
3 Erstickungsgefühl	3		3	
4 Druck auf der Brust	4		4	
5 Schweißausbruch	5		5	
6 Schwindlig/leicht im Kopf	6		6	
7 Unwirkliches Gefühl	7		7	
8 Übelkeit	8		8	
9 Schüttelfrost	9		9	
10 Zittern oder beben	10		10	
11 Taubes/prickelndes Gefühl	11		11	
12 Todesangst	12		12	
13 Angst, verrückt zu werden/die Kontrolle zu verlieren	13		13	

Schweregrad jedes Anfalls (0–100)

Welche Gedanken hatten Sie während der Anfälle?

Anfall I:

Anfall II:

Figur 3.3: Beispiel einer Seite aus einem Paniktagebuch

Ein Patient erklärt bei der Anmeldung, daß er häufig Panikanfälle bekommt und dann völlig aus der Fassung gerät. Auf die Frage des Therapeuten nach Art und Intensität der Symptome (wie in DSM-III-R angegeben; siehe Kapitel 1) kann der Patient nur angeben, daß er sie schon mal alle zusammen hat. Zeit und Ort sind ihm entfallen. Sogar rezente Panikanfälle kann er nur mit Mühe im Detail beschreiben, da die Angst während und nach dem Anfall seine Erinnerung beeinflußt. Der Therapeut beschließt daher, ihn zwei Wochen lang jeden Anfall registrieren zu lassen, und zwar die individuellen Symptome, das Ausmaß der Angst, seine Gedanken in dem Moment, wie auch Zeit und Ort. Zur Illustration ist in Figur 3.3 eine Seite des Tagebuchs, welches der Patient erhielt, abgebildet.

Im Tagebuch findet sich ausreichend Raum für die Beschreibung eines diskreten Geschehnisses, für eine visuelle Analogieskala sowie für „thought listing". Nach der Registrierungsperiode haben sowohl Therapeut als auch Patient ein deutlicheres Bild von Frequenz, Intensität und Form der Panikanfälle. Mit Hilfe dieser Information kann anschließend ein konkreter Behandlungsplan entworfen werden.

Abschließend muß noch erwähnt werden, daß diese Form der Registrierung nicht nur durch den Patienten, sondern auch durch den Therapeuten betrieben werden kann. In diesem Fall führt letzterer ein Dossier mit seinen eigenen Einschätzungen hinsichtlich bestimmter Verhaltensweisen, Gedanken oder Emotionen des Patienten.

Zusammenfassung

Vor allem bei zielstrebigen Behandlungen, wie es Verhaltenstherapie und direktive Therapie im allgemeinen sind, ist es von großer Bedeutung, ein möglichst deutliches Bild von der Problematik des Patienten zu haben. Dies gilt sowohl für die anfänglich diagnostische Phase, als auch für die Kontrolle des Behandlungverlaufs. In diesem Kapitel haben wir einige weitverbreitete Methoden besprochen, die für diesen Zweck geeignet sind. Vielleicht zum Überfluß muß dabei die Anmerkung gemacht werden, daß derartige Methoden nur dann die erwünschte Information liefern, wenn der Kliniker ausreichend mit ihrer Anwendung vertraut ist. Eine ausführliche Beschreibung der Designs und Methoden bei individuellen Anwendungen kann u.a. bei Barlow und Hersen (1984) gefunden werden.

3.2. Beschreibung einiger verhaltenstherapeutischer Strategien

Dieses Kapitel versucht, neuere Einsichten in die Behandlung von Angststörungen kurz gefaßt wiederzugeben. Verschiedene Formen von Psychotherapie wurden bei Phobikern angewendet, aber nur die Effektivität von verhaltenstherapeu-

tischen Interventionen (vor allem in-vivo-Exposition) konnte überzeugend nachgewiesen werden. Der Schwerpunkt dieses Kapitels wird deshalb auf kognitiven
und verhaltenstherapeutischen Methoden zur Angstreduktion liegen. Psychoanalytiker haben regelmäßig über die Behandlung von Phobikern berichtet (für eine
Übersicht s. Emmelkamp, 1979). Es handelt sich dabei um theoretische Abhand-
lungen mit Kasuistiken, in denen die Analyse eines oder mehrerer Patienten beschrieben wird. Selten wird auf die Effektivität der Behandlung eingegangen. In
einigen wenigen Studien wird die Effektivität von Psychotherapie methodologisch korrekt untersucht. In diesen kontrollierten Studien war einsichtgebende
Psychotherapie immer weniger effektiv als Verhaltenstherapie. Übrigens ist es
interessant, daß Freud (1947) selbst Zweifel hatte am Nutzen einer ausschließlich
psychoanalytischen Behandlung von Phobikern. So schrieb er:

> ‚Man wird kaum einer Phobie Herr, wenn man abwartet, bis sich der Kranke durch die
> Analyse bewegen läßt, sie aufzugeben. Er bringt dann niemals jenes Material in die Ana-
> lyse, das zur überzeugenden Lösung der Phobie unentbehrlich ist. Man muß anders
> vorgehen (...), hat nur dann Erfolg, wenn man sie durch den Einfluß der Analyse bewegen
> kann, sich wieder wie Phobiker des ersten Grades zu benehmen, also auf die Straße zu
> gehen und während dieses Versuches mit der Angst zu kämpfen.‘

Das bedeutet, daß Freud tatsächlich seinen phobischen Patienten den Auftrag
gab, phobische Situationen aufzusuchen und darin ihre Angst zu überwinden,
was große Ähnlichkeit aufweist mit der verhaltenstherapeutischen Methode ‚exposure in vivo‘, wo das auf systematischere Weise geschieht.
   Verhaltenstherapie unterscheidet sich von anderen Psychotherapien unter anderem dadurch, daß die Betonung auf der systematischen Evaluation des Thera-
pieeffekts liegt. Seitdem Wolpe die systematische Desensibilisierung zur Behandlung von Phobien einführte, wurden an verschiedenen Orten Untersuchungen
zum Effekt diverser verhaltenstherapeutischer Methoden bei Phobien durchgeführt. Bevor wir in den folgenden Kapiteln detaillierter auf die Behandlung der
verschiedenen Angststörungen eingehen, werden in diesem Kapitel kurz die theoretischen Hintergründe der angewendeten Verfahren sowie einige allgemeine Dinge besprochen, die beim Durchführen einer Behandlung von Bedeutung sind.

Systematische Desensibilisierung

Systematische Desensibilisierung (Wolpe, 1958) war bis vor kurzem das bekannteste verhaltenstherapeutische Verfahren. Bei systematischer Desensibilisierung
lernt der Patient zuerst, sich zu entspannen. Es wird eine Hierarchie von wenig
bis sehr angstauslösenden Situationen aufgestellt. Diese Situationen werden der
Reihe nach angeboten, während der Patient versucht, entspannt zu bleiben. Der
Patient geht erst dann zum nächsten Item der Hierarchie über, wenn das vorige

Item keine Angst mehr auslöst. Er bestimmt also selbst das Tempo der Behandlung. Obwohl systematische Desensibilisierung sowohl in vivo als auch in der Vorstellung durchgeführt werden kann, wurde gewöhnlich letzteres getan. Bei dieser Variante muß der Patient sich jeweils die Situationen der Hierarchie vorstellen; eine echte Konfrontation mit den angstauslösenden Stimuli findet nicht statt. Zur Einfachheit werden wir dieses Verfahren ab jetzt mit dem Ausdruck ‚imaginäre systematische Desensibilisierung‘ bezeichnen.

Obwohl die Effekte der systematischen Desensibilisierung mit Hilfe der Begriffe ‚reziproke Hemmung‘ und ‚Konditionierung‘ erklärt wurden, konnte für diese Erklärung in der Literatur wenig Unterstützung gefunden werden (Emmelkamp, 1982). In vielen Studien wurde inzwischen nachgewiesen, daß Entspannung kein notwendiges Element der systematischen Desensibilisierung bildet. Nach Wolpes Auffassung muß die Angst erst verschwunden sein, bevor das Vermeidungsverhalten verändert werden kann.

Untersuchungen von Verfahren mit einer in-vivo-Exposition haben jedoch gezeigt, daß Angstreduktion keine notwendige Bedingung ist für die Veränderung des Vermeidungsverhaltens.

In den siebziger Jahren entstand die Idee, daß der Effekt der systematischen Desensibilisierung besser in kognitiven Begriffen erklärt werden konnte (Emmelkamp, 1975). Vor allem der Begriff *expectancy* (Erwartung) spielte dabei eine wichtige Rolle. Untersuchungen zeigten nämlich, daß systematische Desensibilisierung viel mehr Effekt hatte, wenn die Patienten wußten, daß sie eine Behandlung erhielten. Wenn Phobikern, die mit systematischer Desensibilisierung behandelt wurden, gesagt wurde, daß sie an einem physiologischen Experiment teilnähmen und die Behandlung verschwiegen wurde, war die systematische Desensibilisierung viel weniger effektiv als wenn ihnen mitgeteilt wurde, daß es sich um eine Behandlung ihrer Phobie handelte. Obwohl diese kognitive Interpretation der Effekte von systematischer Desensibilisierung anfänglich sehr angegriffen wurde (Wilson und Davison, 1975), wird sie jetzt in zunehmendem Maß akzeptiert. Auch die Auffassung von Wolpe (1963), daß '...*there is almost invariably a one to one relationship between what the patient can imagine without anxiety and what he can experience in reality without anxiety...*' findet empirisch keine Unterstützung. In verschiedenen Studien wurde gezeigt, daß Patienten, die während der imaginären systematischen Desensibilisierung keine Angst erlebten, noch sehr ängstlich waren, wenn sie in Wirklichkeit mit der phobischen Situation konfrontiert wurden (Emmelkamp, 1982).

Goldfried (1971) entwickelte eine Variante der systematischen Desensibilisierung, bei der der Akzent nicht auf der ‚Dekonditionierung‘ der Angst lag, wie bei dem Verfahren der klassischen systematischen Desensibilisierung, sondern auf dem Erlernen aktiver Bewältigungsmechanismen. In dieser Variante wird systematische Desensibilisierung nicht als ein Prozeß aufgefaßt, den der Patient passiv durchstehen muß, sondern der Patient erhält eine viel aktivere Rolle und der

Schwerpunkt liegt auf der aktiven Anwendung von Entspannung, um die Angst in echten phobischen Situationen zu überwinden. Es gibt Hinweise darauf, daß dieses Verfahren effektiver ist als die klassische systematische Desensibilisierung und daß die Ergebnisse auf unbehandelte Phobien generalisieren (Emmelkamp, 1982). Es muß jedoch hinzugefügt werden, daß diese Studien nicht an echten Patienten durchgeführt wurden; die Versuchspersonen waren meistens Studenten mit weniger schwerwiegenden Problemen.

Flooding (Reizüberflutung)

Flooding beruht auf der Arbeit von Stampfl und Levis (1967), die die ‚Implosionstherapie‘ entwickelten. Bei diesem Verfahren müssen sich die Patienten die am meisten angstauslösenden Szenen lange Zeit ununterbrochen vorstellen. Der Therapeut versucht dabei, die Angst möglichst groß werden zu lassen. Eine solche Implosion muß im Rahmen einer Sitzung durchgeführt werden, bis die Angst merklich abgenommen hat. Stampfl und Levis berufen sich dabei auf das Prinzip der Löschung: sie gingen davon aus, daß die klassisch konditionierte Angst abebben werde, wenn die Stimuli andauernd vorgegeben würden. Während dieser Implosion boten sie auch psychodynamische Reize an, von denen angenommen wurde, daß sie mit phobischen Symptomen zusammenhingen. Themen, die dabei an die Reihe kommen konnten, waren Aggression, Schuld, Strafe, Ablehnung und Kontrollverlust. Prochaska (1971) zeigte jedoch, daß das Anbieten dieser psychodynamischen Themen für die Implosionstherapie überflüssig ist.

Verhaltenstherapeuten haben die Effekte dieses Verfahrens vielfach untersucht, wobei sie die psychodynamischen Themen übrigens wegließen. Diese Variante wird meistens ‚imaginäres Flooding‘ genannt.

Die wichtigste Variable bei Flooding ist die Dauer der Exposition. Eine zu kurze Präsentation kann zu einer Zunahme anstatt einer Abnahme der Angst führen. Vergleichende Untersuchungen aus den siebziger Jahren haben gezeigt, daß imaginäres Flooding weniger effektiv ist als Flooding in vivo. Bei letzterem wird der Patient von Anfang an in Wirklichkeit (in vivo) mit den schwierigsten Situationen konfrontiert, bis die Angst gesunken ist. Anfangs herrschte der Eindruck, daß es notwendig sei, die Angst während dieser Reizüberflutung in vivo möglichst intensiv zu machen, aber schon bald zeigte sich, daß dies nicht nötig, ja sogar schädlich war (Hafner und Marks, 1976).

Graduelle In-vivo-Exposition

Zu Beginn der siebziger Jahre entwickelten Leitenberg und seine Kollegen (Leitenberg und Callahan, 1973) ein Programm für Phobiker, das auf operanter Verstärkung beruhte. Phobiker wurden instruiert, immer länger in der phobischen Situation zu verbleiben; sobald sie ängstlich wurden, durften sie die phobische Situation verlassen. Jedesmal, wenn sie länger in der phobischen Situation verblieben, wurden sie vom Therapeuten mit Komplimenten verstärkt. Blieben sie nicht länger, verhielt sich der Therapeut neutral. In mehreren Einzelfallstudien war diese Methode effektiv. Obwohl Leitenberg et al. davon ausgingen, daß die Verbesserung der Verstärkung zuzuschreiben war, die der Therapeut gab, wurde in anderen Studien gezeigt, daß diese Verstärkung überflüssig ist (Emmelkamp, 1974; Emmelkamp und Ultee, 1974). Mehrere Studien zeigten, daß graduelle in-vivo-Exposition ohne explizite Verstärkung durch den Therapeuten effektiv Angst und Vermeidungsverhalten verändern konnte. Die verschiedenen Varianten der in-vivo-Exposition, die darauf basieren, werden in den folgenden Kapiteln ausführlich besprochen.

Der Prozeß der in-vivo-Exposition

Eine der wichtigsten Herausforderungen für Forscher auf dem Gebiet der Phobien ist es, eine theoretische Erklärung für die psychologischen Mechanismen zu bieten, durch die Expositions-Behandlungen ihren therapeutischen Effekt erreichen. Obwohl klar ist, daß die meisten verhaltenstherapeutischen Verfahren auch Exposition gegenüber phobischen Stimuli beinhalten, erklärt dies an sich noch nicht die Wirkung dieser Verfahren. Exposition ist nur eine Beschreibung dessen, was während der Behandlung geschieht und keine Erklärung dieses Prozesses. Gewöhnlich wird Exposition als passiver Prozeß aufgefaßt; die Spannung (sowohl subjektiv als auch psychophysiologisch) nimmt im allgemeinen schon bei andauernder Exposition in einer Sitzung allmählich ab (Emmelkamp, 1982). Dieser Prozeß der Angstreduktion als Funktion von andauernder Exposition wird mit den Begriffen ‚Löschung‘ oder ‚Habituation‘ erklärt.

Kognitiv orientierte Theoretiker (z. B. Bandura, 1977) betrachten Exposition dagegen nicht als einen passiven Prozeß, sondern schreiben kognitiven Prozessen, die während der Exposition stattfinden, eine wichtige Bedeutung zu. Leider gibt es auf diesem Gebiet noch kaum Untersuchungen.

In einer Studie von Emmelkamp und Felten (1985) wurde ein Versuch unternommen, zu untersuchen, welchen Einfluß Selbstinstruktionen auf subjektive Angst, Verhalten und psychophysiologische Reaktion während der Behandlung mit in-vivo-Exposition haben. Diese Untersuchung wurde bei Menschen mit schwerer Höhenangst durchgeführt. Um den Einfluß kognitiver Prozesse zu studieren, wurde die Hälfte der Versuchspersonen während der in-vivo-Exposition-Sitzung instruiert, ihre negativen Gedanken durch positive zu ersetzen, während die andere Hälfte nur in-vivo-Exposition erhielt. Die Behandlung bestand darin, eine Feuerleiter hinaufzuklettern. Alle drei Minuten mußten die Versuchspersonen auf einer Skala von 0 bis 8 angeben, wie ängstlich sie waren; ihr Herzschlag wurde während der gesamten Sitzung registriert. Abbildung 3.1 zeigt, daß in beiden Versuchsbedingungen die Versuchspersonen während der Sitzung die Feuerleiter immer höher hinaufklettern konnten.

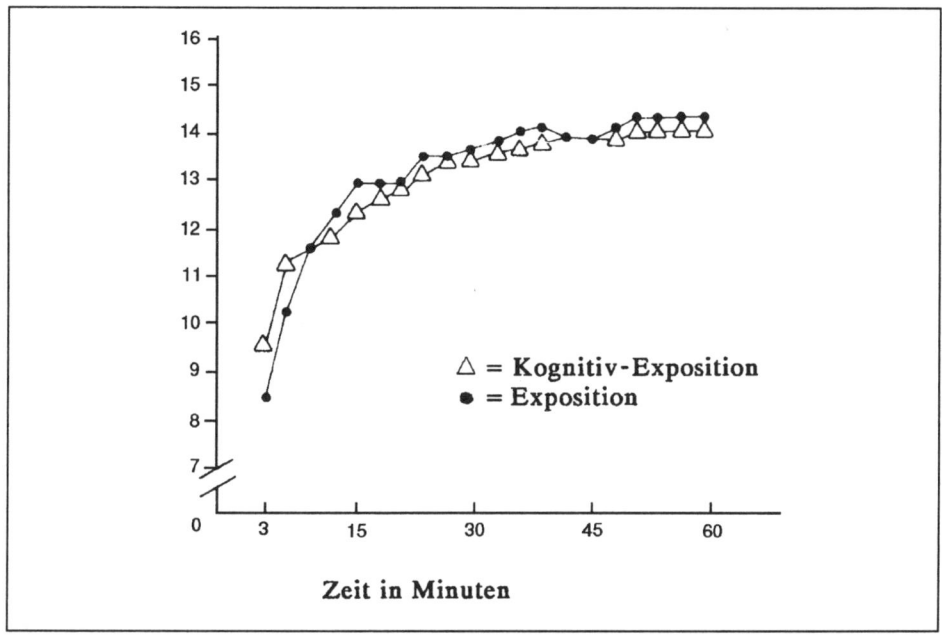

Abbildung 3.1: Durchschnittliche Zahl der Hierarchie-Items (Sprossen einer Feuerleiter), die während einer in-vivo-Expositionssitzung durchgeführt wurden. Das Erdgeschoß ist 0, der höchste Punkt 16.

Zusätzliches positives Denken hatte keinen Einfluß auf ihre Leistungen. Obwohl die Versuchspersonen immer höher hinaufkletterten, nahmen Herzschlag und subjektive Angst allmählich ab. Nach 60 Minuten war der Herzschlag auf sein Baseline-Niveau zurückgegangen. Zusätzliche Selbstaussagen hatten keinen Effekt auf den Herzschlag, beeinflußten aber sehr wohl das subjektive Angsterleben am Ende der Sitzung (s. Abbildung 3.2).

Veränderungen in subjektiver Angst während der Behandlung traten nicht eher auf als Veränderungen des Herzschlags, was im Widerspruch zu einer kognitiven Erklärung von Habituationsprozessen steht. Diese Daten unterstützen die Auffassung, daß Angstreduktion mittels in-vivo-Exposition ein passiv zu erleidender Prozeß ist, der zu mehr oder weniger synchronen Veränderungen in subjektiver Angst und psychophysiologischer Erregtheit führt.

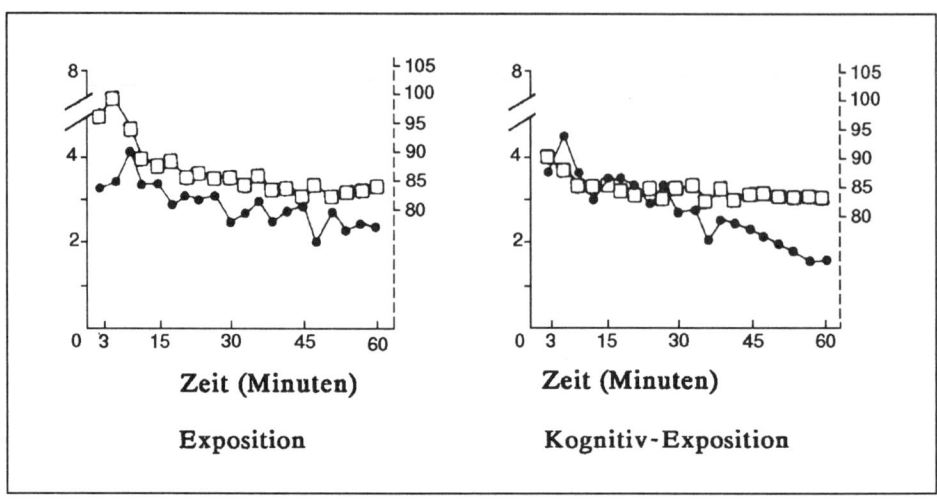

Abbildung 3.2: Durchschnittlicher Herzschlag (□) und durchschnittliche subjektive Angst (●) jede dritte Minute während der in-vivo-Expositionssitzung

Kognitive Therapie und Anxiety-Management

Auch kognitive Verfahren werden bei Angststörungen stets häufiger verwendet. Die bekannteste Therapie ist die *Rational Emotive Therapy' (RET)* von Ellis. Ellis (1962) geht aus von dem sogenannten ABCDE-Modell. Diese Buchstaben stehen für:
- *Activating event:* die objektive Beschreibung des Ereignisses
- *Beliefs:* die irrationalen, Spannung auslösenden Gedanken
- *Consequence:* die emotionalen Folgen (d.h. Gefühle) dieser Gedanken
- *Discussion:* die Fragen, die gestellt werden, um die Gedanken unter B an der Wirklichkeit zu testen
- *Evaluation:* die rationaleren Gedanken, die die Folge der Herausforderung unter D sind.

In dieser Therapie werden die (irrationalen) Gedanken, die die Angst verursachen, aufgesucht, und dann auf sokratische Art vom Therapeuten herausgefordert. Dabei wird den ,musts' besondere Aufmerksamkeit gewidmet, d.h. der Auffassung vieler Patienten, daß sie so viel ,müssen'. Ellis versucht, Patienten zu überreden und ist als Therapeut sehr belehrend. Hausaufgaben bestehen oft im Aufsuchen schwieriger Situationen (an sich in-vivo-Exposition). Eine praktische Anleitung für die Durchführung der RET ist das Buch von Wahlen et al. (1980). Diese Behandlung wird in den Kapiteln 5 und 6 ausführlicher besprochen.

Auch Beck und Emery (1985) gehen davon aus, daß Gefühle, also auch Angst, durch Störungen in kognitiven Prozessen verursacht werden. Sie legen den Akzent jedoch mehr auf Fehler in der Wahrnehmung, verkehrte Schlußfolgerungen und gestörte Informationsverarbeitung. Beck und Emery fassen kognitive Therapie als Experiment auf: der Patient wird eingeladen, in der Wirklichkeit zu untersuchen, ob seine Ideen wohl stimmen. Das bedeutet, daß in-vivo-Exposition bei den meisten Patienten, die mit dieser Form von kognitiver Therapie behandelt werden, ein wesentlicher Teil der Behandlung ist. Diese Behandlung wird in Kapitel 5 illustriert.

Im Gegensatz zu Ellis und Beck, die beide versuchen, die tiefer liegenden kognitiven Strukturen zu verändern, ist das Ziel des Selbstinstruktionstrainings (Meichenbaum, 1975) nur, dem Patienten beizubringen, phobische Situationen anders zu etikettieren. Meichenbaum geht davon aus, daß die Angst, die Patienten in phobischen Situationen erleben, durch negative Selbstinstruktionen verursacht wird. Beim Selbstinstruktionstraining lernen die Patienten, ihre negativen, angstauslösenden Selbstinstruktionen durch positive, bewältigende zu ersetzen. Dabei werden verschiedene Phasen unterschieden, von denen die drei wichtigsten sind: Vorbereitung auf eine angstauslösende Situation, Konfrontation mit der angstauslösenden Situation und Umgehen mit den ängstlichen Gefühlen. In den Therapiesitzungen lernen die Patienten, ihre Gedanken in solchen Situationen mit Hilfe von Übungen in der Vorstellung zu verändern. Dazu stellen sie sich Situationen vor, in denen sie ängstlich sind, registrieren die negativen Selbstinstruktionen, die damit einhergehen, und versuchen, diese negativen Selbstinstruktionen durch positive zu ersetzen, wonach die Angst erwartungsgemäß abnehmen sollte.

Obwohl die kognitive Therapie sich in Untersuchungen an Freiwilligen (Studenten) mit weniger ernsthaften Ängsten als erfolgreich erwiesen hat (für eine Übersicht s. Emmelkamp, 1982), scheint sie bei phobischen Patienten weniger gute Ergebnisse zu verbuchen. Wir kommen darauf bei der Besprechung der Behandlung verschiedener Angststörungen noch zurück.

,Anxiety Management' ist ein Sammelausdruck für mehrere Techniken, mit denen Patienten ihre Angst beherrschen können. Wichtige Elemente davon sind Entspannung und Selbstinstruktion. Bei Entspannung ist es wichtig, daß die Patienten die Behandlung nicht passiv über sich ergehen lassen, sondern daß sie eine aktive Fertigkeit erlernen, mit der sie ihre Angst in Situationen, in denen sie ängstlich werden, beherrschen können. Patienten lernen, die physiologischen Zeichen von Anspannung zu erkennen und sich zu entspannen, sobald sie Anspannung wahrnehmen. Entspannungstraining wird vor allem bei Patienten mit einer generalisierten Angststörung oft angewendet, und die praktische Durchführung der Behandlung wird darum in Kapitel 8 ausführlich beschrieben. Zusätzlich kann die Anwendung von Entspannung während einer in-vivo-Exposition *(applied relaxation)* manchen Patienten helfen, in der phobischen Situation zu verbleiben. Die Veränderung von Selbstinstruktionen kann auch ein wichtiges Hilfsmittel sein bei Patienten mit einer generalisierten Angststörung. Die Technik des Selbstinstruktionstrainings wurde oben bereits beschrieben.

Der Inhalt der Bewältigungsinstruktionen muß zu einer Abnahme der Angst führen. ‚Rationale‘ Alternativen zu verwenden verdient den Vorzug, ist aber keine Notwendigkeit. Gelingt es mit rationalen Selbstinstruktionen nicht, die Angst zu vermindern, mit weniger rationalen aber schon, gebührt letzteren der Vorzug. ‚Anxiety Management‘ ist nicht das gleiche wie rational-emotive Therapie, bei der der Schwerpunkt darauf liegt, Einsicht in die irrationalen Ideen zu gewinnen, von denen angenommen wird, daß sie dem Problem zugrunde liegen. ‚Anxiety Management‘ ist ‚eklektischer‘ in dem Sinn, daß Bewältigungsstrategien gewählt werden, die für diesen individuellen Patienten effektiv sind. Daß der Patient gleichzeitig Einsicht bekommt, ist erwünscht, aber nicht notwendig.

Sind Patienten imstande, in der Vorstellung ihre Angst mit Hilfe von Bewältigungsinstruktionen zu beherrschen, bekommen sie den Auftrag, solche Situationen in vivo aufzusuchen und dort mit Hilfe der Selbstinstruktionen ihre Angst unter Kontrolle zu halten.

Bei der Verwendung von *Anxiety-Management*-Verfahren ist es wichtig, daß Patienten nicht krampfhaft versuchen, ihre Angst zu überwinden. Beim Erlernen der Entspannungstechnik dürfen bezüglich der Anwendung der Entspannung in der realen Situation keine falschen Hoffnungen geweckt werden. Auch wenn Patienten sich im Arbeitszimmer des Therapeuten vortrefflich entspannen können, bedeutet das noch nicht, daß sie imstande sind, dies auch in angstauslösenden Situationen zu tun. Zu hohe Erwartungen können zu Mißerfolgen und zum Aufgeben der Behandlung führen.

Andere Interventionen

Die hier beschriebenen Behandlungen beschränken sich auf die direkte Behandlung von Angststörungen mittels Angstreduktion. Natürlich ist es oft sinnvoll, daneben – und manchmal auch stattdessen – andere Interventionen zu verwenden. Mehrere Beispiele dafür werden in diesem Buch besprochen. Das Erlernen sozialer Fertigkeiten ist nicht nur sinnvoll bei der Behandlung von sozialer Angst, sondern wird auch bei anderen Angststörungen häufig verwendet (s. Kapitel 6 und 7). Handelt es sich um Beziehungsprobleme, muß auch diesen in der Behandlung Aufmerksamkeit gewidmet werden. Partner von Patienten können den Therapieprozeß negativ beeinflussen, vor allem bei Agoraphobie und Zwangsstörungen. Während der Therapie zeigt sich manchmal, daß sie sich gegen eine Veränderung des Patienten wehren. Das geschieht jedoch viel seltener, als andernorts suggeriert wird (Arrindell, 1987; Emmelkamp et al., 1989). Manchmal hat der Partner den Eindruck, er werde weniger wichtig, wenn der Patient als Folge der Behandlung unabhängiger wird. Führt dies zu Problemen, ist es anzuraten, den Partner in die Behandlung miteinzubeziehen.

In Kapitel 7 wird ausführlich eine Behandlung besprochen, in der verschiedene Interventionen notwendig waren, bevor eine bleibende Verbesserung der Zwangsstörung erreicht werden konnte.

3.3. Die Durchführung der Behandlung

Bevor mit der Behandlung begonnen wird, stellt der Therapeut eine funktionelle Analyse des Problems auf. Nach dieser Anfangsphase, in der die Probleme verdeutlicht werden, muß das Ziel der Behandlung bestimmt werden. Dieses Ziel kann relativ einfach oder komplex sein. Ein Beispiel für eine beschränkte Zielsetzung bei einem agoraphobischen Patienten ist die Reduktion der Angst vor Busfahren, auf die Straße gehen, oder vor dem Besuch anderer öffentlicher Räume. Ein komplexeres Behandlungsziel ist ‚unabhängig werden‘. Sogar wenn ein beschränktes Ziel gestellt wird, ist es notwendig, das erwünschte Endergebnis genau zu beschreiben, z. B. ‚allein Einkäufe machen‘ oder ‚allein auf Urlaub ins Ausland gehen‘. Meistens wird erst ein einfaches Ziel gewählt und wenn dieses erreicht ist, ein neues gestellt.

Ist Übereinstimmung bezüglich der Zielsetzung erreicht, kann festgesetzt werden, wie die Behandlung evaluiert werden soll. Für die Evaluation können Fragebögen oder spezifischere Meßinstrumente (rating scales) verwendet werden. Der Patient kann mehrere Situationen mit einem Gradmesser für Angst und Vermeidung beurteilen, sowohl vor, während als auch nach der Behandlung. Allgemeines Angstniveau, Panikanfälle und Zwangsgedanken können während der Behandlung täglich registriert werden.

Psychophysiologische Messungen sind für die klinische Praxis nicht sinnvoll. Sie kosten viel Zeit und Geld und tragen kaum zur Entscheidung über die geplante Behandlung und deren Evaluation bei.

Exposition kann auf zwei Arten durchgeführt werden: in der Vorstellung (imaginär), wobei die Patienten sich vorstellen müssen, daß sie sich in der schwierigen Situation befinden, oder in vivo, wobei die Patienten tatsächlich der Situation ausgesetzt werden. In-vivo-Exposition ist meistens effektiver als imaginäre Exposition. Wichtige Variablen bei Expositionsbehandlung sind weiters das Ausmaß der Angst und die Dauer der Expositonsitzungen. Die Exposition kann entweder vom Patienten kontrolliert werden, indem er selbst bestimmt, wann mit einem schwierigeren Item begonnen wird, oder vom Therapeuten, wie bei Reizüberflutung oder verlängerter in-vivo-Exposition. Manchmal werden der Exposition bestimmte Komponenten zugefügt. Bei systematischer Desensibilisierung wird z. B.

Entspannung hinzugefügt. Bis jetzt hat sich jedoch nicht gezeigt, daß Entspannung notwendig ist für eine erfolgreiche Behandlung. *Modeling*, also das Demonstrieren von Annäherungsverhalten in schwierigen Situationen durch den Therapeuten oder jemand anderen, scheint den Effekt von Exposition auch wenig zu verbessern, obwohl es in manchen Fällen brauchbar sein kann (vor allem bei einfachen Phobien).

Die erfolgreichsten Expositions-Programme sind also diejenigen, die in vivo während einer längeren, ununterbrochenen Periode durchgeführt werden und bei denen Flucht oder Vermeidung verhindert werden (Emmelkamp, 1982).

Oft ist es möglich, manchmal auch notwendig, die Expositionbehandlung mit Hilfe von Hausaufgaben durchzuführen. Es ist dann wichtig, daß die Patienten das Rationale vollständig begreifen, daß sie genaue Aufträge bekommen, daß sie diese zu festgesetzten Zeiten üben (während einem Zeitraum von mindestens zwei Stunden), und daß sie regelmäßig (nach einer oder zwei Übungssitzungen) ihre Hausaufgaben mit dem Therapeuten besprechen und neue Aufgaben bekommen.

Besonders wenn die Behandlung mittels Hausaufgaben durchgeführt wird, ist es wichtig, daß die Exposition schrittweise stattfindet. Dazu stellt der Therapeut in Zusammenarbeit mit dem Patienten eine Hierarchie von Situationen auf, in denen der Patient ängstlich ist oder die er vermeidet. Diese Hierarchie bildet den Ausgangspunkt der Behandlung und muß daher sorgfältig aufgebaut werden, unter dem Motto ,je korrekter, desto besser'. Zu Beginn wird das Prinzip des ,Angstthermometers' erklärt. Patienten werden gebeten, allerlei Situationen, in denen sie ängstlich sind oder die sie vermeiden, auf einer Skala von 0 (keine Angst) bis 100 (Panik) zu beurteilen. Der Therapeut verwendet dabei Kärtchen, auf denen jeweils eine Aufgabe in einer schwierigen Situation beschrieben ist. Diese Kärtchen werden dann in steigender angstauslösender Reihenfolge geordnet. Die Aufgaben der Hierarchie können in der Sitzung von Patient und Therapeut zusammen festgelegt werden, oder ihre Formulierung wird als erste Hausaufgabe gegeben.

Die praktische Durchführung solcher Expositions-Programme wird in Kapitel 4 für einfache Phobien, in Kapitel 5 für Agoraphobien, in Kapitel 6 für soziale Phobien und in Kapitel 7 für Zwangsstörungen beschrieben.

Bei mehreren Beschwerdebildern (z.B. bei Zwangsgedanken, Angst vor Gewitter und posttraumatischer Streßstörung) ist es schwierig oder unmöglich, invivo-Exposition durchzuführen. Hier können imaginäre Methoden nützlich sein. Diese Behandlungen werden in Kapitel 7 und 8 dargestellt.

Therapeutische Beziehung

Viele Psychotherapeuten haben die Vorstellung, daß die therapeutische Beziehung in der Verhaltens- und kognitiven Therapie weniger wichtig sei als in anderen

Therapierichtungen, z. B. den psychodynamischen. Das ist jedoch nicht richtig. Obwohl Verhaltenstherapeuten in ihren Publikationen der therapeutischen Beziehung meistens wenig Aufmerksamkeit schenken, ist diese Beziehung unserer Ansicht nach äußerst wichtig. Ohne eine warme Beziehung wird es nicht gelingen, die Information zu erhalten, die zur Aufstellung eines Behandlungsplans notwendig ist. Auch während der Therapiedurchführung ist eine gute Beziehung wesentlich. Wenn Patienten nicht genug Vertrauen zu ihrem Therapeuten haben, wenn dieser mehr oder weniger ein Fremder bleibt, kann er nicht erwarten, daß sie sich ihm wirklich öffnen.

Bei der Exposition muß die Haltung des Therapeuten warm und energisch sein. Hat man sich einmal für eine bestimmte Behandlungsstrategie entschlossen, muß der Therapeut dafür sorgen, daß man sich an diese Strategie auch hält. Das Besprechen anderer Probleme – wie wichtig diese für den Patienten auch sein mögen – wird während der Expositionssitzungen entmutigt. Ist ein Aufschub nicht möglich, kann am Ende der Sitzung kurz Zeit genommen werden, um diese Probleme zu besprechen. Während des Exposureprogramms muß sich der Therapeut nicht nur für die Fortschritte des Patienten interessieren, sondern sich auch ausführlich dessen Gefühlen widmen. Untersuchungen zeigen, daß leistungsorientierte Therapeuten als gefühllos erlebt werden, was zum Mißlingen der Behandlung führen kann (Emmelkamp und Van den Hout, 1983).

Verschiedene Studien haben inzwischen gezeigt, daß die therapeutische Beziehung sehr wohl von Einfluß auf das Resultat der Verhaltenstherapie ist (Emmelkamp, 1986; Schaap und Hoogduin, 1988; Schindler, 1988).

Während der Therapie widmet der Therapeut einen großen Teil der Zeit nichttechnischen Aspekten wie der Motivationserhöhung, der Erklärung des therapeutischen Modells oder der Vorbereitung auf bestimmte Techniken und Hausaufgaben. Eine Untersuchung von Schindler (1988) zeigte, daß die ersten Sitzungen ausschlaggebend waren für den weiteren Verlauf der Therapie. Die wichtigste Dimension war ‚Unterstützung‘, ein Sammelausdruck für verschiedene therapeutische Interventionen wie positives Feedback aussprechen von Vertrauen und Ermutigung sowie positives Neubenennen.

Es ist wichtig, daß der Therapeut einen fachkundigen Eindruck macht. Das braucht nicht so weit zu gehen wie die dumme amerikanische Gewohnheit, im Therapiezimmer Diplome aufzuhängen, aber der Therapeut muß in seiner Haltung und seinem Verhalten seine Kompetenz ausdrücken. Respekt ist eine andere wichtige Dimension. Der Therapeut muß immer pünktlich sein und rechtzeitig zur Sitzung kommen. Kann die Therapie einmal nicht stattfinden, muß der Patient das rechtzeitig vorher erfahren. Auch die Kleidung des Therapeuten muß Respekt ausdrücken. Im Sommer in kurzen Hosen zu therapieren, zeugt nicht von Respekt vor dem Patienten. Wir plädieren übrigens nicht dafür, daß Therapeuten ab jetzt nur mehr im Anzug oder Kostüm herumlaufen, sondern weisen nur auf die Notwendigkeit hin, einen gepflegten Eindruck zu machen. Auch das

Duzen muß in diesem Rahmen gesehen werden. Wie gut es auch gemeint sei, das Duzen einer fünfzigjährigen Frau von einem dreißigjährigen Therapeuten, um „es ihr leichter zu machen", kann leicht bekrittelnd wirken. Selbstverständlich zeugt auch die gute Vorbereitung der Therapiegespräche von Respekt. Die obengenannten Vorschläge sollen verhindern, daß Aspekte des Therapeuten, die nicht relevant für die Therapie sind, einen störenden Einfluß auf den BehandlungsProzeß ausüben können.

Bei feindseligen, unfreundlichen Patienten hat es keinen Sinn, unfreundlich zu reagieren. Für solche Patienten ist es schon eine Offenbarung, jemandem zu begegnen, der nicht unfreundlich reagiert, sondern versucht zu helfen (Schaap und Hoogduin, 1988). Auch hier kann es sinnvoll sein, während des Therapieverlaufs eine Funktionsanalyse des Verhaltens des Patienten (und des Therapeuten) zu machen. Fragen, die hierbei gestellt werden können, sind: Wieso reagiert der Patient unfreundlich? Gibt es spezielle Verhaltensweisen des Therapeuten, die gerade dieses Verhalten beim Patienten auslösen? Inwieweit reagiert der Patient im täglichen Leben ebenfalls feindselig auf Personen, die in ihrem Verhalten dem Therapeuten ähnlich sind? Eine solche Analyse kann Anlaß sein, die Haltung des Therapeuten oder sogar den Behandlungsplan zu verändern. Bei einem Patienten, der sich dauernd gegen die therapeutischen Instruktionen wehrt, ist es oft vernünftig, darin mitzugehen. Der Therapeut kann z. B. suggerieren, daß der Patient tatsächlich noch nicht weit genug für diese Aufgabe ist und ihn bitten, selbst mit Vorschlägen zu kommen. Eine solche Strategie verhindert endloses ‚Ziehen‘ des Therapeuten.

> Herr Steiner ist ein dominanter, eigensinniger Mann, der wegen Zwangshandlungen in Behandlung ist. Dauernd führt er seine Hausaufgaben nicht aus, weil er ‚... so doch nicht von seinem Zwang wegkommt‘. Zudem findet er es ‚normal‘, Gas, Licht und Türen zehnmal zu kontrollieren und sieht keine Notwendigkeit, das zu verändern. Der Therapeut sagt, daß er tatsächlich nicht weiß, ob das die beste Strategie für die Beschwerden ist, und schlägt vor, daß der Patient bis zur kommenden Sitzung über eine andere Lösung nachdenken soll. Als er in der nächsten Woche zurückkommt, hat er darüber noch nicht nachgedacht. Der Therapeut bleibt freundlich und schlägt vor, die Sitzung abzubrechen und einen neuen Termin auszumachen, wenn Herr Steiner hat nachdenken können. Er betont, daß es sich um keine leichte Aufgabe handelt, und schlägt vor, zwei Wochen dafür zu veranschlagen. Herr Steiner wehrt sich und denkt, daß er das doch in einer Woche kann, worauf die Sitzung auf die nächste Woche verschoben wird. Im folgenden Gespräch sagt Herr Steiner, er habe lange über seine Probleme nachgedacht und sei zu dem Schluß gekommen, daß er immer vor seinen Problemen weglaufe. Er schlägt vor, die Hausaufgaben, die ihm der Therapeut gegeben hatte, doch noch auszuführen.

Bei Patienten, die ihre Hausaufgaben nicht gemacht haben, wird Kritik meistens wenig oder schädlich wirken. Der Therapeut kann stattdessen besser mit dem Patienten herausfinden, warum dieser die Hausaufgaben nicht gemacht hat.

Manchmal kann es vernünftig sein, daß der Therapeut die Schuld auf sich nimmt, weil er ‚zu wenig erklärt hat, wie die Hausaufgabe gemeint war'. Schaap und Hoogduin (1988) geben noch eine Reihe praktische Richtlinien.

Widerstand

Widerstand des Patienten kann verschiedene Ursachen haben. Er kann der Tatsache entspringen, daß der Therapeut die Therapie ungenügend erklärt hat. In diesem Fall ist es natürlich Sache des Therapeuten, sich noch einmal Zeit zu nehmen und mit dem Patienten das therapeutische Modell durchzusprechen. Es kann auch sein, daß der Patient selbst bestimmte Ideen bezüglich der Entstehung seiner Beschwerden oder spezifische Erwartungen bezüglich einer Behandlung hat. Wenn ein Patient denkt, daß seine Beschwerden erblich sind, ‚weil meine Mutter und meine Schwester das auch haben', ist es nicht erstaunlich, daß er weniger motiviert ist, weil er von der Therapie im Grunde nichts erwartet. Erwartet ein Patient eigentlich, daß seine Ängste ‚mit so einer Pille wie im Fernsehen' innerhalb weniger Tage verschwunden sein müßten, wird der Einsatz für eine langfristige Verhaltenstherapie, bei der alle Ängste durchlebt werden müssen, minimal sein. Manche Patienten, die mit Angstbeschwerden zum Hausarzt kommen, sind (noch) nicht bereit für eine Therapie. Das kann mit der Tatsache zusammenhängen, daß sie inzwischen ein gewisses Gleichgewicht in ihrem Leben gefunden haben, das durch jede Veränderung, also auch durch eine Therapie, zerstört würde. Die Realität gebietet es zu erkennen, daß nicht jeder motiviert werden kann. Auch kann der Patient aus seinen Symptomen Gewinn ziehen. Obwohl man damit aufpassen muß, zu schnell ‚Krankheitsgewinn' zu unterstellen, spielt dies bei einer Reihe von Patienten sicher eine Rolle.

Der Umgang mit Schwierigkeiten während der Behandlung

Viele Patienten gewinnen im Lauf der Behandlung mehr Selbstvertrauen, weil sie ihrer Angst Herr werden und einen Fortschritt wahrnehmen. Sicher kommt einmal das Phänomen ‚Rückfall' zur Sprache. Der Patient hat Angst, das alte Gefühl des Kontrollverlusts wieder zu erleben und interpretiert das als Zeichen, daß er wieder von vorne anfangen muß. Der Therapeut tut gut daran, den Rückfall umzubenennen in eine gute Gelegenheit, das Gelernte in der Praxis anzuwenden: ‚So ein Rückfall verlangt einfach danach, bezwungen zu werden'. Entmutigung beim Patienten entsteht oft aufgrund der Annahme, Therapie bedeute eine kontinuierliche Verbesserung des Funktionierens. In den meisten Fällen handelt es sich jedoch um Schwankungen in positiver und negativer Richtung, wobei der Gesamttrend in Richtung Fortschritt weist. Auch hier ist das positive Benennen von zeitweiligen Rückfällen eine fruchtbare Technik. Ein anderes Problem, das regelmäßig auftritt, ist die Tatsache, daß der Patient zu Beginn der Therapie schlechter funktioniert als davor, ängstlicher oder depressiver ist und schlecht schläft. Vielleicht wird dies dadurch verursacht, daß der Patient sich zum ersten Mal wieder lange vermiedenen Situationen aussetzt, wodurch sich seine Aktivierung (Arousal) allgemein erhöht und ihm sein Dysfunktionieren eindringlich bewußt wird.

Ein anderes mögliches Problem ist das vorzeitige Beenden der Behandlung. Um die Abbruchrate zu minimieren, müssen mehrere Maßnahmen ergriffen werden: eine gründliche Diagnose, eine gründliche Erklärung des Therapierationales und eine Beschreibung dessen, was die Therapie beinhaltet (wobei auch die zu erwartende Angst genannt werden muß). Vor allem bei verlängerter Exposition muß den Patienten vorher mitgeteilt werden, daß durch einen Behandlungsabbruch zwischendurch die Probleme eher zu- als abnehmen können. Manchmal kann es nützlich sein, einen schriftlichen Vertrag aufzusetzen, in dem genau angegeben ist, was von Patient und Therapeut erwartet wird. Schließlich muß der Patient Information erhalten über die Art der Verbesserung, die er erwarten kann, und über die Zeit, die dafür notwendig ist, um sich diesbezüglich ein realistisches Bild machen zu können.

Natürlich sind nicht alle Behandlungen gleich erfolgreich. Mißlingt die Behandlung, müssen funktionale Analyse und diverse Behandlungsvariablen kritisch betrachtet werden. Unter der Voraussetzung, daß die Behandlung nach allen Regeln durchgeführt wurde, gibt es zwei Möglichkeiten: die verwendete Methode ist nicht geeignet für diesen Patienten oder die funktionale Analyse stimmt nicht. Tatsächlich ist die funktionale Analyse ein hypothetisches Konstrukt der Probleme des Patienten und die Behandlung kann als Experiment zum Testen dieser Hypothesen aufgefaßt werden. Das Problem kann sich als komplexer erweisen, als ursprünglich gedacht wurde. Zum Beispiel kann phobisches Verhalten dem Patienten Verstärker einbringen, die anfangs übersehen wurden (wie z. B. Aufmerksamkeit bekommen, keine Verantwortung für eine Stelle übernehmen müssen etc.). Eine neue Problemanalyse kann zu einem anderen Behandlungsprogramm führen.

Schließlich ist es wichtig, noch etwas zur Verwendung von Psychopharmaka zu sagen. Untersuchungen zum Effekt von Pharmakotherapie werden in Kapitel 9 beschrieben. Viele Patienten, die sich mit Angstsymptomen für eine Behandlung anmelden, verwenden oft schon seit Jahren Psychopharmaka, vor allem Benzodiazepine. Es ist nicht anzuraten, diese Medikation während der Behandlung fortzusetzen. Es besteht dann nämlich die Gefahr, daß das, was in einem medikamentös induzierten Zustand gelernt wird, nicht auf einen medikamentenfreien Zustand generalisiert. So zeigt z. B. eine neuere Untersuchung von Reich und Yates (1988), daß Patienten, die mit einer Kombination von in-vivo-Exposition und Alprazolam behandelt wurden, einen Rückfall erlitten, sobald die Medikation abgebrochen wurde. Auch Rückfälle nach dem Abbruch von trizyklischen Antidepressiva und Monoaminoxidase-Hemmern wurden oft berichtet (s. Kapitel 9). Bei depressiven Patienten kann eine Indikation dafür vorliegen, die Expositions-Behandlung mit trizyklischen Antidepressiva zu kombinieren. War diese Behandlung erfolgreich, muß die Medikation schrittweise abgebaut werden; vor allem in dieser Phase muß der Patient noch verhaltenstherapeutisch betreut werden und mehrere Zusatzsitzungen mit Exposition erhalten, um einen Rückfall zu verhindern. Bei Benzodiazepinen ist es ratsam, die Medikation allmählich abzubauen, bevor mit einem Expositions-Programm begonnen wird, vor allem bei Patienten, die Medikamente mit relativ kurzen Halbwertszeiten verwenden. Man muß sich aber darüber im klaren sein, daß schwere Entzugserscheinungen und eine Steigerung *(Rebound)* der Angst und Panik auftreten können, was bedeutet, daß die Angst (vorübergehend) noch stärker werden kann als zum Zeitpunkt, zu dem das Medikament verschrieben wurde. Die Patienten müssen darüber gut informiert werden. Aus diesem Grund ist es auch nicht anzuraten, die Medikation während eines Expositions-Programms abzubauen. Es ist dann nämlich sehr wahrscheinlich, daß der Patient die Entzugs- und Rebound-Symptome der Exposition zuschreibt und aus diesem Grund die Behandlung vorzeitig abbricht. Natürlich muß der Abbau der Medikation in Absprache mit dem Arzt geschehen, der sie verschrieben hat.

4. Die Behandlung einfacher Phobien

4.1. Forschungsergebnisse

Kontrollierte Untersuchungen zu differentiellen Behandlungseffekten bei einfachen Phobien erfordern eine ziemliche Menge von Patienten mit denselben Symptomen. Obwohl einfache Phobien in der ‚normalen‘ Population häufig vorkommen, wird für diese Beschwerden relativ selten professionelle Hilfe gesucht. Der wichtigste Grund dafür scheint zu sein, daß die Phobie meistens das tägliche Leben nicht oder kaum behindert. Bei einigen Patienten liegt eine einfache Phobie als sekundäres Problem vor. Die Behandlung wird dann in erster Instanz auf die Hauptstörung abgestimmt (z.B. soziale Phobie oder Panikstörung), wonach die einfache Phobie, falls das erwünscht ist, immer noch behandelt werden kann. Es wurden zwar verschiedene Untersuchungen bei Freiwilligen, vor allem Studenten, mit leichten phobischen Beschwerden durchgeführt. Die Forschung zeigt jedoch, daß sich solche Versuchspersonen in verschiedener Hinsicht von phobischen Patienten unterscheiden, vor allem was den Schweregrad der Störung, die übrige Psychopathologie (Emmelkamp, 1986) und Kognitionen (Last und Blanchard, 1982) betrifft. Es ist deshalb fraglich, ob die gefundenen Resultate auf echte phobische Patienten generalisiert werden dürfen.

Bei den ersten lerntheoretischen Behandlungen einfacher Phobien wurden vor allem imaginäre Verfahren wie systematische Desensibilisierung und Reizüberflutung angewendet. Systematische Desensibilisierung erbrachte bessere Resultate als andere therapeutische Verfahren wie einsichtgebende Gruppen- oder Einzelpsychotherapie (Gelder, Marks und Wolff, 1967; Gelder und Marks, 1968). Systematische Desensibilisierung und imaginäre Reizüberflutung waren bei einfachen Phobien gleich effektiv (Marks et al., 1971; Gelder et al., 1973).

Zu Beginn der siebziger Jahre wurden die ersten in vivo Behandlungen durchgeführt. Die Ergebnisse bezüglich der einfachen Phobien waren eindeutig: in allen Untersuchungen war in-vivo-Exposition effektiver als die imaginären Verfahren (Barlow et al., 1969; Crowe et al., 1972; Dyckman und Cowan, 1978; McReynolds und Grizzard, 1971). Mathews bemerkte 1978, daß „...the available evidence suggests that direct exposure is always superior with* *simplephobics...'.* Seitdem hat es in diesem Punkt keine eingreifenden Veränderungen gegeben.

Bourque und Ladouceur (1980) und Williams et al. (1985) untersuchten, inwieweit in-vivo-Exposition effektiver war, wenn der Therapeut das Verhalten vormachte *(modeling)* oder wenn er auf eine andere Art während der in-vivo-Expositions-Sitzung assistierte (indem er z.B. den Patienten festhielt). Die Ergebnisse der beiden Studien sind widersprüchlich. Bourque und Ladouceur fanden keinen Unterschied zwischen den beiden Ansätzen, während in der Untersuchung von Williams et al. (1984) zusätzliche Unterstützung durch den Therapeuten den Effekt der Behandlung vergrößerte. Diese Studie beruhte unter anderem auf dem Selbstwirksamkeits-Modell von Bandura (1977). Dieses Modell behauptet im wesentlichen, daß phobische Beschwerden durch die Induktion und Verstärkung einer bestimmten Selbstwahrnehmung beim Patienten, nämlich der Idee, daß er/sie imstande ist, die phobische Situation effektiv zu bewältigen, verschwinden. Der Behandlungsschwerpunkt liegt dann auch weniger auf der Exposition als solcher, sondern mehr auf der Qualität und Menge der die Selbstwirksamkeit steigernden Information, die bei der Konfrontation mit dem phobischen Stimulus erworben wird. Unterstützung für dieses Modell wurde insofern gefunden, als verschiedene Studien gezeigt haben, daß Veränderungen im phobischen Verhalten mit Veränderungen der Selbstwirksamkeit (Bandura et al., 1977; Biran und Wilson, 1981; Williams und Watson-Newhouse, 1985) zusammenhängen.

In fünf Studien wurde der Effekt kognitiver Strategien bei einfachen Phobien evaluiert. Ohne diese Studien im Detail zu besprechen, kann die Schlußfolgerung sein, daß kognitive Therapie im allgemeinen der Behandlung mit einer in-vivo-Exposition wenig oder nichts hinzufügt (Biran und Wilson, 1981; Girodo und Roehl, 1978; Ladouceur, 1983; Emmelkamp und Felten, 1985). Nur in einer Studie führte die zusätzliche Anwendung kognitiver Verfahren tatsächlich zu einem besseren Ergebnis, nämlich in der Arbeit von Marshall (1985) bei einer Gruppe von zwanzig Leuten mit Höhenangst, wobei in-vivo-Exposition mit einer Behandlung verglichen wurde, die aus einer Kombination von in-vivo-Exposition und dem Erlernen kognitiver Bewältigungsstrategien bestand.

Öst et al. (1982) untersuchten die Interaktion zwischen Behandlungsfaktoren und individuellen Eigenschaften der Patienten. Klaustrophobiker wurden in zwei Gruppen geteilt, die verschiedene Antwortmuster zeigten: *,behavioural reactors'* und *,physiological reactors'.* In jeder Gruppe erhielt die Hälfte der Patienten eine mehr physiologisch orientierte (Entspannung) oder eine mehr verhaltenstherapeutisch orientierte Methode (in-vivo-Exposition). Die Ergebnisse zeigten, daß für die *,behavioural reactors'* in-vivo-Exposition dem Entspannungstraining überlegen war, während für die *,physiological reactors'* genau das Gegenteil gefunden wurde. Diese Untersuchungsergebnisse sind ein Hinweis darauf, daß es wichtig sein kann, individuelle Unterschiede in den

Reaktionsmustern einfacher Phobiker beim Aufstellen des Behandlungsplans in Betracht zu ziehen.

Zusammenfassung

In-vivo-Exposition hat sich bei der Behandlung verschiedener einfacher Phobien als effektiv erwiesen. Es gibt wenige oder keine Hinweise darauf, daß kognitive Therapie für diese Population sinnvoll ist. Handelt es sich um eine starke physiologische Reaktion, kann es vernünftig sein, den Patienten Entspannungsmethoden lernen zu lassen und diese während der in-vivo-Exposition anzuwenden.

4.2. Die Durchführung der Behandlung

Bei der praktischen Durchführung von in-vivo-Exposition bei einfachen Phobien müssen einige Regeln beachtet werden. Auch hier gilt, daß eine langfristige Exposition besser ist als eine kurzfristige (Marshall, 1988), daß eine hohe Expositions-Häufigkeit (z. B. täglich) besser ist als eine niedrige (einmal pro Woche oder alle vierzehn Tage) und daß die Behandlung zu einem beträchtlichen Teil vom Patienten selbst durchgeführt werden kann. Obwohl nicht überzeugend bewiesen wurde, daß Modeling durch den Therapeuten besser wirkt, kann es während der in-vivo-Expositions-Sitzung verwendet werden.

Die Behandlung sieht global folgendermaßen aus: Genauso wie in anderen verhaltenstherapeutischen Behandlungen muß eine sorgfältige funktionale Analyse vorangehen. Darin wird Information über das Problemverhalten gesammelt: wie sieht es genau aus, in welchen Situationen und bei welchen Stimuli tritt die Angst auf, was sind die negativen (und positiven) Folgen für das tägliche Leben, welche Kognitionen spielen eine Rolle, wie wird das Problem aufrechterhalten (wobei auch Vermeidungsverhalten untersucht werden muß) und wie ist die Phobie entstanden. Wichtig ist die Frage, ob auch andere Probleme vorliegen und in welcher Beziehung diese mit der einfachen Phobie stehen.

Während der funktionalen Analyse wird in Zusammenarbeit mit dem Patienten das Ziel der Behandlung festgelegt. Zum Beispiel: jemand mit einer Hundephobie kann als Ziel haben, an fremden Hunden auf der Straße vorbeigehen zu können, ohne auszuweichen, und auch den (einigermaßen bekannten) Hund von Bekannten zu streicheln, braucht aber nicht zu lernen, spontan alle fremden Hunde auf der Straße zu streicheln. Weil die Behandlung meistens kurz und intensiv ist, ist jedoch ein beträchtliches ‚Sich Ausliefern‘ erforderlich. Es ist darum sehr erwünscht, daß der Patient lernt, Situationen zu bewältigen, die viel schwieriger sind als diejenigen, die in Wirklichkeit auftreten werden, und die über das Erreichen des Ziels, das für die Behandlung streng genommen notwendig ist, hinausgehen. Unserer Erfahrung nach ist es nicht immer sinnvoll, dem Patienten im vorhinein genau zu erzählen, was ihn alles erwartet. Die Behandlung kann unnötig erschwert werden, wenn der Patient das alles weiß; es besteht dann die Gefahr, daß er/sie völlig aufgibt. Natürlich geschieht während einer in-vivo-Expositions-Sitzung nichts gegen den Willen des Patienten.

Zu Beginn der Behandlung erklärt der Therapeut, wie die Phobie aufrechterhalten wird, wobei die Rolle von Vermeidungsverhalten des Patienten sowie der Kognitionen über phobische Stimuli betont wird. Dann erklärt der Therapeut die Prinzipien der in-vivo-Exposure. Dem Patienten wird erklärt, daß die Behandlung in mehreren langdauernden Sitzungen, möglicherweise sogar in einer Sitzung stattfinden wird und daß er auf jeden Fall nach der Therapie im Alltag weiter üben muß, um die Veränderung aufrechtzuerhalten. Es wird ausgemacht, daß der Patient während der Sitzung in der schwierigen Situation verbleibt, bis die Angst abnimmt, und auf keinen Fall wegläuft. Zudem wird betont, daß die Behandlung ein gemeinsames Unternehmen von Patient und Therapeut ist, daß der Therapeut nichts tun wird, ohne es zu erklären, daß er eventuell Aufträge vorschlagen wird und daß der Patient immer erst zustimmen muß, bevor ein schwieriger Schritt unternommen wird. Danach beginnt die Konfrontation mit dem gefürchteten Stimulus, wobei der Patient stets ermutigt wird, sich diesem so weit wie möglich zu nähern und auf diesem Punkt zu bleiben, bis die Spannung sinkt, um sich dann noch weiter anzunähern. Die Sitzung wird erst dann beendet, wenn die Angst beträchtlich abgenommen hat. Das bedeutet, daß der Therapeut den Patienten nicht kurz vor dem Ende einer Sitzung mit einer neuen, viel schwierigeren Aufgabe konfrontieren darf. Wenn möglich und notwendig, zeigt der Therapeut dem Patienten, wie er mit dem gefürchteten Objekt umgehen kann, z. B. indem er Spinnen über seinen Arm laufen läßt oder Hunde und Katzen streichelt. Im vorhinein kann nur schwer abgeschätzt werden, wie lange die Sitzung dauern wird, aber meistens sind zwei bis drei Stunden genug.

Wichtig sind die Instruktionen am Ende der Therapie: der Patient darf im Alltag nicht mehr vermeiden und muß versuchen, jede Gelegenheit zur Konfrontation mit dem gefürchteten Stimulus als Chance zu greifen, das Erlernte in der Praxis zu verstärken. Zudem erhalten die Patienten individuelle Hausaufgaben, die sie so schnell wie möglich ausführen müssen, wie z. B. Spinnen nach Hause mitzunehmen, um mit ihnen zu üben, oder Aufzüge zu benutzen, Kassetten mit Gewitter anzuhören oder über den Balkon eines Hochhauses zu laufen. Im folgenden Beispiel wird die Behandlung illustriert.

Annette ist eine 35jährige Sekretärin, die mit ihrem Mann in einer Vorstadt, in der es viele Hunde gibt, wohnt. Seit einigen Jahren hat Annette eine Hundephobie entwickelt. Aus diesem Grund getraut sie sich kaum mehr zur Türe hinaus. Sie fährt auf einer ausgeklügelten Route mit ihrem Rad zur Arbeit, um möglichst keinem Hund zu begegnen. Sie hat Hunde nie gemocht, ihre Eltern ebenfalls nicht. Traumatische Erlebnisse mit Hunden hat sie jedoch nie gehabt. Sie hat keine anderen Probleme.

Bei der Inventarisierung der angstauslösenden Stimuli zeigt sich, daß junge, lebhafte Hunde, die einen anspringen können, unerwartete Bewegungen machen und bellen, am meisten Angst auslösen. Ist der Hundebesitzer anwesend, hat sie weniger Angst. Sie hat keine Angst, gebissen zu werden, und die Größe des Hundes ist auch nicht von Bedeutung.

Annette wird in drei einhalb- bis zweistündigen Sitzungen, die über zehn Tage verteilt sind, mit in-vivo-Exposition behandelt. Die erste Sitzung verbringt sie in einem Zimmer zusammen mit einem großen Hund und dessen Herrn. Trotz heftiger Angst gelingt es ihr doch nach einiger Zeit, sich auf Drängen des Therapeuten neben den Hund zu setzen. Nach eineinhalb Stunden ist die Spannung (auf einer Skala von 0 bis 10) von 10 auf 4 gesunken, und es wird beschlossen, die Sitzung zu beenden. Bei der zweiten Sitzung wird mit demselben Hund geübt; der Hund ist jetzt jedoch auf unbekanntem Gebiet und sein Herr ist nicht anwesend. Es gelingt ihr schnell, den Hund zu streicheln, bei ihm auf dem Boden zu sitzen und, erst zusammen mit dem Therapeuten, dann allein, mit ihm spazieren zu gehen. Nach zwei Stunden ist die Spannung von 7 auf 2 gesunken. In der dritten Sitzung wird mit jungen, lebhaften und bellenden Hunden gespielt und spazierengegangen. Es gelingt ihr sogar, zwei kleinere Hunde auf den Schoß zu nehmen. Diese Sitzung löst kaum noch Angst aus. Am Schluß der Sitzung erhält Annette die Hausaufgabe, in den kommenden Wochen möglichst viele Menschen mit Hunden zu besuchen und mehrmals pro Woche mit dem jungen Hund der Nachbarn zu spielen. Zudem muß sie ab jetzt den kürzesten Weg zu ihrer Arbeit nehmen. Bei einem Follow-up-Gespräch einige Wochen später hat Annette diese Aufgaben mit Erfolg (und Freude) ausgeführt und die Angst ist völlig verschwunden.

Öst (1989) evaluierte den Effekt einer solchen Behandlung bei zwanzig Patienten. In seiner Studie beschränkte sich die Therapie auf eine Expositions-Sitzung. Die Behandlung war bei den meisten Patienten erfolgreich. Die durchschnittliche Dauer der Expositions-Sitzung betrug etwa zwei Stunden. Tierphobiker benötigen dabei meist mehr Zeit als z. B. Patienten mit einer Insektenphobie.

Nach Öst kommen im Prinzip alle einfachen Phobien für die beschriebene Behandlung in Frage, in jedem Fall Tierphobien, Angst vor dem Arzt, Höhenangst und Blut- oder Verwundungsphobien. Einige Vorbehalte hat er bei Flugangst und Klaustrophobie, bei erster, weil es sich dabei möglicherweise vor allem um mangelndes Wissen über Fliegen und Flugzeuge beim Patienten handelt, und bei zweiter, weil die Phobie oft zu unspezifisch ist und in vielen verschiedenen Situationen auftritt. Die wichtigsten Kriterien für das Gelingen der Behandlung sind deshalb, daß die Phobie die einzige Störung ist, daß der phobische Stimulus gut umschrieben ist (monosymptomatische Phobie) und daß der Patient ausreichend motiviert ist, um von seiner Störung wegzukommen, und bereit ist, dafür kurzfristig viel Angst zu ertragen.

Unsere Erfahrung mit dieser Methode zeigt jedoch, daß in der Praxis doch oft mehr Expositions-Sitzungen notwendig sind, bevor von einer echten Gewöhnung die Rede sein kann. Dies gilt vor allem bei Patienten mit Sturm- und Gewitterphobie, Lärmphobie, starker Klaustrophobie, Blut- oder Verwundungsphobie und Schluckangst. Das folgende Beispiel zeigt, daß nicht jede Behandlung einer einfachen Phobie nach einer oder einigen Sitzungen abgeschlossen werden kann.

Frau Schmidt (42, 15 Jahre verheiratet, keine Kinder) hat schon seit einigen Jahren Angst vor dem Schlucken. Anfangs hatte sie das nur beim Essen bestimmter Gemüsesorten, aber im Lauf der Jahre nahm die Zahl der problematischen Lebensmittel allmählich zu. Als sie sich bei uns anmeldete, aß sie nur mehr Flüssignahrung, vor allem Pudding und Joghurt. Das war seit einem halben Jahr so, wodurch sie ziemlich abgenommen hatte. Bei der funktionalen Analyse wird folgendes deutlich: Die Patientin kann sich an keinen Vorfall erinnern, mit dem die Schluckangst begonnen hat. Als Folge der Beschwerden ißt sie nicht mehr mit anderen Menschen, außer mit ihrem Mann, und auch nicht mehr außer Haus. Neben der Schluckangst leidet sie unter Hyperventilationssymptomen, die gleichzeitig in einem Teufelskreis die Schluckprobleme negativ beeinflussen. Die Patientin beginnt bei Anspannung zu hyperventilieren und nach Luft zu schnappen, wodurch ihre Muskeln im Brustkasten ‚steckenbleiben‘. Sie versucht, diese zu entspannen, indem sie dauernd schluckt (womit sie noch mehr Luft aufnimmt) und schließlich hustet, wovon ihr unwohl wird. Sie hat außerdem Probleme mit ihrer Arbeit (sie hat eine Stelle als Sekretärin in einem Büro), die vor allem mit Unsicherheit zu tun haben, und Probleme mit ihrem Mann. Obwohl die Unsicherheit das zentrale Problem zu sein scheint, ist die Schluckangst inzwischen ‚funktional autonom‘ geworden. Darum wird nach zwei Informationsgesprächen mit Frau Schmidt beschlossen, die Behandlung in erster Instanz auf die Schluckangst zu richten. Dies geschieht mit Hilfe von in-vivo-Exposition (Essen von allmählich immer schwierigeren Lebensmitteln) mit ‚Responseprävention‘ (kein Husten, Spucken oder Trinken während des Essens) und mit kognitiver Therapie bezüglich der Angst vor dem Schlucken. In der ersten Behandlungssitzung wird dem Teufelskreis von Hyperventilation und Schluckproblemen, der Erklärung der Prinzipien von in-vivo-Exposition und dem Aufbau einer Hierarchie schwieriger Lebensmittel viel Aufmerksamkeit gewidmet. Dabei fällt auf, wie ‚unlogisch‘ diese Hierarchie ist. Wichtig ist die Art des Essens, von ihr beschrieben als ‚schleimig‘, ‚drahtig‘ und ‚körnig‘. Die Hierarchie läuft von körnig über drahtig nach schleimig. Brot ist einfacher als warmes Essen. Die einfachste Aufgabe ist, Weißbrot mit Butter zu essen, die schwierigste, Spinat zu essen.

Die Schluckangst wird in zwölf Expositionssitzungen behandelt. Anfangs übt die Patientin allein mit Hausaufgaben, und nach einigen Sitzungen wird die Therapie mit Übungen in Gegenwart des Therapeuten fortgesetzt, einmal um einen ‚sozialen Stimulus‘ zu introduzieren, aber auch, um die Responseprävention effektiver machen zu können. Diese Sitzungen finden bei der Patientin zuhause statt. Nach acht Sitzungen ist Frau Schmidt imstande, in Gegenwart des Therapeuten sowohl Weiß- als auch Schwarzbrot mit allen Sorten Belag zu essen. Warme Mahlzeiten kann sie ebenfalls schon besser essen, aber nur, wenn sie langsam ißt. Spinat und bestimmte Fleischsorten sind noch sehr problematisch. Ab der zwölften Sitzung übt sie wieder ohne den Therapeuten, aber in Gegenwart anderer Menschen. Bei der Besprechung der Aufgaben zeigt sich deutlich, daß ein Zusammenhang zwischen dem allgemeinen

Anspannungsniveau (z. B. als Folge von Problemen mit der Arbeit) und den Schluck-problemen besteht. Nachdem der Schluckangst sechzehn Sitzungen gewidmet wur-den, richtet sich die Behandlung auf die Spannungsquellen, vor allem die Unsicherheit und die Beziehungsprobleme. Diesen werden weitere fünfzehn Sitzungen gewidmet, unter anderem mit kognitiver Therapie und Training in sozialen Fertigkeiten. Bei Abschluß der Behandlung, nach insgesamt 33 Sitzungen, ist die Schluckangst prak-tisch verschwunden und die Unsicherheit um einiges verbessert.

Die Behandlung von Blutphobie

Wie schon gesagt, haben Blutphobiker ein diphasisches Reaktionsmuster. Die dra-stische Abnahme von Blutdruck und Herzschlag, nach einer kurzen Zunahme beider in den ersten Minuten nach der Konfrontation mit einem blutigen Stimu-lus, läßt fraglich erscheinen, ob die üblichen Behandlungsformen, vor allem in-vivo-Exposition, dafür so geeignet sind. Bis jetzt wurde auf diesem Gebiet wenig getan, trotz der Tatsache, daß Blutphobie eine der häufigsten einfachen Phobien ist (Agras et al., 1969; Costello, 1982). In einer Studie von Öst et al. (1984b) war in-vivo-Exposition effektiver als eine aktive Form von Entspannung (*applied re-laxation*, s. Kapitel 8), wobei die Patienten lernten, sich zu entspannen, wenn sie mit dem phobischen Stimulus konfrontiert wurden. Beim Follow-up waren beide Methoden gleich effektiv, was nicht verwunderlich ist, denn die meisten Patienten waren inzwischen Blutspender geworden und hatten daher die in-vivo-Exposi-tion fortgesetzt. Wir würden von der Anwendung von Entspannungsmethoden bei dieser Gruppe übrigens abraten.

Angesichts der spezifischen Merkmale der Blutphobie, vor allem der erhöhten parasympathischen Aktivität, sind einige Punkte für die praktische Durchführung der in-vivo-Exposition von Bedeutung. Das Behandlungsziel soll nicht eine Ab-nahme des Erregungsniveaus sein, sondern gerade eine Zunahme, zurück zum ‚normalen‘ Niveau. Konfrontation mit einem blutigen Stimulus kann jedoch be-deuten, daß der Herzschlag zu Beginn drastisch sinkt oder daß das Herz sogar einige Zeit stillsteht. Marks (1987) beschreibt den Fall eines 25jährigen Mannes, der während der ersten Expositions-Durchgänge eine Asystolie (Herzstillstand) von 25 Sekunden hatte. Es ist deshalb notwendig, dafür zu sorgen, daß der Patient nicht unglücklich stürzen kann, wenn er während der in-vivo-Exposition ohn-mächtig werden sollte. Vor allem zu Beginn ist es deshalb ratsam, den Patienten sitzen zu lassen. Entspannungsmethoden sind bei der Behandlung der Blutphobie nicht zu empfehlen, da sie durch die Blutdrucksenkung das Ohnmächtigwerden gerade fördern.

Von Kozak und Montgomery (1981) stammt eine Fallbeschreibung, in der zum ersten Mal auf das diphasische Reaktionsmuster eingegangen wird. Statt Entspannung verwendeten sie eine Anspannungstechnik, um Blutdruck und Herzschlag zu erhöhen. Angesichts der vielversprechenden ersten Ergebnisse dieses Ansatzes wurde von Öst und Sterner (1987) ein Verfahren beschrieben, in dem diese Technik, von ihnen ‚applied tension' genannt, besser ausgearbeitet wurde. Bei ‚applied tension' lernt der Patient, seine Muskeln anzuspannen, um den Blutdruck zu erhöhen, sowie kleine Signale von Blutdruckabnahme zu erkennen und darauf zu reagieren, indem er seine Muskeln anspannt. Die von Öst und Sterner (1987) beschriebene Behandlung besteht aus fünf Sitzungen, die der ausführlichen funktionalen Analyse folgen. In der ersten Sitzung wird das Rationale des Verfahrens erklärt, wonach der Therapeut demonstriert, wie die Muskeln angespannt werden sollen. Der Patient bekommt die Instruktion, dasselbe zu tun und die Anspannung fünfzehn bis zwanzig Sekunden aufrechtzuerhalten. Nachdem er dies ungefähr fünf Mal wiederholt hat, bekommt er den Auftrag, es zuhause weiter zu üben: fünf Mal pro Tag, je fünf Mal anspannen. In der zweiten und dritten Sitzung bekommt der Patient Dias mit mehr oder weniger schwer verwundeten Menschen zu sehen. Dies mit einem zweifachen Ziel: der Patient lernt, die ersten Anzeichen einer Blutdruckabnahme zu erkennen, und er lernt gleichzeitig, die Anspannungstechnik anzuwenden. In der vierten Sitzung geht der Patient zur Blutbank eines Krankenhauses, um in einer realen Situation üben zu können. Nach einer informativen Führung mit einem Krankenpfleger wird dem Patienten Blut abgenommen, nachdem er gesehen hat, wie das bei anderen Menschen geschieht. Erweist sich, daß der Patient als Blutspender geeignet ist, wird ihm geraten, sich als fester Spender anzumelden, um so das in der Therapie Erlernte weiterhin üben zu können. In der fünften Sitzung schließlich besucht der Patient das Operationszimmer der Abteilung Thoraxchirurgie, um dort, in Gegenwart des Therapeuten, eine Operation am offenen Herzen oder der Lunge aus einem Abstand von ca. 5 Metern vom Operationstisch zu beobachten. Auch hier muß er immer wieder die Anspannungstechnik üben. Sollte der Patient ohnmächtig werden, was nach Meinung der Autoren selten geschieht, muß der Therapeut dafür sorgen, daß er möglichst schnell wieder zu sich kommt, wonach die Exposition, kombiniert mit der Anspannungstechnik, wieder aufgenommen wird. Diese letzte Sitzung wird abgeschlossen mit einer Zusammenfassung der bisherigen Fortschritte und der Patient bekommt Instruktionen für die ersten sechs Monate. Darin sind individuelle Expositions-Aufgaben enthalten, z.B. blutige Filme anzusehen, über blutige Themen zu sprechen und regelmäßig die Blutbank zu besuchen.

5. Die Behandlung von Panikstörung und Agoraphobie

Bis vor einigen Jahren wurde in der Literatur über Agoraphobie wenig und gar nichts über das Vorliegen und den Ernst von Panikanfällen berichtet. Nachdem der DSM-III-R nun einen Unterschied macht zwischen Panikstörung ohne Agoraphobie, Panikstörung mit Agoraphobie und Agoraphobie ohne Panikanfälle (s. Kapitel 1), ist eine solche Unterscheidung wichtiger geworden. Es gibt jedoch Hinweise darauf, daß die Mehrheit der Agoraphobiker Panikanfälle (gehabt) hat. Durch das Vermeidungsverhalten der Patienten scheinen oft keine Panikanfälle aufzutreten, obwohl gerade die Angst vor einem Anfall die treibende Kraft hinter dem umfangreichen Vermeidungsverhalten ist. Darum ist bei der Interpretation der wenigen neuen Studien und Kasuistiken zu dieser Störungsgruppe die nötige Vorsicht angebracht. In diesem Kapitel gehen wir auf Untersuchungsergebnisse zum Effekt der Behandlungen von Agoraphobie und Panikstörung ein. Anhand von Fallgeschichten erhält der Leser Einsicht in die Planung und Durchführung zweier Verfahren, nämlich der in-vivo-Exposition bei Agoraphobikern und der kognitiven Therapie bei Panikanfällen.

5.1. Forschungsergebnisse

Wir werden zunächst die Literatur zur Behandlung der Agoraphobie besprechen, vor allem die Exposition und kognitive Ansätze. Danach werden kürzlich entwickelte Modelle der Behandlung von Panikattacken vorgestellt.

Exposition bei Agoraphobie

In den vergangenen Jahrzehnten wurde die Effektivität von Behandlungen, die auf Exposition in der gefürchteten Situation basieren, bei Patienten mit phobischen Symptomen ausführlich untersucht. Diese Ergebnisse können in einigen Sätzen zusammengefaßt werden.

- In-vivo-Exposition ist effektiver als imaginäre Exposition. Vor allem in den siebziger Jahren wurde der Unterschied in der Effektivität zwischen den beiden Expositionsvarianten untersucht und zum Vorteil der Exposition in der wirklichen Situation beigelegt (u. a. Emmelkamp und Wessels, 1975).
- Langfristige Exposition ist effektiver als kurzfristige Exposition. Stern und Marks (1973) stellten fest, daß Sitzungen von zwei Stunden bessere Ergebnisse brachten als kurze Sitzungen von viermal einer halben Stunde.
- Schnelle Exposition ist effektiver als langsam durchgeführte. Eine Studie von Yuksel et al. (1984) zeigte, daß eine schnell ausgeführte Exposition zu einer rascheren Verbesserung führte als eine langsame Prozedur; am Ende der Behandlung hatten sich jedoch beide Gruppen gleich stark verbessert.
- Häufiges Üben ist effektiver als Üben mit großen Pausen. Zehn Sitzungen rasch hintereinander ergaben eine größere Verbesserung als zehn Sitzungen in größeren Abständen, stellten Foa et al. (1980) in einer cross-over-Studie fest.
- Exposition in der Gruppe ist in etwa genauso effektiv wie individuell durchgeführte Exposition. Im allgemeinen werden keine deutlichen Unterschiede in der Wirksamkeit von individuell durchgeführten Behandlungen und solchen, die in einer Gruppe stattfinden, festgestellt (u. a. Emmelkamp und Emmelkamp-Benner, 1975; Hafner und Marks, 1976). Gruppenbehandlung kann in mehrerer Hinsicht wirksamer sein, weil sie dem Therapeuten Zeit erspart und die Gruppenmitglieder untereinander als Modell fungieren können.
- Die Behandlung kann als Selbsthilfeprogramm durchgeführt werden. Das erste Selbsthilfeprogramm, entwickelt von Emmelkamp (1974), bestand darin, daß der Patient sich schrittweise der gefürchteten Situation aussetzte (graduelle in-vivo-Exposition). Der Patient führte über jede der 90-minütigen Sitzungen ein Tagebuch, in das er eintrug, wie lange er in der phobischen Situation ausgehalten hatte. Am Ende der Aufgabe erhielt der Therapeut diese Selbstbeobachtung. Die Wirkung dieses Ansatzes unterschied sich nicht von einem Programm, in dem der Therapeut eine führende Rolle spielte. Ein ähnliches Selbsthilfeprogramm wurde von Mathews et al. (1981) entwickelt. Darin spielt der Partner eine wichtige unterstützende Rolle und der Patient muß in den phobischen Situationen bleiben, bis die Angst abnimmt.
- Die Effekte von Expositions-Programmen sind dauerhaft. Follow-up-Ergebnisse zeigen meistens, daß die Behandlungsergebnisse vier bis neun Jahre aufrechterhalten bleiben oder sich sogar noch verbessern (s. Emmelkamp (1989) für eine Literaturübersicht).
- Individuelle Reaktionsmuster spielen keine Rolle bei der Effektivität der in-vivo-Exposition. In-vivo-Exposition ist genauso effektiv bei Patienten, welche auf die Situationen kognitiv reagieren, wie bei solchen, die nicht-kognitiv reagieren (Mackay und Liddell, 1986). Es gibt auch keinen Unterschied in der Effektivität zwischen Patienten, die eher verhaltensmäßig oder eher physiologisch reagieren (Öst et al., 1984).

Kognitive Therapie bei Agoraphobie

Das Interesse für kognitive Therapie hat in den letzten zehn Jahren stark zugenommen. Theoretiker, die einen kognitiven Ansatz vertreten, gehen davon aus,
daß bei Angstreaktionen nicht-rationale Kognitionen oder angstauslösende
Selbstinstruktionen eine wichtige Rolle spielen (Beck und Emery, 1985).

Angstreaktionen werden nach dieser Auffassung durch die falsche Interpretation bestimmter Situationen oder Empfindungen ausgelöst. Kognitive Verfahren
haben das Ziel, die angstauslösenden Gedanken des Patienten in produktivere
Gedanken umzuwandeln. In Kapitel 3 wurden die Ausgangspunkte einiger Formen von kognitiver Therapie besprochen, unter anderem die Rational-Emotive-
Therapie (RET) und das Selbstinstruktionstraining. Bei der Behandlung von
Agoraphobie wurde die Effektivität mehrerer Arten von kognitiver Therapie untereinander und mit in-vivo-Exposition verglichen.

– In-vivo-Exposition ist effektiver als rational-emotive Therapie und Selbstinstruktionstraining. In mehreren Studien wurden Patienten randomisiert einer kognitiven oder einer Expositions-Bedingung zugewiesen. Emmelkamp et al. (1978) stellten fest, daß verlängerte in-vivo-Exposition viel effektiver war als kognitive Therapie, sowohl auf verhaltensbezogenen als auch auf phobischen Angst- und
Vermeidungsskalen. Eine Nachfolgeuntersuchung (Emmelkamp und Mersch,
1982), in der eine dritte Bedingung (eine Kombination von Exposition und kognitiver Therapie) hinzugefügt wurde, zeigte, daß die Expositions-Komponente
für die Verbesserung verantwortlich war. Auch in einer dritten Studie (Emmelkamp et al., 1986) führten kognitive Interventionen nicht zu klinischen Verbesserungen auf Angst- und Vermeidungsmaßen. Auch andere Untersuchungen belegen, daß kognitive Ansätze dem Effekt von bloßer Exposition nichts hinzufügen
(u. a. Michelson et al., 1988). Einige der obengenannten Studien zeigen aber, daß
kognitive Therapie bei der Nachkontrolle zu einer Verbesserung auf Depressions-
und Unsicherheitsskalen führte, und zwar im Gegensatz zu in-vivo-Exposition.

Zudem scheint es, daß Behandlungen, deren Ziel eine Verbesserung des Problem-
lösevermögens ist, sehr wohl den Expositionseffekt verbessern, allein aber nicht
effektiv sind (u. a. Cullington et al., 1984). Genauso wie die Anwendung von
Selbstsicherheitstraining bei unsicheren Agoraphobikern (u. a. Emmelkamp et al.,
1983) scheint auch ein problemlösender Ansatz einem Rückfall nach der Behandlung entgegenzuwirken.

Partner und die Behandlung von Agoraphobie

Viele Kliniker und Forscher haben im Lauf der Zeit ihre Aufmerksamkeit darauf
gerichtet, welche Rolle (intime) Partner von Agoraphobikern für die Aufrecher-

haltung ihrer Symptome spielen. Untersuchungen zeigen, daß die Einbeziehung des Partners in die Behandlung nicht notwendig ist; die Hilfe eines Partners oder Freundes erhöht die Effektivität von Expositions-Behandlungen nicht (Cobb et al., 1984; Emmelkamp, 1988; Emmelkamp et al., 1991). In Kapitel 2 wurde schon auf den fehlenden ursächlichen Zusammenhang zwischen der Qualität der (ehelichen) Beziehung und der Agoraphobie eingegangen. Arrindell et al. (1986) und Emmelkamp et al. (1991) stellten fest, daß Ehezufriedenheit kein Prädiktor für den Erfolg einer Behandlung mit in-vivo-Exposition ist.

Kognitive Therapie bei Panikstörung

In den letzten Jahren haben kognitive Auffassungen in therapeutischen Programmen zugenommen. Frühere Untersuchungen zu den Effekten von rational-emotiver Therapie und Selbstinstruktionstraining zeigten, daß diese kognitiven Methoden viel weniger Effekt haben als in-vivo-Exposition. Ein neueres Modell, das sich auf die Erklärung und Behandlung der Panikstörung richtet, wurde von Clark (1986) formuliert. Er umschreibt einen Panikanfall als Folge einer falschen Interpretation von an sich harmlosen körperlichen Empfindungen, die z. B. durch Hyperventilation verursacht werden. Es entsteht ein positiv sich beschleunigender Teufelskreis, der in einem Panikanfall endet (s. Kapitel 2).
Die Behandlung, die Clark vorschlägt, besteht aus einer Erklärung und Diskussion der Rolle von Hyperventilation bei Panikanfällen, dem Verschreiben von Atemübungen und der Neubenennung der körperlichen Symptome. Zwei Untersuchungen (allerdings ohne Kontrollgruppe) zeigen, daß dieser Ansatz zu einer Abnahme der Zahl an Panikanfällen führt (Clark et al., 1985; Salkovskis et al., 1986), vor allem bei Menschen, die eine Übereinstimmung erlebten zwischen den Symptomen, die durch provozierte Hyperventilation ausgelöst wurden und den Symptomen eines Panikanfalls. Bonn et al. (1984) verglichen in-vivo-Exposition mit einer Kombination von in-vivo-Exposition und Atemübungen. Am Ende der Behandlung zeigten beide Gruppen die gleiche Besserung. Nach sechs Monaten wies die Gruppe mit der kombinierten Behandlung eine stärkere Verbesserung auf. Bouman und Emmelkamp (1990) und Margraf und Schneider (1991) stellten fest, daß kognitive Therapie bei Agoraphobikern nicht effektiver war als in-vivo-Exposition. Ein stärker verhaltensorientierter Ansatz bei der Behandlung von Panik wurde von Griez und Van den Hout (1986) demonstriert, die Panikpatienten CO_2 inhalieren ließen. Nach wiederholter Exposition nahm die Angst vor interozeptiven Stimuli ab. Im allgemeinen scheinen die neu für Panikstörungen entwickelten Behandlungsprogramme fruchtbar zu sein. Auffallend ist, daß in-vivo-Exposition in vielen Strategien angewendet wird; die Exposition kann sowohl mit externen Situationen als auch mit interozeptiven Stimuli (wie Herzklopfen oder Ohnmachtsgefühl stattfinden. Es sind jedoch noch weitere Unter-

suchungen notwendig, um die spezifische Rolle der kognitiven Komponente in der Therapie zu beurteilen.

5.2. Die Durchführung der Behandlung

In diesem Kapitel werden zwei Behandlungsstrategien ausführlich besprochen; die eine richtet sich auf das Vermeidungsverhalten des Agoraphobikers, die andere auf den Umgang mit Panikanfällen.

Eine Expositions-Behandlung bei Agoraphobie

Wie zu Beginn dieses Kapitels gesagt, ist in-vivo-Exposition die am besten überprüfte Behandlungstechnik bei Agoraphobie. Es gibt verschiedene Varianten dieser Technik. Erstens gibt es den Unterschied zwischen gradueller und verlängerter Exposition. Auch kann der Partner des Patienten als Kotherapeut eingeschaltet werden (ausführlich beschrieben von Mathews et al., 1981). Zudem spielt in einigen Ansätzen der Therapeut eine aktive Rolle beim Durchführen der Aufgaben, während in anderen Ansätzen die Behandlung vor allem aus ‚Hausaufgaben‘ für den Patienten besteht. Von dieser letztgenannten Variante (Hausaufgaben bei verlängerter in-vivo-Exposition) handelt die folgende Fallgeschichte. Es ist dem Leser sicher klar, daß auch in diesem Fall eine Behandlung erst nach einer Inventarisierungsphase beginnt, in der eine Verhaltensanalyse durchgeführt wurde.

Das Verfahren ist auf den ersten Blick ziemlich einfach und läuft darauf hinaus, daß der Patient sich den angstauslösenden Situationen wirklich aussetzt. (Trotz dieser scheinbaren Einfachheit ist auch für die Durchführung dieser Behandlungen ein therapeutischer Hintergrund des Behandelnden erforderlich.) Der Therapeut stellt in Zusammenarbeit mit dem Patienten eine Liste von Situationen mit steigendem Schwierigkeitsgrad bezüglich der erlebten Angst auf, die Angsthierarchie. Dann werden alle Situationen vom Patienten in Form von Hausaufgaben geübt; der Patient begibt sich für eine vorher ausgemachte Zeit in die Situation und kehrt erst dann wieder nach Hause zurück, wenn diese Zeit vorbei ist. Ziel ist, daß die Angst, die anfangs bei der Konfrontation mit dem gefürchteten Stimulus auftritt, bis zu einem für den Patienten akzeptablen Niveau abnehmen kann. Auf diese Weise verlernt der Patient allmählich seine Vermeidungs- und Angstreaktion und erlernt bewältigendes Verhalten. Wurde eine Situation der Hierarchie zur Zufriedenheit geübt (d. h. die Angst nimmt bei Konfrontation mit dieser Situation nicht mehr zu), wird die nächste Situation als Hausaufgabe gegeben.

Das Verfahren besteht aus den folgenden Elementen:
a. Erklärung des Behandlungskonzepts
b. Aufstellen der Angsthierarchie
c. Durchführen und Besprechen der Expositions-Aufgaben.

Den Verlauf einer solchen Behandlung illustrieren wir am Fall von Frau Leifert.

Frau Leifert (45) ist verheiratet und hat keine Kinder. Sie hat seit fünf Jahren in zunehmendem Maß Angst davor, auf die Straße zu gehen; wenn sie sich auf der Straße befindet, fühlt sie sich nervös und hat Angst, ohnmächtig zu werden. Die Beschwerden begannen in einer Periode, in der sie überarbeitet war; sie hatte eine Stelle als Verkäuferin in einem Warenhaus und hielt den Arbeitsdruck schlecht aus. Anfangs machte es ihr Schwierigkeiten, den Bus zur Arbeit zu nehmen, weil sie immer häufiger die ‚panikartige' Neigung hatte, plötzlich auszusteigen. Sie kann sich noch daran erinnern, wie sie zum ersten Mal mit großer Angst schwindlig und nach Luft ringend hinten im Bus saß, den Kopf zwischen den Knien. Danach meldete sie sich regelmäßig krank und ist inzwischen für arbeitsunfähig erklärt. Als sie sich zur Behandlung anmeldet, ist sie stark an das Haus gebunden, das sie fast ausschließlich in Gesellschaft ihres Mannes und mit dem Auto verläßt. Soziale Kontakte sind beschränkt, weil sie Besuche nicht mit einem Gegenbesuch zu beantworten wagt, nicht einmal bei ihrer Schwester, die im gleichen Dorf wohnt. Sie macht auf den Therapeuten keinen fröhlichen Eindruck und sagt, daß sie ihr Leben sinnlos findet: sie hat keine Lust mehr. Hinzu kommt, daß sie regelmäßig Auseinandersetzungen mit ihrem Mann hat. Er ist beim Erstgespräch dabei und scheint die Probleme seiner Frau kaum zu begreifen: er versucht doch so gut wie möglich, ihr zu helfen, und trotzdem geht es ihr immer schlechter. Er selbst fühlt sich eingeschränkt dadurch, daß seine Frau ihn immer bittet, die Einkäufe zu erledigen und pünktlich zu Hause zu sein. Sind sie dann zusammen zu Hause, ist es jedoch nicht gemütlich.

Nach der Inventarisierungsphase scheint in-vivo-Exposition der geeignetste Ansatz für das starke Vermeidungsverhalten; der Therapeut kommt aufgrund der funktionalen Analyse zu dem Schluß, daß die gedrückte Stimmung, die soziale Isolation und die ehelichen Reibungen Folge der Agoraphobie sind. Das unterstützende Verhalten des Mannes scheint ein wichtiger aufrechterhaltender Faktor für die phobischen Symptome zu sein.

Erklärung des Behandlungskonzepts

Wenn der Therapeut beschließt, dem Patienten eine solche Behandlung seiner agoraphobischen Symptome anzubieten, ist es sinnvoll, sich eines maximalen Einsatzes des Patienten zu versichern. Eine wichtige Voraussetzung dafür ist, daß der Patient die Behandlungsprinzipien begreift. Darum nimmt sich der Therapeut möglichst früh in der Behandlung Zeit zur Erklärung der in-vivo-Exposition.

Um diese einsichtig zu machen, ist es gut, bei den Erfahrungen des Patienten anzuknüpfen, sowohl bei Entstehung und Verlauf der Agoraphobie, als auch bei den von ihm unternommenen Versuchen, etwas dagegen zu tun.

Ein Gesprächsausschnitt aus der zweiten Behandlungssitzung mit Frau Leifert kann das illustrieren:

T: ‚Letztesmal haben wir die Dinge gesammelt, die Ihnen Schwierigkeiten machen. Ich möchte jetzt mit Ihnen über die Behandlung selbst sprechen. Sie haben erzählt, daß Sie sich im Lauf der letzten fünf Jahre immer seltener aus dem Haus trauten. Erst fuhren Sie nur mehr auf dem Rad weg und trauten sich nicht mehr, den Bus zu nehmen; später machte Ihnen auch das Radfahren Angst, und danach begaben Sie sich kaum mehr weiter weg von zu Hause. Ihr Mann ging immer öfter mit, wenn Sie weg mußten, und er erledigte auch die Einkäufe. Es fällt auf, daß Ihr Freundeskreis im Lauf der Zeit immer kleiner wurde. Wir wollen deshalb nachsehen, wieso Ihre Straßenangst so weit gekommen ist. Können Sie erzählen, warum Sie z.B. zu Beginn nicht mehr mit dem Bus fuhren?‘

K: ‚Nun … eh … ich hatte Angst, mir könnte etwas geschehen und ich würde dann nicht weg können.‘

T: ‚Und daraufhin haben Sie begonnen, den Bus zu vermeiden?‘

K: ‚Ja, so kann man das wohl sagen, vermeiden.‘

T: ‚Machte das Vermeiden des Busses es nun einfacher oder schwieriger, beim nächsten Mal wieder mit dem Bus zu fahren?‘

K: ‚Natürlich schwieriger.‘

T: ‚Also die Vermeidung von etwas, vor dem Sie Angst haben, macht es Ihnen das nächste Mal noch schwerer, dasjenige zu tun. Es scheint auch so, und das sagten Sie schon das letzte Mal, daß sie sich immer weniger trauten und immer früher nach Hause wollten, weil Sie sich nicht gut fühlten. Die Vermeidung ist eine Gewohnheit geworden, weil Sie Ihnen kurzfristig etwas bringt, nämlich daß Sie weniger Angst haben. Aber anscheinend hat diese Vermeidungsstrategie, langfristig gesehen, Ihre Probleme nur vergrößert: indem Sie der Angst aus dem Weg gingen, ist es nun so weit gekommen, daß Sie sich kaum noch zur Türe hinauswagen. In der Behandlung werden wir deshalb eine andere Strategie anwenden. Anstatt alles, wovor Sie Angst haben, zu vermeiden, werden Sie diese Situationen gerade wieder aufsuchen. Sie sind inzwischen nicht mehr daran gewöhnt, daß die Angst von selbst abnimmt, weil Sie es nicht mehr so weit kommen lassen. Sie erzählten, daß es allmählich immer schwieriger wurde, weiter wegzugehen. Nun, in der Behandlung gehen wir auf die gleiche Art an die Arbeit: Sie breiten Ihren Aktionsradius allmählich wieder aus und beginnen mit weniger schwierigen Situationen. Wir stellen darum erst eine Liste der Situationen auf, in denen Sie Angst haben, ansteigend von ein wenig Angst bis zu sehr viel Angst. In der nächsten Zeit werden Sie dann als Hausaufgabe mit jeder dieser Situationen üben. Sie sollen dann lange Zeit, ca. eineinhalb Stunden, in der Situation verbleiben und nicht weggehen. Auf diese Art erleben Sie, daß die Angst von selbst abnimmt. Das Ergebnis ist, daß Sie nach einiger Zeit in dieser Situation weniger Angst haben, und daß Sie dann mit der folgenden Situation in der Liste üben können. Verstehen Sie den Gedankengang der Behandlung?‘

K: ‚Ja, ein wenig. Aber … geht die Angst einfach so weg? Ich schaue immer, daß ich wegkomme, sobald ich denke, daß ich Angst bekomme.‘

T: ‚Das ist genau das Vermeidungsverhalten, über das wir gerade gesprochen haben. Was hatte das im Lauf der Zeit zur Folge?‘

K: ‚Tatsächlich, daß ich mir immer weniger zutraute.‘

T: ‚Die Strategie des Vermeidens hat die Straßenangst nur noch erhöht, könnte man sagen. Sie haben der Angst keine Chance gegeben, von selbst abzunehmen, denn Sie haben immer an der ‚Notbremse‘ gezogen, indem Sie geflohen sind oder indem Sie gar nicht mehr von zu Hause weggingen. Wir werden es jetzt andersherum probieren.‘

K: ‚Das scheint mir aber sehr schwierig.‘

T: ‚Es wird sicherlich einige Mühe kosten. Aber Sie können es so sehen: wenn es keine Mühe kostet, haben Sie auch keine Angst davor, und dann brauchen Sie dafür auch nicht in Behandlung zu kommen.‘

K: ‚Das stimmt.‘

T: ‚Wenn es Sie Mühe kostet, können Sie daran sehen, daß Sie etwas Sinnvolles tun. Nach einiger Übungszeit werden Sie merken, daß es Sie immer weniger Mühe kostet.‘

Es ist wichtig, in dieser Phase zu betonen, daß vom Patienten viel erwartet wird und daß seine Mitarbeit zu einem Großteil den Effekt der Behandlung bestimmt. Nach dieser Erklärung fragt der Therapeut Frau Leifert, ob sie mit ihren eigenen Worten beschreiben kann, wie die Behandlung aussehen wird. Zu Hause kann sie die Prinzipien ihrem Mann erklären, damit er sie kennt und sie sie noch einmal rekapitulieren kann.

Das Aufstellen einer Angsthierarchie

Wenn der Therapeut das Konzept der Behandlung erklärt und der Patient dieses verstanden hat, wird zum ersten Schritt der Expositions-Behandlung übergegangen: zum Aufstellen einer Hierarchie der Situationen, in denen der Patient Angst hat oder die er vermeidet. Diese Hierarchie bildet den Ausgangspunkt der Behandlung und muß daher nach dem Motto ‚je konkreter, desto besser‘ sorgfältig erarbeitet werden. Zu Beginn wird das Prinzip des ‚Angstthermometers‘ erklärt.

T: ‚Wir möchten verschiedene Situationen bezüglich der Angst, die Sie darin erleben, miteinander vergleichen können. Darum ist es gut, wenn wir ein Angstthermometer verwenden, das von 0 bis 100 läuft. 0 bedeutet, daß Sie überhaupt keine Angst haben, und 100 bedeutet, daß Sie die größte Angst haben, die Sie sich vorstellen können. Die meisten Situationen, die wir bis jetzt besprochen haben, können Sie irgendwo auf diesem Angstthermometer einordnen. Je höher die Zahl, die Sie der Situation zuordnen, um so ängstlicher fühlen Sie sich. Wir verwenden dazu mehrere Kärtchen, auf die wir die Situationen schreiben und sie dann in steigender Reihenfolge nach ihrer Angst anordnen. Wir wollen natürlich möglichst genau sehen, ob die Angst während der Behandlung abnimmt. Darum ist es notwendig, daß wir die Situationen auf der Liste möglichst genau und konkret beschreiben. Nur dann wissen wir, um welche Situation es sich genau handelt. Ich werde Ihnen ein Beispiel geben. Wenn wir z. B. auf die Liste schreiben ‚in ein Geschäft gehen‘. Finden Sie das konkret genug?‘

K: ‚Nein, denn man weiß nicht, in welches Geschäft.

T: ‚Genau, aber ist es dann völlig klar, wenn Sie ein Geschäft nennen?‘

K: ‚Auch nicht, glaub ich, denn es hängt auch davon ab, wann ich in das Geschäft gehe, weil nicht immer genauso viele Leute dort sind.‘

T: ‚Genau, wir müssen also bei jeder Situation auf der Liste mehrere Dinge notieren: worum geht es genau, wann; es kann auch etwas ausmachen, ob Sie mit jemandem gehen (zu Beginn kann das ab und zu vorkommen) und wie Sie dorthin gehen: zu Fuß, mit dem Auto, mit dem Rad. Und dann ist das Ziel der Unternehmung wichtig: gehen Sie nur dorthin, um eine bestimmte Strecke zurückzulegen, oder haben sie ein Ziel, z. B. etwas einzukaufen oder einen Brief aufzugeben.‘

Nach einer kurzen Diskussion über die Prinzipien der Angsthierarchie läßt der Therapeut den Patienten diese zusammenfassen. Die Elemente der Hierarchie können in der Sitzung oder als Hausaufgabe gesammelt werden. Spielen geographische Aspekte bei der Agoraphobie eine prominente Rolle, ist es gut, wenn der Patient eine Landkarte von der für ihn relevanten Gegend mitbringt. Das konkretisiert die Gespräche sehr. Weil ein therapeutischer Kontakt begrenzt ist und nur eine bestimmte Anzahl von Sitzungen umfaßt, ist es auch wichtig, ein Therapieziel zu formulieren, das in einer vernünftigen Zeitspanne erreicht werden kann. Bei schwerer Agoraphobie kann das z. B. sein, daß die Patienten alle täglichen Aktivitäten, ihre Arbeit, den Haushalt, Hobbies und Kindererziehung wieder selbständig ausführen können.

Es ist wichtig, darauf zu achten, daß die Hierarchie mit täglichen Übungen durchlaufen werden kann. Das bedeutet, daß die Situationen oft auftreten und bevorzugt für das tägliche Leben des Betroffenen relevant sein müssen. Wenn ein in seinem Verhaltensspielraum stark eingeschränkter Patient einen Ausflug in den Zoo als Item der Hierarchie vorschlägt, ist es fraglich, ob dies für seinen Alltag relevant ist. (Für einen phobischen Mitarbeiter des Zoos wäre es natürlich eine sehr sinnvolle Aufgabe.) Schafft es der Patient überhaupt nicht, sein Zuhause zu verlassen, können am unteren Ende der Hierarchie Items aufgenommen werden, die in Gegenwart anderer Personen geübt werden können. In höherer Rangordnung können dieselben Items wieder auftauchen, aber dann, um sie alleine zu üben.

Nachdem der Therapeut erklärt hat, was die Behandlung beinhalten wird, formuliert er zusammen mit Frau Leifert ein Endziel. Frau Leifert sagt, sie wäre sehr zufrieden, wenn sie alle Einkäufe wieder selbst erledigen, zum Kaffee zur Nachbarin gehen und ohne Angst durch das Dorf fahren könnte. Das bedeutet, daß die Items der Hierarchie sich auf das Dorf beschränken werden. Weil der Therapeut das Dorf nicht kennt, hat Frau Leifert einen Plan mitgenommen, der zeigt, wie groß die Entfernungen und welches die wichtigen Routen sind. Sie zeichnet auch ein, wo Bekannte und Familienmitglieder wohnen. Zu Hause überlegt sie mit ihrem Mann, welche Situationen in die Hierarchie kommen müssen. Im dritten Gespräch formuliert sie zusammen mit dem Therapeuten eine Hierarchie, deren Thema die Erweiterung ihres Aktionsradius im Dorf ist. Dafür wird sie vor dem nächsten Gespräch die erste Aufgabe üben, nämlich auf einer festgelegten Route um ihr Haus zu gehen. Der Therapeut gibt ihr ein Formular für die Durchführung ihrer Hausaufgaben (s. Figur 5.1), in das sie Zeit, Route, Angst, Gegenwart anderer und die Art der Fortbewegung (zu Fuß, im Auto, auf dem Rad) eintragen soll.

Verhaltenstagebuch				Name:	
Datum	Zeit von – bis	Angst 0–10*	Route (wo entlang?)	Begleitung (mit wem?)	Fortbewegung**
*: 0 = überhaupt keine Angst; 10 = maximale Angst **: zu Fuß, auf dem Rad, im Auto, mit dem Bus oder Zug?					

Figur 5.1: Verhaltenstagebuch für Exposure-Übungen

Die Eintragung der Hausaufgabe ist einerseits eine Gedächtnisstütze, um beim nächsten Mal im Detail vom Verlauf der Aufgabe erzählen zu können, andererseits bietet sie im Nachhinein die Möglichkeit, die Abnahme der Angst abzulesen. Vor allem dieser Aspekt kann ein starkes Feedback sein, genauso wie das Einzeichnen der zurückgelegten Strecken auf einer Karte. Auf diese Weise werden Fortschritte während der Behandlung sowohl für den Patienten als auch den für Therapeuten konkret sichtbar. Für manche Patienten kann so ein Tagebuch jedoch problematisch sein, weil sie sich nicht getrauen, mit einem nur teilweise ausgefüllten Formular in die Therapie zu kommen.

Die Durchführung und Besprechung von Expositions-Aufgaben

Es ist vernünftig, wenn der Patient der Durchführung seiner Aufgabe jeweils eineinhalb bis zwei Stunden widmet, um ein hinreichendes Abnehmen der Angst erleben zu können. Manchmal ist das nicht möglich, weil die zu überwindenden Entfernungen zu kurz sind. Um zu verhindern, daß die Angst in der Situation nicht genügend abnimmt, können in solchen Fällen mehrere Aufgaben hintereinander erledigt werden. Es muß immer betont werden, daß der Patient in der Situation bleiben muß, bis die Angst abgenommen hat. Es ist vernünftig, diesem an sich einfachen Prinzip viel Zeit zu widmen, damit der Patient es gut verinnerlicht.

Zur nächsten Sitzung kommt Frau Leifert mäßig begeistert. Es war nicht leicht für sie gewesen, das Haus zu verlassen. In den ersten Tagen fühlte sie sich nervös, bevor sie zur Türe hinausging, aber nach ca. einer Woche war die Periode, in der sie diese Antizipationsangst hatte, allmählich kürzer geworden. Auf der Straße fühlte sie sich gehetzt und hatte den Eindruck, daß die Nachbarn sie gehen sahen und das verrückt fanden. Sie kam ziemlich angespannt nach Hause, wo sie sich erst einmal erholen mußte. Eigentlich ist sie nicht so zufrieden mit sich selbst. Der Therapeut will wissen, warum sie nicht zufrieden ist. Darauf antwortet sie, daß es nicht so gelaufen war, wie sie wollte, und daß sie früher über so eine kleine Entfernung nicht einmal nachgedacht hatte. Sie hätte gerne, daß alles viel schneller ginge. ‚Es fällt mir auf, daß Sie sich vor allem auf das konzentrieren, was Sie nicht getan haben‘, sagt der Therapeut. ‚Was wirklich geschehen ist, damit beschäftigen Sie sich kaum, aber Sie sind zum ersten Mal seit langer Zeit alleine aus Ihrem Haus gegangen!‘ Sie besprechen auch, wie Frau Leifert die Strecke zurückgelegt hat, nämlich gehetzt und ziemlich schnell. Der Therapeut rät ihr, die Hausaufgaben langsam durchzuführen. Das Gehen ähnele so weniger einem Fliehen und komme dem Endziel näher, nämlich ruhig auf der Straße gehen zu können.

So wie Frau Leifert haben viele Patienten anfangs die Neigung, auf ihre Fortschritte kaum zu achten. Positives Etikettieren ihrer Anstrengungen kann in dieser Hinsicht hilfreich sein. Auf diese Art ist der Therapeut ein Modell für eine alternative Interpretation der Ereignisse, die meistens produktiver ist als das negative Etikettieren.

Im folgenden Gespräch berichtet die Patientin, daß es viel besser gegangen sei. Sie hat auf ihr Schrittempo geachtet, mehr um sich geschaut und ist sogar ein wenig von der Route abgewichen. Es fällt auf, daß sie um so viel weniger ängstlich ist, je mehr sie auf die Dinge in ihrer Umgebung achtet. Bei einem ihrer Spaziergänge fühlte sie sich plötzlich sehr schwindlig. Eingedenk des Expositions-Paradigmas unterdrückte sie die Neigung, schnell nach Hause zu laufen, setzte sich kurz auf eine Bank und setzte danach ihren Spaziergang fort. Sie ist jetzt sehr stolz auf sich und beginnt das Prinzip der Hausaufgaben besser zu verstehen.

Natürlich kommt es vor, daß Aufgaben nicht ausreichend durchgeführt werden. Geht etwas nicht, fragt der Therapeut nach den Ursachen: es kann sein, daß eine Hausaufgabe zu schwierig, zu leicht oder irrelevant gefunden wird.

Fünfzehn Sitzungen braucht Frau Leifert, um die Hierarchie durchzugehen. In dieser Zeit ist sie erst alleine mit dem Rad durch das Dorf gefahren, dann gegangen, hat einige kleine Geschäfte und den Supermarkt besucht und mit ihrem Mann einige Ausflüge in die Provinz gemacht. Ihr Mann war bei den Gesprächen nicht dabei, aber sie hat ihm gesagt, wie er ihr helfen könnte. Er braucht jetzt nicht mehr so viel für sie zu tun, und immer öfter erledigt sie die Einkäufe. Beide erleben ihre Beziehung als verbessert, weil sie nicht mehr das Gefühl haben, ‚zueinander verurteilt‘ zu sein. Zum ersten Mal seit Jahren machen sie wieder Urlaubspläne, obwohl ihr das noch etwas unheimlich ist. Frau Leifert fühlt sich nicht mehr depressiv; sie unternimmt wieder alle möglichen Dinge, trinkt Kaffee bei ihrer Schwester, die im gleichen Dorf wohnt, und überlegt sogar, ehrenamtlich im Altersheim zu arbeiten. Mit dem Fortschritt auf allen diesen Gebieten, die nicht direkt Thema der Behandlung waren, wird die funktionale Analyse bestätigt, die der Therapeut in der ersten Sitzung aufgestellt hatte.

In-vivo-Exposition als Hausaufgabe hat mehrere Vorteile gegenüber einer Exposition zusammen mit dem Therapeuten; sie kann einfach vom Patienten selbst durchgeführt werden, kostet den Therapeuten weniger Zeit und gewährleistet eine bessere Generalisierung auf die Situation zu Hause. Es gibt jedoch auch Kontraindikationen. Z.B. ist es für Patienten, die von ihrem eigenen Haus aus üben müssen, manchmal sehr unangenehm, immer am Haus des Nachbarn vorbeilaufen zu müssen, vor allem wenn sie in einem kleinen Dorf wohnen. Dieses Problem kann manchmal gelöst werden, indem man den Patienten erst von einem anderen Ort aus üben läßt (z. B. dem Behandlungsort). Ein anderes Problem bei dieser Art von Exposition als Hausaufgabe ist, daß Patienten es manchmal vermeiden, auf die Straße zu gehen und ihre Übungszeit damit verbringen, Kaffee zu trinken oder lange auf der Toilette zu sitzen.

Bei einer Exposition als Hausaufgabe sind die Häufigkeit und die Intervalle der Kontakte mit dem Therapeuten von Patient zu Patient unterschiedlich. Bei manchen Agoraphobikern braucht der Therapeut nur in einer oder einigen Sitzungen anwesend zu sein, bevor sie das Verfahren selbständig durchführen können. Andere Patienten brauchen viel mehr Hilfe und bei ihnen kostet es mehr Zeit, bevor der Therapeut sich allmählich zurückziehen kann. Sogar wenn Patienten imstande sind, das Verfahren allein anzuwenden, kann es vernünftig sein, regelmäßig telefonischen Kontakt zu pflegen, um den Patient zum Durchhalten zu ermutigen.

Die in-vivo-Expositions-Behandlungen, die wir hier besprechen, scheinen einfach, aber sie sind nicht so leicht durchzuführen. Zum ersten ist es sehr wichtig, den Patienten dauernd den angstauslösenden Reizen auszusetzen, ohne daß er die Möglichkeit hat, zu fliehen oder zu vermeiden. Beginnende Therapeuten lassen ihre Patienten manchmal erst einige Minuten auf der Straße gehen, dann für einige Minuten einen Supermarkt betreten, dann ein kleines Stück mit dem Bus fahren etc., bis die Sitzung vorbei ist. Obwohl so eine Sitzung lange dauert, ist die tatsächliche Exposition in jeder Situation kurz. Es ist dann auch nicht verwunderlich, daß die Exposition auf diese Art oft keinen Erfolg hat. Eine solche Exposition kann zur Folge haben, daß der Patient wiederholt aus einer Situation flieht, während er noch ängstlich ist. Es ist jedoch wesentlich, daß der Patient in der Situation verbleibt, bis die Angst gesunken ist, bevor er zu einer neuen Situation übergeht. Diese Richtlinien bedeuten, daß in-vivo-Exposition, selbst wenn sie in einer Gruppe durchgeführt wird, auf die individuellen Bedürfnisse des einzelnen Patienten abgestimmt werden muß.

Wie schon gesagt, ist es nicht notwendig, das Angstniveau möglichst hoch werden zu lassen. Verlängerte Exposition kann mit Hilfe einer Hierarchie angstauslösender Situationen durchgeführt werden. Es ist jedoch wesentlich, daß die Situationen, denen der Patient in einer Sitzung ausgesetzt wird, ungefähr gleichviel Angst auslösen. Es ist falsch, erst eine schwierige und dann eine einfache Aufgabe zu geben, weil damit verhindert wird, daß es zu einer Habituation an die angstauslösenden Stimuli kommen kann. Patienten werden sich nämlich immer erleichtert fühlen, wenn sie der einfachen Aufgabe ausgesetzt werden, die keine Angst auslöst.

Es ist wichtig, genau zu erfassen, welche Stimuli bei einem Patienten Angst auslösen. Obwohl die meisten Agoraphobiker vor Menschenmengen Angst haben, können andere Situationen von Patient zu Patient sehr unterschiedlich sein. Der eine Patient hat Angst vor stillen Straßen in den Außenbezirken, ein anderer davor, am Wasser entlangzugehen, und wieder ein anderer vor unbekannten Plätzen.

> Bei einem unserer sozial-ängstlichen Agoraphobiker führte verlängerte Exposition in einer belebten Straße nicht zu einer Abnahme der Angst. Im Gespräch nach der Expositionssitzung zeigte sich, daß der Patient dauernd vermieden hatte, andere Menschen anzusehen und sich so den angstauslösenden Reizen tatsächlich auszusetzen. In der folgenden Sitzung wurde der Patient angewiesen, dieselbe Strecke zu gehen, aber mit der Instruktion, den Blickkontakt nicht länger zu vermeiden. Obwohl diese Art der Exposition anfangs viel mehr Angst auslöste als die vorige, nahm die Angst letztendlich doch ab.

Andere subtile Formen von Vermeidungsverhalten können sein: Medikamente mitnehmen, eine Sonnenbrille tragen, ein Gespräch mit Passanten beginnen, ein Fahrrad oder eine Tasche mitnehmen, auf der Straße rennen. Zudem kann wirkliche Exposition durch kognitives Vermeiden verhindert werden, z. B. durch Gedanken wie ‚da ist ein Krankenhaus', ‚da ist das Haus meiner Schwester', ‚hier wohnt der Hausarzt, wenn es schiefgeht, kann er mir helfen', ‚hier kann ich im Notfall ein Taxi nehmen'. Es ist oft sehr schwierig, diese subtilen Formen von Vermeidungsverhalten aufzuspüren, auch weil die Patienten selbst sich ihrer oft nicht bewußt sind.

Der Therapeut ist während der in-vivo-Expositions-Perioden immer weniger anwesend, er zieht sich allmählich aus der Übungssituation zurück, um die in-vivo-Übungen für den Patienten immer schwieriger zu machen. Das Bewußtsein, daß der Therapeut in der Nähe ist, verhindert bei den meisten Agoraphobikern, daß sie sich angstauslösenden Situationen (z. B. alleine sein), wirlich aussetzen.

Kognitive Therapie bei Panikstörung

Das Ziel dieser Behandlung ist es, die katastrophalen Kognitionen durch realistischere oder rationalere zu ersetzen; Interventionen, die sich auf die Verbesserung der Atmung konzentrieren, haben in diesem Rahmen eine therapeutische Funktion. Bei dem Verfahren nach Clark geht es im Prinzip um das Durchbrechen eines zirkulären Prozesses.

Figur 5.2 zeigt, daß ein interner oder externer Stimulus als bedrohlich wahrgenommen wird, was eine gewisse Angst auslöst. Durch diese Angst atmet die Person zu stark ein, wodurch der CO_2-Gehalt des Blutes sinkt und der pH-Wert steigt. Der Säuregrad verändert sich in basische Richtung (dieses Phänomen wird respiratorische Alkalose genannt) und als Folge davon treten die verschiedensten körperlichen Symptome auf. Der Panikpatient nimmt diese Symptome wahr und interpretiert sie als katastrophal, d. h. als viel gefährlicher, als sie in Wirklichkeit sind. Die Folge davon ist das Erleben von Panik. Der Kreis schließt sich, wenn die Panik an sich wieder körperliche Angstreaktionen wie Überatmen auslöst. Es sind also nicht die körperlichen Symptome als solche, sondern die Art, wie sie interpretiert werden, wodurch ein Panikanfall entsteht.

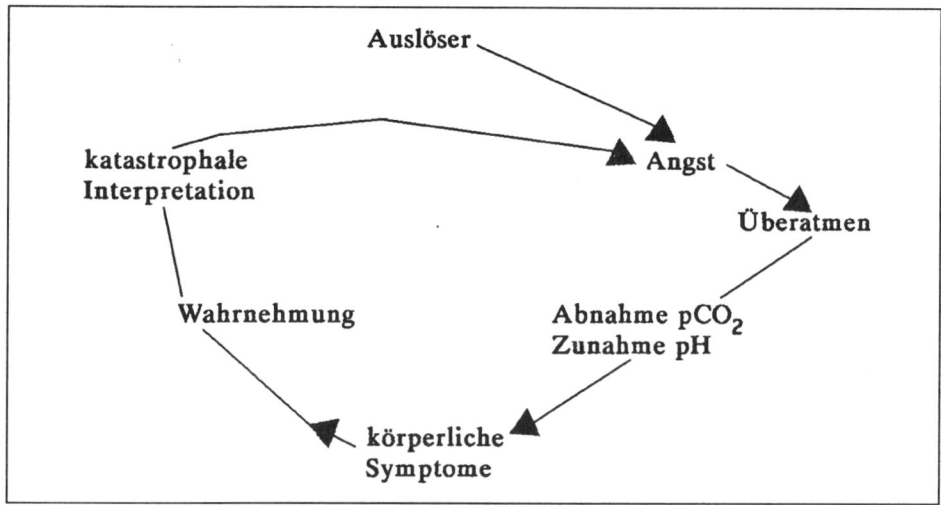

Figur 5.2: Die Entstehung eines Panikanfalls nach dem kognitiven Modell

Die Behandlung, die Clark und seine Kollegen für Panikpatienten entwickelt haben, basiert auf diesem Modell. Es wurden viele Behandlungsverfahren entworfen, die eine Variation dieses Verfahrens darstellen; eine Übersicht hierzu folgt unten.

Wie jeder Behandlung geht auch der kognitiven Therapie eine detaillierte Inventarisierung der Beschwerden und eine funktionale Analyse voraus. Beim Erstgespräch muß festgestellt werden, ob der Patient körperliche Krankheiten (wie Asthma, Bronchitis, unspezifische chronisch-respiratorische Erkrankungen, Herzbeschwerden und Epilepsie) oder Erfahrungen mit Physiotherapie hat (viele unserer Patienten geben letzteres an). Wenn jemand sagt, er verwende eine Plastiktüte, ist es sinnvoll, deren Gebrauch demonstrieren zu lassen; ein bloßer mündlicher Bericht ist nicht genug. Oft zeigt sich nämlich, daß Patienten die Plastiktüte verkehrt verwenden, z. B. nur über dem Mund, während sie durch die Nase atmen, oder indem sie den Sack ohne ihn völlig zu schließen, über Nase und Mund halten, weil sie Angst haben, sonst zu ersticken. In letzterem Fall kann zur Beruhigung ein kleines Loch in die Plastiktüte gemacht werden, wodurch der Patient nicht unnötig ängstlich wird und doch genug CO₂-reiche Luft einatmet.

In der Behandlung sind die folgenden Schritte zu unterscheiden:
a. Inventarisierung von körperlichen Symptomen und Kognitionen
b. Hyperventilationsprovokation
c. Nachbesprechung der Provokation
d. Diskussion über die Rolle der Hyperventilation
e. Training von Bauchatmung
f. Erlernen nicht-katastrophaler kognitiver Reaktionen
g. Verhaltensexperimente
h. Identifikation und Modifikation der Panikauslöser.

Mit der folgenden Fallbeschreibung wird das Verfahren illustriert.

Auf Anraten des betriebsärztlichen Dienstes hat Heinrich (31) sich bei uns wegen heftiger Angstbeschwerden angemeldet. Er arbeitet seit einigen Jahren zu seiner Zufriedenheit als administrativer Mitarbeiter in einem Büro und erledigt seine Arbeit präzis und mit Überzeugung. Ungefähr vor 8 Monaten, nach den Sommerferien, haben seine Beschwerden begonnen: Bei einem Wochenendspaziergang im Wald bekam er plötzlich einen so heftigen Angstanfall und solche angstauslösenden Schmerzen in der Brust, daß er dachte, seine letzte Stunde habe geschlagen. Sein Hausarzt untersuchte ihn ausführlich, konnte aber nichts feststellen.

Einerseits war Heinrich dadurch beruhigt, andererseits blieb er verunsichert über die Ursache dieser Symptome. Nach Meinung des Arztes war die Ursache psychisch, weil er sich viel zu viele Sorgen um seine Arbeit mache: er sei viel zu genau. Heinrich hatte Angst, daß ein solcher Anfall wieder auftauchen könne, und das geschah auch noch einige Male. Seine Freundin, mit der er seit fünf Jahren zusammenlebt, konnte ihm wenig Hilfe bieten. Wegen der Heftigkeit seiner Beschwerden getraute sich Heinrich nicht mehr aus dem Haus. Da er sein Leben nicht mehr im Griff hat, ist er inzwischen ziemlich depressiv geworden, kann sich schlecht konzentrieren, schläft schlecht und zieht sich zurück. Da die Beschwerden anhalten, kommt er zu uns zur Behandlung. Die Exploration zeigt, daß es sich um eine Panikstörung mit leichter Agoraphobie handelt bei einem Mann, der an sich selbst hohe Anforderungen stellt. Seine größte Angst während eines Panikanfalls ist, an einem Herzinfarkt zu sterben. Unter anderem weil Heinrich zwischen den Anfällen diese Angst relativieren konnte, schien die Diagnose ,Hypochondrie' nicht angebracht. Angesichts der zeitlichen Beziehung zwischen Panik und Depression ist die Behandlung der Panik eher indiziert als die der Depression; die Hypothese des Therapeuten ist, daß die Stimmung sich von selbst bessern wird, wenn die Angst abnimmt.

Inventarisierung der körperlichen Symptome und Kognitionen

Nach einem Erstgespräch bieten wir Heinrich eine Behandlung seiner Beschwerden an. In der zweiten Sitzung werden zuerst alle körperlichen Empfindungen und Gedanken inventarisiert, die Heinrich kurz vor, während und nach einem Panikanfall hat. Um möglichst konkrete Information zu erhalten, bittet der Therapeut Heinrich, einen typischen Panikanfall zu beschreiben. Der Therapeut notiert sowohl die körperlichen Empfindungen als auch die Gedanken von Heinrich, um in einer späteren Sitzung darauf zurückzukommen.

Hyperventilationsprovokation

Verbale retrospektive Information kann im Prinzip ein falsches Bild vom Hergang des Anfalls geben. Daher besteht der folgende Schritt der Behandlung in der Provokation von Hyperventilation. Das Ziel ist, Einsicht zu erhalten in die Übereinstimmung zwischen körperlichen Empfindungen, die künstlich ausgelöst werden, und Empfindungen eines ‚spontanen‘ Panikanfalls; vor allem die Ähnlichkeiten und Unterschiede zwischen den Kognitionen in beiden Situationen sind von großer Bedeutung für den Verlauf der Behandlung. Aus diesem Grund stellt der Therapeut dem Patienten den Provokationstest möglichst neutral vor, um die Induktion von Angst oder spezifischen Erwartungen bezüglich des Effekts zu verhindern; man kann daher besser von einem ‚diagnostischen Test‘ sprechen als von ‚Hyperventilationsprovokation‘.

Im wesentlichen besteht die Hyperventilationsprovokation darin, schnell und tief durch den Mund zu atmen (ca. 30 Atemzüge pro Minute); dies muß etwa zwei Minuten lang getan werden. Sitzt der Patient auf einem geraden Stuhl, muß sein Brustkasten deutlich sichtbar auf und nieder gehen. Bevor er diesen Test zum ersten Mal durchführt, tut ein beginnender Therapeut gut daran, das Überatmen alleine (vor dem Spiegel) oder mit Kollegen zu üben. Der Therapeut weiß dann auch selbst, welche Symptome in welchem Tempo auftreten können. Durch eine sorgfältige Vorbereitung wird beim Patienten der optimale Effekt in der Therapiesitzung erreicht.

Im der Behandlung von Heinrich stellte der Therapeut den Test folgendermaßen vor:

T: ‚Ich möchte Sie einladen, einen diagnostischen Test durchzuführen. Dieser Test ist recht einfach und kann uns viel Information über die Beschwerden geben, die wir soeben besprochen haben. Sie sollen zwei Minuten lang tief und schnell durch den Mund einatmen. Sie hören von mir, wann die Zeit um ist. Haben Sie das verstanden? Ich werde das Überatmen jetzt vormachen.‘ (Der Therapeut demonstriert das Überatmen einige Sekunden lang.) T: ‚Es ist möglich, daß Sie in diesen zwei Minuten Empfindungen fühlen, die Sie jetzt nicht haben; das kommt bei vielen Menschen vor. Manche finden diese Empfindungen angenehm, andere nicht; wie das bei Ihnen sein wird, wissen wir noch nicht. Wenn Sie die erste Empfindung bemerken, die anders ist als Ihre jetzigen, machen Sie den Test weiter, aber heben Sie Ihren Finger. Nach den zwei Minuten werden wir dann darauf zurückkommen.‘

Wenn Heinrich gerne wissen will, was er mit dem Test erfahren kann, sagt der Therapeut, daß es besser ist, darüber nach dem Test weiter zu sprechen. So wird verhindert, daß irgendwelche Erwartungen geweckt werden oder Angst ausgelöst wird. Es muß aber noch besprochen werden, wie Heinrich den Test während der zwei Minuten selbst abbrechen kann:

> T: ‚Wenn Sie den Test aus irgendeinem Grund vorzeitig beenden möchten, können Sie das, indem Sie wieder in normalem Tempo atmen, so wie Sie es jetzt tun. Möchten Sie schneller aufhören, können Sie das mittels diese Plastiktüte. Dazu halten Sie die Tüte mit beiden Händen über Mund und Nase, so daß Sie die Außenluft praktisch abschließen und nur mehr die ausgeatmete Luft wieder einatmen.‘

Der Therapeut macht das vor und fragt schließlich, ob es noch Fragen gibt zur Durchführung des Tests. Alle anderen Fragen kommen erst nach dem Test an die Reihe. Der Therapeut drückt dann auf die Stoppuhr und atmet einige Sekunden mit, um das Tempo und die Tiefe anzugeben. Dann macht der Patient weiter, während der Therapeut ab und zu kleine verstärkende Bemerkungen macht wie ‚prima‘, ‚sehr gut‘, ‚weiter so‘. Hebt der Patient den Finger als Zeichen dafür, daß er das erste Symptom bemerkt, notiert der Therapeut die Zeit seit Beginn des Tests. Nach zwei Minuten wird der Patient gebeten, aufzustehen, die Augen zu schließen, auf körperliche Empfindungen zu achten und diese zu nennen.

Nachbesprechung der Provokation

Nach dem Test müssen Ähnlichkeiten und Unterschiede zwischen diesen künstlich ausgelösten Symptomen und denen eines ‚spontanen‘ Panikanfalls festgestellt werden. Eine Liste mit Symptomen, auf der der Patient den Schweregrad angeben kann, ist dabei nützlich (s. Figur 5.3).

Dann läßt der Therapeut die Ähnlichkeit der eben erlebten Symptome mit denen eines Panikanfalls auf einer Skala von 0 (‚überhaupt keine Ähnlichkeit‘) bis 10 (‚völlige Übereinstimmung‘) angeben. Die Symptomliste und das Ausmaß der Übereinstimmung bilden den Anlaß zur Besprechung der Ähnlichkeiten und Unterschiede im Vergleich mit einem echten Panikanfall. Drei Aspekte werden dabei erfragt, nämlich ‚Welche Symptome haben Sie in beiden Situationen?‘, ‚Welche Symptome hatten Sie beim Test, aber nicht bei einem echten Anfall?‘ und ‚Welche Symptome haben Sie bei einem echten Anfall, aber nicht beim Test?‘. Ein charakteristischer Dialog ist der folgende:

> T: ‚Welche Symptome haben Sie bei einem echten Anfall, aber nicht bei dem Test?‘
> K: ‚Nun ... eh ... ich hatte jetzt eigentlich lang nicht so viel Angst.‘
> T: ‚Hm, hm, lang nicht so viel Angst (schreibt das auf), gibt es noch mehr Symptome, die Sie jetzt nicht hatten?‘
> K: ‚Eh ... ich schwitzte nicht so, glaub ich, und ich fühlte mich nicht so unsicher.‘
> T: ‚Hm ... schwitzen und unsicher fühlen (schreibt auch das auf). Gibt es noch mehr Unterschiede?‘

SYMPTOMLISTE

Klient: ......   Datum: ......

Inwieweit fühlten Sie während oder kurz nach dem Atemtest eine Zunahme oder Verschlimmerung der hier unten genannten Symptome? Machen Sie ein Kreuz in der Spalte, die für Sie gültig ist.

	gar nicht	kaum	ein wenig	stark	sehr stark
schmerzhafte Muskeln	[ ]	[ ]	[ ]	[ ]	[ ]
Schwäche	[ ]	[ ]	[ ]	[ ]	[ ]
Schwitzen	[ ]	[ ]	[ ]	[ ]	[ ]
Kloß im Hals	[ ]	[ ]	[ ]	[ ]	[ ]
Zittern	[ ]	[ ]	[ ]	[ ]	[ ]
Benommenheit	[ ]	[ ]	[ ]	[ ]	[ ]
Taubheit der Gliedmaßen	[ ]	[ ]	[ ]	[ ]	[ ]
trockener Mund	[ ]	[ ]	[ ]	[ ]	[ ]
unwirkliches Gefühl	[ ]	[ ]	[ ]	[ ]	[ ]
hämmerndes Herz	[ ]	[ ]	[ ]	[ ]	[ ]
Übelkeit	[ ]	[ ]	[ ]	[ ]	[ ]
Stechen	[ ]	[ ]	[ ]	[ ]	[ ]
Bangigkeit	[ ]	[ ]	[ ]	[ ]	[ ]
trauriges Gefühl	[ ]	[ ]	[ ]	[ ]	[ ]
Schock	[ ]	[ ]	[ ]	[ ]	[ ]
Ohrenschmerzen	[ ]	[ ]	[ ]	[ ]	[ ]
Angst	[ ]	[ ]	[ ]	[ ]	[ ]
Gefühl zu ersticken	[ ]	[ ]	[ ]	[ ]	[ ]
Kopfschmerzen	[ ]	[ ]	[ ]	[ ]	[ ]
Herzklopfen	[ ]	[ ]	[ ]	[ ]	[ ]
Gefühl von Ohnmacht	[ ]	[ ]	[ ]	[ ]	[ ]
Spannung	[ ]	[ ]	[ ]	[ ]	[ ]
Prickeln	[ ]	[ ]	[ ]	[ ]	[ ]
kalte Gliedmaßen	[ ]	[ ]	[ ]	[ ]	[ ]
angespannte Muskeln	[ ]	[ ]	[ ]	[ ]	[ ]
Atemnot	[ ]	[ ]	[ ]	[ ]	[ ]
verschwommen Sehen	[ ]	[ ]	[ ]	[ ]	[ ]
andere Symptome:	[ ]	[ ]	[ ]	[ ]	[ ]
......	[ ]	[ ]	[ ]	[ ]	[ ]

Figur 5.3: Symptomliste für den Atemtest

K: ,Nein, ich glaub nicht, nur daß die Symptome jetzt eben weniger stark waren als bei einem Panikanfall.'

T: ,Wenn ich Sie richtig verstehe, dann fühlten Sie sich jetzt weniger ängstlich und unsicher, Sie schwitzten auch weniger, und die Symptome waren weniger stark.'

K: ,Ja, das stimmt.'

T: ,Das ist doch bemerkenswert, nicht? Haben Sie dafür eine Erklärung?'

K: ,Eigentlich nicht.'

T: ,Es scheint nicht gleich erklärbar zu sein, nicht wahr? Schauen wir uns das einmal an. Was machte es aus, daß Sie jetzt gerade weniger ängstlich waren?'

K: ,Ja, das weiß ich nicht, vielleicht, weil ich wußte, daß es nur ein Test war.'

T: ,Nur ein Test, hm, hm. Dachten Sie noch mehr?'

K: ,Ja, ich dachte, wenn etwas geschieht, bin ich hier gut aufgehoben ... dann kann man mir hier sicher helfen.'

T: ,Das dachten Sie also gerade jetzt. Was denken Sie, wenn Sie im Alltag einen Panikanfall bekommen?'

K: ,Dann habe ich nur wahnsinnige Angst.'

T: ,Gut, Sie haben dann sehr große Angst, aber was geht Ihnen dann durch den Kopf?'

K: ,Eh ... dann eh ... dann habe ich Angst, und ... eh ... dann denke ich, daß ich durchdrehe, daß ich ohnmächtig werde. Ja ... ich habe dann meistens den Gedanken, daß mir schlecht wird und daß ich ohnmächtig werde und alle mich anstarren, wenn ich wieder zu mir komme. Ich möchte gar nicht daran denken.'

T: ,... und ist es nicht so, daß die Symptome, die Sie hier haben und die Sie bei einem echten Panikanfall haben, sich sehr ähnlich sind? (Schaut auf seine Notizen, der Patient nickt zustimmend). Sie sagten gerade, daß Sie auf der Skala von 0 bis 10 eine Übereinstimmung von 7 geben würden. Sie sagten auch, daß Sie soeben dachten, hier gut aufgehoben zu sein, während Sie bei einem echten Anfall denken ,ich werde ohnmächtig und was denken die Leute dann von mir'. Wie interpretieren Sie diesen Unterschied?'

K: ,Eh ... ich tue es wohl selbst, nicht ... ich denke mich ängstlich.'

Obwohl bei den meisten Patienten noch einige Diskussion notwendig ist, bevor sie zu diesem Schluß kommen, bleibt das Prinzip der Erörterung erhalten. Der Therapeut läßt den Patienten nämlich selbst entdecken, wo der Unterschied zwischen der Provokation und einem echten Panikanfall liegt. Diese Technik wird auch Sokratischer Dialog genannt, nach dem griechischen Philosophen Sokrates. Dieser wußte durch das Stellen einfacher, beinahe unschuldiger Fragen bei seinen Gesprächspartnern Erkenntnisse und Einsichten zu erreichen, über die die Gesprächspartner selbst meistens hinweggingen. Der Sokratische Dialog wird von manchen Autoren als eine der zentralen Komponenten von kognitiver Therapie aufgefaßt. Es geht bei diesem Ansatz ja nicht darum, daß der Therapeut sich Information verschafft, sondern daß der Patient lernt, anders zu denken; je aktiver er dies tut und je mehr er es selbst tut, um so größer ist der therapeutische Gewinn. Auf den ersten Blick erscheint diese Methode zeitraubend und umständlich: es geht natürlich viel schneller, dem Patienten einfach mitzuteilen, welche Rolle Kognitionen bei einem Panikanfall spielen. Dann besteht jedoch die Gefahr, daß der Patient bei einem solchen Vortrag das Wesentliche übersieht und (das ist das Wichtigste) die Gelegenheit versäumt, mit einer alternativen, nicht-katastrophalen Denkart zu üben. Trower et al. (1988) haben ein praktisches Buch geschrieben über den konkreten Ansatz der kognitiven Verhaltenstherapie, während Wahlen et al. (1980) auf die Praxis der rational-emotiven Therapie und die des sokratischen Dialogs eingehen.

Von großer Bedeutung in diesem Stadium der Therapie ist die Rekonstruktion des Teufelskreises, wie er in Figur 5.1 abgebildet ist. Therapeut und Patient rekapitulieren den Verlauf eines Anfalls, wobei der Therapeut sich einige Notizen macht und sprechend und fragend den Teufelskreis rekonstruiert. Bei jedem Schritt untersucht der Therapeut, ob der Patient den beschriebenen Schritt erkennt (‚Stimmt es, daß Ihnen dann schwindlig wird?‘, oder ‚Wenn ich es richtig verstehe, denken Sie während eines Panikanfalls vor allem daran, ohnmächtig zu werden?‘). Auf diese aktive, fragende Art wird der Patient optimal zum Nachdenken gebracht und der Panikanfall und sein Verlauf werden rekonstruiert. Vor allem bei Menschen, die das Phänomen Hyperventilation nicht kennen, hat diese Phase großen aufdeckenden Wert. Der Patient wird ermutigt, sich dieses Modell aktiv anzueignen, indem er z. B. zuhause mit seinem Partner oder mit Freunden darüber spricht. Völliges Verständnis ist eine conditio sine qua non für die Behandlung, denn in späteren Sitzungen wird oft auf das Modell zurückgegriffen.

Diskussion über die Rolle der Hyperventilation

Ein Teil dieses Verfahrens muß wohl in didaktische Weise erläutert werden, nämlich das Phänomens der Hyperventilation. Es hängt von den Vorkenntnissen und dem intellektuellen Niveau des Patienten ab, wie detailliert diese Erklärung sein muß. Der Therapeut muß das Phänomen natürlich gut genug kennen, um es deutlich erklären zu können. Der Artikel von Lum (1976) über chronische Hyperventilation ist sehr informativ.

Es gibt einige wesentliche Punkte, die auf jeden Fall besprochen werden müssen, vor allem das offensichtliche Vorliegen einer unregelmäßigen Atmung beim Patienten, die Abnahme des CO_2 als Folge davon, und die daraus entstehenden körperlichen Empfindungen. Zur Illustration folgt ein Fragment aus dem Gespräch zwischen Heinrich und dem Therapeuten.

> T: ‚Der Atemtest hat gezeigt, daß Sie durch starkes Überatmen viele der Beschwerden bekamen, die Sie auch bei einem Panikanfall erleben. Wie erklären Sie sich das?‘
> K: ‚Eh … daß es meine Atmung ist?‘
> T: ‚Es scheint tatsächlich so zu sein, daß unregelmäßige Atmung bei den Beschwerden eine Rolle spielen kann. Wir sprechen dann von Hyperventilation. Ist Ihnen dieser Begriff bekannt?‘
> K: ‚Ich habe mal davon gehört, aber ich könnte nicht sagen, was es genau ist.‘
> T: ‚Ich werde es Ihnen kurz erklären. Hyperventilation ist eine zu starke Atmung

im Vergleich mit dem Bedürfnis Ihres Körpers. Wenn Sie Sport betreiben, ist Ihre Atmung auch stärker als normal, aber das kommt, weil der Körper viele verbrauchte Gase ausstoßen muß, vor allem Kohlendioxid (CO_2). Bei Hyperventilation findet auch so ein großer Ausstoß statt, aber ohne daß von körperlicher Anstrengung die Rede ist. Dadurch sinkt die Menge Kohlendioxid in Ihrem Blut, wodurch sich auch der Säuregrad ändert: das Blut wird weniger sauer. Das hat viele körperliche Symptome zur Folge; während des Tests haben Sie einige davon erlebt. Hyperventilation hat also kaum etwas mit Sauerstoffmangel zu tun. Viele Menschen denken nämlich, daß das die Ursache ihrer Benommenheit und ihres Erstickungsgefühl ist. Hyperventilation ist eine Verringerung des Kohlendioxidniveaus, also der ausgeatmeten Luft, und darum hilft auch die Verwendung eine geschlossenen Plastiktüte beim Bekämpfen eines Anfalls.'

Nach dieser Erklärung stellt der Therapeut dem Patienten einige Fragen, um herauszufinden, inwieweit dieser den Mechanismus der Hyperventilation verstanden hat. Das kann untersucht werden, indem man z. B. fragt: ,Wie würden Sie einem Familienmitglied erklären, was Hyperventilation ist?' Auf diese aktive Art (vielleicht in Form eines Rollenspiels) bleibt die Information dauerhafter im Gedächtnis und der Therapeut kann eventuelle Lücken oder Mißverständnisse korrigieren.

Wenn der Patient zu erkennen gibt, daß er das Prinzip des Teufelskreises versteht, wird besprochen, was seiner Meinung nach eine Lösung der Panikbeschwerden sein könnte. Diese Diskussion konzentriert sich auf die Korrektur der Atmung und die nicht-katastrophale Benennung der körperlichen Symptome.

Training der Bauchatmung

Eine der Schlußfolgerungen der vorangegangenen Diskussion ist, daß eine andere Art der Atmung erlernt werden muß. Bei Hyperventilation werden zur Atmung meistens die Brustmuskeln verwendet, während die Bauchmuskeln zu stark angespannt sind und bei der Atmung keine Rolle spielen. Das Ziel der vorgeschriebenen Atemübungen ist der Erwerb einer ruhigen Bauchatmung. Clark (1986) empfiehlt ein Tempo von 8 bis 12 Atemzügen pro Minute, wobei das Einatmen genauso lang dauert wie das Ausatmen und beides durch die Nase geschieht. Es ist empfehlenswert, eine Kassette zu verwenden, auf die im richtigen Tempo die Worte ,ein' und ,aus' gesprochen sind. Der Patient übt damit dreimal täglich ungefähr zwanzig Minuten und hält dabei eine Hand auf den Bauch und eine auf die Brust. Bei korrekter Bauchatmung darf sich nur die Hand bewegen, die auf dem Bauch liegt. Nach einigen Tagen kann die Kassette ab und zu ausgeschaltet werden, während der Patient im gleichen Tempo weiteratmet. In den Sitzungen demonstriert der Therapeut die korrekte Atmung und bittet den Patienten, es ihm nachzumachen. Viele Patienten kostet es Mühe, ihre Bauchmuskeln auf diese Art zu gebrauchen, und dies wird dann auch das erste Ziel der

Atmungskorrektur. Die Übungen zuhause müssen in aller Ruhe erfolgen, ohne Behinderung durch zu enge Kleidungsstücke.

In den ersten Gesprächen untersucht der Therapeut vor allem die Fortschritte bei der Atmungskorrektur. Um darin unmittelbar Einsicht zu erhalten, wird der Patient gebeten, kurze Zeit (ca. 15 Sekunden) zu überatmen und danach das neue Atemmuster anzuwenden. Eventuelle Anpassungen des Verfahrens können dann vorgenommen werden.'

Das Erlernen nicht-katastrophaler kognitiver Reaktionen

Das Hauptziel der kognitiven Behandlung ist das Erlernen adäquater (also nicht-katastrophaler) Kognitionen. Die Liste der Kognitionen, die der Therapeut vor der Hyperventilationsprovokation aufgestellt hat, dient hierbei als Ausgangspunkt. Der Patient wird aufgefordert anzugeben, welche Anzeichen darauf hindeuten, daß tatsächlich eine Katastrophe droht (in körperlicher, kognitiver, verhaltensmäßiger oder sozialer Hinsicht; s. Kapitel 1). Konkret richtet sich das Gespräch in erster Instanz darauf, die körperlichen Symptome und deren Interpretation durch den Patienten herauszufinden. In Gesprächen zeigt sich oft, daß Patienten sich über die Folgen und Nachwehen eines Anfalls große Sorgen machen und daß sie dazu neigen, dadurch die auslösenden Faktoren und den Verlauf des Anfalls zu vergessen (oder nicht zu berichten). Um genaue Information über den Verlauf des Anfalls zu erhalten und um kognitive Veränderungen anzuregen, kann es hilfreich sein, den Patienten zu bitten, die Augen zu schließen und sich auf den Anfall zu konzentrieren.

Heinrich erzählt, daß er am Vorabend wieder einen Panikanfall hatte, einfach so, ohne Anlaß. Er saß auf dem Sofa und sah fern, die Füße auf dem Tisch, ein Bier neben sich, und seine Freundin sollte in einer halben Stunde nach Hause kommen.
T: ‚Was geschah?‘
K: ‚Ich bekam ein schreckliches beklemmendes Gefühl, mein Herz schlug rasend schnell und mir war schwindlig, übel, als ob ich jeden Augenblick umfallen könnte. Am meisten Angst bekam ich durch den Stich in meiner Brust ... und in meinem linken Arm. Ich verstehe nicht, wie das geschehen kann, ich habe ja nur ferngesehen.‘
T: ‚Sie sagen, Sie verstehen das nicht. Was verstehen Sie nicht?‘
K: ‚... daß ich so etwas bekomme, wenn gar nichts los ist. Ich hatte den ganzen Tag gut gearbeitet, keine Spannungen...‘
T: ‚Was denken Sie dann?‘
K: ‚Ich frage mich dann, ob ich nicht doch etwas habe. So etwas kann doch nicht einfach so geschehen!‘
T: ‚Das macht Ihnen ziemlich zu schaffen, nicht wahr.... Ich denke, daß wir diesen Anfall zu Ihrem Vorteil verwenden können, wenn wir klären, was wir daraus lernen können. Beginnen wir am Anfang: Versuchen Sie, sich möglichst gut vorzustellen, was Sie vor dem Anfall taten, womit Sie sich beschäftigten und was Ihnen durch den Kopf ging. Sie können dabei Ihre Augen schließen, wenn Sie wollen.‘

K: ‚Ich sah einfach fern und machte mir über nichts Sorgen.'

T: ‚Was sahen Sie?'

K: ‚Oh ... ich saß den ganzen Abend vor dem Fernseher ... alles...'

T: ‚Und was sahen Sie kurz vor dem Panikanfall?'

K: ‚Ich glaube einen Kriminalfilm ... ja, das war es ... eine gute Sendung diesmal ... ziemlich spannend...'

T: ‚Ziemlich spannend ... hm, hm, ... konnten Sie sich da ein wenig hineinleben?'

K: ‚ Ja, natürlich.'

T: ‚Was geschieht meistens, wenn Sie sich mit spannenden Dingen beschäftigen?'

K: (zögernd) ‚Nun, dann lebt man mit ... oder meinen Sie das nicht?'

T: ‚Das ist genau, was ich meine ... woran merken Sie, daß Sie mitleben?'

K: ‚Wie meinen Sie das?'

T: ‚Können Sie Ihr Verhalten und Ihre körperlichen Reaktionen beschreiben, wenn Sie etwas Spannendes miterleben?'

K: ‚Oh ... ich sitze dann auf der Stuhlkante, manchmal wird mir heiß ... z.B. wenn ich Fußball schaue... Wenn es sehr spannend ist, schlägt mir das Herz bis in den Hals ... als wäre ich selbst dabei...'

T: ‚Das Herz schlägt Ihnen bis in den Hals ... wie war das gestern abend?'

K: (nachdenklich) ‚Ja ... jetzt wo Sie das sagen ... eigentlich genauso...'

T: ‚Womit begann der Panikanfall?'

K: ‚Mit heftigem Herzklopfen.'

T: ‚Was ging Ihnen dabei durch den Kopf?'

K: ‚Ich dachte ... oh Gott ... jetzt bin ich alleine daheim ... gleich kriege ich einen Herzinfarkt und niemand ist da...'

T: ‚Wie fühlten Sie sich, als Sie das dachten?'

K: ‚Sehr ängstlich, wären Sie das dann etwa nicht?'

T: (unerbittlich) ‚Welchen Effekt hatten diese Gedanken auf Ihre Atmung?'

K: ‚Ich begann zu schnaufen wie eine Dampfmaschine.'

T: ‚Und dann...?'

K: ‚Dann war es schon zu spät ... dann war ich schon in völliger Panik!'

T: ‚Was denken Sie jetzt darüber, nachdem wir den Verlauf eines sogenannten spontanen Panikanfalls rekonstruiert haben? Es scheint, daß Sie einen einfachen, harmlosen erhöhten Herzschlag während eines spannenden Films als Herzinfarkt interpretiert haben. Diese katastrophale Interpretation führte selbst wieder zu einer Angstreaktion und zu körperlichen Symptomen, die damit oft einhergehen ... und dann ist der Kreis, den wir vorher besprochen haben, wieder geschlossen.' (Der Therapeut illustriert das anhand eines Teufelskreises, den er inzwischen gezeichnet hat.)

K: ‚Ja ... jetzt, wo wir das so genau betrachten, wie das entsteht, scheint es tatsächlich so zu sein, daß ich mich selbst verrückt mache ... kommt das dann einfach vom Ansehen eines spannenden Films?'

T: ‚Ja ... das ist eine sehr gute Frage: wovon kommt es ... vom Film oder von Ihnen selbst?'

K: (nachdenklich) ‚Ich glaube von mir selbst ... eigentlich habe ich mich über gewöhnliches Herzklopfen wahnsinnig aufgeregt.'

Diese Art des Dialogs ist typisch für die kognitive Umstrukturierung und Neuinterpretation sowohl der Panikauslöser als auch des Panikanfalles selbst. Anfangs finden Patienten es schwierig, einen solchen Mechanismus zu erkennen, weil sie auch während ihrer Erzählung Angst und Spannung erleben. Die Kraft liegt in der Wiederholung der Argumentation, so daß der Patient diese nach einiger Zeit selbst durchführen kann. Oft wird der Therapeut auch auf das Modell des Teufelskreises hinweisen und den Patienten fragen, inwieweit seine Erfahrungen dazu passen. Das Führen eines genauen Tagebuches kann ein Hilfsmittel für die Neuinterpretation sein, weil der Patient dadurch ermutigt wird, Details und Situationen von Panikanfällen zu notieren.

Heinrich bekommt als Hausaufgabe, zu notieren, was er gewöhnlich denkt, wenn er die ersten Paniksymptome spürt. Neben jeden katastrophalen Gedanken muß er dann einen realistischen, beruhigenden Gedanken schreiben. In den folgenden Sitzungen bemerkt er immer häufiger, daß er im Stande ist, die katastrophalen Gedanken in einer frühen Phase durch alternative, nicht-katastrophale zu ersetzen. Im Lauf der Behandlung gelingt es ihm immer besser, seine Gedanken zu steuern. Die unangenehmen körperlichen Symptome treten ab und zu noch auf, aber im Unterschied zu früher kann er schnell eingreifen, wird er nicht mehr übermäßig ängstlich und hat er kaum mehr die Neigung, Situationen, in denen er sich schlecht fühlt, zu vermeiden.

Identifikation und Modifizierung von Panikauslösern

Oft sind die auslösenden Faktoren eines Panikanfalls von geringem Umfang und entziehen sich in erster Instanz dem Auge.

Eine unserer Patientinnen bemerkte z. B., daß sie auf der Straße beschränkte Symptomanfälle bekam, wenn sie mit bestimmten Schuhen ging, die einen etwas höheren Absatz hatten, als sie gewöhnt war. Als wir darüber sprachen, entdeckte sie, daß sie dieses wackelige Gefühl (automatisch) mit den ersten Symptomen eines Panikanfalls assoziierte, nämlich nicht fest auf den Beinen zu stehen.

Ein anderer Patient glaubte, die ersten Symptome eines Anfalls festzustellen, als er einmal zum Witz die Brille eines Kollegen aufgesetzt hatte, obwohl er selbst keine Brille trug. Das unscharfe Sehen durch die Brille löste einen beschränkten Symptomanfall aus.

Damit wird illustriert, daß es manchmal ganz kleine (körperliche) Empfindungen sind, die einen Panikanfall auslösen können. Ein Problem ist, daß viele Patienten so mit den Symptomen des Panikanfalls und der damit einhergehenden Angst beschäftigt sind, daß sie sich hinterher nicht mehr oder kaum noch erinnern können, wie es eigentlich begann. Im Lauf der Behandlung, wenn das Auffinden solcher auslösenden Faktoren im Mittelpunkt steht, entwickeln sie allmählich einen besseren Blick für die (manchmal unauffälligen) Anlässe. Sorgfältiges Ausfragen des Patienten bringt diese Auslöser ans Licht und sorgt auch dafür, daß der Patient selbst nach solchen auslösenden Faktoren sucht. So verschwindet langsam der Gedanke, daß ein Panikanfall ‚einfach so‘ aus heiterem Himmel auftritt oder durch eine schwere körperliche Krankheit verursacht wird, ‚weil dafür doch kein Grund gefunden wird‘.

Die Identifikation solcher auslösenden Faktoren kann durch Registrieren mit Hilfe eines Tagebuches erfolgen, in das man täglich einträgt, wann und wo ein (beschränkter) Panikanfall auftritt. Auch die Gedanken während des Anfalls können notiert werden. Anhand des Tagebuchs versucht der Therapeut, zusammen mit dem Patienten herauszufinden, wodurch ein Panikanfall ausgelöst wird, so daß eventuelle auslösende Faktoren und vor allem deren Interpretation modifiziert werden können. Nach einigen Sitzungen ist der Patient oft selbst sehr daran interessiert, Auslöser zu entdecken; der spontane Charakter eines Anfalls erscheint so in einem anderen Licht, wodurch die katastrophalen Kognitionen einmal mehr entlarvt werden.

Verhaltensexperimente

Sowohl Beck und Emery (1985) als auch Clark (1986) betrachten Verhaltensexperimente als einen wesentlichen Teil der kognitiven Therapie. Das Wesentliche ist, daß der Patient bestimmte Aktivitäten unternimmt, die zur Verifikation oder Falsifikation seiner katastrophalen Interpretationen führen. Kritiker bemerken, daß das Ausführen von Verhaltensexperimenten eigentlich einer Exposition in der gefürchteten Situation gleichkomme und daß es sich deshalb nicht mehr um eine rein kognitive Therapie handele. Oft haben Experimente nämlich tatsächlich den Charakter eines Expositions-Auftrags; der Patient wird gebeten, seine katastrophalen Kognitionen in einer konkreten Situation zu testen. Das impliziert, daß er sich einer Situation aussetzen muß, die zumindest als spannend oder angstauslösend erlebt wird. In einem Nachgespräch wird kontrolliert, ob die Erfahrungen während des Experiments die katastrophale Hypothese des Patienten oder die rationale des Therapeuten bestätigen. Es ist nicht notwendig (auch nicht wahrscheinlich), daß der Patient gleich alle irrationalen Kognitionen aufgibt, aber doch, daß eine allmähliche Verschiebung in diese Richtung stattfindet.

In der klinischen Praxis können Verhaltensexperimente also ein wirksames Mittel sein, um den Patienten die Unhaltbarkeit seiner katastrophalen Interpretationen erkennen zu lassen. Es ist wichtig, ein Experiment so einzurichten, daß es Früchte trägt und vom Patienten nicht als Mißerfolg aufgefaßt werden kann. Wenn der Patient den Auftrag ausführt, ist allein das, unabhängig vom Resultat, schon immer brauchbar für die Behandlung.

Verhaltensexperimente sind Maßarbeit, und abhängig von der Art der Panikbeschwerden wählt der Therapeut diese Experimente aus.

Heinrich hat mehrere Sitzungen der Korrektur seiner Atmung und der Neuinterpretation körperlicher Empfindungen gewidmet. Trotzdem hat er Angst davor, allein auf die Straße zu gehen, aus Angst, unwohl oder ohnmächtig zu werden. Als er seine Sorge dem Therapeuten mitteilt, sieht dieser darin eine gute Gelegenheit für ein Verhaltensexperiment. Heinrich muß in der folgenden Woche mehrmals allein in die

Stadt gehen, um zu entdecken, was dann geschieht. Er beherrscht die Korrektur seiner Atmung gut und wird vielleicht während des Experiments die Gelegenheit erhalten, das zu üben. Heinrich hat Angst, ist aber bereit, das Experiment auszuführen.

In der nächsten Sitzung zeigt sich, daß er zweimal in der Stadt gewesen ist. Beim ersten Mal fühlte er sich schwindlig, ängstlich und unsicher und ist sehr schnell wieder heimgegangen; er betrachtete dies als einen Mißerfolg. Beim zweiten Mal nahm er allen Mut zusammen und ging wieder. Nach zwanzig Minuten traten die ersten Paniksymptome auf, worauf er mit den Atemübungen begann und sich selbst Mut zusprach (‚wenn ich ruhig weiteratme, fühle ich mich bald wieder besser. Sterben werde ich nicht, und wenn ich ohnmächtig werden sollte, ist das auch keine Katastrophe.‘). Der Therapeut bemerkt, daß dieses Experiment viel gebracht hat. Heinrich hat sich selbst gezeigt, daß er imstande ist, einen Anfall zu unterbrechen und daß dabei keine katastrophalen Dinge geschehen. Solche Experimente werden noch mehrmals wiederholt und lassen bei Heinrich langsam die Überzeugung aufkommen, daß er harmlose Beschwerden hat, die er selbst verändern kann.

Der Therapeut sucht in der Erzählung des Patienten nach Elementen, die katastrophale Gedanken verraten oder gerade das Gegenteil davon sind. Weil viele Patienten die Neigung haben, absolutistisch zu denken, kann der Therapeut ein Modell für einen anderen Ansatz werden. Ein Experiment ist darum nicht ‚gut‘ oder ‚schlecht‘ ausgegangen, sondern etwas zwischen diesen beiden Extremen. Im obigen Beispiel wird daher auch nach Aspekten gesucht, die zu einem besseren Umgang mit Panikgefühlen beitragen können.

Der Kontext von Panik

Im Erstgespräch zeigt sich oft schnell, daß die Panikstörung mit oder ohne Agoraphobie nicht die einzige Behinderung ist, die der Patient erlebt; bei der Suche nach Hilfe sind die Angstbeschwerden jedoch der akuteste und vorrangigste Aspekt. Im ersten Gespräch oder auch später kommen oft Aspekte zur Sprache, die darauf hinweisen, daß das Spannungsniveau des Patienten chronisch erhöht ist oder daß es sich um eine vorübergehende seelische Überbelastung handelt. Auf diesem Nährboden hat sich der erste Panikanfall entwickelt. In vielen Fällen mangelt es z. B. am Umgang mit den Anforderungen des täglichen Lebens. Es kann dann sehr wichtig sein, diese aufrechterhaltenden Faktoren zum Thema zu machen, nachdem der Patient gelernt hat, mit Panik umzugehen.

Heinrich hat schon im Erstgespräch gesagt, daß er seine Arbeit sehr genau nimmt und es unangenehm findet, wenn die Dinge nicht so gehen, wie er will. Nachdem die Panikanfälle ziemlich abgenommen haben und Heinrich imstande ist, einen beginnenden Anfall zu unterdrücken, schlägt der Therapeut vor, einmal genauer nach den strukturellen Quellen der Spannung zu sehen. Es zeigt sich, daß Heinrich allgemein sehr viel von sich selbst erwartet. Das drückt sich aus in seiner Arbeit (er darf keine Fehler machen) und in sozialer Hinsicht (er will jeden zum Freund haben).

Da er das Gefühl hat, sich furchtbar anstrengen zu müssen, werden alle seine Aktivitäten von Streß und Spannung begleitet. Es wird beschlossen, fünf Sitzungen der rational-emotiven Therapie zu widmen. Der Therapeut erklärt, daß Spannung nicht einfach so entsteht, sondern daß Heinrichs Auffassungen (Lebensregeln) darin eine große Rolle spielen. In der folgenden Sitzung wird immer ein Thema oder eine Situation besprochen und rational analysiert, wobei das auslösende Ereignis (A), die Kognitionen darüber (B) und die emotionalen oder verhaltensmäßigen Folgen davon (C) spezifiziert werden. Unter der Woche macht Heinrich zu Hause eine Reihe rationaler Selbstanalysen von aktuellen Ereignissen. In der dritten RET-Sitzung kommt z. B. das Thema zur Sprache, daß Heinrich gerne jedermann zum Freund haben möchte. Diese implizite Regel bewirkt, daß er im allgemeinen wenig widerspricht, wenn ihm etwas nicht gefällt. Als ein Kollege in einer sehr arbeitsreichen Periode einige Urlaubstage nahm, sagte Heinrich nichts darüber, obwohl er innerlich sehr zornig war und den Kollegen in Gedanken ausschimpfte. Begegnete er ihm, war Heinrich jedoch die Freundlichkeit in Person. Der Therapeut fragt, was es ihm eigentlich bringt, jedermann zum Freund haben zu wollen. Nach einigem Nachdenken bemerkt Heinrich, daß im eben genannten Fall er selbst mit seinen Problemen sitzen bleibt und sein Kollege ahnungslos ist. Bei der Herausforderung der irrationalen Gedanken (wie ,jeder muß mich nett finden') fragt der Therapeut, ob Heinrich daran hundertprozentig und unter allen Umständen festhalten möchte. Naja, 100 % scheint Heinrich ziemlich viel, mit 50 % der Fälle wäre er auch schon zufrieden. Der Ärger über seinen Kollegen fällt dann eigentlich unter die Fälle, in denen er nicht unbedingt nett gefunden zu werden braucht; diese Haltung kostet ihn nämlich mehr als sie ihm bringt, er kommt in Schwierigkeiten und die Vermeidung einer Konfrontation mit dem Kollegen führt zu großer Anspannung. Kurzum, immer und von jedermann nett gefunden zu werden, ist ein irrationaler Wunsch, der seinem Funktionieren im Weg steht. Heinrich beschließt, in Zukunft davon auszugehen, daß ihn nicht jedermann nett zu finden braucht. Als unmittelbare Folge davon bekommt er Streit mit seinem Kollegen. In der nächsten Sitzung erzählt Heinrich das einigermaßen bestürzt, weil er einen solchen weniger angenehmen Umgang nicht gewöhnt ist. Er hat seinem Kollegen gesagt, daß es nicht richtig ist, daß dieser sich drückt, wenn viel Arbeit ist und daß er sich darüber ärgert. Der Kollege seinerseits hat zu Heinrich gesagt, er solle sich nicht in fremde Angelegenheiten einmischen. Obwohl dieser Wortwechsel ihm keinen konkreten Gewinn gebracht hat, ist Heinrich im nachhinein zufrieden und sogar ein wenig stolz auf sich, daß er seine Unzufriedenheit gezeigt hat.

Auf ähnliche Weise wird in der Behandlung mit den hohen Anforderungen umgegangen, die Heinrich bei seiner Arbeit an sich stellt. Indem er davon ausgeht, daß er keine Fehler machen darf, wird er so nervös, daß er sich weniger gut konzentrieren kann und auch langsamer (und sicher nicht besser) arbeitet. ,Muß ich denn dann zu mir sagen, daß ich Fehler machen soll?' fragt er den Therapeuten. ,Nein', sagt dieser, ,aber Sie können nachsehen, was es Ihnen bringt, wenn Sie weiterhin zu sich selbst sagen, daß Sie alles perfekt machen müssen.' Nach der Herausforderung dieser irrationalen Gedanken kommt Heinrich zu dem Schluß, daß auch er, als normaler Sterblicher, ab und zu Fehler machen wird. Indem er krampfhaft versuchte, Fehler zu vermeiden, machte er bei seiner Arbeit nur mehr Fehler; dadurch dachte er noch intensiver, daß Fehler verhindert werden müßten, so daß auch hier ein Teufelskreis entstanden war.

Nach 5 Sitzungen sind Heinrich und der Therapeut sich darin einig, daß er imstande ist, mit den rationalen Selbstanalysen alleine weiterzumachen. Ohne daß darauf explizit geachtet wurde, ist seine Stimmung besser geworden und er fühlt sich fröhlicher. Ein halbes Jahr nach Beendigung der Behandlung erhält der Therapeut einen Brief von Heinrich, in dem er mitteilt, daß er noch einige Male einen Panikanfall hatte. Er kann damit jedoch durch die Atemübungen und beruhigende Selbstinstruktionen gut umgehen. Zudem hat er seinen Arbeitsstil geändert, ist produktiver als vorher und wird vielleicht zum Abteilungsleiter befördert.

Durch den Verlauf der Behandlung von Heinrich wird einmal mehr die Notwendigkeit einer guten funktionalen Analyse des Problemverhaltens auf Mikro- und Makroebene betont. Die hohen Anforderungen lagen zwar am Grunde der Problematik, wurden aber als letzte behandelt. Es wäre strategisch gesehen ungünstig gewesen, damit zu beginnen, weil Heinrich dann weiterhin solche Angst vor Panikanfällen gehabt hätte, daß er für rationale Gedanken kaum empfänglich gewesen wäre. Zudem war die Einschätzung des Therapeuten, daß die depressive Stimmung eine direkte Folge der einschränkenden Effekte der Panik war, richtig. Das Unvermögen, den hohen Anforderungen zu entsprechen, kann ebenfalls eine wichtige depressogene Wirkung gehabt haben.

Bei manchen Patienten zeigt sich, daß der Bekämpfung der Panik und/oder Agoraphobie andere Behandlungen folgen müssen. Wenn die Angstsymptome zusammenhängen mit Beziehungsproblemen, kann eine Beziehungstherapie indiziert sein. Durch die Angst eines der Partner kann das Gleichgewicht in einer Beziehung gestört worden sein, so daß eine gute Behandlung der Problematik auch eine Wiederherstellung des Gleichgewichts beinhaltet. Bei vielen Patienten mit Agoraphobie spielt soziale Phobie eine Rolle als aufrechterhaltender Faktor. Es ist ein Kunstfehler, diese soziale Phobie nicht zu behandeln, weil die Wahrscheinlichkeit groß ist, daß diese nach einiger Zeit wieder eine agoraphobische oder panische Episode verursachen kann. Eine gute funktionale Analyse, die zu Beginn der Behandlung gemacht wurde und später angepaßt wird, gibt Hinweise auf eine mögliche Weiterbehandlung.

6. Die Behandlung von sozialer Phobie

6.1. Forschungsergebnisse

Bei der Besprechung der Ätiologie von Angststörungen wurde schon erwähnt, daß im allgemeinen drei verschiedene Erklärungsmodelle für die Entstehung und Aufrechterhaltung von sozialer Phobie vertreten werden. In den sechziger und siebziger Jahren lag die Betonung auf einem Mangel an sozialen Fertigkeiten, von dem angenommen wurde, daß er schon in der Jugend aufgrund eines inadäquaten Sozialisationsprozesses entstanden sei. Die Angst ist dann die Folge der aversiven Reaktionen anderer, die das Individuum selbst auslöst, indem es sich sozial inadäquat verhält. Nach diesem *skills deficit model* (Defizit-Modell sozialer Fertigkeiten) ist das erste und eventuell einzige Therapieziel das Erlernen der richtigen sozialen Fertigkeiten. Obwohl dieses Modell anfangs in vielen Fällen überzeugte, zeigte sich schnell, daß verschiedene Sozialphobiker in der Therapie oder einer Laborsituation sehr wohl über gute soziale Fertigkeiten verfügten, aber in realen sozialen Interaktionen durch ihre Angst blockiert waren und ihre Fertigkeiten daher nicht anwendeten. Zudem blieb eine andere Gruppe ängstlich, obwohl sie sich in vielen sozialen Situationen adäquat verhalten konnte. Im zweiten Modell, in dem die konditionierte Angst im Mittelpunkt steht, liegt die Betonung daher auf der Angst, die durch eine oder mehrere unangenehme Erlebnisse entstanden ist und sich auf alle möglichen sozialen Situationen ausgeweitet hat. Das Ziel der Therapie ist dann nicht das Erlernen von Fertigkeiten, sondern die Reduktion der Angst. Erst in den achtziger Jahren kam mehr Interesse auf für mögliche kognitive Prozesse, die Angst auslösen oder verstärken können. In den Modellen, die aus diesem kognitiven Inhibitionsmodell entstanden sind, wird angenommen, daß vor allem irrationale, unrealistische Erwartungen und Einstellungen des Betroffenen für die Entstehung und Aufrechterhaltung von sozialer Angst verantwortlich sind. Ausgehend von den verschiedenen Aspekten, die in den einzelnen Modellen betont werden, wurden im Lauf der Jahre diverse therapeutische Strategien entwickelt: Training in sozialen Fertigkeiten, Reizüberflutung, systematische Desensibilisierung, Entspannungsmethoden und in-vivo-Exposition für die direkte Spannungsreduktion sowie kognitive Behandlungen wie die rational-emotive Therapie (RET, Ellis, 1962), die kognitive Therapie nach Beck und Emery (1985) und das Selbstinstruktionstraining (Meichenbaum, 1975) für die Veränderung irrationaler Kognitionen. Damit zusammenhängend haben auch Untersuchungen der Effektivität solcher Strategien bei sozialer Angst stark zugenommen. Ein Problem bei der Beurteilung von Publikationen zu diesem Gebiet ist die Tatsache, daß erst in den achtziger Jahren, nach der Einführung des DSM-III, Übereinstimmung bezüglich des Phänomens der sozialen Phobie erreicht wurde, wodurch auch die untersuchten Patientengruppen homogener wurden. Darum sind erst in den letzten Jahren Untersuchungsergebnisse erschienen, die sich auf klinisch relevante soziale Phobie beziehen. In den Jahren davor bestanden die untersuchten Gruppen aus Freiwilligen (oft Studenten) mit sozialer Angst oder aus Patienten mit verschiedenen psychiatrischen Störungen, bei denen soziale Angst manchmal nur ein zweitrangiges Problem war.

Im Lauf der Jahre wurden verschiedene therapeutische Strategien zur Verminderung von sozialer Angst angewendet, manche mit Erfolg, andere ohne Resultat. Im letzten Jahrzehnt liegt der Akzent vor allem auf in-vivo-Exposition, Training in sozialen Fertigkeiten und kognitiven Behandlungen. Vor der Besprechung dieser Verfahren werden wir kurz die Forschungsergebnisse auch bezüglich anderer Verfahren zusammenfassen. Bei einer Betrachtung der Publikationen zur Behandlung der sozialen Phobie fällt auf, daß diese bis jetzt nur wenig untersucht wurde und die Ergebnisse sich widersprechen. Es ist daher zur Zeit noch nicht möglich, die Ergebnisse wie bei Agoraphobie und Zwangsstörung in mehreren eindeutigen Schlußfolgerungen zusammenzufassen. Die Untersuchungsergebnisse zur Behandlung von sozialer Phobie werden daher als vorsichtig formulierte Aussagen präsentiert.

– Systematische Desensibilisierung zeigt bei Sozialphobikern fast keine Wirkung. Vor allem in den siebziger Jahren war systematische Desensibilisierung bei Verhaltenstherapeuten populär und wurde in mehreren Untersuchungen angewendet, sowohl bei klinischen als auch bei nicht-klinischen Populationen (besonders Studenten). Bemerkenswert ist der Unterschied in der Effektivität bei diesen zwei Gruppen. Im Gegensatz zu der Tatsache, daß diese Behandlung bei Freiwilligen zu einer signifikanten Abnahme der Angst führte, kam es bei sozial-phobischen Patienten nur zu einer sehr beschränkten Verbesserung (Hall und Goldberg, 1977; Marzillier et al., 1976; Shaw, 1979; Trower et al., 1978; Van Son, 1978).
– Reizüberflutung ist bei Sozialphobikern wenig brauchbar. Es wurde nur eine Untersuchung publiziert, in der die Effektivität von Flooding bei Sozialphobikern im Vergleich mit den Effekten von systematischer Desensibilisierung und Training in sozialen Fertigkeiten evaluiert wurde (Shaw, 1979). Am Ende der Behandlung hatten sich alle Gruppen einigermaßen verbessert. Wegen methodologischer Mängel ist die Relevanz dieser Arbeit jedoch beschränkt. An-

gesichts der Tatsache, daß Reizüberflutung eine für den Patienten belastende aversive Prozedur ist, sind wir der Meinung, daß von der Verwendung dieses Verfahrens bei sozialer Angst abzuraten ist.

– Entspannung ist nur bei einer kleinen Gruppe von Sozialphobikern von Nutzen. In den Studien von Öst et al. (1981) und Jerremalm et al. (1986) wurden Entspannungsübungen *(applied relaxation)* bei der Behandlung von Sozialphobikern angewendet. Eine Besprechung dieser Studien folgt später in diesem Kapitel. Hier begnügen wir uns mit der Feststellung, daß Entspannungsübungen bei einem kleinen Teil der Sozialphobiker zu guten Ergebnissen zu führen scheinen, vor allem bei Patienten, die in sozialen Situationen eine starke körperliche Aktivierung aufweisen. Ein direkter Vergleich mit anderen Verfahren wie z. B. in-vivo-Exposition hat bis jetzt nicht stattgefunden.

– Die Effektivität von Training in sozialen Fertigkeiten ist sehr unterschiedlich. Auf der Basis des vorher beschriebenen ‚skills deficit model‘ wurde vor allem in den siebziger Jahren die Effektivität von Training in sozialen Fertigkeiten in verschiedenen Studien evaluiert. Beim Studium der Ergebnisse fällt auf, daß diese wenig übereinstimmen. Marzillier et al. (1976) verglichen die Effektivität von Training in sozialen Fertigkeiten mit der von systematischer Desensibilisierung sowie einer Kontrollgruppe. Die Behandlungsgruppen hatten sich bei der Nachmessung in gleichem Ausmaß verbessert, unterschieden sich aber nicht signifikant von der (unbehandelten) Kontrollgruppe. Nach sechs Monaten zeigte jedoch nur die Gruppe, die Training in sozialen Fertigkeiten erhalten hatte, dauerhafte Besserung. Auch Van Son (1978) stellte fest, daß Training in sozialen Fertigkeiten zu besseren Ergebnissen führte als systematische Desensibilisierung. In anderen Studien wurden hingegen keine Unterschiede zwischen diesen beiden Strategien festgestellt (Hall und Goldberg, 1977; Shaw, 1979; Trower et al., 1978). Schließlich gibt es eine Studie, in der Training in sozialen Fertigkeiten effektiver war als Gruppentherapie (Falloon et al., 1977).

– In-vivo-Exposition ist als Behandlungsstrategie effektiv. Obwohl in-vivo-Exposition eine populäre Strategie bei der Behandlung von Angststörungen ist, wurden bei Sozialphobikern relativ wenig Untersuchungen zur Effektivität von in-vivo-Exposition ohne zusätzlichen Einsatz anderer Strategien wie kognitives Umstrukturieren oder Training in sozialen Fertigkeiten durchgeführt.

Untersuchungen, in denen in-vivo-Exposition mit anderen Strategien wie kognitiven Verfahren oder mit einer Kombination von in-vivo-Exposition und anderen Strategien verglichen wurde, wurden von Butler et al. (1984), Emmelkamp et al. (1985), Mattick et al. (1989) und Mattick und Peters (1988) durchgeführt. In diesen Studien zeigte sich, daß Behandlung mit Exposition zu einer größeren Verbesserung führte als keine Behandlung, und daß die Ergebnisse von in-vivo-Exposition ohne Zusatz anderer Verfahren vergleichbar waren mit denen von kognitiver Therapie.

– Kognitive Verfahren sind ebenso effektiv wie in-vivo-Exposition. Bei vielen Sozialphobikern scheinen irrationale Kognitionen eine Rolle zu spielen bei der Entstehung und besonders der Aufrechterhaltung der Symptome. Aus diesem Grund liegt es auf der Hand, von kognitiven Verfahren einen Behandlungseffekt zu erwarten. Kognitive Therapie erbrachte tatsächlich gute Ergebnisse bei der Reduktion von Testangst, Sprechangst und interpersönlicher Angst bei Freiwilligen (Rachman und Wilson, 1980). Eine Studie von Biran et al. (1981) lieferte jedoch wenig Unterstützung für die Anwendung kognitiver Verfahren. Drei Patienten mit einer spezifischen Form von sozialer Phobie, nämlich Schreibangst, wurden mit Exposition behandelt, die teilweise mit kognitiver Umstrukturierung kombiniert wurde. Die kognitive Therapie fügte der Wirksamkeit der in-vivo-Exposition nichts hinzu.

Inzwischen wurden auch einige Studien bei homogenen Gruppen von Sozialphobikern durchgeführt (Emmelkamp et al., 1985; Mattick et al., 1989 und Mattick und Peters, 1988). Aus diesen Arbeiten kann geschlossen werden, daß bei sozialer Phobie im allgemeinen kognitive Therapie genauso effektiv ist wie in-vivo-Exposition.

– Es ist unklar, ob eine Behandlung, in der verschiedene Strategien kombiniert werden, den Vorzug verdient vor einer ‚einfachen‘ Behandlung. Inzwischen wurden mehrere Untersuchungen zum Effekt von ‚Kombinationsbehandlungen‘ durchgeführt: in manchen war die Kombinationsbehandlung überlegen, während bei anderen kein Unterschied festzustellen war. So zeigten verschiedene Untersuchungen, daß eine Kombination von Training in sozialen Fertigkeiten und kognitiver Umstrukturierung nicht effektiver war als soziale Fertigkeitstherapie alleine (Frisch et al., 1982; Hatzenbühler und Schröder, 1982; Stravynski et al., 1982). Auch die kürzlich durchgeführten Untersuchungen an Sozialphobikern (Butler et al., 1984; Mattick und Peters, 1988; Mattick et al., 1989) liefern keine eindeutige Unterstützung für die Verwendung einer Kombination von Verfahren. Die Studie von Butler et al. (1984) richtete sich unter anderem auf die Frage, ob die Zufügung von *anxiety management* (ein kognitives Verfahren) reine in-vivo-Exposition effektiver macht. Bei der Nachmessung hatten sich beide Behandlungsgruppen im Vergleich zur Kontrollgruppe verbessert und zeigte die kombinierte Behandlung mehr Verbesserungen auf kognitiven Maßen. Bei der Follow-up-Messung schien die Kombinationsbehandlung auch auf anderen Maßen etwas effektiver zu sein als reine Expositions-Behandlung. Die Unterschiede waren jedoch klein. In der Studie von Mattick et al. (1989) wurden drei Bedingungen miteinander verglichen, nämlich in-vivo-Exposition in Begleitung des Therapeuten, kognitive Therapie und eine Kombination von beiden. Alle Behandlungen fanden in kleinen Gruppen statt. Bei der Nachmessung hatten sich alle Patienten, die eine Behandlung bekommen hatten, im Vergleich zur Kontrollgruppe verbessert. Die Unterschiede zwischen den Behandlungsbedingungen waren nur klein, ein Er-

gebnis, das mit der Untersuchung von Emmelkamp et al. (1985) überein-
stimmt, in der in-vivo-Exposition und kognitive Therapie auch zu ähnlichen
Resultaten führten. Bemerkenswert waren die Follow-up-Ergebnisse. Die
Gruppe mit kognitiver Behandlung hatte sich nach der Behandlung weiter
verbessert, während die Expositions-Gruppe sich etwas verschlechterte. Diese
Tatsache, nämlich daß kognitive Therapie ,nachwirkt', nachdem die Behand-
lung abgeschlossen wurde, ist auch aus anderen Untersuchungen bekannt. Der
Effekt der Kombinationsbehandlung war derselbe geblieben.

– Es scheint vernünftiger, verschiedene Verfahren nacheinander anstatt gleichzeitig zu verwenden. In einer Studie von Scholing und Emmelkamp (1989)
wurden neun Sozialphobiker in einem *multiple-baseline-design* behandelt. Jeder Patient erhielt in-vivo-Exposition, kognitive Therapie (RET) und Training
in sozialen Fertigkeiten, aber in wechselnder Reihenfolge. Jede der drei Behandlungen wurde in sechs Einzelsitzungen von jeweils einer Stunde, verteilt
auf vier Wochen, durchgeführt. Zwischen die Therapieblöcken wurden immer
vier Wochen Pause gelegt, um mögliche spätere Behandlungseffekte feststellen
zu können. Die Ergebnisse zeigten, daß keine Behandlungsstrategie effektiver
war als die andere, im allgemeinen führte die Behandlung im ersten Block zur
größten Verbesserung, während die beiden anderen diesen Effekt verstärkten.
Dies läßt den Schluß zu, daß bei Sozialphobikern eine Kombination der genannten Strategien erwünscht ist. Es ist jedoch fraglich, ob die Behandlungen
von Anfang an kombiniert werden müssen oder ob es effektiver ist, sie nacheinander durchzuführen. In einigen der bereits beschriebenen Studien wurde
eine ,einfache' Behandlung verglichen mit einer Kombinationsbehandlung, und
die Ergebnisse sind nicht völlig eindeutig. Ein Vergleich von in-vivo-Exposition mit einer Kombination von Exposition und kognitiver Therapie ergab
signifikante, aber sehr kleine Unterschiede zum Vorteil der Kombinationsbehandlung. Unsere Erfahrung lehrt, daß bei einer Kombinationsbehandlung die
Gefahr besteht, daß eine der beiden Behandlungen etwas vernachlässigt wird.

– Behandlungen müssen auf individuelle Merkmale des Patienten abgestimmt
werden, aber es ist noch fraglich, welche Merkmale das sind. In der oben
beschriebenen Studie zeigten sich nur kleine Unterschiede in der Effektivität
zwischen den verschiedenen Behandlungen, im Gegensatz zu Untersuchungs-
ergebnissen bei Agoraphobie und einfacher Phobie. Bei der Beschreibung der
Merkmale von Sozialphobikern wurde berichtet, daß diese sich teilweise sehr
unterscheiden: bei der einen Person werden z. B. starke somatische Reaktionen
festgestellt, während keine Fertigkeitsmängel vorliegen, bei einer anderen kann
das genau umgekehrt sein. Das sogenannte ,individuelle Reaktionsmuster' ist
also sehr unterschiedlich. Das wirft die Frage nach einem eventuellen Zusammenhang zwischen den beiden Faktoren auf. Es wäre natürlich möglich, daß
bei einem Vergleich großer Gruppen keine Gruppenunterschiede gefunden
werden können, weil die Unterschiede innerhalb der einzelnen Gruppen zu

138

groß sind. Für die Behandlung hätte dies die wichtige Konsequenz, daß der Auswahl eines Therapieverfahrens eine sorgfältige Diagnostik der individuellen Reaktionsmuster vorangehen müßte. Ausgehend von dieser Hypothese, daß bei sozialer Phobie verschiedene Reaktionsmuster unterschieden werden können, wurden diverse Studien durchgeführt (Trower et al., 1978; Fremouw et al., 1982; Turner und Beidel, 1985; Öst et al., 1981; Jerremalm et al., 1986 und Mersch et al., 1989). Wir gehen hier nur auf die drei letztgenannten Untersuchungen ein.

In diesen Studien wurde von den schon genannten ‚Angstdimensionen‘ (Verhalten, Kognitionen und somatische Symptome) ausgegangen, um verschiedene Gruppen von Sozialphobikern zusammenzustellen. Pro Untersuchung wurden stets zwei Dimensionen verwendet. In der Studie von Öst et al. waren das somatische Symptome und Verhalten, in der von Jerremalm et al. somatische Symptome und Kognitionen. So entstanden pro Studie vier verschiedene Gruppen, jede mit verschiedenen ‚Reaktionsmustern‘. Die Hypothese war, daß eine Behandlung, die zum individuellen Rekationsmuster paßte, effektiver sein würde als eine andere Behandlung. Diese Hypothese wurde in der ersten Studie für einen Teil der verwendeten Maße tatsächlich bestätigt, aber in der zweiten nicht. In beiden Studien wurde eine individuelle Behandlung gegeben. In der Arbeit von Mersch et al. wurden schließlich Kognitionen und Verhalten miteinander verglichen. Beide Patientengruppen erhielten entweder Training in sozialen Fertigkeiten oder kognitive Therapie. Die Behandlung fand in Gruppen statt. Auch in dieser Studie wurde, entgegen der Erwartung, kein Unterschied festgestellt zwischen Gruppen und Behandlungsbedingungen.

– Individuelle Behandlung ist genauso effektiv wie Gruppenbehandlung. Gerade bei sozialer Phobie kann eine Gruppenbehandlung Vorteile haben, z.B. dadurch, daß die Gruppenbehandlung als solche eine andauernde Bloßstellung an einen der von Sozialphobikern am meisten gefürchteten Stimuli bedeutet. Auf die Vor- und Nachteile von Gruppenbehandlung gehen wir später in diesem Kapitel ein. Hier ist es wichtig, festzustellen, daß nur zwei Studien bekannt sind, in denen die Effekte beider Behandlungen direkt miteinander verglichen wurden (Van Son, 1978; Linehan et al., 1979). Unterschiede in der Effektivität wurden dabei nicht gefunden.

Zusammenfassend kann gesagt werden, daß erst in den letzten zehn Jahren mehr Untersuchungen zur Behandlung von sozialer Phobie durchgeführt werden, daß die Ergebnisse jedoch noch nicht eindeutig sind. Anfangs richteten sich die Studien vor allem auf die Effektivität von Trainings in sozialen Fertigkeiten. Diese Strategie erwies sich jedoch als mäßig effektiv, und in vielen Fällen zeigte sich, daß Sozialphobiker oft sehr wohl über gute soziale Fertigkeiten verfügen, sich aber durch Angst und irrationale Gedanken darin behindert fühlen, diese Fertigkeiten in sozialen Situationen anzuwenden. In den letzten Jahren hat darum eine Verschiebung stattgefunden, vor allem hin zu in-vivo-Exposition und kognitiven Strategien, die zur Zeit in etwa gleich effektiv sind. Behandlungen, bei denen auf individuelle Reaktionsmuster Rücksicht genommen wurde, haben bisher wenig gebracht: insgesamt waren alle Behandlungen bei den verschiedenen Gruppen gleich effektiv. Schließlich wurde kein Unterschied festgestellt zwischen Gruppen- und individueller Behandlung. Daß bis jetzt so wenige Unterschiede gefunden wurden, scheint zum Großteil dadurch verursacht, daß die Gruppe der Sozialphobiker sehr heterogen ist, was impliziert, daß eine sorgfältige Diagnostik für die Feststellung der richtigen Behandlungsstrategie notwendig ist.

6.2. Die Durchführung der Behandlung

In Kapitel 1 wurde eine Beschreibung von Alex gegeben, der mit einer generalisierten, schweren sozialen Phobie an uns verwiesen wurde. Alex wurde bei uns mit Verhaltenstherapie behandelt, wobei sowohl Training in sozialen Fertigkeiten, kognitive Umstrukturierung und in-vivo-Exposition (in dieser Reihenfolge) angewendet wurden, jeweils für sechs Sitzungen von einer Stunde. Die Beschreibung der praktischen Durchführung der Behandlung von sozialer Phobie wird anhand des Verlaufs dieser (individuellen) Behandlung illustriert.

Es soll hier noch einmal bemerkt werden, daß ein Behandlungsplan auf einer funktionalen Analyse beruhen soll, was auch bei Sozialphobikern bedeuten kann, daß zuerst andere Probleme Aufmerksamkeit verdienen.

Dies wird illustriert durch die Behandlung einer 45jährigen Frau, die zu uns überwiesen wurde im Zusammenhang mit einer sozialen Phobie. Im Erstgespräch zeigte sich, daß sie tatsächlich unter heftigen Angstbeschwerden bei sozialen Kontakten litt und sich dadurch in ihrem täglichen Leben sehr behindert fühlte. Während der Inventarisierung vor Behandlungsbeginn wurde jedoch klar, daß sie von ihrem neunten bis zum fünfzehnten Lebensjahr von ihrem Bruder sexuell mißbraucht worden war und daß viele ihrer Beschwerden als posttraumatische Streßstörung aufgefaßt werden mußten. Daraufhin wurde der Patientin die Wahl gelassen, worauf sie sich in der Behandlung konzentrieren wollte: auf die soziale Phobie oder die Inzesterfahrungen. Sie wählte letzteres. Nachdem eine (langfristige und schwierige) Behandlung dieser Beschwerden abgeschlossen war, wurde der Behandlung der sozialen Phobie auch noch kurze Zeit gewidmet.

Weiter unten in diesem Kapitel wird auf einige Gesichtspunkte bei der Durchführung der verschiedenen Strategien in einer Gruppe eingegangen.

Verlauf der Behandlung von Alex

In der ersten Sitzung des Blocks ‚Training in sozialen Fertigkeiten‘ wird Alex der Sinn der Behandlung erklärt. Wir geben hier zum besseren Verständnis den wichtigsten Teil der Erklärung im Wortlaut wieder:

‚Du hast dich bei uns angemeldet, weil du dich in Situationen, in denen du mit anderen Menschen umgehen mußt, angespannt und unsicher fühlst. Wir nennen das kurzweg soziale Situationen, und die Angst heißt dann auch soziale Angst. Du hast auch schon erzählt, welche Situationen speziell für dich schwierig sind, und wie lange du darunter schon leidest. Die Unsicherheit kann verschiedene Ursachen haben. Eine davon kann sein, daß du nicht genau weißt, wie du mit bestimmten Situationen umgehen sollst z. B. daß du nicht weißt, wie du jemanden kritisieren sollst oder wie du ein Gespräch mit jemandem beginnst. Es kann sein, daß du das nie gelernt hast, oder daß du das früher konntest, aber es vielleicht verlernt hast. Im Augenblick ist es nicht mehr so wichtig, wie die Angst begonnen hat. Es geht darum, daß du gelernt hast, ängstlich zu sein, aber daß du auch lernen kannst, weniger ängstlich zu sein. Ich sagte schon, daß man sich unsicher fühlen kann, wenn man nicht weiß, was man tun soll. Hinzu kommt, daß dein Verhalten auch eine bestimmte Wirkung auf die Menschen um dich hat. Ein Beispiel zur Verdeutlichung: du sitzt in einer Gruppe Menschen und möchtest am Gespräch teilnehmen. Du bist jedoch unsicher und hast Angst, daß man dir nicht zuhört, und wenn du etwas sagst, sprichst du leise, schnell und mit gesenktem Kopf. Die Folge davon ist, daß die anderen in der Tat nicht bemerken, was du sagst, wodurch du dich noch unsicherer fühlst. Auf diese Art wird dein Selbstvertrauen immer geringer. Du kannst dir vielleicht vorstellen, wie wichtig es ist, wie du dich verhältst: wenn du laut und deutlich sprichst und die Menschen um dich herum ansiehst, wird man viel eher geneigt sein, dir zuzuhören, wodurch du wieder mehr Selbstvertrauen bekommst. Die Behandlung in den folgenden Sitzungen geht davon aus, daß du weniger unsicher werden wirst, wenn du bestimmte soziale Fertigkeiten gut beherrschst. Wichtige Fertigkeiten sind das Beginnen, Aufrechterhalten und Beenden eines Gesprächs, deine Meinung sagen, Kritik äußern oder Komplimente machen bzw. akzeptieren und andere um etwas bitten bzw. eine Bitte abschlagen. Die Behandlung besteht aus der Übung verschiedener Fertigkeiten, wobei allgemeine Fertigkeiten (die für jedermann wichtig sind) an die Reihe kommen, aber auch Fertigkeiten, die für dich persönlich schwierig sind.‘

Nachdem diese Erklärung gegeben wurde, eventuell angereichert mit Beispielen des Patienten selbst, wird dem Patienten erklärt, daß die sozialen Fertigkeiten mit Rollenspielen geübt werden, was sofort durch ein konkretes Beispiel demonstriert werden kann. Letzteres ist wichtig, um dem Patienten zu erklären, was in den Sitzungen geschehen wird, aber auch, um ihm möglichst schnell über eine Schwelle hinwegzuhelfen. Es ist wichtig, dabei einige Punkte zu betonen. Der erste ist, daß die Therapiesitzungen ziemlich strukturiert verlaufen werden und die Betonung auf dem Üben liegen wird. Zweitens ist es für den Patienten sinnvoll, in ein Tagebuchformular einzutragen, in welche schwierigen Situationen er gekommen ist. Es ist auch vernünftig, daß der Therapeut vorher sagt, daß die Übungen manchmal sehr gekünstelt erscheinen werden, vor allem zu Beginn, und daß der Patient vielleicht finden wird, daß es im Rollenspiel ganz anders zugeht als in Wirklichkeit. Der Therapeut erklärt, daß es vor allem darum geht, daß der Patient bestimmte Fertigkeiten üben kann, und daß man beim Lernen neuer Dinge oft den Eindruck hat, daß das schwierig ist. Danach wird zusammen mit dem Patienten eine Inventarisierung der schwierigen Situationen sowie der Fertigkeiten, die dabei eine Rolle spielen, vorgenommen. Es wird empfohlen, wenn möglich die zu übenden Fertigkeiten hierarchisch zu ordnen, so daß die Übungen in steigendem Schwierigkeitsgrad stattfinden können. Sonst besteht die Gefahr, daß der Patient während der Übungen den Mut verliert, wenn die zu übende Fertigkeit zu schwierig ist. An sich ist das nicht so schlimm, aber es kann dem Selbstvertrauen des Patienten unnötig schaden. Hier muß jedoch eine Randbemerkung gemacht werden. Bei Sozialphobikern ist die Angst vor Kritik und auch das Unvermögen, darauf zu reagieren, per definitionem ein Hauptthema. Es ist deshalb vernünftig, das Reagieren auf Kritik schon früh zu üben, auch wenn der Patient das sehr schwierig findet. Der Therapeut kann dabei erklären, daß das Reagieren auf Kritik für jedermann mehr oder weniger schwierig ist, daß dies aber gleichzeitig eine der wichtigsten Fertigkeiten ist und daß es deshalb gut ist, ihr viel Zeit zu widmen. Die Erfahrung lehrt auch, daß dem mehrere Sitzungen gewidmet werden können. Natürlich kann für das Üben dieses Themas eine eigene Hierarchie aufgestellt werden.

Im allgemeinen wird bei einem individuellen Training von sozialen Fertigkeiten immer eine bestimmte Fertigkeit pro Sitzung behandelt, wobei erst besprochen wird, wie der Patient sich normalerweise in schwierigen Situationen verhält. Oft ist es sinnvoll, sich dies in einem Rollenspiel vormachen zu lassen, (ein sogenanntes rekonstruierendes Rollenspiel, also das Nachspielen einer Situation, die bereits stattgefunden hat). Danach wird mit dem Patienten besprochen, wie er sich in einer solchen Situation gerne verhalten würde, und welche Reaktion am meisten Effekt hätte. Es ist wichtig, daß der Therapeut diesen Schritt nicht zu schnell macht. Vor allem beim sozialen Kompetenztraining besteht nämlich die Gefahr, daß der Therapeut eine klare Vorstellung darüber im Kopf hat, was sozial kompetentes Verhalten ist, eine Vorstellung, die vom Patienten jedoch nicht geteilt zu werden braucht. Wenn diese unterschiedlichen Auffassungen nicht bemerkt und besprochen werden, wird das Üben von sozialen Fertigkeiten wenig Sinn haben. Es ist gut möglich, daß der Patient aus der unsicheren Haltung heraus, die Sozialphobikern oft eigen ist, es nicht wagt, den Vorschlägen des Therapeuten zu widersprechen, wodurch das Üben der Fertigkeiten jedoch auf die Therapiesitzungen beschränkt bleibt. Es ist ein wichtiger Grundsatz, daß der Patient Verhalten lernt, mit dem er einerseits genügend für seine Rechte einsteht, aber andererseits versucht, die Wünsche und Gefühle der anderen zu berücksichtigen. Nachdem bezüglich des erwünschten Verhaltens Übereinstimmung erreicht wurde, beginnt das Üben selbst, wobei es meistens sinnvoll ist, daß der Therapeut es einmal vormacht (modeling). Der Patient kann dann selbst mehrmals im Rollenspiel üben, was eventuell auch einmal auf Video aufgenommen werden kann, so daß der Patient lernt, sein eigenes Verhalten zu beurteilen. Dabei ist jedoch Vorsicht geboten. Manche Patienten erschrecken so bei der Konfrontation mit ihrem eigenen Verhalten, daß sie äußerst enttäuscht aufgeben, mit natürlich einem noch negativeren Selbstbild als zu Beginn der Behandlung. Zudem kostet die Verwendung von Video meistens sehr viel Zeit.

Obwohl es natürlich erwünscht ist, den Fertigkeiten, die der Patient selbst als problematisch kennzeichnet, viel Zeit und Aufmerksamkeit zu widmen, ist es sinnvoll, in jedem Fall eine Reihe von Basisfertigkeiten durchzunehmen. In unseren Behandlungen sind das z. B.:
– aufmerksames, aktives Zuhören
– ein Gespräch beginnen, aufrechterhalten und beenden
– Kritik austeilen und auf Kritik reagieren
– eine eigene Meinung vertreten
– eigene Gefühle äußern (self disclosure).

Dabei zeigt sich schnell genug, welche Fertigkeiten noch verbessert werden müssen, so daß ihnen eventuell mehr Zeit gewidmet werden kann.

Die Effektivität von einem sozialen Kompetenztraining hängt in hohem Maß davon ab, wie die Rollenspiele vorbereitet, durchgeführt und nachbesprochen werden. Bei der Vorbesprechung wird wichtige Information über die zu übende Situation gesammelt, unter anderem mittels Tagebuchaufzeichnungen. Diese Vorbesprechung braucht übrigens nicht lange zu dauern und ist auch nicht so zu verstehen, daß der Therapeut genau weiß, was der Patient erlebt hat; es geht darum, daß er sich von den Fertigkeiten des Patienten, und vor allem den Lücken darin, ein Bild machen kann. Dabei ist es gut, sich vor Augen zu halten, daß der Patient möglicherweise nicht so sehr Schwierigkeiten mit der realen Situation hatte, sondern mehr damit, was hätte geschehen können. Ein Beispiel zur Illustration.

Einer unserer Patienten, ein 23jähriger Mann, leidet schon seit Beginn der Mittelschule unter Angst vor sozialen Situationen. Obwohl er ohne Schwierigkeiten die Mittelschule hätte absolvieren können, ist er als Folge seines Problems vorzeitig mit 16 von der Schule gegangen, wofür er sich sehr schämt. Seitdem ist er arbeitslos. Während des Erstgesprächs gibt er an, daß er es vor allem schwierig findet, in seinem Wohnort auf die Straße zu gehen und Geschäfte zu besuchen, weil er Angst hat, Menschen zu begegnen und sich mit ihnen unterhalten zu müssen. Beim sozialen Kompetenztraining zeigt sich jedoch, daß es gar nicht um das Gespräch geht. In Wirklichkeit hat er große Angst, jemanden aus seiner früheren Klasse oder einen Lehrer zu treffen, die ihn dann fragen könnten, wie es ihm geht und was er zur Zeit macht. Der Patient sieht vorher, daß er in so einer Situation sprachlos sein wird, weil er sich nicht getraut zu sagen, daß er kein Diplom hat und seit Jahren arbeitslos ist, daß es ihm also nicht gut geht; er würde sich aber auch nicht getrauen, sich herauszureden, weil er sofort errötet, wenn er nicht die Wahrheit sagt.

In diesem Fall geht es also um eine Situation, die in Wirklichkeit noch nie aufgetreten ist. Auch solche Situationen können in einem ‚antizipierenden‘ Rollenspiel geübt werden. Nach der Vorbesprechung kann das Üben beginnen. Die Dauer des Rollenspiels ist natürlich abhängig von der zu übenden Fertigkeit. Das Beginnen oder Beenden eines Gesprächs oder die Fähigkeit, Komplimente zu machen bzw. aufzunehmen, können in einer oder zwei Minuten geübt und danach in vielerlei Varianten wiederholt werden, während es mehr Zeit kostet, zu üben, wie man ein Gespräch aufrechterhält. Nach dem Üben folgt die Nachbesprechung. Wichtig ist hierbei in erster Linie, daß der Therapeut dem Patienten erlaubt, Dampf abzulassen und zu erzählen, wie er es gefunden hat, und danach die Dinge, die gut gegangen sind, verstärkt. Auch wenn das wenig war, ist es doch gut, erst etwas Positives zu nennen, bevor man die weniger guten Punkte behandelt. Beim Besprechen der schwachen Punkte muß der Therapeut immer kontrollieren, ob der Patient das Feedback erkennt, und danach möglichst viele konkrete Vorschläge für eine eventuelle Verbesserung machen. Es ist wichtig, dabei immer klarzustellen, daß es nicht nur eine gute Lösung gibt und daß die Vorschläge des Therapeuten nicht heilig sind.

Wir fahren fort mit dem Verlauf der Behandlung von Alex.

Erste Sitzung

Nach der Erklärung der Behandlung inventarisiert der Therapeut zusammen mit Alex, welche Situationen und Fertigkeiten besonders schwierig sind. Alex nennt vor allem das Anknüpfen und Aufrechterhalten von Gesprächen. Er weiß nie, was er sagen soll und hat große Angst vor Gesprächspausen. Während des Erstgesprächs zeigte sich schon, daß er besonders in Gruppen nervös ist. Eine Rolle spielt dabei, daß er Angst hat, etwas Komisches zu sagen oder zu tun, so daß sich plötzlich alle Augen auf ihn richten könnten. Es ist dem Therapeuten schon aufgefallen, daß Alex meistens leise, schnell und monoton spricht, nicht gut zuhören kann, viel auf den Boden schaut und in sich gesunken sitzt. Er nimmt sich daher vor, diese Punkte auf jeden Fall zu besprechen bei der allgemeinen Fertigkeit ‚aufmerksames Verhalten‘. Es wird mit Alex ausgemacht, die sechs Sitzungen den folgenden Fertigkeiten zu widmen: mit aufmerksamem Verhalten bzw. aktivem Zuhören zu beginnen und dieses dann darauf auszuweiten, selbst aktiv Fragen zu stellen und das Gespräch aufrechtzuerhalten. Danach soll die Reaktion auf Kritik geübt werden, dann kommt das Aussprechen und Akzeptieren von Komplimenten an die Reihe, darauf andere um etwas zu bitten (z. B. um Hilfe bitten oder bitten, gemeinsam etwas zu unternehmen). Alex denkt, daß das Aufrechterhalten eines Gesprächs und das Reagieren auf Kritik für ihn die wichtigsten Fertigkeiten sind. Der Rest der Sitzung wird aufmerksamem Verhalten und aktivem Zuhören gewidmet. Anfangs protestiert Alex ein wenig, weil er denkt, daß Zuhören gerade diejenige Fertigkeit ist, die er sehr wohl beherrscht; er möchte endlich lernen, wie man etwas erzählt. Daraufhin schlägt der Therapeut vor,

144

ein Expositionsexperiment durchzuführen, bei dem Alex demonstrieren darf, wie er normalerweise zuhört. Nachdem Alex zugestimmt hat, erzählt der Therapeut von einem seiner Hobbies, und nach einigen Minuten bittet er Alex zu wiederholen, was er erzählt hat. Dies scheint ihn viel Mühe zu kosten: obwohl Alex in der Zwischenzeit kaum etwas gesagt hat, kann er sich nur schlecht daran erinnern, was der Therapeut gesagt hat. Alex war vor allem mit sich selbst beschäftigt und mit Gedanken wie ‚ich weiß schon wieder nicht, was ich sagen soll‘, ‚ich bin so langweilig‘, ‚ich hab gar keine interessanten Hobbies‘ etc. Der Therapeut lobt Alex für seine Ehrlichkeit und Selbsteinsicht und verwendet das Beispiel, um den Unterschied zwischen aktivem und passivem Zuhören zu erklären. Dabei umschreibt er aktives Zuhören als ‚so zuhören, daß du wiederholen kannst, was der andere erzählt hat und diesbezüglich Fragen stellen kannst‘. Dieses Zuhören wird dann noch einige Male geübt, wobei Alex lernt, immer größere Teile der Erzählung des Therapeuten zu wiederholen. Es wird ausgemacht, daß Alex vor der nächsten Sitzung in seiner eigenen Umgebung üben muß, aktiv zuzuhören, wenn sich die Gelegenheit dazu ergibt. Er erhält dann eine Schablone, auf der die Fertigkeit ‚aktives Zuhören‘ und ‚Fragen stellen‘ beschrieben wird.

Zweite Sitzung

Alex erzählt, daß er in der letzten Woche sehr viel geübt hat, vor allem in häuslichem Kreis, und daß das aktive Zuhören eine Offenbarung für ihn war. Er macht sich jedoch noch immer Sorgen darüber, daß Gesprächspausen entstehen könnten. Die zweite Sitzung wird der Ausweitung des aktiven Zuhörens gewidmet. Dabei werden mehrmals die Punkte Blickkontakt, Haltung und mündliche Verstärkung (kurze Worte oder Fragen wie ‚und dann?‘, ‚hm, hm‘ etc.) geübt. Letzteres fällt ihm noch schwer, weil Alex findet, daß er dann so übertrieben tut. Der Therapeut kann ihn jedoch mit dem Argument überzeugen, daß jede neue Fertigkeit zu Beginn ungewohnt ist und daß Alex natürlich selbst beschließen darf, ob sie zu ihm paßt oder nicht, aber daß es dafür doch wichtig ist, die entsprechende Fertigkeit zu beherrschen. Nach viermaligem Üben geht auch das besser. Dann wird der nächste Teil des aktiven Zuhörens vorgestellt, nämlich offene Fragen zu stellen (Fragen, auf die nicht nur mit ‚ja‘ und ‚nein‘ geantwortet werden kann). Da Alex es schwierig findet, sich Fragen auszudenken, schiebt der Therapeut eine eigene Übung ein. Er stellt Alex hintereinander mehrere geschlossene Fragen, worauf dieser versuchen muß, dieselbe Frage in eine offene umzuformulieren. Zum Beispiel: der Therapeut fragt ‚hast du gestern ferngesehen?‘, was umformuliert wird in ‚was hast du gestern abend gemacht?‘. Danach werden die Rollen umgekehrt: Alex stellt geschlossene Fragen, und der Therapeut macht sie zu offenen. Durch diese Übung wird der Unterschied zwischen beidem schnell klar. Am Ende der zweiten Sitzung ist Alex imstande, gut Blickkontakt zu halten, aktiver den Worten des Therapeuten zu folgen, davon kurze Zusammenfassungen zu geben und mehrere offene Fragen zu stellen. Wiederum soll er als Hausaufgabe diese Fertigkeiten üben.

Dritte Sitzung

In dieser Sitzung wird geübt, selbst etwas zu erzählen. Alex bekommt den Auftrag, erst vorzumachen, wie das normalerweise geschieht. Diese Demonstration zeigt, daß er dazu neigt, zu schnell zu sprechen und vom Hundertsten ins Tausendste zu kommen. Dadurch verliert er schnell den Faden seiner Erzählung und verfällt dann in Schweigen. Dem liegen mehrere negative Kognitionen zu Grunde („es interessiert ihn doch nicht, was ich erzähle'; ,siehst du, ich bin überhaupt nicht interessant'), aber der Therapeut geht darauf jetzt nicht ein. Für das nächste Rollenspiel wird ausgemacht, daß Alex fünf Minuten lang etwas erzählen soll, während der Therapeut ermutigende Fragen dazwischen stellt. Das geht nach zweimaligem Üben ziemlich gut, wonach die Aufgabe erschwert wird. Alex muß jetzt fünf Minuten etwas erzählen, wobei der Therapeut ihn zwar ansieht, aber sonst keine Ermutigungen gibt. Das erweist sich als sehr schwierig. Alex verfällt zu Beginn mehrmals in Schweigen, was der Therapeut bei der Vorbesprechung schon vorhergesagt hat. Da der Therapeut schweigt (wie ausgemacht), kann Alex nach einigen Minuten den Faden wieder aufnehmen. Das wird viermal geübt, wobei Alex beim letzten Mal spontan beginnt, Bemerkungen darüber zu machen, daß das doch eine lästige Übung sei, und damit schon vorgreift auf die Fertigkeit ,über ein Gespräch auf Metaniveau kommunizieren'. Am Ende der Sitzung schließt der Therapeut einen Zusammenhang mit Alex' Angst zu telefonieren: ist es möglich, daß Alex das so schwierig findet, weil es auch eine Situation ist, in der er wenig Reaktion am anderen sieht, und daher ziemlich selbständig erzählen muß? Alex hat darüber noch nie nachgedacht, aber er kann sich vorstellen, daß das eine Rolle spielt.

Vierte Sitzung

Alex kommt bedrückt herein. Diese Woche ist alles mißglückt und er hat den Eindruck, daß er noch überhaupt nichts erreicht hat. Er hat geübt selbst etwas zu erzählen, was sehr schwierig war; er hatte den Eindruck, daß die anderen seine Erzählungen überhaupt nicht interessant fanden und daß sie zudem genau wußten, daß er ,übte', weil er sonst nie etwas spontan erzählte. Der Therapeut zeigt Verständnis für seine Enttäuschung, sieht die Ereignisse aber auch positiv: Alex hat anscheinend gut geübt, und das hat wichtige Informationen erbracht, die jetzt in der Sitzung verwendet werden können. Die Erzählung von Alex zeigt, daß es wichtig ist, die gefürchtete Situation, jemand könnte ihn fragen ,was ist denn mit dir los? So gesprächig hab ich dich noch nie erlebt!' nicht zu vermeiden. Diese und ähnliche Reaktionen werden mehrmals im Rollenspiel geübt, wobei Alex lernt, auf verschiedene Arten zu reagieren. Der Rest der Sitzung wird dem Reagieren auf Kritik gewidmet, worüber er schon letztes Mal Schablonen mit nachhause bekommen hatte. Zufällig hat er in dieser Woche gerade eine ,Kritik-Situation' erlebt, er hatte nämlich keine Zeit gehabt, die Hausaufgabe für seine Ausbildung zu machen, worüber der Lehrer eine Bemerkung gemacht hatte. Alex war sofort verstummt. Hinterher ist er damit sehr unzufrieden, aber er kann auch nicht sagen, wie er gerne reagiert hätte. Nachdem die Situation ausführlich besprochen wurde, kommt er zu dem Schluß, daß er in diesem Fall nicht sehr anders hätte reagieren wollen, sondern einfach hätte sagen können ,ja, ich habe keine Zeit gehabt, den Stoff zu lernen, aber ich hole es bis zum nächsten Mal nach.' Das wird mehrmals geübt, wonach Alex mühelos auf die gewünschte Art reagieren kann. Bei der Besprechung wurde jedoch auch gesagt, daß die Reaktion auf Kritik stark abhängig ist von der Art, wie die Kritik geäußert wird, von der Frage, ob Alex die Kritik berechtigt findet, und der Frage, ob es sich um gegenseitige Kritik handelt. Verschiedene Beispiele bezüglich dieser Aspekte werden besprochen und geübt.

Fünfte Sitzung

In der fünften Sitzung wird wieder geübt, auf Kritik zu reagieren, diesmal in Kombination damit, selbst Kritik zu üben. Bei der Besprechung dieses Themas zeigt sich, daß Alex eigentlich nie Kritik übt. Er findet, daß er nicht so schnell böse wird, und wenn er einmal verärgert ist, spricht er das selten aus. Geschieht das jedoch, dann ist er so erregt, daß er nicht mehr normal sprechen kann und entweder zu schreien beginnt oder in Schweigen verfällt. Meistens geschieht letzteres. Abgesehen vom Üben der Fertigkeit scheint es dem Therapeuten sinnvoll, daß Alex versucht, seinen Ärger früher zu äußern, aber er kann sich vorstellen, daß das schwierig ist, wenn man nicht genau weiß, wie man das machen soll. Der Therapeut erklärt einige Punkte, die beim Äußern von Kritik wichtig sind. ‚Kurz gesagt: erst versuchst du selbst herauszufinden, was du genau kritisieren willst, und zwar so konkret wie möglich. Dann kannst du dem anderen sagen, was du kritisierst, eventuell eingeleitet mit einem Satz wie ‚ich möchte gerne etwas mit dir besprechen‘. Dabei sollst du wenn möglich Beispiele geben und erzählen, welche Gefühle das Verhalten des anderen bei dir auslöst. Dann ist es gut, dem anderen zu erklären, wie du es gerne hättest, und vielleicht zu fragen, was du dazu tun kannst, um ihm dabei zu helfen. Bitte den anderen dabei auch immer um eine Reaktion.‘ Das wird mehrmals geübt, wobei Alex sich immer in neue Situationen hineinversetzen muß und der Therapeut immer eine andere Rolle spielt.

Sechste Sitzung

Das ist vorläufig die letzte Sitzung, in der Fertigkeiten geübt werden. Es wird mit Alex ausgemacht, welche Fertigkeiten an die Reihe kommen sollen. Er entscheidet sich für ‚eigene Initiative gegenüber anderen Menschen ergreifen‘ und ‚Bitten von anderen abschlagen‘, worunter auch fällt, Kleider in einem Geschäft anzuprobieren und sie dann nicht zu kaufen. Der Therapeut schlägt vor, beim Üben der Initiativen gleich zwei Fliegen mit einer Klappe zu schlagen: Alex soll von einem anderen Zimmer aus den Therapeuten anrufen (der die Rolle eines früheren Schulfreundes spielt), ein Gespräch darüber beginnen, wie es ihm geht, und schließlich vorschlagen, gemeinsam auszugehen. Das wird zweimal geübt, wobei der Therapeut verschiedene Personen spielt. Dabei zeigt sich, daß Alex inzwischen etwas gelernt hat. Obwohl das Gespräch manchmal etwas chaotisch verläuft, kann er deutlich besser zuhören und auch Fragen stellen. Gesprächspausen sind weniger beängstigend und haben jedenfalls nicht mehr zur Folge, daß er völlig verstummt. Auch der Vorschlag, zusammen etwas zu unternehmen, bringt keine Probleme. Nach dem Üben wird die bisherige Behandlung evaluiert. Alex sagt, daß das Erlernen der Fertigkeiten für ihn sehr sinnvoll war. Er findet, daß er besser reagieren kann, vor allem in Rollenspielen mit dem Therapeuten. Es kostet ihn jedoch noch Mühe, das Erlernte in der täglichen Praxis anzuwenden. Er weiß jetzt zwar, wie es eigentlich sein sollte, aber wagt es, wenn es darauf ankommt, doch nicht, das Verhalten auszuführen. Der Therapeut betont, daß das ganz normal ist und daß er doch noch einige Zeit üben muß, bevor er das Gelernte völlig sicher beherrscht; er fügt hinzu, daß Alex nicht erwarten kann, in sechs Sitzungen ein Problem los zu werden, das schon seit Jahren existiert.

So weit die Beschreibung von sechs Sitzungen sozialen Kompetenztrainings. Obwohl Alex in kurzer Zeit schon viel geübt hatte (was sicher keine allgemeine

Regel ist, weil das Tempo oft langsamer ist), sei deutlich gesagt, daß natürlich noch andere Fertigkeiten geübt werden müssen, aber das Prinzip ist das gleiche: Inventarisieren von Fertigkeiten, die nicht oder unvollkommen beherrscht werden, mit Hilfe von Tagebüchern und in Demonstrationen des Patienten im Rollenspiel. Danach wird besprochen, wie das Verhalten verbessert werden könnte, wobei es sinnvoll ist, daß der Therapeut verschiedene Möglichkeiten vormacht, sowohl ‚gute‘ als auch ‚schlechte‘ Varianten. Der Patient erhält so die Möglichkeit zu sehen, wie sozial inkompetentes Verhalten auf ihn selbst wirkt. Danach wird mehrmals geübt. Zum Schluß dieser Besprechung geben wir einige Beispiele für Übungen. Es liegt natürlich an der Kreativität von Therapeut und Patient, wie sie diese an die persönlichen Umstände anpassen.

Bei aufmerksamem Verhalten handelt es sich oft um Blickkontakt und Stimmvolumen, manchmal auch um die Haltung des Patienten. Beim Üben des Blickkontakts kann der Therapeut verschiedene Formen von Blickkontakt vormachen (jemanden nicht ansehen, ganz kurz ansehen oder anstarren), wonach der Patient versucht, die ‚richtige‘ Art nachzumachen. Das Stimmvolumen wird vor allem geübt, indem der Patient Textstücke vorliest mit leiser, halblauter und lauter Stimme, was auf einen Kassettenrekorder aufgenommen und dann abgehört wird. Wurde einmal geübt, mit lauter Stimme zu sprechen, kann auch dem Wechseln der Intonation, abhängig vom Inhalt des Gesagten, Aufmerksamkeit gewidmet werden. Zuhören und Zusammenfassen kann am besten geübt werden, indem man den Patienten erst kurze Stücke wiederholen läßt (z. B. Sätze), und die allmählich verlängert. Eine Übung, die den Patienten lehren soll, offene Fragen zu stellen, wurde schon in der zweiten Sitzung beschrieben.

Wichtig sind die Übungen, in denen der Patient lernt, auf Kritik zu reagieren. Die meisten Sozialphobiker reagieren auf Kritik entweder, indem sie nichts sagen oder indem sie sich verteidigen. In der fünften Sitzung wurde beschrieben, welche Fertigkeiten bei der Reaktion auf Kritik von Bedeutung sind. In manchen Fällen ist die Neigung, sich zu verteidigen jedoch so stark, daß es sinnvoll ist, erst darauf einzugehen. Das kann mit Hilfe verschiedener Techniken geschehen, wovon einige von Smith (1975) beschrieben wurden. Diese Techniken fallen übrigens nicht in erster Linie unter soziale Fertigkeiten, sondern sind vor allem sinnvoll, weil sie manchmal auf kognitivem Niveau zu Veränderungen führen (indem sie die Idee ‚ich darf keine Fehler machen‘ angreifen). Es ist daher auch wichtig, daß der Therapeut betont, daß diese Techniken sicher nicht auf jede Situation passen.

Mögliche Probleme beim sozialen Kompetenztraining

Manchmal zeigt sich beim Besprechen von Fertigkeiten, daß Patient und Therapeut verschiedener Meinung sind darüber, was sozial kompetentes Verhalten ist. Für die therapeutische Beziehung ist es wichtig, daß der Therapeut das zuläßt, indem er z. B. von Anfang an verdeutlicht, daß es beinahe nie die beste Reaktion gibt. Es muß immer erst festgestellt werden, welche Reaktion zum Patienten paßt und ihm am meisten zusagt. Das bedeutet übrigens nicht, daß der Therapeut damit auch immer einverstanden sein muß. Der Widerstand des Patienten gegen eine bestimmte Art der Reaktion wird oft schon um einiges geringer, wenn der Therapeut erklärt, daß es erst darum geht, daß der Patient über mehr Verhaltensmöglichkeiten verfügt, und daß Üben in der Sitzung nicht bedeutet, daß diese Fertigkeit auch gleich in Wirklichkeit angewendet werden muß. Zudem ist es möglich, daß der Protest des Patienten auf dahinterliegende irrationale Kognitionen hinweist. Auch aus diesem Grund ist es wichtig, daß der Therapeut den Patienten ermutigt, seine Zweifel zu äußern, weil sie als Anknüpfungspunkt dienen können, um diese Kognitionen zu besprechen.

Dasselbe gilt, wenn der Patient darüber klagt, daß es ihm nicht gelungen ist, die Fertigkeiten auch in der Praxis anzuwenden. Der Therapeut muß dann an erster Stelle herausfinden, ob die Situation möglicherweise wesentlich anders war als während der Übungen, und dann, ob irrationale Kognitionen eine Rolle gespielt haben.

Gerade bei sozialem Kompetenztraining und, in geringerem Ausmaß, bei kognitiver Therapie kann die soziale Phobie des Patienten in der Beziehung mit dem Therapeuten behindernd sein. Das Durchführen von Rollenspielen wird nämlich vom Patienten (teilweise zu Recht) als eine Leistungssituation erlebt, in der er vom Therapeuten beurteilt wird. Dies kann sich in Verhaltensweisen des Patienten wie häufigem Lachen während des Rollenspiels äußern, darin, daß er schnell aus der Rolle fällt, oder im Aufschieben des Rollenspiels, indem er immer nur ‚darüber‘ spricht. Eine gute vorhergehende Erklärung des Therapeuten, in der er den Übungscharakter und das eventuell Gekünstelte eines Rollenspiels betont, ist deshalb sehr wichtig. Zudem muß der Therapeut selbst ein gutes Beispiel geben, indem er immer wieder mit dem Üben beginnt und davon ausgeht, daß dies nach einigen Sitzungen leichter sein wird. Hat der Patient viel Mühe mit den Rollenspielen, muß natürlich besprochen werden, was dem zugrundeliegt.

Kognitive Therapie

Kognitive Therapie beruht auf der Annahme, daß Gefühle im allgemeinen und problematische Gefühle im besonderen nicht eine Folge der Wirklichkeit selbst oder von bestimmten Ereignissen sind; sie sind eine Folge der Art, in der die fragliche Person Ereignisse wahrnimmt, bzw. der Kognitionen, die sie diesbezüglich hat. In der Therapie wird deshalb versucht, diese Kognitionen erst herauszufinden, sie an der Wirklichkeit zu testen und wenn nötig durch realistischere oder ‚rationalere‘ Gedanken zu ersetzen. Schon früher in diesem Buch wurde beschrieben, daß innerhalb der kognitiven Therapie mehrere Varianten zu unterscheiden sind, die übrigens im großen und ganzen auf das Gleiche hinauslaufen. Wir werden darauf hier nicht weiter eingehen, sondern die Beschreibung zuspitzen auf die Anwendung bei sozialer Phobie, wiederum anhand der Behandlung von Alex. Dabei wurde vor allem Gebrauch gemacht von rational-emotiver Therapie, wobei Gedanken anhand des ABCDE-Schemas herausgefordert werden. Die Bedeutung dieser Buchstaben ist, wie schon in Kapitel 4 erwähnt:

- Activating event: die objektive Beschreibung des Ereignisses
- Beliefs: die irrationalen, spannungauslösenden Gedanken
- Consequence: die emotionalen Folgen (also Gefühle) der Gedanken
- Discussion: die Fragen, die gestellt werden, um die Gedanken unter B an der Wirklichkeit zu testen
- Evaluation: die rationaleren Gedanken, die die Folge der Herausforderung unter D sind.

Erste Sitzung

Die ausführliche Erklärung, die Alex erhielt, wird hier im Wesentlichen wiedergegeben. ‚Bis jetzt waren wir vor allem beschäftigt mit der Art, wie du dich verhältst, und wir haben soziale Fertigkeiten geübt. Das ist wichtig, aber es ist nicht der einzige Aspekt. Daß du dich in sozialen Situationen angespannt fühlst, ist nicht nur eine Folge der Tatsache, daß du nicht weißt, wie du dich verhalten mußt, sondern es kann auch damit zusammenhängen, wie du bestimmte Situationen einschätzt. Ein Beispiel, um das zu verdeutlichen:

Nimm an, du bist Mitglied eines Vereins und gehst zum ersten Mal dorthin. Alle gehen freundschaftlich miteinander um, du aber sitzt abseits in einer Ecke. Du fühlst dich nicht wohl in deiner Haut und denkst, daß jeder auf dich achtet. Wenn du schließlich doch versuchst, ein Gespräch mit jemandem anzuknüpfen, findest du den Faden nicht so schnell und dein Gesprächspartner bricht das Gespräch bald wieder ab. Wenn du nach Hause gehst, fühlst du dich ziemlich schlecht.

Wenn du das nächste Mal zu dem Verein gehst, denkst du wieder an deine vorige Erfahrung und fühlst du dich schon von vornherein nicht wohl. Sobald jemand dich anspricht, hast du das Gefühl zu erröten. Du fühlst dich noch schlechter als beim letzten Mal und gehst früh nach Hause. Das nächste Mal beschließt du, gar nicht hinzugehen, weil dir doch nichts daran liegt.

Der springende Punkt ist, daß Menschen mit diesen Problemen sich meistens viel zu sehr damit beschäftigen, was schief gehen könnte. Ängstliche Menschen machen sich oft Sorgen und grübeln viel über Dinge, vor denen sie Angst haben. Die negativen Seiten einer Situation können sehr übertrieben werden. Beim Beispiel des Vereins denkst du, bevor du hingehst, schon: ‚Wenn ich nur die richtigen Worte finde; wenn ich nur nicht wieder den ganzen Abend alleine sitzen bleibe‘ etc. Solche Gedanken bewirken, daß du schon im vorhinein so nervös und unruhig bist, daß genau das geschieht, wovor du solche Angst hast, du beginnst zu erröten und kannst keine Worte finden, wodurch du dich noch nervöser fühlst als vorher. Tatsächlich sind es deine eigenen negativen und unvernünftigen Gedanken über eine bestimmte Situation, die es dir so schwer machen, und nicht die Situation selbst! In den folgenden Sitzungen kannst du lernen, die Art, wie du Ereignisse wahrnimmst, zu verändern. Denn es sind nicht die Ereignisse selbst, die dich ängstlich oder nervös machen, sondern die Art, wie du sie beurteilst, die Gedanken, die du dabei hast.

Vielleicht kannst du dir vorstellen, daß deine Gefühle als Folge deines eigenen Urteils und deiner Gedanken entstehen. Im Lauf der Jahre ist dies ein automatischer Prozeß geworden. Du überlegst dir nicht bei jedem Ereignis, welche Gedanken du dabei hast. Es ist, als ob du von selbst nach einem bestimmten Ereignis ein bestimmtes Gefühl bekommst. Aber wenn du versuchen willst, unangenehme Gefühle wie Angst, Nervosität, Enttäuschung oder Fassungslosigkeit loszuwerden oder zu verändern, ist es sehr wichtig, sich mit diesen Gefühlen zu beschäftigen, um herauszufinden, wie sie entstehen. Das kannst du, indem du jedesmal, wenn du ein unangenehmes Gefühl hast, herausfindest, was du denkst, was du zu dir selbst sagst und ob das auch rational ist. Das wird wahrscheinlich nicht gleich gelingen, aber wenn du es immer wieder versuchst, wirst du merken, daß es auf die Dauer immer leichter geht.'

Alex findet diese Erklärung gut. Er kann sich jedoch noch nicht so gut vorstellen, wie das denn bei ihm geht, er hat den Eindruck, daß er in sozialen Situationen gar nichts denkt, daß in seinem Kopf alles ,leer' ist. Der Rest der Sitzung wird der gemeinsamen Besprechung des ABCDE-Schemas anhand einer für Alex wichtigen und häufig auftretenden Situation gewidmet: in der Klasse eine Frage zu stellen. Am Ende der Sitzung bittet der Therapeut Alex, zuhause jeden Tag eine Situation aufzuschreiben, über die er unzufrieden war, und dabei zu versuchen, seine Gedanken herauszufinden. Er betont, daß kognitive Therapie sehr schwierig ist, und daß es schon sehr schön wäre, wenn Alex den ABC-Teil des Formulars ausfüllen könnte, so daß die nächste Sitzung der gemeinsamen Herausforderung der Gedanken in der Situation gewidmet werden kann.

Zweite Sitzung

Alex hat zuhause verschiedene Situationen aufgeschrieben. Es fiel ihm jedoch schwer, sie in dem Schema unterzubringen. Die Beschreibung der Situation (A) ging noch, und auch das Gefühl (C) war klar. Es gelang ihm seiner Meinung nach jedoch nicht, seine Gedanken (B) herauszufinden. Er fragte sich daher auch, ob er wohl die richtige Situation gewählt hatte. Das Schema sah folgendermaßen aus:
A. Das Telefon läutet zuhause, ich muß abnehmen.
B. Wer könnte das sein?
C. Nervös, Zittern.

Der Therapeut findet das eine gute Situation zum Üben und betont noch einmal, daß im Prinzip jede Situation, in der Alex bestimmte Gefühle hat, geeignet ist. Der Rest der Sitzung wird der weiteren Ausarbeitung der Analyse gewidmet. Dabei wird erst die Situationsbeschreibung unter die Lupe genommen. Alex kommt zusammen mit dem Therapeuten zu dem Schluß, daß A nicht ganz objektiv beschrieben ist (so wie eine Kamera es registrieren würde), und daß der zweite Teil eigentlich einen Gedanken beinhaltet, der daher besser unter B eingetragen werden kann. A wird also: das Telefon läutet zuhause, und C bleibt: nervös, Zittern. Alex ist sich mit dem Therapeuten darin einig, daß viele Menschen in einer solchen Situation nicht nervös

151

werden und daß dies wahrscheinlich damit zusammenhängt, daß sie andere Gedanken darüber haben. Beim Besprechen der Gedanken fragt sich der Therapeut, warum Alex von der Frage ‚wer wird das sein?‘ nervös wird. Er hat nämlich den Eindruck, daß dies ein ziemlich neutraler Gedanke ist, der nicht mit dem unter C beschriebenen Spannungsgefühl übereinstimmt. Er bittet Alex, die Frage durch eine eindeutigere Aussage zu ersetzen. Der einzige Gedanke, den Alex daraufhin nennen kann, ist: ‚Ich weiß bestimmt wieder nicht, was ich sagen soll.‘ Um zu untersuchen, ob vielleicht noch andere Gedanken eine Rolle spielen, schlägt der Therapeut vor, zusammen eine ‚Einbildungsübung‘ zu machen. Das ist eine Übung, bei der Alex versucht, sich mit geschlossenen Augen in Gedanken in die Situation zu versetzen, in der das Telefon läutete; er wird dabei vom Therapeuten unterstützt, der die Situation möglichst lebendig beschreibt. Zu Beginn der Übung wird Alex nervös, weil er sich vom Therapeuten beobachtet fühlt. Das geht nach einiger Zeit jedoch besser, und nach einigen Minuten kommt er zu neuen Gedanken, die unten im Schema beschrieben sind. Mit diesen Gedanken wird dann weitergearbeitet. Am Ende der Sitzung sieht die Analyse folgendermaßen aus:

A. Das Telefon geht.
B. Ich muß abnehmen.
Ich tue es lieber nicht, gleich kommt mein Bruder Theodor herein, und dann weiß ich nicht mehr, was ich sagen soll. Was bin ich doch für ein Feigling. Gleich muß ich etwas ablehnen, und das kann ich nicht. Wenn ich so zittere, hören sie an meiner Stimme, daß ich nervös bin.
C. Nervös, zittrig.
D. Wer sagt denn, daß ich abnehmen muß? Woher weißt du denn, daß Theodor gleich hereinkommt, und warum sollst du dann nichts mehr sagen können? Denkst du, daß du dein Ziel erreichst (entspannter das Telefon abnehmen können), wenn du dir vorhältst, daß du ein Feigling bist? Wer sagt denn, daß du um etwas gebeten wirst, was du ablehnen mußt? Woher weißt du, daß du zittern wirst, und selbst wenn, was ist daran so schlimm? Was macht es aus, wenn andere Menschen merken, daß du nervös bist?
E. Ich muß natürlich nichts, ich kann das Telefon auch läuten lassen. Wenn ich das tue, ärgere ich mich nur noch mehr über mich, also nehme ich lieber ab. Ich weiß nicht, ob Theodor hereinkommt, und wenn er kommt, kann ich sicher noch etwas sagen, selbst wenn es nervöser klingt. Ich kann mich natürlich selbst fertig machen, aber davon wird es auch nicht besser, aller Anfang ist schwer, und es wäre schon ein großer Erfolg, wenn ich das Telefon endlich abnehme.

Dritte bis sechste Sitzung

Diese Sitzungen verlaufen auf die gleiche Weise, aber der Akzent verschiebt sich von ‚oberflächlichen‘ Gedanken wie ‚ich weiß nicht, was ich sagen soll‘ oder ‚ich darf nicht nervös sein‘ auf tieferliegende Gedanken. Wichtig bei Alex sind vor allem die Grundannahmen ‚jeder muß mich nett finden‘ und ‚ich muß in allem perfekt sein‘. Indem diese immer wieder besprochen werden, lernt Alex, sie in verschiedenen Situationen selbst zu erkennen und seine übertrieben hohen Anforderungen an sich selbst etwas zu verringern. In Kapitel 5 ist ein Fragment eines Therapiegesprächs beschrieben, in dem illustriert wird, wie die Herausforderung solcher Gedanken verlaufen kann.

152

In Kapitel 3 werden verschiedene allgemeine Punkte genannt, die bei der Durchführung von kognitiver Therapie wichtig sind. Der wesentlichste Punkt ist wahrscheinlich, daß der Therapeut darauf achten muß, nicht der strenge Richter zu werden, der den Patienten für seine unvernünftigen Gedanken zur Verantwortung ruft. Kognitive Therapie hat vor allem dann Erfolg, wenn der Patient durch den sokratischen Dialog mit dem Therapeuten lernt, seine eigenen Gedanken kritisch zu betrachten und sie in Frage zu stellen.

Die Erfahrung lehrt, daß kognitive Therapie bei Sozialphobikern zu einigen spezifischen Problemen führen kann, die wir hier kurz besprechen. Es ist wichtig, daß der Therapeut auf die Angst des Patienten vor einer Beurteilung bzw. davor, es nicht richtig zu machen, achtet. Diese Angst kann auf verschiedene Arten zum Ausdruck kommen, auch in der Sitzung selbst. Bemerkungen wie ‚ich denke überhaupt nichts‘ oder ‚ich weiß nicht, was ich denke‘ können auf die Angst vor Beurteilung hinweisen. Besonders bei intellektuell begabteren Patienten kommt es manchmal vor, daß sie den Sinn der Aufgaben schnell begreifen und allerlei rationale Gedanken nennen können, so daß der Therapeut den Eindruck bekommt, daß die Kognitionen jedenfalls nicht das Problem sind. Auch dieses Verhalten kann jedoch eine Äußerung der Angst vor Beurteilung sein, die dazu führt daß der Patient wesentliche Gedanken, für die er sich jedoch schämt, für sich behält. Auch wenn die Analysen zuhause nicht gemacht werden, kann das eine Folge der Angst sein, etwas falsch zu machen. Zudem ist es auch bei kognitiver Therapie von großer Bedeutung, daß sich der Therapeut vor Augen hält, daß die Prinzipien zwar einfach sind und der Patient ziemlich schnell lernen kann, seine irrationalen Gedanken aufzufinden, daß es aber viel mehr Zeit kostet, im täglichen Leben rationaler zu reagieren. Was den Inhalt der Gedanken angeht, scheinen bei Sozialphobikern oft dieselben irrationalen Erwartungen und Wünsche aufzutauchen. Diese wurden an verschiedenen Orten beschrieben, unter anderem von Ellis (1962). Smith (1973) hat eine Reihe dieser Kognitionen als zehn ‚assertive Grundrechte‘ formuliert, nämlich:

1. Das Recht, über eigenes Verhalten, Gedanken und Gefühle selbst zu urteilen.
2. Das Recht, keine Erklärungen oder Entschuldigungen für das eigene Verhalten zu geben.
3. Das Recht, selbst zu bestimmen, ob man für die Probleme eines anderen eine Lösung sucht oder nicht.
4. Das Recht, seine Meinung zu ändern.
5. Das Recht, Fehler zu machen und dafür selbst verantwortlich zu sein.
6. Das Recht zu sagen ‚ich weiß es nicht‘.
7. Das Recht, unlogische Entscheidungen zu treffen.
8. Das Recht zu sagen ‚ich verstehe das nicht‘.
9. Das Recht zu sagen ‚das ist mir egal‘.
10. Es ist nicht nötig, von anderen sympathisch gefunden zu werden, um mit ihnen umzugehen.

Neben dem Eingehen auf den Inhalt der Gedanken ist es wichtig, auf irrationale Denkstile zu achten. Beispiele dafür sind: mit zweierlei Maß messen, Schwarz-Weiß-Denken, nur auf negative Dinge achten und das Positive nicht sehen.

In-vivo-Exposition

In diesem Buch wurde bereits gesagt, daß graduelle in-vivo-Exposition sich bei der Reduktion von Angst als sehr effektiv erwiesen hat. In-vivo-Exposition beruht auf dem Prinzip, daß Individuen dazu neigen, Situationen, in denen Angstgefühle ausgelöst werden, zu vermeiden, daß dieses Vermeidungsverhalten durch Spannungsreduktion verstärkt wird, und daß das Vermeidungsverhalten auf andere Situationen generalisiert. Die Basisprinzipien von in-vivo-Exposition, so wie sie in Kapitel 3 besprochen wurden, sind einfach, nämlich: das Vermeidungsverhalten aufgeben (indem die gefürchtete Situation in allmählich steigendem Schwierigkeitsgrad wieder aufgesucht wird), lernen, die Spannung auszuhalten, und bemerken, daß diese von selbst abnimmt, wenn die Konfrontation mit dem angstauslösenden Stimulus lange genug dauert. Die Anwendung von in-vivo-Exposition bei sozialer Phobie führt jedoch zu einigen Problemen, die wir hier kurz besprechen. Für eine ausführliche Übersicht wird auf Butler (1985) verwiesen.

- Da die meisten sozialen Situationen unvorhersagbar sind (nämlich abhängig vom Verhalten anderer), ist es nicht einfach, eine gute Hierarchie von allmählich schwieriger werdenden Situationen aufzustellen, und noch viel schwieriger, diese in der richtigen Reihenfolge zu üben.
- Viele soziale Situationen dauern nur kurz, z. B. wenn man sich jemandem vorstellt oder Kritik übt oder erhält, und jedenfalls nicht so lang, daß es zu einer Angstreduktion kommen kann.
- In vielen Fällen herrscht der Eindruck, daß Sozialphobiker schon relativ viel Exposition erhalten. Das Leben besteht nun einmal aus sozialen Situationen, und Kontakt mit anderen Menschen findet gewöhnlich täglich statt. Trotzdem führt dies nicht zu einer Abnahme der Nervosität in sozialen Situationen. So beklagte sich einer unserer Patienten darüber, daß er sich immer noch nervös fühlte, wenn er andere Menschen ansah, obwohl er das nur wenig vermied und sich zwang, seine Augen nicht mehr niederzuschlagen.
- Während bei Agoraphobie die Angst, körperliche Beschwerden oder sogar einen Herzinfarkt zu bekommen oder zu sterben im Mittelpunkt steht, geht es bei sozialer Phobie um die Angst vor der (unter Umständen nicht ausgesprochenen) kritischen Beurteilung durch andere. In-vivo-Exposition verschafft Agoraphobikern den Beweis, daß ihre größte Angst, das Unwohl- oder Ohnmächtigwerden, nicht auftritt oder jedenfalls viel weniger schlimm als befürchtet. Sozialphobiker machen sich jedoch trotz der in-vivo-Exposition Sor-

154

gen über die Meinung der anderen und erhalten in vielen Fällen darüber keine konkrete Information.

Durch diese Aspekte wird die ‚normale‘ Anwendung von gradueller in-vivo-Exposition, nämlich allmählich schwieriger werdende Situationen aufzusuchen und darin zu verbleiben, bis die Spannung verschwindet, ernsthaft erschwert. Das bedeutet auch, daß man gut daran tut, bei dieser Gruppe die Expositionbehandlung etwas anzupassen. Erstens ist es gut, das häufige Aufsuchen von schwierigen Situationen zu betonen, wenn eine langfristige Exposition nicht möglich ist. Zudem muß dem Patienten erklärt werden, daß ein allmähliches Ansteigen des Schwierigkeitsgrades zwar erwünscht, aber lang nicht in allen Fällen möglich ist. Beim Aufstellen der Hierarchie ist es vernünftig zu untersuchen, ob bestimmte Themen in den vom Patienten gefürchteten Situationen entdeckt werden können. Zu diesen Themen können dann getrennte Hierarchien aufgestellt werden, die auch jeweils getrennt durchgearbeitet werden. Dabei ist es möglich, daß der Patient innerhalb der einen Hierarchie schon ziemlich weit gekommen ist, während er mit dem Üben der anderen noch beginnen muß. Es ist sehr wichtig, das Vermeidungsverhalten zu inventarisieren. Dabei muß natürlich auf Situationen geachtet werden, die der Patient vermeidet, z. B. Besprechungen, Besuche u. a., aber vor allem auf bestimmte Verhaltensweisen des Patienten, mit denen er versucht, eine bedrohliche Situation zu verhindern. Zur Illustration: manche Sozialphobiker sind sehr gesprächig, um damit zu verhindern, daß ein anderer ein für sie unangenehmes Thema anschneidet. Auch vielfaches Entschuldigen für gemachte ‚Fehler‘ braucht kein Hinweis auf besondere Höflichkeit zu sein, sondern kann auch dazu gedacht sein, kritischen Bemerkungen anderer zuvorzukommen. In der Expositionsbehandlung wird der Patient dann angeregt, allmählich gerade das Verhalten zu zeigen, durch das die Wahrscheinlichkeit einer gefürchteten Situation zunimmt, was ihm die Gelegenheit bietet, sich an diese Situationen zu gewöhnen.

In der Praxis geschieht die Aufstellung der Hierarchie folgendermaßen. Zuerst muß untersucht werden, welche Themen in den vom Patienten gefürchteten Situationen wichtig sind, z. B. Kontakt knüpfen mit Unbekannten, eigene Gefühle äußern, vor anderen eingestehen, daß man etwas nicht weiß, über bestimmte schwierige Themen sprechen, Fehler machen, Kritik erhalten, etwas in einer Gruppe erzählen, angesehen werden, Initiative ergreifen etc. Obwohl es sich bei der sozialen Phobie im wesentlichen um die Angst handelt, von anderen kritisch beurteilt zu werden, kann diese Angst in der einen Situation viel stärker sein als in der anderen. Meistens geht es übrigens um Kombinationen dieser Themen.

Danach werden zu diesen Themen verschiedene Aufträge auf Kärtchen geschrieben und diese werden vom Patienten in aufsteigendem Schwierigkeitsgrad geordnet (nach dem bereits besprochenen Prinzip des Angstthermometers). Manche Aufträge auf dieser Liste sind noch nicht so genau beschrieben. Das ist in dieser Phase kein Problem. Zu dem Zeitpunkt, zu dem der Auftrag jedoch ausgeführt wird, ist es vernünftig, ganz genau zu besprechen, welches Verhalten der Patient in der Situation zeigen soll, bei welchen Menschen er den Auftrag ausführen muß, in welchen Geschäften, Restaurants etc.

Beispiele für Aufträge zum Thema ‚selbstsicheres Verhalten‘ sind:

- In ein Geschäft für Werkzeuge/Haushaltsartikel gehen und sich über einen bestimmten Artikel gründlich beraten lassen. Vorher einige Fragen überlegen bezüglich Preis, Garantie etc. Eine Demonstration des Gerätes verlangen.
- In ein Kleidungs-/Schuhgeschäft gehen und um Bedienung bitten. Mindestens fünf Artikel probieren, aber nichts kaufen.
- Einen Artikel im Supermarkt kaufen zu einem Zeitpunkt, zu dem es sehr voll ist; dafür sorgen, daß man abgezähltes Geld bei sich hat und den ersten in der Reihe fragen, ob man schnell vor ihm bezahlen darf.
- Mehrere Restaurants besuchen, sowohl teure als billige, und sich informieren über die Möglichkeiten, mit einer Gruppe von fünfzehn Leuten zum Essen zu kommen.
- In einem Warenhaus in die Weckerabteilung gehen und verschiedene Wecker ausprobieren. Dies in verschiedenen Geschäften durchführen. Auf eventuelle Fragen antworten, daß man auf der Suche nach einem sehr lauten Wecker ist.
- In ein Geschäft gehen und fragen, ob man kurz auf die Toilette gehen darf.

Es ist wichtig, daß es sich bei Expositions-Übungen nicht darum handelt, sozial kompetentes Verhalten zu üben, obwohl dies bei manchen Aufträgen natürlich automatisch geschieht. Bei anderen kann es jedoch gerade sinnvoll sein, den Patienten sozial inakzeptables Verhalten ausführen zu lassen. Es kann z. B. sozial sehr kompetent sein, sich für einen Fehler zu entschuldigen, aber im Rahmen von in-vivo-Exposition kann das gerade einen negativen Effekt haben. Genauso gilt es nicht als sozial kompetent, jemanden länger als 10 Sekunden ununterbrochen anzusehen, aber als Expositions-Übung kann es sehr nützlich sein.

Zum Schluß folgt hier eine kurze Zusammenfassung des Expositions-Teils der Behandlung von Alex.

Erste Sitzung

Alex hat inzwischen wieder einige Wochen ‚Pause‘ gehabt, in denen es ihm ziemlich gut gegangen ist. Er hat den Eindruck, daß er die Fortschritte der vorigen Sitzungen aufrechterhalten konnte. Diese Sitzung wird der Erklärung der Expositionsprinzipien und der Aufstellung der Hierarchieliste gewidmet. Bei der Erklärung wird vor allem betont, daß es darum geht, langfristig oder häufig in schwierigen Situationen zu üben, und daß Alex nicht aufhören darf, bevor die Spannung nicht deutlich gesunken ist. Bei der Besprechung fällt auf, daß Alex doch noch ziemlich viele Situationen vermeidet. Er denkt selbst, daß das teilweise eine Frage der Gewöhnung ist, und daß er auf jeden Fall viel weniger Angst vor gewissen Situationen hat als früher, aber er neigt doch noch dazu, sich zurückzuziehen.

Die Expositions-Hierarchie sieht schließlich so aus (vom einfachsten zum schwierigsten Auftrag):

Zum Thema ‚angesehen werden‘:
– Geh durch eine volle Straße im Stadtzentrum und nimm dabei eine selbstsichere Haltung an. Geh gerade aus, weiche anderen Menschen nicht aus, und schau jeden, der dir entgegenkommt, aufmerksam an. Frag mehrere Menschen, wie spät es ist, oder bitte sie, dir den Weg zu einer bestimmten Straße zu erklären. Mach es schwieriger, indem du beim Gehen laut singst und nach einer Straße fragst, in der du gerade selbst stehst.
– Geh an voll besetzten Terassen vorbei oder geh in volle Cafés und steh lange still, um jeden auf der Terasse oder im Café aufmerksam anzusehen. Mache dies bei verschiedenen Cafés, bis die Spannung sinkt.
– Fahr in der Stoßzeit mit dem Autobus. Setz dich jemand anderem gegenüber und schaue diese Person lange an. Wenn diese Aufgabe gut geht: mach es schwieriger, indem du ein Gespräch mit dem anderen beginnst.
– Geh in ein volles Café und bestell eine Tasse Kaffee. Schau um dich hin und sieh dir die anderen Menschen gut an. Bleib hier so lange sitzen, bis die Spannung sinkt. Tu danach dasselbe in einem anderen Café.
– Telefoniere mehrmals, während andere Leute in der Nähe sind. Beginne mit den einfachsten Gesprächen (z.B. die Zugauskunft anrufen) und mit den angenehmsten Menschen in deiner Nähe, und mache es allmählich immer schwieriger.
– Geh mit jemandem in die Sauna.

Zum Thema ‚sich selbstsicher verhalten‘:
– Besuche mehrere Kleidergeschäfte und probiere verschiedene Artikel an. Laß dich von jemandem beraten, geh jedoch weg, ohne etwas zu kaufen.
– Stelle in der Informatikstunde in der Schule mehrere Fragen. Versuche, gut auf die Antwort zu achten und diese laut zusammenzufassen.
– Stelle einige ‚dumme‘ Fragen, auf die du eigentlich die Antwort weißt.

Zum Thema ‚Initiative ergreifen‘:
– Gehe in deinem Bezirk einkaufen. Wenn du Bekannte triffst, knüpf ein Gespräch mit ihnen an.
– Ruf einen Freund deiner ehemaligen Klasse an und lade ihn ein, gemeinsam etwas zu unternehmen, z.B. ins Kino zu gehen.
– Versuche einen Tag lang, mit verschiedenen Leuten aus deiner Klasse kurze Gespräche anzuknüpfen.
– Erzähle in der Schule während der Kaffeepause etwas, das du in den letzten Tagen erlebt hast. Sorge dafür, daß du das Gespräch mindestens zehn Minuten aufrechterhältst. Übe mit immer größeren Gruppen.
– Knüpfe in der Kaffeepause ein Gespräch an mit einem Mädchen, das du nett findest und halte das Gespräch zehn Minuten aufrecht.
– Besuche unangekündigt einen Bekannten. Frag ihn, ob es ihm recht ist und bleib dann mindestens eineinhalb Stunden. Versuche, das Gespräch aufrechtzuerhalten.
– Frage ein Mädchen, ob sie einen Abend mit dir ausgehen will.
– Gehe einen Abend mit einem Mädchen aus, erst irgendwo essen, dann ins Kino.

157

Die Expositions-Aufgaben verlaufen im allgemeinen sehr gut. Alex merkt, daß er zu Beginn meistens sehr nervös ist, aber auch, daß die Spannung schnell abnimmt. Er sagt, daß er gerade durch die Exposition wieder ein Gefühl von Freiheit bekommt, das Gefühl, daß er überall hingehen und daß er unbekannten Menschen jedenfalls in die Augen sehen kann. Kleider anzuprobieren und um Information in einem Geschäft zu bitten, fällt ihm nach einigem Üben immer weniger schwer. Auch das Telefonieren geht leichter. Das Schwierigste bleiben die Übungen zum Thema ‚Initiative zu ergreifen‘. In dieser Hierarchie erweisen sich viele ‚Zwischenaufgaben‘ als notwendig, da die in der ersten Sitzung formulierten Aufträge sich in ihrer Schwierigkeit sehr voneinander unterscheiden. Der Therapeut überläßt die Initiative beim Ausdenken neuer Aufgaben so weit wie möglich Alex, der immer kreativer beim Finden neuer Übungsmöglichkeiten wird.

Nach sechs Sitzungen wird dieser Block abgeschlossen und es folgen wieder vier Wochen ohne Therapie. Als Alex danach zurückkommt, ist er der Meinung, daß sich im Ganzen gesehen einiges verbessert hat. Er hat jedoch noch das Bedürfnis nach weiterer Betreuung und findet, daß er am meisten von der kognitiven Therapie und Exposition profitiert hat, eine Meinung, die vom Therapeuten geteilt wird. Darum wird beschlossen, in einigen Sitzungen mit einer Kombination dieser beiden Strategien weiterzumachen. Anfangs finden diese Sitzungen wöchentlich statt, nach der achten Sitzung wird die Frequenz allmählich erniedrigt. Nach fünfzehn Sitzungen (insgesamt 33) kann die Behandlung abgeschlossen werden. Im letzten Gespräch stellt Alex fest, daß sein Leben sich drastisch geändert hat. Teilweise liegt das daran, weil er seit kurzem eine Freundin hat. Er hat sie durch eine Anzeige kennengelernt, die er völlig aus eigener Initiative aufgegeben hat. Sein Selbstvertrauen ist unter anderem dadurch um einiges größer geworden. Beim Rückblick auf die Behandlung findet er, daß er am meisten von der kognitiven Therapie profitiert hat. Er hat den Eindruck, daß er viel weniger durch einen Rückfall gefährdet ist, seitdem er seine Gedanken selbst analysieren kann.

Gruppen- versus Einzelbehandlung

Bei der Besprechung der Forschungsergebnisse wurde berichtet, daß ein direkter Effektivitätsvergleich von Einzel- und Gruppenbehandlung nur in wenigen Arbeiten erfolgte und daß keine Unterschiede festgestellt werden konnten. Beide Behandlungen haben jedoch ihre Vor- und Nachteile, die wir hier kurz besprechen.

Gruppenbehandlung hat als wichtigen Vorteil die andauernde Exposition an die für viele Sozialphobiker schwierigste Situation. Zudem sind viele Sozialphobiker davon überzeugt, daß sie die einzigen mit solchen Ängsten sind, und allein schon die Erkenntnis, daß andere das Gleiche haben, kann sehr relativierend wirken. Viele Patienten können aus dem Vergleich mit anderen Gruppenmitgliedern den Schluß ziehen, daß sie es selbst eigentlich gar nicht so schlecht machen. Ein sehr wichtiger Vorteil ist schließlich, daß die übrigen Gruppenmitglieder bei der Behandlung aktiv eingeschaltet werden können: beim sozialen Kompetenztraining, indem sie als Modell oder Gegenspieler fungieren, bei kognitiver Therapie, indem die Objektivität irrationaler Gedanken über das eigene Funktionieren direkt mit der Meinung der anderen Gruppenmitglieder verglichen werden kann, und bei in-vivo-Exposition, indem viele Übungen im Beisein anderer Gruppenmitglieder durchgeführt werden können, z. B. ‚von allen angesehen werden', erst ohne etwas zu tun, später beim Telefonieren, oder ‚von allen Komplimente oder Kritik erhalten'.

Der große Nachteil von Gruppen ist natürlich, daß oft zu wenig Zeit ist, um auf die individuellen Probleme einzugehen. Auch kann eine Gruppe für manche Teilnehmer so bedrohlich sein, daß sie sich nur wenig zu erzählen getrauen, wodurch die Behandlung keinen Effekt hat. Sich mit anderen Gruppenmitgliedern zu vergleichen und zu hören, daß sie unter denselben Problemen leiden, wirkt bei manchen Patienten genau verkehrt, weil sie finden, daß sie sogar in einer Gruppe von Menschen mit ähnlichen Problemen am ängstlichsten oder ungeschicktesten sind.

Behandlung von Errötungs- oder Zitterangst

In Kapitel 1 wurde Max beschrieben, der wegen seiner Angst, in Gesellschaft zu erröten und zu schwitzen, zu uns überwiesen wurde. Solche Beschwerden werden gewöhnlich als Äußerung einer (möglicherweise generalisierten) sozialen Phobie aufgefaßt und daher auch oft auf dieselbe Art behandelt, z. B. mit sozialem Kompetenztraining oder kognitiver Therapie. Die Behandlungsergebnisse bei diesen Beschwerden sind jedoch unbefriedigend. Das scheint vor allem daran zu liegen, daß in einer ‚allgemeinen' Behandlung von sozialer Angst der spezifischen Art dieser Beschwerden zu wenig Aufmerksamkeit gewidmet wird.

Kennzeichnend für Errötungs- und Zitterangst ist nämlich das Vorhandensein eines Teufelskreises: als Folge der Angst zu erröten oder zu zittern tritt dieses Phänomen auch wirklich auf. Zudem wird das Symptom durch ausgebreitetes subtiles Vermeidungsverhalten aufrechterhalten, wonach in der Behandlung sehr spezifisch gefragt werden muß. Vermeidungsverhalten beim Erröten kann sich im Tragen von Rollkragenpullis, Brillen mit großen dunklen Gläsern, Bartwuchs oder dicken Schichten Make-up äußern. Hinzu kommen die Vermeidung von Räumen mit hellem Kunstlicht, in einer Gruppe ganz hinten zu sitzen, sich schnell zu bücken, um etwas aufzuheben, und die Vermeidung schwieriger Gesprächsthemen.

Das Vermeiden von Zittern ist gewöhnlich situationsgebundener und kann sich beschränken auf die Vermeidung von Situationen, in denen mit anderen gegessen und getrunken wird, auf die Vermeidung einer Unterschrift (z. B. bei Schecks) oder des Verabreichens von Spritzen. Wie weit diese Vermeidung gehen kann, wird illustriert an der Geschichte einer dreißigjährigen Frau, die vor vier Jahren beim Singen eines Liedes anläßlich einer Hochzeit merkte, daß ihre Hände so zitterten, daß sie die Noten nicht gut festhalten konnte. Sie verschwand auf die Toilette und sang nicht mehr mit. Während des restlichen Abends bemerkte sie, daß sie auch beim Trinken zu zittern begann. Seit diesem Abend hat sie in Gesellschaft nur dann gegessen und getrunken, wenn sie davor Medikamente einnahm. Die Vermeidung von Schwitzen bezieht sich oft auf Situationen, in denen der Betroffene den Eindruck hat, daß er nicht einfach weg kann, z. B. ein Mittag- oder Abendessen, oder bestimmte Spiele wie z. B. jazzen. Dies kann so weit gehen, daß jemand auch Situationen vermeidet, in denen Schwitzen ganz natürlich ist, wie z. B. die Teilnahme an Sportwettkämpfen oder den Besuch einer Sauna.

Viele Patienten mit solchen Beschwerden sind davon überzeugt, daß sie bestimmt keine Probleme mit sozialen Kontakten mehr hätten, wenn sie sicher wüßten, daß sie nie mehr erröten, schwitzen oder zittern werden, und es ist in der Tat wahrscheinlich, daß dieser Teufelskreis bei ihnen den Kern des Problems bildet. De Jong (1987) gibt eine Übersicht möglicher Strategien, den Teufelskreis zu durchbrechen. Die wichtigsten davon sind die paradoxe Intention, näher ausgearbeitet von Van Dyck (1977) und das Zurschaustellen von Symptomen, beschrieben von Lange (1980) bei der Behandlung einer Frau mit zitternden Händen. Als dritte Strategie, die vor allem in Frage kommt, wenn die anderen beiden zu schwierig sind, nennt De Jong, akzeptable Erklärungen für das Zittern zu geben. Menschen mit Zitterangst haben oft Angst, daß sie von ihrer Umgebung als Nervenbündel oder Alkoholiker angesehen werden, und das Anbieten einer alternativen Erklärung kann den Teufelskreis an sich schon durchbrechen. Der Nachteil eines solchen Ansatzes ist unseres Erachtens, daß die irrationalen Kognitionen, die den Ängsten zugrunde liegen, nicht behandelt werden und daß die betroffene Person nicht lernt, die Situation auszuhalten, daß andere sie in der Tat als Nervenbündel erleben. Als erster Schritt kann die Verwendung von Erklärungen jedoch zu guten Ergebnissen führen.

Terluin und Bannink (1987) beschreiben eine Strategie für die Behandlung von Errötungsangst. Elemente der Behandlung sind in-vivo-Exposition, kognitive Umstrukturierung, Entspannungstherapie, soziales Kompetenztraining, Ichverstärkung sowie Selbstbeobachtung und -registrierung. Die ersten Resultate dieser Behandlungen geben Anlaß zu Hoffnung, aber bis jetzt existieren nur Fallbeschreibungen. Momentan wird bei uns eine Untersuchung durchgeführt, in der die Effektivität von in-vivo-Exposition und kognitiver Umstrukturierung in Kombination miteinander bei größeren Patientengruppen evaluiert wird. Einer der wesentlichsten Behandlungsteile ist das Festsetzen realistischer Therapieziele zusammen mit dem Patienten. Dabei wird das Erröten oder Zittern als individuelle Empfindlichkeit oder sogar als Behinderung benannt, mit der der Patient zu leben lernen muß. Die Behandlung richtet sich dann nicht darauf, das Erröten oder Zittern, sondern die Angst davor verschwinden zu lassen. Üblicherweise nehmen die Symptome übrigens ab, wenn die Angst abnimmt.

Behandlung von Dysmorphophobie

Dysmorphophobie wurde in Kapitel 1 beschrieben als die ausschließliche Beschäftigung mit bestimmten Körperteilen, obwohl dafür objektiv gesehen kein Grund vorliegt. Diese Störung kommt ziemlich selten vor und obwohl sie im DSM-III-R nicht als eine Form von sozialer Phobie aufgefaßt wird, gibt es sicher Ähnlichkeiten, vor allem was die Vermeidung von sozialen Situationen und die Angst vor einer Beurteilung von anderen betrifft. Die Behandlung selbst wurde bis jetzt nur wenig untersucht, abgesehen von einigen Fallbeschreibungen. Eine Behandlung, die nur in-vivo-Exposition umfaßte, erbrachte gute Ergebnisse bei fünf Patienten mit dieser Störung (Marks & Mishan, 1988). Nicht nur die Vermeidung sozialer Situationen nahm stark ab, sondern auch der ‚Wahngedanke' selbst. Wichtig bei der Behandlung ist natürlich, daß der Therapeut das Problem ernst nimmt und sich nicht zu den gutmeinenden Familienmitgliedern und Freunden gesellt, die dem Patienten schon zahllose Male versichert haben, daß wirklich nichts zu sehen ist.

Von Evers (1988) wurde eine Strategie beschrieben, die bei vielen Dysmorphophobikern zu guten Ergebnissen zu führen scheint. Kurz zusammengefaßt ist das Wesentliche der Behandlung folgendes: Bei Dysmorphophobikern geht es sowohl um die Idee, einen häßlichen Körperteil zu haben, als auch um die feste Überzeugung, daß andere diesen sehen. Wenn es dem Therapeuten gelingt, eine Situation zu kreiieren, in der sehr deutlich wird, daß ‚naive' Beurteiler nichts Besonderes an dem Patienten sehen, wird es für diesen schwierig, am zweiten Aspekt der Störung festzuhalten. In diesem Fall entsteht nach Evers eine kognitive Dissonanz, die vom Patienten aufgelöst werden kann, indem er die Wahrnehmung seines eigenen Äußeren verändert. Für eine nähere Beschreibung der Behandlung wird auf den Artikel von Evers (1988) verwiesen.

Soweit die Beschreibung diverser Aspekte der Behandlung von sozialer Phobie. Ein Punkt der Behandlung ist so allgemein, daß er hier genannt werden muß. Es wurde bereits gesagt, daß die Grenze zwischen ‚normal' und ‚abweichend' bei diesen Störungen nur schwer zu ziehen ist. Viele Sozialphobiker haben gerade deshalb Probleme mit sozialen Situationen, weil sie finden, daß sie niemals nervös sein dürfen und daß es sehr schlimm ist, wenn andere ihre Anspannung bemerken. Es ist darum wichtig, in der Behandlung diesen unvernünftigen Anforderungen an sich selbst Zeit zu widmen, wodurch das Problem schon bedeutend verringert werden kann.

7. Die Behandlung von Zwangsstörungen

7.1. Forschungsergebnisse

Die erste Methode der Verhaltenstherapie, die bei Patienten mit Zwangsymptomen, allerdings mit eher entmutigenden Resultaten Anwendung fand, war die systematische Desensibilisierung (Wolpe, 1958). Beech & Vaughan (1978) und Emmelkamp (1982) kommen in ihren Forschungsübersichten auf diesem Gebiet zu dem Schluß, daß die Erfolgsrate bei systematischer Desensibilisierung unterhalb der 50 %-Grenze liegt. Führt man sich vor Augen, daß es sich dabei nahezu ausschließlich um Einzelfallstudien handelt, daß Autoren im allgemeinen nur Erfolgsfälle zur Publikation anbieten und daß die Redaktionen von Fachzeitschriften häufig nur erfolgreiche Behandlungen publizieren, so darf man annehmen, daß die tatsächliche Erfolgsrate von systematischer Desensibilisierung noch niedriger liegt. Andere Verfahren zur Behandlung von Zwangsstörungen, die in der Literatur genannt werden, sind: Implosionstherapie, In-vivo-Exposition, Flooding in der Vorstellung und in vivo sowie Aversionstherapie. Auch hierbei handelte es sich hauptsächlich um Einzelfallstudien. Obwohl ihre theoretischen Grundlagen unterschiedlich sind, haben all diese Behandlungen mindestens ein gemeinschaftliches Element, nämlich die Exposition mit angstinduzierenden Stimuli. Diese Exposition kann sowohl in sensu als auch in vivo durchgeführt werden. Bei der Aversionstherapie werden die Patienten aufgefordert, sich obsessive Szenen vorzustellen. Sobald diese Szenen in ausreichender Plastizität in der Vorstellung der Patienten existieren, introduziert der Therapeut einen stark aversiven Stimulus. Dieser kann aus einem (schwachen) elektrischen Schock bestehen oder – wie im Falle der ‚Covert Sensitization‘ – aus der Vorstellung aversiver Konsequenzen. Es ist aber zweifelhaft, ob die Anwendung dieser aversiven Stimuli wirklich notwendig ist, da aus neueren Studien hervorgeht, daß reine Exposition, vor allem In-vivo-Exposition, eine effektive Behandlung für Zwangspatienten darstellt.

162

Exposition und Reaktionsverhinderung

Für die klinische Behandlung von Zwangspatientenen entwickelten Meyer und seine Mitarbeiter ein Programm aus einer Kombination von Reaktionsverhinderung, Modelling und In-vivo-Exposition (Meyer et al., 1974). Nachdem eine Funktionsanalyse der Zwangshandlungen aufgestellt worden war, erhielt das Pflegepersonal den Auftrag, die Ausführung der Zwangsrituale zu verhindern (Reaktionsverhinderung). Sobald die Reaktionsverhinderung zur Elimination der Rituale geführt hatte, wurden die Patienten allmählich mit Situationen, die eine größere Zahl von Streßmomenten enthielten und normalerweise die Zwangsrituale aufriefen, konfrontiert. In dieser Behandlungsphase wurde Modelling appliziert: zuerst demonstrierte der Therapeut die Handlungen, vor denen der Patient Angst hatte, berührte z.B. „verschmutzte" Gegenstände wie Unterwäsche u.ä. und ermutigte den Patienten zur Nachahmung. Meyer und seine Mitarbeiter beschrieben die Ergebnisse dieses Programms bei fünfzehn Patienten. Bei den meisten von ihnen schien die Behandlung erfolgreich gewesen zu sein. Später haben eine Reihe von Forschern die Wirksamkeit der verschiedenen Komponenten dieses Programmpaketes überprüft. Die Resultate dieser Untersuchungen werden im folgenden kurz besprochen.

- Graduelle In-vivo-Exposition ist ebenso effektiv wie In-vivo-Flooding. (Boersma et al., 1976; Marks et al., 1975). Anders formuliert heißt das, daß es nicht nötig ist, während einer In-vivo-Exposition die maximale Angst hervorzurufen. Da eine graduelle Exposition weniger Spannung hervorruft und vom Patienten einfacher ausgeführt werden kann, ist diese Methode dem Flooding vorzuziehen.
- Modelling durch den Therapeuten resultiert in der Regel nicht in einem größeren Behandlungseffekt. Obwohl die Untersuchungsdaten einer begrenzten Anzahl (n = 5) Patienten (Hodgson et al., 1972) annehmen lassen, daß Modelling den Effekt von In-vivo-Exposition verstärkt, ergibt sich aus anderen Studien, daß dies nicht der Fall ist (Boersma et al., 1976; Rachman et al., 1973).
- Der Patient kann die Behandlung selbständig in seiner natürlichen Umgebung durchführen, die Anwesenheit des Therapeuten ist dabei nicht notwendig. Emmelkamp & Kraanen (1977) verglichen vom Therapeuten kontrollierte Exposition mit selbstkontrollierter Exposition. Bei dieser Methode führt der Patient das Expositionsprogramm mit Hilfe von Hausaufgaben selbständig aus, wobei der Therapeut nicht anwesend ist. Obwohl sich in der Effektivität beider Behandlungsmethoden keine signifikanten Unterschiede zeigten, schien die selbstkontrollierte Exposition während einer Folgestudie, einen Monat nach Beendigung der Behandlung, mehr Wirkung erzielt zu haben als die vom Therapeuten kontrollierte Exposition. In der Untersuchung von Emmelkamp et al. (1988) erwies sich die selbstkontrollierte Exposition als genauso effektiv

wie die Exposition in Anwesenheit des Therapeuten. Faßt man die Ergebnisse beider Studien zusammen, so gelangt man zu der Schlußfolgerung, daß die Behandlung von Zwangspatientenen bei ihnen zuhause, ohne die Anwesenheit des Therapeuten durchgeführt, ebenso effektiv und in bedeutendem Maße konstendämpfend ist.

- Die Effektivität der Behandlung des Patienten wird durch die Einbeziehung des Partners nicht gesteigert. Sowohl aus einer Studie von Emmelkamp & De Lange (1983) als auch von Emmelkamp et al. (1990) resultiert, daß die Hinzuziehung des Partners bei der In-vivo-Exposition den Behandlungseffekt nicht verbesserte. In der Untersuchung von Emmelkamp und De Lange zeigte sich bei der Messung zum Abschluß der Behandlung die Gruppe, bei welcher der Partner an der Behandlung beteiligt worden war, etwas mehr verbessert, jedoch war dieser Effekt bei einer Nachmessung einen Monat später nicht zurückzufinden.

- Längere Expositionssitzungen sind effektiver als kürzere. Rabavilas et al. (1977) untersuchten die optimale Länge einer Expositionssitzung bei Zwangspatienten. Längere In-vivo-Exposition (2 Stunden) erwies sich als signifikant effektiver als eine kurze Exposition. Das kürzere Verfahren bestand aus einer zehnminütigen Exposition; danach folgten fünf Minuten mit neutralem Material, worauf sich wieder zehn Minuten Exposition anschlossen usw., bis zum Ende der zweistündigen Zeitdauer. Eine derartig wiederholte, kurze Exposition resultierte sogar in einer Stimmungsverschlechterung des Patienten. Dies läßt die Schlußfolgerung zu, daß Expositionssitzungen eher länger dauern müssen, um einen Effekt zu erzielen.

- Sowohl die Konfrontation mit den angstinduzierenden Stimuli als auch die Reaktionsverhinderung des Zwangsverhaltens sind wesentliche Bestandteile der Behandlung. Verschiedene Studien haben die jeweiligen Einzeleffekte von Exposition und Reaktionsverhinderung bei Zwangspatienten miteinander verglichen. Exposition führte im allgemeinen zu einer stärkeren Verringerung der Angst im Vergleich zu Reaktionsverhinderung, während Reaktionsverhinderung in der Regel in einer größeren Abnahme der Zwangsrituale resultierte. Die effektivste Behandlung bestand in der Kombination beider Verfahren (Foa et al., 1980, 1984). Ein auffallend großer Anteil der Patienten erlitt einen Rückfall, wenn die Behandlung nur eine der beiden Komponenten beinhaltet hatte. Zusammenfassend: Sowohl In-vivo-Exposition als auch Reaktionsverhinderung haben sich als wesentliche Bestandteile der Behandlung von Zwangsstörungen erwiesen.

- In-vivo- versus imaginäre Exposition: Obwohl sich bei der Behandlung von einfachen Phobien und Agoraphobie In-vivo-Exposition als effektiver als imaginäre Exposition erwiesen hat, ist der Effekt dieser beiden Expositionsmethoden bei Zwangspatienten weniger deutlich. Die wenigen Forschungsarbeiten, die bisher veröffentlicht wurden, lassen keine eindeutigen Resultate erkennen (Rabavilas et al., 1977; Foa et al., 1980, 1985). Im allgemeinen scheint Exposition in der Realität effektiver zu sein als in der Vorstellung. Demhingegen erweist sich das imaginäre Verfahren bei Patienten mit Kontrollzwang als scheinbar ebenso effektiv wie In-vivo-Exposition. Eine Erklärung hierfür ließe sich in der Tatsache finden, daß es bei Patienten mit Kontrollzwang häufig schwieriger ist, sie in vivo mit den Situationen zu konfrontieren, vor denen sie sich fürchten: so ist beispielsweise bei Patienten, die wegen der Furcht vor Katastrophen (wie z. B. vor Kriegsausbruch oder Unglücksfällen in der Familie) allerlei Kontrollhandlungen ausführen müssen, einfacher, sie derartige Situationen sich vorstellen zu lassen, als im Zuge der Behandlung eine In-vivo-Exposition zu konstruieren.

- Konzentrierte Exposition ist nicht effektiver als dekonzentrierte Exposition. Emmelkamp et al. (1988) untersuchten die Frage, inwieweit die Häufigkeit von In-vivo-Expositionssitzungen das Resultat der Behandlung beeinflußt. Sie verglichen zehn intensiv konzentrierte Behandlungssitzungen mit zehn dekonzentrierten Behandlungssitzungen. In der konzentrierten Behandlungskondition wurden pro Woche vier Sitzungen abgehalten, in der dekonzentrierten Kondition nur zwei. Die Resultate ergaben, daß die konzentrierte Behandlung nicht effektiver als die gestaffelte war. Obwohl die Patienten in der gestaffelten Kondition die Möglichkeit hatten, zwischen den einzelnen Sitzungen beängstigende Situationen zu vermeiden, wurde die Verringerung der Beschwerden dadurch nicht beeinträchtigt. Aus theoretischer Sicht hätte man eine Steigerung der Angst in der gestaffelten Kondition erwarten können; dies konnte aber nicht festgestellt werden. Möglicherweise hätte die Angst zwischen den einzelnen Sitzungen zunehmen können, wenn die Sitzungsdauer bei der gestaffelten Exposition kürzer gewesen wäre oder die Behandlung nur einmal pro Woche erfolgt wäre. In dieser Studie war eine Sitzungslänge von zwei Stunden gewählt worden, um die Sicherheit einer ausreichenden Habituation zu gewährleisten. Diese Forschungsergebnisse haben unmittelbare Konsequenzen für die Praxis. So zeigt das Fehlen eines Unterschiedes in der Effektivität von konzentrierten und dekonzentrierten Expositionssitzungen an, daß es nicht nötig ist, die Expositionsbehandlung tagtäglich auszuführen. Die Resultate verdeutlichen ferner, daß eine Expositionsbehandlung mit einer begrenzten Konzentration von zwei Sitzungen pro Woche eine effektive Therapie sein kann.
- Eine ambulante Behandlung ist oftmals ebenso effektiv wie eine klinische Behandlung. Bei den meisten Zwangspatienten ist eine klinische Aufnahme nicht notwendig, da eine Behandlung in häuslicher Umgebung vergleichbare Resultate ergibt. So zeigen auch die Ergebnisse einer Studie (Van den Hout et al., 1988) keine Unterschiede im Behandlungserfolg zwischen einem graduellen Expositionsprogramm, das durch die Patienten zuhause durchgeführt wurde, und einer langfristigen verhaltenstherapeutischen Behandlung in einer psychiatrischen Klinik.

– Die Behandlungseffekte sind von dauerhafter Natur. Diverse Follow-up-Studien erweisen, daß die Effekte von In-vivo-Exposition und Reaktionsverhinderung auch noch zwei Jahre (Kasvikis & Marks, 1988) und vier Jahre (Visser et al., 1992) nach Beendigung der Behandlung fortbestehen. Die Studie von Visser et al. ergab nicht nur, daß die Patienten nach vier Jahren in weitaus geringerem Maße unter Zwangshandlungen zu leiden hatten, sondern auch, daß ihre Stimmung weitaus weniger depressiv war als vorher. Hier folgen einige der Resultate, um einen Eindruck von der Art der erzielten Verbesserung zu vermitteln: bei der Nachmessung zeigten sich 28 Patienten (66 %) stark verbessert, 9 Patienten (20 %) verbessert, und nur bei 7 Patienten (15 %) war der Zustand unverändert.

– Nicht alle Patienten verbessern sich in gleichem Maße. Folgende Faktoren scheinen mit einem weniger guten Behandlungsresultat zusammenzuhängen: Ernst und Dauer der Beschwerden (Basoglu et al., 1988; Hoogduin, 1985), Art des Zwangs (Kontrollzwang hat eine schlechtere Prognose als Waschzwang, Basoglu et al., 1988; Boulougouris, 1977), wahnartige Zwangsgedanken (Basoglu et al., 1988; Foa et al., 1983) sowie negative Erziehungserfahrungen (Visser et al., 1991).

– Kognitive Therapie ist ebenso effektiv wie In-vivo-Exposition. In zwei Studien (Emmelkamp et al., 1988; Emmelkamp & Beens, 1991) wurde die Effektivität von selbstkontrollierter In-vivo-Exposition mit der von kognitiver Therapie (RET) bei Zwangspatienten verglichen. In beiden Forschungsarbeiten zeigte sich die kognitive Therapie ebenso effektiv wie die In-vivo-Exposition. Ferner erwies sich eine Kombination von kognitiver Therapie und In-vivo-Exposition nicht als effektiver als In-vivo-Exposition allein.

– In einer Reihe von Fällen scheint der Zwang eine andere Funktion zu erfüllen als die der reinen Angstreduktion. Unserer Erfahrung nach leiden zahlreiche Zwangspatienten an sozialer Angst und Subassertivität. In einigen Fällen scheint der Zwang die Funktion zu haben, anderen Personen zu entweichen. In derartigen Fällen zeigen sich In-vivo-Exposition und Reaktionsverhinderung von eingeschränktem Wert und müssen mit anderen Interventionen unterstützt werden. Emmelkamp (1982) beschreibt die erfolgreiche Behandlung einiger Zwangspatienten mit Hilfe von Assertivitätstraining.

In anderen Fällen scheint der Zwang der Verdrängung schmerzvoller Emotionen zu dienen. Regelmäßig sehen wir Zwangspatienten, die versuchen, Einsamkeit und Überdruß mit Zwangshandlungen zu vertreiben. Bei diesen Patienten scheint die Angstreduktion erst später eine Rolle innerhalb der Entstehungsgeschichte des Zwangs erhalten zu haben. Ein Beispiel kann dies verdeutlichen.

Jutta ist eine junge Frau, die bis zu ihrer Heirat mit viel Freude in einem Büro gearbeitet hat. Nach der Hochzeit hatte sie die Arbeit aufgegeben und versuchte seitdem, die Zeit totzuschlagen, indem sie sich ganz der ordentlichen Führung des Haushalts widmete. Daneben hatte sie keine weiteren Kontakte in ihrem Wohnort, aber solange sie eifrig mit dem Haushalt beschäftigt war, blieben Überdruß und Einsamkeitsgefühle im Hintergrund. Was anfangs eine unschuldige Gepflogenheit war, hat sich innerhalb eines Jahres zu einem Putzzwang entwickelt. Sie ist beängstigt, wenn das Haus ihrer Meinung nach nicht sauber ist und putzt selbst bis tief in die Nacht. Als sich das Ehepaar entscheidet, ein Kind zu bekommen, – unter anderem in der Hoffnung, daß Jutta dadurch weniger Zeit an den Haushalt verschwendet –, entwickelt der Zwang sich jedoch zu einem realen Problem. Die Versorgung ihrer kleinen Tochter beansprucht so viel Zeit, daß sie nicht mehr dazu kommt, ihre „haushälterischen Pflichten" zu erfüllen. Ihr Mann wird nun abends und am Wochenende eingeschaltet, um den Haushalt zu erledigen, – aber dann auf ihre Manier. Seitdem ihre Tochter laufen und mit ihren Fingern alles berühren kann, ist die Situation für Jutta unerträglich geworden. Sie schlägt ihre Tochter regelmäßig, wenn diese etwas anpackt oder ihr beim Putzen im Wege steht. Sie wird deswegen von starken Schuldgefühlen gequält, und dies ist der konkrete Anlaß für ihre Anmeldung zur Behandlung.

Es ist offenkundig, daß in derartigen Fällen eine Behandlung, welche sich ausschließlich auf das Abgewöhnen der Zwangshandlungen richtet, ohne die ursprüngliche Quelle der Spannung (den Überdruß und die Einsamkeit) zu behandeln, wenig Aussicht auf Erfolg bietet. In anderen Fällen sind es unverarbeitete Emotionen aus der Vergangenheit, die den Zwang nähren. Patienten versuchen dann, schmerzhafte Erinnerungen, Gefühle, Gedanken oder Bilder zu vermeiden, indem sie sich den ganzen Tag mit den Zwangsritualen beschäftigen.

So sahen wir einen Patienten, dessen umfassender Kontrollzwang erfolgreich mit In-vivo-Exposition und Reaktionsverhinderung behandelt worden war. Ein Jahr nach Abschluß der Behandlung war er gänzlich rückfällig geworden, aber nach einer begrenzten Anzahl von In-vivo-Expositionssitzungen waren die Zwangsbeschwerden wieder vollkommen verschwunden. Anderthalb Jahre danach suchte er aufs neue Kontakt mit uns, da seine Zwangssymptome in ernsthaftem Maße zurückgekehrt waren. In den darauffolgenden Gesprächen gelang es dem Patienten zum ersten Male zu erzählen, daß er als Kind über einen längeren Zeitraum hin von seinem Großvater, der im selben Zimmer schlief, sexuell mißbraucht worden war. Obwohl auch bei früheren Behandlungen nach derartigen Erfahrungen gefragt worden war, hatte er damals noch nicht den Mut besessen, auf jene Fragen näher einzugehen, da sein Großvater zu dem Zeitpunkt noch lebte. Er hatte sich aber immer häufiger selbst die Frage gestellt, ob seine Zwangshandlungen nicht im Zusammenhang mit diesen traumatischen Erfahrungen stehen könnten. Andere traumatische Erfahrungen, die er ebenfalls in früheren Behandlungen verschwiegen hatte, betrafen die regelmäßige körperliche Mißhandlung durch seinen Vater während seiner Kindheit. Neben der Behandlung der Zwangshandlungen durch In-vivo-Exposition und Reaktionsverhinderung bestand die Therapie nun aus der nachträglichen Verarbeitung dieser traumatischen Erfahrungen. In einer Reihe von Sitzungen forderte der Therapeut den Patienten auf, sich die traumatischen Situationen vorzustellen. Wie man erwarten konnte, war dies häufig mit heftigen Emotionen verbunden, die jedoch zum Ende der jeweiligen Sitzung hin abnahmen. Um das zu erreichen, war es wohl manchmal nötig, um eine Sitzung auf anderthalb Stunden auszudehnen,

da die Emotionen ansonsten unzureichend reduziert worden wären. Bei einer Nachmessung, anderthalb Jahre nach Abschluß dieser Behandlung, waren die Zwangssym-
tome nicht zurückgekehrt.

7.2. Durchführung der Behandlung bei Zwangsverhalten

In-vivo-Exposition und Reaktionsverhinderung

Bevor man ein Expositionsprogramm starten kann, ist es von wesentlicher Bedeutung, daß der Therapeut über sämtliche Informationen verfügt, die sich auf
die Aufrechterhaltung des Zwangsverhaltens beziehen. Um dies zu erreichen,
muß der Therapeut äußerst sorgfältig weiterfragen, bis er fest davon überzeugt
ist, ein vollständiges Bild erhalten zu haben. Einige Patienten verschweigen relevante Situationen, vor denen sie sich fürchten, in denen die Spannung zunimmt
und in denen sie sich gezwungen fühlen, ihre Zwangshandlungen auszuführen.
Für dieses Verschweigen kann es verschiedene Gründe geben. Oft spielt Beschä-
mung eine Rolle: es ist nicht einfach, gegenüber einer relativ unbekannten Person
zugeben zu müssen, daß man den ganzen Tag lang mit (auch in den eigenen
Augen) vollkommen unsinnigen Dingen beschäftigt ist. Vor allem in den Bereichen der Körperhygiene (Toilettenbesuch, eigene Körperwäsche, Menstruation
etc.) und der Sexualität ist es von großer Bedeutung, daß der Therapeut versucht,
sich auf eine verständnisvolle Weise darüber zu informieren, inwieweit dort eventuell Probleme zu finden sind. Häufig beginnt der Patient nicht von sich aus und
hat große Mühe, darüber mit dem Therapeuten zu sprechen. Ein Hausbesuch
beim Patienten kann – neben Gesprächen, Fragebögen und Tagebüchern – eine
wichtige Informationsquelle sein.

Frau Schindler ist eine unverheiratete Frau im Alter von 45 Jahren, die bei uns zur
Behandlung ihrer Zwangssymptome angemeldet wird. In den ersten Gesprächen entsteht tatsächlich der Eindruck, daß sie an Reinigungs- und Kontrollzwang leidet.
Nach einigem Zögern stimmt sie einem Hausbesuch des Therapeuten zu. Bei Ankunft
in ihrem Haus wird der Anlaß für dieses anfängliche Zaudern schnell deutlich. Sämtliche Räume sind mit Gegenständen übersät, die sie nicht anzufassen wagt, wie
schmutzige Unterwäsche, Pflaster, benutzte Monatsbinden, gebrauchte Kaffeefilter
etc. Ihr Wohnzimmer wird hauptsächlich durch Bücherstapel in Beschlag genommen.
Die Patientin scheint auch an einem Kaufzwang zu leiden: sie muß alle möglichen
Bücher kaufen, die „preiswert" sind. Diese Bücher werden aber niemals gelesen, da
die Patientin – wieder zuhause – es nicht mehr wagt, sie anzufassen. Aus den Schrän-
ken quellen Kaffeepakete und Lebensmittelkonserven, die sie „für den Fall eines Krieges" hamstert. In der oberen Etage finden sich Schränke mit hunderten Paar Schuhen
und unzähligen Stücken Unterwäsche. Überall sind Kartons mit Rechnungen und

168

Kassenbons verteilt, von denen manche über zwanzig Jahre alt sind. Oben scheint ein Raum zu liegen, den Patientin seit einigen Jahren nicht mehr betreten hat und den der Therapeut – nach einigem Drängen – öffnen darf. Mitten in dem Zimmer befindet sich ein hoher Berg mit allerlei Gegenständen, die in den Augen der Patientin vor einer Reihe von Jahren „verseucht" wurden und in deren Nähe sie sich nicht mehr traut. Die Patientin bewegt sich überaus behutsam durch das Haus: sie hält die Arme (die Ärmel aufgekrempelt) hoch in die Luft, so daß sie nirgends anstoßen kann; Türen werden mit dem Ellenbogen geöffnet und mit den Füßen zugeschlagen.

Es mag deutlich geworden sein, daß der erste Eindruck, den der Therapeut im Laufe der Gespräche erhalten hatte, bei weitem nicht vollständig gewesen ist.

Nach der Erfassung der benötigten Information über den Zwang konstruiert der Therapeut eine Hierarchie. Zu diesem Zwecke bereitet er verschiedenerlei Expositionsaufgaben vor, die er auf Kärtchen notiert. Dabei ist es von großer Bedeutung, daß diese Aufgaben so weit wie möglich auf eine aktive Weise formuliert werden, so daß der Patient sie in einer Trainingssitzung selbst ausführen kann. Ferner müssen die Aufgaben so konstruiert sein, daß sie – wenn möglich – sowohl ein Expositionselement als auch ein Element der Reaktionsverhinderung umfassen. Ist auf diese Weise eine Zahl von Aufträgen formuliert, wird der Patient beauftragt, sie mit Hilfe eines „Angstthermometers" zu beurteilen. Die Skala des Thermometers läuft von 0 (keine Angst) bis 100 (Panik). Vor allem wenn der Patient das Expositionsprogramm selbständig ausführen soll, muß diese Phase mit größter Aufmerksamkeit behandelt werden. Vor Beginn der eigentlichen Behandlung muß sichergestellt sein, daß der Patient ihre logische Grundlage begreift. Der Patient muß erkannt haben, daß sein Problem sowohl durch die passive als auch durch die aktive Vermeidung (die Zwangshandlungen) aufrechterhalten wird. Hier folgt die wörtliche Erläuterung der Behandlung an einen Patienten mit Reinigungszwang.

Wegen der Furcht vor einer „Ansteckung" vermeiden Sie verschiedene Situationen, wie das Berühren von Zeitungen, Post, Lebensmittelverpackungen, Geld usw. Sie haben entdeckt, daß Sie – wenn Sie derartigen Situationen ausweichen – verhüten können, ängstlich zu werden oder in Panik zu geraten. Haben Sie diese Gegenstände, aus welchem Grunde auch immer, doch einmal berührt, werden Sie sogleich sehr gespannt und fühlen einen starken Drang, sich gründlich zu waschen. Diesem Drang geben Sie dann nach, weil Sie die Erfahrung gemacht haben, daß die Spannung nachläßt, wenn Sie sich waschen. Was Sie dabei aber nicht erfahren, ist, daß die Furcht auch abnimmt, wenn Sie diesem Drang nicht nachgeben würden; das heißt, Ihre Furcht nimmt von selbst langsam aber sicher ab, wenn Sie sich durch eine Berührung dieser Gegenstände anstecken und sich dann nicht waschen. Die Behandlung besteht dann auch daraus, daß Sie mit Hilfe von Aufgaben üben, und zwar in Situationen, die nicht einfach für Sie sind. Es wird häufig so sein, daß die Spannung am Anfang stark zunehmen kann, daß sie Ihrer Meinung nach sogar unerträglich wird, aber wenn Sie durchhalten, wird die Spannung nach einiger Zeit (manchmal vielleicht erst nach einigen Stunden) von selbst abnehmen. Wir werden natürlich nicht gleich mit den schwierigsten Aufgaben beginnen: wir beginnen mit Situationen, die jetzt auch schon ab und zu gelingen oder nur wenig Spannung hervorrufen. Erst wenn diese Aufgaben bewältigt sind, das heißt, wenn Sie die Situationen spannungsfrei ertragen können, ohne sich nachher die Hände waschen zu müssen, gehen wir über auf eine Situation, die etwas schwieriger ist. Sie werden merken, daß Ihr Selbstvertrauen im Laufe der Behandlung langsam aber sicher zunehmen wird. Die Behandlung läuft also darauf hinaus, daß Sie in Situationen üben, die Sie im Augenblick noch vermeiden, und daß Sie sich nachher nicht mehr reinigen.

Es ist sinnvoll, den Patienten zuhause die logische Grundlage der Behandlung noch einmal in eigenen Worten aufschreiben zu lassen. Es kann in diesem Zusammenhange nicht oft genug darauf gewiesen werden, wie wesentlich es ist, daß der Patient diese Basis begreift (glauben wäre in diesem Moment noch zuviel verlangt), bevor man das Expositionsverfahren startet. Sollte der Patient nämlich in angstinduzierenden Situationen üben und im Anschluß daran die Zwangshandlungen doch noch ausführen, ist die Gefahr groß, daß die Probleme eher zu- als abnehmen. Es kann sich auch als sinnvoll erweisen, den Patienten während einer Expositionsübung alle fünf Minuten auf einem Angstthermometer angeben zu lassen, wie ängstlich er sich fühlt, und dies nach Ablauf der Übung in einer Graphik ausarbeiten zu lassen. Denn oftmals überzeugt eine derartige Graphik, basierend auf der eigenen Erfahrung, den Patienten mehr als die verbale Erläuterung durch den Therapeuten.

Bei einem Expositionsprogramm für Reinigungszwang besteht die Behandlung in den meisten Fällen aus zwei Elementen: an erster Stelle wird der Patient „Schmutz" oder „verseuchtem" Material ausgesetzt, ohne daß es ihm erlaubt ist, sich selbst zu reinigen. Die Exposition mit diesen Stimuli wird so lange fortgesetzt, bis Furcht und Spannung des Patienten abnehmen. Der zweite Teil der Behandlung ist darauf gerichtet, den Patienten lernen zu lassen, sich auf eine nicht-rituelle Art zu reinigen oder zu waschen. Es ist wichtig, daß beide Elemente einzeln geübt werden. Wird ein Patient erst „Schmutz" ausgesetzt und darf im Anschluß daran das Reinigungsritual ausführen, so hat das Expositionselement nur geringen Wert, da die Reinigung zur Angstreduktion führt und demzufolge keine Gewöhnung erfolgen kann.

Bei Patienten mit Kontrollzwang ist es von großer Bedeutung, daß sie sich für ihr Verhalten während der Expositionssitzung selbst verantwortlich fühlen. Aus diesem Grunde ist eine Exposition bei Anwesenheit des Therapeuten häufig keine echte Exposition, da der Patient die Verantwortlichkeit für sein Tun leicht auf den Therapeuten abschieben kann. Daneben muß darauf gewiesen werden, daß es durch die Art der Übung in vielen Fällen grundsätzlich unmöglich ist, dieselbe Übung in ein und derselben Sitzung zu wiederholen. Ein Beispiel möge das verdeutlichen: die Kontrolle des Gashahns läßt sich nur einmal während einer Sitzung ausführen. Erhält der Patient während einer Sitzung wiederholt denselben Auftrag, so stellt das keine echte Exposition mehr dar: wenn der Patient den Auftrag zum zweiten Mal ausführt, kontrolliert er eigentlich, ob er denselben beim ersten Mal gut ausgeführt hat, und wird so beruhigt.

Bei Patienten, die zwanghaft pedantisch sind, besteht die Exposition daraus, die (Gegenstände in der) alltägliche(n) Umgebung in Unordnung zu bringen und die Gewohnheit aufzugeben, alles ganz genau und in einer bestimmten Art zu tun. Wenn Zweifel die wichtigste Eigenschaft des Zwangs ist, besteht die Expositionsbehandlung daraus, den Patienten Situationen auszusetzen, in denen er oder sie Entscheidungen treffen muß, ohne daß ihm/ihr Gelegenheit geboten wird, diese zurückzunehmen. Zwanghaftes Kaufen kann behandelt werden, indem man den Patienten Situationen aussetzt, in denen dieser alle Gelegenheit zum Kauf hat, während der tatsächliche Kauf nicht gestattet wird. Behandlung zwanghafter Sammelwut besteht aus dem Wegwerfen(lassen) aller möglichen überflüssigen Gegenstände. Appelle um Beruhigung, ein häufig vorkommendes Phänomen bei Zwangspatienten, erfüllen grundsätzlich dieselbe Funktion wie die Zwangsrituale. Bei einem Patienten, der sich unsicher fühlt oder ängstlich ist, kann die Spannung abnehmen, wenn er beruhigt wird. Beruhigung kann gesucht werden bei Familienmitgliedern und Fachexperten, oder der Patient kann versuchen, Beruhigung zu finden, indem er in Zeitschriften und Enzyklopädien nachschlägt. Reaktionsverhinderung heißt dann in derartigen Fällen auch, daß Familienmitglieder über die Notwendigkeit informiert werden, in Zukunft den Patienten nicht länger zu beruhigen, und daß der Patient instruiert wird, nicht weiter um Beruhigung zu bitten oder nach ihr zu suchen. Ein Beispiel kann dies verdeutlichen.

Anke ist eine äußerst unsichere Frau, die ihren Mann fortwährend um Beruhigung bittet. Dies kann sich auf alle möglichen Themen beziehen, nicht nur hinsichtlich des Haushalts, sondern auch in bezug auf allerlei triviale Fragen wie: „Wie hieß die Frau neben uns letztes Jahr auf dem Campingplatz?" oder „Welches Auto hatten Eva und Jürgen, bevor sie diesen neuen kauften?" oder „wie alt war Tante Uschi, als sie ihren Mann kennenlernte?" Mit diesen Fragen bedrängt sie nicht nur ihren Mann, sondern auch ihre Kinder. Je nachdem, wer daran beteiligt ist, telefoniert sie auch mit der entfernteren Verwandtschaft oder Bekannten, um eine Antwort auf ihre drängenden Fragen zu bekommen. Im Zuge der Behandlung wird ihrem Ehegatten erklärt, daß die fortwährende Beruhigung seiner Frau wenig effektiv ist; er muß selbst zugeben, daß die Zahl der Fragen im Laufe der Jahre eigentlich nur zugenommen hat, obwohl er mit allen Kräften versucht hat, seine Frau immer wieder zu beruhigen. Es wird vereinbart, daß er nicht weiter auf diese Fragen eingehen soll und daß sie gemeinsam die Kinder instruieren sollen, gleichfalls derartige Fragen nicht mehr zu beantworten. Daneben erhält die Patientin die ausdrückliche Instruktion, auch andere, wie Verwandtschaft und Bekannte, nicht länger mit derartigen Fragen zu konsultieren. Wie zu erwarten, führt dies anfänglich zu einer heftigen Zunahme der Spannung bei der Patientin, und ihr Partner kann es nicht unterlassen, doch noch in einigen Fällen auf ihre Fragen einzugehen („um die Drängelei zu stoppen"). In der sich daran anschließenden Sitzung wird jedoch erläutert, daß das einzige Heilmittel darin besteht, überhaupt nicht mehr darauf einzugehen. Obwohl sich beide sträuben, zeigt sich in der folgenden Sitzung, daß es nicht nur dem Mann geglückt ist, auf die Fragen abschlägig zu reagieren, sondern daß auch seine Frau viel weniger Fragen als gewöhnlich an ihn gestellt hat. Nach einigen Wochen konstatiert die Patientin selbst, daß die

Spannung und Unsicherheit beträchtlich abgenommen haben und somit auch das Bedürfnis, an jedermann Fragen zu richten.

Im folgenden Beispiel werden Hintergrund, Diagnostik und Behandlung einer Zwangspatientin ausführlich beschrieben. In dieser Behandlung wurde die Aufmerksamkeit nicht nur auf eine Veränderung des Zwangsverhalten gerichtet, sondern auch auf andere Probleme, von denen im Verlaufe der Therapie immer deutlicher wurde, daß sie mit dem Zwang zusammenhingen.

7.3. Falldarstellung: Die Behandlung von Annette

Die Patientin ist eine 26jährige Frau, Annette, die seit vier Jahren mit ihrem Freund zusammenwohnt. Sie ist als Bibliothekarin beschäftigt. Ihre Hauptbeschwerde besteht darin, daß sie zwanghaft allerlei Dinge saubermachen muß und übertrieben pedantisch und ordentlich ist. Tagtäglich fühlt sie sich gezwungen, die Türen zu reinigen, den Boden zu wischen, im ganzen Haus staubzusaugen sowie das Sofa zu reinigen, und dabei sogar die Unterseite des Sofas. An manchen Tagen muß sie all diese Aktivitäten selbst mehrere Male ausführen. Annette ist immer ordentlich gekleidet; sie kann es nicht vertragen, wenn ein Haar oder Staub auf ihrer Kleidung zu finden ist. Sie duscht mehrmals pro Tag, zieht jeweils saubere Kleider an, wenn sie zur Arbeit geht, das Haus reinigt oder zu den Mahlzeiten. Wenn es sich vermeiden läßt, empfängt sie lieber keine Besuche. Kommen doch einmal Besucher, so achtet Annette darauf, welchen Weg diese durch das Haus nehmen, wo sie sich setzen und was sie berühren. Sobald der Besuch das Haus verlassen hat, muß sie alle Stellen, an denen die Besucher gewesen sind, und alle Gegenstände, die berührt wurden, gründlich reinigen. Dies ist auch der Grund, warum sie niemanden in ihrem Auto mitnimmt. Daneben muß sie auch jeden Tag Sport betreiben, wonach sie auch jedesmal duscht. Obwohl sich in der Sportausübung ebenfalls zwanghafte Züge zeigen, ist es in den Augen von Annette kein Punkt, der im Rahmen der Behandlung verändert werden muß. Ferner ist sie äußerst pedantisch: Bilder, Stühle, Bücher u. ä. stehen alle an ihrem festen Platz und Annette wird unruhig, sobald diese auch nur einen Zentimeter schief stehen. Alles muß erst gerade gestellt werden, bevor sie mit anderen Aktivitäten fortfahren kann.

Entstehung der Beschwerden

Im Kindesalter war Annette sehr allergisch gegen Staub. Aus diesem Grunde wurde das elterliche Haus stets gründlich gereinigt und staubfrei gehalten. Zum gegenwärtigen Zeitpunkt hat sie übrigens keine allergischen Beschwerden mehr. Als Kind hatte Annette oftmals Wutanfälle, die in der Periode begannen, als sie den Kindergarten besuchte. Ihre Mutter war ihr nicht gewachsen und schickte sie häufig zu ihrer Tante, die das Kind sehr verwöhnte. Diese Tante war eine äußerst ordentliche Hausfrau und sehr penibel. Vom zehnten Lebensjahr an begann Annette, sich äußerst pedantisch zu kleiden. Sie kann sich nicht mehr daran erinnern, warum sie damals damit begonnen hat, vermutet aber, daß es mit ihrer Stauballergie und der übertriebenen Ordentlichkeit ihrer Tante zusammenhing. Die Familie zog an einen anderen Ort, als Annette 15 Jahre alt war, und sie besuchte dort eine andere Schule, an der sie niemanden kannte. In dieser Zeit begannen die Zwangsreaktionen; sie fühlte sich sehr unsicher und wußte nicht, wie sie sich verhalten sollte.

Diagnostik

Vor Beginn der Behandlung wurden drei Informationssitzungen abgehalten. Daneben hat Annette die folgenden Fragelisten eingefüllt: die *Maudsley Obsessive-Compulsive Inventory (MOCI)*, die *Sociale Angst Schaal (SAS;* Soziale-Angst-Skala), die Zung-Depressionsskala sowie eine Feindseligkeitsskala (HDHQ). Sie erhielt den Auftrag, von der ersten Sitzung an täglich in einer Skala (von 0 bis 8) einzutragen, wie groß die Beschwerden des Zwangs, der depressiven Stimmung und der Wutgefühle gewesen waren. Da der erste Teil der Behandlung im Kontext eines Behandlungsexperimentes stattfindet, bei welchem der Effekt der In-vivo-Exposition untersucht werden soll, wird die Funktionsanalyse auf eine Mikroanalyse des Zwangsverhaltens beschränkt. Annette versucht folgenden Situationen auszuweichen: Zeitunglesen (wegen der schmutzigen Hände), Zugreisen, Benutzung öffentlicher Telefonzellen, Berühren von Schlüsseln und Geldmünzen, Berühren von Flaschen oder Schuhputzmitteln; sie vermeidet es, ihre Tasche auf den Boden zu stellen, ihre Brille anzufassen, barfuß zu gehen und Besuch empfangen zu müssen. Wenn es ihr nicht gelingt, dies zu vermeiden, muß sie sich ihre Hände waschen oder eine Dusche nehmen. Je mehr Besuch sie empfängt, desto gespannter fühlt sie sich, da es ihr dann nicht mehr gelingt, zu kontrollieren, welche Gegenstände berührt werden. Der Hausputz erfolgt immer in einer bestimmten Reihenfolge. Wenn sie gezwungen ist – aus welchem Grunde auch immer – davon abzuweichen, muß sie wieder ganz von neuem beginnen. Ihr Zwang zur Pedanterie zeigt sich in der Tatsache, daß alles seinen festen Platz hat, daß Bilder auf den Millimeter genau gerade hängen und Bücher und Schallplatten in einer festgelegten Reihenfolge stehen müssen. Zuhause hat sie viel mehr Zwangs-beschwerden als an ihrem Arbeitsplatz, trotz der Tatsache, daß es dort (Biblio-thek) ziemlich staubig ist. Sie arbeitet dort aber in einem Einzelzimmer, so daß „Verseuchung" durch andere Personen nur selten vorkommt. Annette macht sich keine bestimmten Vorstellungen über Krankwerden oder „Infektion" anderer Personen. Sie wird sehr gespannt und ängstlich, wenn sie selbst „infiziert" wird, jedoch ohne einen Grund dafür angeben zu können. Ihr Freund bekräftigt ihr Zwangsverhalten, indem er fortwährend Rücksicht auf ihre Beschwerden nimmt. So lädt er nur noch höchst selten Bekannte ein, Annette und ihn zuhause zu besuchen. Daneben läßt er nie etwas herumliegen, da Annette das nicht verträgt. Außerdem hilft er ihr beim Hausputz „à la Annette".

Behandlung

Sitzung 3

In der dritten Sitzung wird Annette die logische Grundlage der selbstkontrol-lierten In-vivo-Exposition erklärt. Dabei wird ihr dargelegt, daß sie ihren Zwang geradezu aufrechterhält, immer dann, wenn sie dem Drang, zu putzen, ihre Hän-de zu waschen und alles penibel genau zu machen, nachgibt. Wenn sie sich im Gegensatz dazu den Situationen, die Angst und Spannung hervorrufen, aussetzen könnte, ohne ihre Zwangsrituale auszuführen, könnten auf die Dauer Angst und Spannung abnehmen und das hieße zugleich, daß auch die Notwendigkeit, die Zwangsrituale auszuführen, verschwinden könnte. Ihr wird erklärt, daß die Ex-position sukzessive stattfinden und mit relativ leichten Situationen beginnen wird. Zur Kontrolle, inwieweit sie diese logische Grundlage der Behandlung verstanden hat, wird sie vom Therapeuten aufgefordert, diese zu Hause mit ihren eigenen Worten nochmals niederzuschreiben und das Resultat zur nächsten Sitzung mit-zunehmen.

Im Anschluß daran formulieren Therapeut und Annette zusammen eine Reihe von Aufträgen rund um Situationen, die Angst hervorrufen und im allgemeinen zur Ausübung der Zwangsrituale führen. Diese Aufträge werden auf Kärtchen notiert und durch Annette von 0 bis 100 bewertet, womit die Konstruktion der Hierarchie abgeschlossen ist.

Es wird vereinbart, daß sie mindestens zweimal pro Woche, jeweils anderthalb Stunden ununterbrochen, Aufträge aus der Hierarchieliste üben soll. Der Verlauf dieser Übungen wird einmal wöchentlich in der Therapiesitzung erörtert. Am Ende dieser Sitzung erhält Annette die folgenden Hausaufgaben für die folgende Woche:

174

- Lauf barfuß durch das Haus. Wasche danach die Füße nicht.
- Trage keine spezielle Speisekleidung, wenn du essen gehst. Iß in deiner normalen Arbeitskleidung.
- Besuche andere Personen, ohne vorher zu duschen oder andere Kleidung anzuziehen.
- Häng die Bilder schief und laß sie so eine Woche lang hängen.
- Wenn du von der Massage zurückkommst, seif dich beim Duschen nur einmal ein.
- Nicht öfter als einmal pro Woche Staubwischen.

Sitzung 4

Annette konnte alle Übungsaufträge erfüllen, worüber sie sehr zufrieden ist. Anfänglich fiel es ihr äußerst schwer, barfuß durchs Haus zu gehen. Sie hat die Übung aber dennoch ausgeführt und ist anschließend zu Bett gegangen, ohne ihre Füße zu waschen. Für die folgende Sitzung wird vereinbart, daß sie diese Übungen wiederholt. Wenn sie gelingen, werden die folgenden Aufträge verabredet:

- Leg deine Kleidung innerhalb einer Minute zur Seite.
- Setz dich in Speisekleidung an deinen Schreibtisch, ohne ihn zu reinigen.
- Bereite eine warme Mahlzeit. Dusch nicht danach. Zieh dich nicht um. Trag abends dieselbe Kleidung wie tagsüber nach der Arbeit.
- Putz deine Schuhe nicht öfter als einmal pro Woche.

Sitzung 5

Annette berichtet, daß es in der vergangenen Woche nicht so gut gegangen ist. Sie hatte große Mühe mit dem Reinigen ihrer Brille und ihrer Armbanduhr (Aufträge, die sie noch nicht erhalten hat) und hat deshalb ziemlich starke Schuldgefühle. Sie erscheint sehr gespannt. Im übrigen ist es ihr gelungen, beinahe alle verabredeten Aufträge auszuführen, einschließlich der neuen. Sie hat es nicht fertiggebracht, nur einmal pro Woche staubzuwischen. Sie hat aber wahrgenommen, daß ihre Spannung auch dann abnimmt, wenn sie dem Drang, bestimmte Verrichtungen auszuführen, nicht nachgibt. Der Therapeut betont, daß es überhaupt keinen Grund gibt, sich schuldig zu fühlen, wenn ein Auftrag mißglückt ist, und daß es nicht sinnvoll ist, mehr als vereinbart zu üben. Für die folgende Sitzung erhält sie den Auftrag, die alten Übungen zu wiederholen und daneben folgende Aufträge auszuführen:

- Setz die Brille auf und gehe fünf Minuten lang nach draußen. Mach die Brille anschließend nicht sauber.
- Wasch die Hände vor dem Essen nicht.
- Stell die Stühle in eine andere Position. Laß sie so eine Woche lang stehen.
- Schüttel einige Blätter von einer Pflanze und laß sie so liegen.
- Geh zur Post und heb Geld ab. Wasch danach die Hände nicht.

- Iß in Hauskleidung, ohne die spezielle Speisekleidung anzuziehen.
- Nimm eine Dusche, ohne die Hausschlüssel mit unter die Dusche zu nehmen.

Sitzung 6

Annette ist wiederum sehr nervös, obwohl sie beinahe alle Aufträge ausführen konnte. Nur der Auftrag mit den Schlüsseln ist mißlungen. Dies hat sie aber so erzürnt, daß sie gegenüber Robert, ihrem Freund, ausfallend wurde. In der Beziehung zu Robert ist es in der letzten Zeit zu einem Tiefpunkt gekommen. Annette fühlt sich nicht verstanden, was wahrscheinlich eine Ursache für die Spannung der letzten Wochen sein kann. Vor einer Erörterung ihrer Beziehungsprobleme will Annette aber zuerst die Expositionsübungen abschließen. Für die nächste Sitzung erhält sie folgende Aufträge:

- Kein Händewaschen nach den Mahlzeiten.
- Nimm einige Münzen und Geldscheine aus dem Portemonnaie und halte sie ein paar Minuten in der Hand. Danach kein Händewaschen.
- Benutze eine öffentliche Telefonzelle. Wasch danach weder Hände noch Gesicht.
- Gehe durch das Haus. Berühre in jedem Zimmer mindestens zwanzig Gegenstände. Danach nichts reinigen.
- Nimm die Post mit in dein Arbeitszimmer. Erledige die Post. Reinige den Schreibtisch nicht. Reinige weder deine Hände noch die Poststücke.
- Beschmutze die Zimmertür, ohne sie danach zu reinigen.
- Wisch die Küche nur einmal pro Woche. Nimm dafür nicht mehr Zeit in Anspruch als normal.
- Wisch das Badezimmer einmal pro Woche. Nimm dafür nicht mehr Zeit in Anspruch als normal.
- Wisch die Dusche einmal pro Woche. Nimm dafür nicht mehr Zeit in Anspruch als normal.

Sitzung 7

Die Übungen sind wiederum gut gelungen. Die Benutzung der öffentlichen Telefonzelle und das Anfassen von Geldstücken erwies sich als sehr schwierig; es ist Annette jedoch geglückt, im Anschluß an diese Übungen auf das Händewaschen zu verzichten. Bei weiterem Nachfragen stellt sich aber heraus, daß sie aus Angst vor „Infektion" den Telefonhörer nicht gegen ihr Ohr gehalten hat. Es wird vereinbart, daß sie diese Übung wiederholt, aber sich diesmal nachdrücklich mit dem Hörer „infiziert". Der Auftrag, nicht öfter als einmal pro Woche zu wischen, ist mißglückt. Sie hat den Fußboden zweimal gewischt, da sie Besuch bekam.

Inzwischen erkennt Annette eine deutliche Beziehung zwischen bestimmten externen Vorfällen (ein Streit mit Robert, Probleme am Arbeitsplatz mit ihrem Vorgesetzten, Unsicherheit in sozialen Situationen) und ihren Beschwerden. Wenn sie sich über derartige Geschehnisse ärgert, hat sie viel mehr Last mit ihrem

176

Zwang. Im übrigen ist sie ziemlich zufrieden mit ihren Fortschritten. Da es ihr immer besser gelingt, etwas zu tun, ohne dabei zwanghafte Handlungen ausüben zu müssen, wächst in ihr das Gefühl, daß sie in absehbarer Zeit ihre Zwangsprobleme überwinden kann.

Sitzung 8 bis 11

Die Aufträge, die Annette in diesen Sitzungen erhält, werden in Tabelle 8.1 wiedergegeben. Die Ausführung dieser Aufträge stößt nur auf wenige Probleme. Demhingegen wird es in zunehmendem Maße deutlich, daß ihr Zwangsverhalten durch ihre Unsicherheit in sozialen Situationen und durch die Probleme in der Beziehung mit Robert bestimmt werden. Nach der elften Sitzung ist Annette imstande, die meisten Aufgaben ohne Spannung auszuführen, aber die Hierarchieliste ist noch nicht vollständig ausgeführt. Annette möchte die Behandlung aber wegen der Vorbereitung eines bedeutsamen Examens und wegen des Sommerurlaubs für einige Zeit unterbrechen. Sie will jedoch versuchen, die Expositionsübungen, die sie noch nicht durchgeführt hat, in ihrem eigenen Tempo auszuführen.

Andere Interventionen

Nach dem Examen kommt Annette zu einer Nachuntersuchung. Sie ist äußerst angespannt und depressiv und weiß nicht, wie es mit ihrem Leben weitergehen soll. Ihre Zwangsprobleme haben demgegenüber weiter abgenommen. Abgesehen von den Zwangsbeschwerden zeigen die Ergebnisse der Fragelisten eine Verschlechterung aller anderen Probleme. Annette scheint depressiver, sozial ängstlicher und „feindseliger" geworden zu sein als vor Beginn der Behandlung. Die Situation zuhause mit ihrem Freund scheint unhaltbar geworden zu sein, dies ist der direkte Anlaß für ihre Depression. Annette will die Behandlung fortsetzen. In Anbetracht der häuslichen Krisensituation erscheint es sinnvoll, Annettes Freund, Robert, für das folgende Gespräch einzuladen, womit Annette einverstanden ist.

Kommunikationstraining

Das gemeinsame Gespräch mit Annette und Robert soll einen Eindruck von ihren Beziehungsproblemen vermitteln. Während des Gespräches wird deutlich, daß beide mit ihrer Beziehung sehr unzufrieden sind. Sowohl Robert als auch Annette haben an eine Trennung gedacht, aber dieses Problem nicht miteinander besprochen. Robert hat noch viel Last mit Annettes Wutanfällen und den noch beste-

Tabelle 7.1: Aufträge der Sitzungen 8 bis 11

– Lies ein Buch aus der Bibliothek an deinem Schreibtisch. Unterlaß nachher, den Schreibtisch zu reinigen oder die Hände zu waschen.
– Gehe aus in „Hauskleidung". Trage sie den ganzen Abend.
– Wisch den Fußboden des Schuppens nicht öfter als einmal pro Monat.
– Wisch die Diele bei der Haustür nicht öfter als einmal in zwei Wochen.
– Trag die „Speisekleidung" den ganzen Abend. Nichts reinigen im Haus.
– Nur einmal pro Woche staubsaugen.
– Lies eine Zeitung am Schreibtisch. Falte sie auf dem Schreibtisch auseinander, ohne den Schreibtisch nachher zu reinigen oder die Hände zu waschen.
– Fahr zu einer Tankstelle und tanke. Fahr nach Hause, ohne die Hände zu waschen.
– Lege fünf Bücher in die Büchertasche und laß sie eine Woche darin liegen.
– Gehe Einkaufen. Räum die Lebensmittel danach ein, ohne sie erst zu reinigen. Hände nicht waschen.
– Reinige die Türen nicht häufiger als einmal pro Woche und auch nicht gründlicher als normal.
– Wasch das Auto nicht öfter als einmal im Monat.
– Schmeiß deine Kleidung über einen Stuhl. Bedecke sie nicht mit einem Pullover. Bitte deinen Freund, seine Kleidung überall herumliegen zu lassen.
– Lies die Zeitung. Faß danach mindestens zehn Gegenstände im Haus an. Nichts reiniger oder Hände waschen.
– Trag vier Tage lang dieselbe Kleidung von morgens früh bis abends spät. Vermeide, etwas nicht zu berühren oder zu benutzen, vor alllem das Sofa.
– Zieh nach einer Dusche dieselbe Kleidung, die du schon den ganzen Tag über getragen hast, wieder an.
– Stell die Schuhe, die du putzen willst, nicht in den Schuppen, sondern in die Küche.
– Nach dem Essen den Tisch nicht saubermachen.
– Das Duschen einen Tag überschlagen.
– Kauf ein Buch. Stell es in das Bücherregal zwischen die anderen Bücher, ohne es zu kontrollieren oder zu reinigen. Nicht die Hände waschen.
– Streichel einen Hund. Nicht die Hände waschen.
– Leg mindestens zehn Bücher an eine Stelle, wo sie nicht hingehören.
– Setz die Brille auf beim Autofahren. Reinige sie nicht öfter als einmal am Tag. Das Reinigen darf nicht länger als 20 Sekunden dauern. Reinige nur die Gläser, nicht das Gestell. Wasch Hände und Gesicht nicht häufiger als üblich.
– Laß deine Brille an verschiedenen Stellen im Haus liegen, ohne sie im Etui aufzubewahren.
– Sitz am Schreibtisch in der Kleidung, die du schon den ganzen Tag getragen hast. Nicht die Brille reinigen. Hände nicht waschen.
– Reinige das Waschbecken nicht jeden Morgen, sondern nur einmal pro Woche.
– Fahr mit dem Auto über einen dreckigen Weg, ohne es nachher zu waschen.

henden Zwangsproblemen. Er kann wegen Annettes Zwangsproblemen noch immer keine Freunde empfangen, obwohl er selbst das Gefühl hat, daß der Zwang im Vergleich zu einigen Monaten vorher bedeutend abgenommen hat. Annette hat den Eindruck, daß Robert sie noch immer nicht versteht, und fühlt sich sehr einsam. Wenn sie gereizt ist, kommt es vor, daß sie Service zerschlägt oder Robert anruft, der dann sofort nach Hause kommen muß, um sie zu beruhigen. Robert bekräftigt Annettes Verhalten, indem er direkt auf ihre Launen eingeht und sie auf seinen Schoß nimmt. Dem Paar wird erläutert, daß Annettes Wutausbrüche vermutlich in ihrer Kindheit entstanden sind und damals durch ihre Mutter und ihre Tante bekräftigt wurden. Nun werden sie durch Robert bekräftigt. Beide können dieser Erklärung von Annettes Verhalten zustimmen. Es wird ein Vertrag abgeschlossen, in dem festgelegt wird, daß Robert Annette nicht nachgibt, wenn sie einen Wutanfall hat. Da beide Partner nicht imstande sind, ihre Gefühle einander direkt mitzuteilen, schlägt der Therapeut ihnen ein Kommunikationstraining vor, was beide akzeptieren. Der Therapeut verdeutlicht ihnen, daß das Ziel des Kommunikationstrainings nicht notwendigerweise in einer Verbesserung ihrer Beziehung liegt, sondern eher im Erlernen der Fertigkeiten, mit denen sie ihre Gefühle direkter äußern können. Dies könne letztendlich auch zu einer Trennung führen, die sie beide befürworten könnten. Im Rahmen des Kommunikationstrainings werden Konfliktsituationen, die sich in der jeweils vorangegangenen Woche ergeben haben, in Rollenspielen nachgespielt. Hierbei zeigt sich, daß beide dem andern wohl gut zuhören können, aber nicht in der Lage sind, ihre Wünsche einander deutlich zu machen, wodurch die Probleme nicht aufgelöst werden.

Im Kommunikationstraining liegt der Nachdruck auf dem Äußern der eigenen Gefühle, Assertivität und dem Training von Empathie. Vor den Rollenspielen erfragt der Therapeut von beiden möglichst viele und genaue Details der jeweiligen Konfliktsituation, so daß er in den Besitz von ausreichender Information gelangt, um die Rollen der beiden Partner spielen zu können. Anschließend fragt er Robert und Annette, was jeder von ihnen in der jeweiligen Situation erreichen will, also was sie eigentlich sagen wollen. Danach versuchen beide Partner in einer Serie von Rollenspielen, ihr Verhalten zu verändern. Der Therapeut spielt, falls nötig, das adäquate Verhalten vor, wobei er jeweils mit den Partnern die Rollen tauscht. Am Ende der Sitzung werden beide Partner aufgefordert, die neuen Fertigkeiten in ihrer täglichen Interaktion zu verwenden. Der in der ersten Sitzung abgeschlossene Vertrag erweist sich als effektiv: Annettes Wutausbrüche sind nach einigen Wochen verschwunden. Der Fortschritt, den beide als Folge des Kommunikationstrainings machen, ist beträchtlich. Nach der fünften Sitzung berichten Annette und Robert, daß sie sich entschieden haben, eine Zeitlang auseinanderzugehen, um zu untersuchen, welche Gefühle sie eigentlich füreinander empfinden und um herauszufinden, ob sie ohne den andern leben können. In der vorangegangenen Woche ist es ihnen zum ersten Mal gelungen, dies offen miteinander zu erörtern, und beide sind mit dieser Lösung zufrieden. Es wird die Vereinbarung getroffen, daß sie einen Monat lang getrennt wohnen und in dieser Periode keinen einzigen Kontakt miteinander haben sollen. Auch die Behandlung wird in diesem Zeitraum unterbrochen.

Nach Ablauf eines Monats sehen Robert und Annette sich zum ersten Male wieder in der Therapiesitzung. Robert ist äußerst begeistert vom selbständigen Wohnen. Von seinen Schultern ist eine schwere Last gefallen, und er will nun definitiv die Trennung. Annette ist auch einverstanden mit einer Trennung, würde aber daneben gern eine freundschaftliche Beziehung mit Robert aufrechthalten wollen. Robert gibt jedoch zu verstehen, daß er von diesem Vorschlag nicht sehr begeistert ist. Annette hat Verständnis für diese Haltung und akzeptiert letztendlich die definitive Trennung. Beide sind zufrieden darüber, daß es ihnen zum Schluß gelungen ist, diesen Schritt zu unternehmen und daß sie imstande gewesen sind, einander ihre Wünsche deutlich zu machen. Es wird vereinbart, daß Annette die Therapie allein fortsetzt.

Evaluation und Modifikation des Therapieplans

Die folgenden zwei Sitzungen werden dafür verwendet, Annettes Probleme neu zu evaluieren. Annette ist immer noch sozial ängstlich und depressiv, aber sie ist nicht länger suizidal. Obwohl die Zwangsprobleme deutlich verbessert sind, vermeidet Annette immer noch eine Anzahl von Situationen, vor allem Situationen, in denen der Kontakt mit anderen Menschen zentral ist, wie z. B. Empfang von Besuch. In einer Kontrolle der täglichen Berichte über Zwangsprobleme, Depression und Wut zeigt sich, daß diese drei Problembereiche miteinander zusammenhängen. Auch aus den Gesprächsnotizen des Therapeuten ergibt sich ein Zusammenhang der Zwangsprobleme (bis zu einem gewissen Maße auch ihrer Wut und depressiven Stimmung) mit sozialen Situationen, die Spannung hervorrufen. Es wird die Hypothese formuliert, daß das Zwangsverhalten durch eine Reduktion von Spannung, die aus den Problemen in sozialen Situationen entsteht, verstärkt wird. Hierbei wird vorausgesetzt, daß die depressive Stimmung das Resultat eines Mangels an sozialer Bestätigung und (zum Teil) ihrer irrationalen Kognitionen ist. Auf Grundlage dieser Analyse wird der Therapieplan modifiziert. Im Zusammenhang mit der sozialen Angst wird ein Assertivitätstraining empfohlen. Ferner erscheint eine kognitive Therapie zur Veränderung der irrationalen Kognitionen angezeigt. Daneben wird Annette angeraten, die Übungen der In-vivo-Reizkonfrontationsaufträge fortzusetzen, um die restlichen Zwangsprobleme zu bewältigen. Nachdem Annette und der Therapeut zu einer Übereinstimmung hinsichtlich der Therapiezielsetzungen gekommen sind, wird der Beschluß gefaßt, mit dem Assertivitätstraining zu beginnen. Für diese Entscheidung lassen sich zwei Gründe anführen. Zum einen sind die aktuellen depressiven Gefühle höchstwahrscheinlich eine Folge des Verlustes, den Annette durch den Fortgang ihres Partners erlitten hat. Angesichts der Tatsache, daß Trauer eine normale Reaktion auf einen derartigen Verlust darstellt, erscheint es nicht indiziert, nun eine therapeutische Intervention, die spezifisch auf die Depression ausgerichtet ist, in die Wege zu leiten. Da es ziemlich wahrscheinlich ist, daß der Prozeß der Trauerperiode mit der kognitiven Umstrukturierung interferieren könnte, wird beschlossen, die kognitive Therapie einige Zeit zu verschieben. Der zweite Grund, mit dem Assertivitätstraining zu beginnen, liegt in der Annahme, daß die Veränderung der irrationalen Kognitionen vermutlich einfacher zustandekommen kann, wenn Annette die notwendigen sozialen Fertigkeiten bereits beherrscht, anstelle der Inangriffnahme der irrationalen Kognitionen in einem Vakuum sozialer Beziehungen.

Assertivitätstraining

Die folgenden zehn Sitzungen werden ausschließlich dem Assertivitätstraining gewidmet. In den ersten beiden Sitzungen wird eine detailliertere Analyse der Probleme, die Annette auf diesem Gebiet hat, erarbeitet. Ihre Antworten auf der Sozialen-Angst-Skala haben bereits verschiedene soziale Situationen ausgewiesen, in denen es Annette Mühe bereitet, sich durchzusetzen. In den Sitzungen werden einige dieser sozialen Situationen in Rollenspielen durchgenommen, um Annettes Verhalten in derartigen Momenten zu observieren. Situationen, mit denen sie Mühe hat, sind: eine Bitte abschlagen, Kritik äußern und auf Kritik reagieren. Komplimente zu machen oder anzunehmen, scheint weniger problematisch zu sein. Daneben zeigt sich, daß Annettes nonverbales Verhalten, wie Augenkontakt, Abstand, Haltung und Stimmvolumen, im großen und ganzen keine Fehler zu erkennen gibt. Darum wird beschlossen, das Training auf folgende Punkte zu richten:
– Abschlagen von Bitten,
– negative Gefühle zu äußern lernen,
– positive Gefühle zu äußern lernen und
– Reagieren auf Kritik.

Da keine dieser Situationen Annette deutlich mehr Mühe kostet als die anderen, besteht keine Notwendigkeit, mit Hilfe einer hierarchischen Liste, beginnend bei weniger angstinduzierenden Situationen hin zu stärker angstinduzierenden Situationen, zu arbeiten. Um Annettes Motivation zu steigern, wird beschlossen, in der Therapie nur Situationen zu üben, die auch in ihrem täglichen Leben vorkommen. Annette erhält den Auftrag, Situationen, die ihr Mühe bereiten, auf vorgefertigten Formularen zu notieren und diese jeweils zu den Sitzungen mitzunehmen. Jede Sitzung beginnt mit einer kurzen Besprechung dieser Situationen.

Außerdem wird eine Reihe dieser Situationen im Rollenspiel geübt. Der Therapeut gibt ihr Instruktionen, wie sie diese Situationen auf eine andere Art begegnen kann und modelliert notfalls eine adäquatere Verhaltensform. Wenn im Rollenspiel ausreichende Fortschritte gemacht sind, erhält Annette den Auftrag, das Erlernte in der Praxis anzuwenden. Beispiele von Situationen, die auf diese Weise geübt werden, sind:
– Andere zu einem Besuch einladen.

– Einer lesbischen Bekannten, die möchte, daß Annette bei ihr übernachtet, zu erklären, daß sie daran nicht interessiert ist.
– Ihrem Nachbarn, der eine Beziehung mit ihr will, deutlich zu machen, daß sie nur ab und zu eine Tasse Kaffee mit ihm trinken will, und nicht mehr.
– Einem Mann deutlich zu machen, daß sie sehr viel für ihn fühlt, und ihn zum Essen einzuladen.
– Mit Kritik ihres Vorgesetzten an ihrem Arbeitsplatz umzugehen lernen.
– Auf eine positive Art Kritik gegenüber Bekannten und ihrem Vorgesetzten zu äußern lernen.

Kognitive Therapie

Nach acht Sitzungen wird der Effekt der Behandlung evaluiert. Es zeigt sich, daß Annette nun eine Reihe sozialer Kontakte besitzt; nach der Arbeit geht sie regelmäßig mit einigen Arbeitskollegen/innen in ein Café. Sowohl Annette als auch der Therapeut sind der Ansicht, daß sich ihre sozialen Fertigkeiten beträchtlich verbessert haben. Annette empfängt derzeit regelmäßig Besuch, ohne sich übertrieben viel Sorgen darüber zu machen, was der Besuch anfaßt. Außerdem verspürt sie nicht länger das Verlangen, das Haus zu reinigen, wenn der Besuch wieder fort ist. Sie scheint sich einigermaßen mit der Trennung von Robert abgefunden zu haben. Darum wird nun mit der kognitiven Therapie begonnen, um die irrationalen Kognitionen, die noch nicht verändert sind, in Angriff zu nehmen. Die kognitive Therapie basiert auf der Behandlung von Ellis (siehe Kapitel 3). Annette erhält den Auftrag, ein Buch zu lesen, in welchem die Grundprinzipien von RET erläutert werden. Die erste Behandlungsphase ist darauf gerichtet, Annette zu lehren, ihre (irrationalen) Gedanken zu erkennen und zu notieren. Durch die Benutzung sogenannter A-B-C-Formulare (Kapitel 3) lernt Annette, einen Unterschied zwischen den tatsächlichen Geschehnissen und ihren eigenen Gedanken zu machen. Annette erkennt mühelos die Beziehung zwischen irrationalen Gedanken und negativen Gefühlen und es gelingt ihr schnell, eine Anzahl irrationaler Gedanken in Beziehung zu setzen mit den negativen Gefühlen, die sie in einer Woche erfahren hat. In der folgenden Phase der Therapie werden die irrationalen Gedanken herausgefordert. Erst attackiert der Therapeut die irrationalen Gedanken nach sokratischer Methode, später wird Annette aufgefordert, dasselbe als Hausaufgabe zu tun. Vier bedeutende Themen werden im Rahmen der kognitiven Therapie behandelt:

1. Annette glaubt zu ihrem Glück eine Beziehung nötig zu haben, aber dazu nicht imstande zu sein, da ihre vorherige Beziehung wegen ihrer Fehler scheiterte.
2. Annette glaubt täglich Sport treiben zu müssen und kein Fett essen zu dürfen, da sie ansonsten nicht imstande wäre, einen Freund zu bekommen.

3. Wenn sie nicht ordentlich und sauber ist, wird sie unsicher werden, und der Verlust der Kontrolle wird unerträglich sein.
4. Spannung ist unerträglich und muß sofort mittels Zwangshandlungen, Alkohol oder Zerschlagen von Service gemindert werden.

Es ist hierbei von Bedeutung anzumerken, daß diese irrationalen Gedanken anfänglich nicht bewußt sind und mehr oder weniger automatisch funktionieren. Annette wird sich ihrer erst nach dem Erlernen der Fertigkeit, diese Gedanken von anderen zu unterscheiden bewußt, was durch die Hausaufgaben und Herausforderungen des Therapeuten in den Therapiesitzungen erreicht worden ist.

Nachdem diese Ideen attackiert worden sind, erhält Annette Aufträge, um ihr Verhalten zu verändern. So erhält sie beispielsweise, wenn sie erkennt, daß es ein irrationaler Gedanke ist anzunehmen, daß sie keinen Partner finden könne, falls sie nicht jeden Tag Sport treibt und möglichst wenig ißt, die Hausaufgabe, eine Woche lang keinen Sport zu treiben und zu essen, ohne an Kalorien zu denken oder ihr Gewicht zu kontrollieren. Nach dieser Woche zeigt sich, daß Annette in der Lage ist, auf den Sport zu verzichten, wenn sie dazu keine Lust hat. Außerdem verändern sich ihre Eßgewohnheiten, ohne daß ihr Gewicht direkt zunimmt. Nach zehn Sitzungen kognitiver Therapie wird aufs neue evaluiert. Annette zeigt sich nun weitaus weniger depressiv und hat eine Reihe zufriedenstellender sozialer Beziehungen aufgebaut; der Zwang ist nicht länger ein großes Problem. Da immer noch einige Expositionaufgaben bestehen, die Annette nicht allein ausführen kann, wird eine In-vivo-Expositionssitzung im Hause von Annette vereinbart, um den letzten Rest des Zwangs in Angriff zu nehmen. In dieser Sitzung „infiziert" der Therapeut allerlei Gegenstände in ihrem Haus, und Annette muß den Fußboden, ihre Kleider und die Bettwäsche berühren, ohne anschließend die Hände zu waschen oder etwas zu reinigen. Obwohl Annette Angst hat vor diesen Aufgaben, wird sie während der Ausführung dieser Aufträge nicht sehr angespannt (maximal 6 auf einer 0-10 Angstskala). Nach einer halben Stunde beginnt die Spannung zu sinken, und nach einer vollen Stunde ist Annette völlig entspannt.

In der folgenden Sitzung zeigt sich, daß es Annette gelungen ist, nichts von dem, was in der Übung in ihrem Haus angefaßt wurde, zu reinigen. Sie hat selbst einige der Übungen selbständig wiederholt. Da es ihr nun verhältnismäßig gut geht, wird vereinbart, die Therapie abzubauen. Es folgen noch sieben weitere Gespräche über einen Zeitraum von neun Monaten. Im letzten Gespräch der Nachuntersuchung, neun Monate nach Beendigung der formellen Behandlung, zeigt sich, daß es Annette fortwährend gut geht. Die Zwangsprobleme haben sich bedeutend vermindert und sie ist nicht mehr depressiv. Sie hat Freude an sozialen Beziehungen und hat ein Verhältnis gehabt, das fünf Monate andauerte. Danach ist sie vor kurzem eine neue Beziehung eingegangen.

Das primäre Ziel dieser Behandlung bestand in der Veränderung des Zwangsverhaltens der Patientin. Im Laufe der Therapie wurden einige andere Ziele hinzugefügt, die teilweise mit dem Zwangsverhalten zusammenzuhängen schienen, aber separat behandelt werden mußten. Obwohl es sich um eine Breitspektrum-Behandlung handelt, ist sie doch verhaltenstherapeutisch geblieben. Es wurden immer wieder Strategien angewandt, die spezifisch darauf gerichtet waren, die verschiedenen Ziele nacheinander zu erreichen. In diesem Fall ergab sich die Notwendigkeit, zuerst sogenannte „verdeckte" Probleme (soziale Angst) zu behandeln, um dann das Zwangsverhalten optimal in Angriff nehmen zu können. Exposition allein erwies sich nicht als hundertprozentig effektiv, bis Assertivitätstraining und kognitive Therapie hinzugefügt wurden, um die soziale Angst und die irrationalen Gedanken zu behandeln. Es ist allerdings unwahrscheinlich, daß Assertivitätstraining und kognitive Therapie allein in einer vergleichbaren Verminderung des Zwangsverhaltens resultiert hätten. Zu Beginn der Therapie hatte Annette so viel Last mit den Zwangsproblemen, daß diese wohl oder übel als erste behandelt werden mußten. Außerdem war sich Annette anfänglich ihrer Probleme in sozialen Situationen überhaupt nicht bewußt, wie sich unter anderem aus ihrem niedrigen Ergebnis auf der Sozialen-Angst-Skala zu Beginn der Behandlung ergibt. Erst im Laufe der Behandlung ihrer Zwangsprobleme durch Exposition wurden auch die Probleme in sozialen Bereich deutlicher für sie.

7.4. Durchführung der Behandlung bei Zwangsgedanken

In der Forschung wurde der verhaltenstherapeutische Behandlung von Zwangsgedanken in weitaus geringerem Maße Aufmerksamkeit gewidmet als der Behandlung von Zwangshandlungen. Die Ursache dafür liegt in der Tatsache, daß Zwangsgedanken, zumindest wenn dabei keine Rede von Zwangshandlungen ist, nur relativ selten vorkommen, so daß Forschung mit größeren Patientengruppen schwierig, wenn nicht unmöglich ist. Dennoch haben in den letzten zehn Jahren einige Forscher versucht, den Effekt verschiedener verhaltenstherapeutischer Methoden bei „reinen" Zwangsgedanken systematisch zu untersuchen. Diese Behandlungen lassen sich in drei Kategorien einteilen:

1. Behandlungen, gerichtet auf das Beenden der Zwangsgedanken (Gedankenstopp und Aversionstherapie),
2. Behandlungen, gerichtet auf Gewöhnung (lang andauernde Exposition und Saturationstraining) und

3. Behandlungen, die nicht direkt auf die Zwangsgedanken gerichtet sind, sondern auf tieferliegende Probleme.

Gedankenstopp-Methoden

Wolpe (1958) introduzierte die Gedankenstopp-Methode und beschrieb ihre erfolgreiche Anwendung bei einer Reihe von Patienten mit Zwangsgedanken. Danach haben auch andere Autoren über erfolgreiche Behandlungen dieser Patientengruppe mit Hilfe von Gedankenstopp berichtet (für eine Übersicht siehe Emmelkamp, 1987). Die Methode wird anhand des folgenden Falles illustriert:

> Herr Vucht ist ein 50jähriger Lehrer. Seit mehreren Jahren hat er Beschwerden mit Zwangsgedanken. Das Grundthema dabei ist die Befürchtung, daß er anderen Schaden zufügen könnte, beispielsweise jemanden mit dem Auto anzufahren, jemanden zu beleidigen oder einen anderen ohne näheren Grund anzugreifen. In letzter Zeit sind die Zwangsgedanken so heftig geworden, daß er sich nicht mehr vor die Klasse traut. Nach Erläuterung der Methode wird er gebeten, sich entspannt hinzusetzen, die Augen zu schließen und sich einen seiner Zwangsgedanken präzise vorzustellen. Er wählt den Gedanken, jemanden mit dem Auto anzufahren. Sobald er die Vorstellung klar und deutlich vor Augen hat, gibt er ein Handzeichen. Unmittelbar darauf folgend erzeugt der Therapeut mit einer Hupe ein lautes Geräusch. Hierdurch verschwindet die Vorstellung direkt. Aufs neue wird er gebeten, sich denselben Zwangsgedanken vorstellen. Nachdem das Signal gegeben wird, daß er die Vorstellung deutlich vor Augen hat, ruft der Therapeut diesmal „stopp". Dies wird mehrere Male wiederholt, wobei die Rolle des Therapeuten immer unbedeutender wird. Zuerst sagt der Therapeut noch leise „stopp", aber später muß Herr Vucht das selbst machen: zuerst, indem er laut „stopp" ruft, sobald er den Zwangsgedanken deutlich vor Augen hat, danach, indem er dies immer leiser sagt, und schließlich erhält er die Instruktion, dies nur noch in Gedanken zu tun. In sechs Sitzungen werden auf diese Art die verschiedenen Zwangsgedanken erfolgreich behandelt. Nach einigen Sitzungen erhält Herr Vucht die Instruktion, die Methode auch zuhause anzuwenden, sobald ein Zwangsgedanke auftaucht. Diese Behandlung hat ihm sichtlich geholfen. Obwohl er noch regelmäßig derartige Gedanken hat, ist ihre Häufigkeit doch beträchtlich gesunken. Außerdem wird er jetzt nicht mehr ängstlich, wenn sie in ihm aufkommen.

Bei kontrollierten Forschungsstudien zeigt sich aber, daß der Effekt von Gedankenstopp nicht immer gleich groß ist (für eine Übersicht siehe Emmelkamp, 1987). Bei keiner der vier auf diesem Gebiet publizierten Studien konnte sich Gedankenstopp als effektiver als Kontrollmethoden erweisen. Auch der Effekt von Aversionstherapie bei Zwangsgedanken ist nur unzureichend erforscht. Kenny et al. (1978) untersuchten die Effektivität von elektrischer Aversionstherapie. Sobald Patienten Zwangsgedanken meldeten, erhielten sie einen Elektroschock. Diese Behandlung schien effektiver zu sein als Nichtbehandlung. Ein bedeutendes Problem in der Literatur über Gedankenstopp-Methoden liegt in dem Punkt, daß kein Unterschied zwischen Zwangsgedanken, die Angst hervorrufen, und Gedanken, die gerade dem Ziele dienen, Angst zu reduzieren. Zwangsgedanken, die Angst hervorrufen, können durch Zwangshandlungen gefolgt werden, welche die Angst reduzieren, oder durch obsessive Gedanken mit derselben Funktion wie die Zwangshandlungen, also Reduzierung der Spannung. In vielen Fällen verfügen Patienten mit Zwangsgedanken über neutralisierende Gedanken, um damit eventuelle schädliche Effekte ihrer Zwangsgedanken ungetan zu machen. Ein solcher Patient hatte beispielsweise den Zwangsgedanken an „Gott, der fickte" (einen angstinduzierenden Zwangsgedanken). Dieser Gedanke wurde jedesmal gefolgt durch einen neutralisierenden Gedanken wie: „Gott nicht und der Heilige Geist nicht". Das Denken dieses neutralisierenden Gedanken führte zur Verminderung der Angst, die durch den blasphemischen Gedanken hervorgerufen worden war.

Konfrontation mit den Zwangsgedanken

Rachman (1976) wählte als Ausgangspunkt die Hypothese, daß man Zwangsgedanken als aversive Stimuli betrachten kann, an welche sich Patienten nur mit Mühe gewöhnen können. Als Behandlungsmethode für Zwangsgedanken schlägt Rachman ein Sättigungstraining vor. Bei dieser Behandlung werden Patienten aufgefordert, ihre Zwangsgedanken in allmählich länger werdenden Perioden (bis zu 15 Minuten lang) aufzurufen. Rachman bedient sich dabei einer hierarchischen Präsentation (Rachman & Hodgson, 1980, S. 282). Wenn Patienten daneben neutralisierende Gedanken oder Zwangshandlungen, mit denen sie einen Gedanken neutralisieren können, zur Verfügung haben, erhalten sie Instruktionen zur Reaktionsverhinderung. Der Effekt dieser Behandlung ist aber bei Zwangspatienten noch nicht untersucht. Emmelkamp & Kwee (1977) entwickelten eine Methode, die ebenfalls auf der Idee von Gewöhnung aufbaut. Bei dieser Methode werden Patienten über einen längeren Zeitraum ununterbrochen ihren Zwangsgedanken ausgesetzt. Die Dauer einer Expositionssitzung beträgt minimal 60 Minuten.
Die Patienten werden gebeten, sich entspannt hinzusetzen und die Augen zu schließen. Anschließend fordert der Therapeut sie auf, sich die Zwangsgedanken, die er schildert, so lebhaft wie möglich auszumalen und der geistigen Vorstellung dieser Szenen auf keinen Fall auszuweichen. Hierbei achtet der Therapeut besonders darauf, daß eine Neutralisierung der Spannung, hervorgerufen durch die Zwangsgedanken, vermieden wird. Nacheinander werden nun die Zwangsgedanken geschildert, welche die größte Angst hervorrufen. Erst wenn eine bestimmte obsessive Szene keine Angst mehr weckt, wird sie nicht weiter angeboten. Der Therapeut präsentiert die Szenen sachlich und nüchtern: es wird nicht versucht, die Patienten noch ängstlicher zu machen, als sie es bereits sind. Die durch uns entwickelte Methode unterscheidet sich in einigen Aspekten vom Sättigungstraining von Rachman. An erster Stelle lenkt der Therapeut aktiv die Vorstellung

des Patienten, um einer geistigen Vermeidung der Zwangsgedanken oder einer eventuellen Neutralisierung zuvorzukommen. An zweiter Stelle werden diese Szenen über einen längeren Zeitraum ununterbrochen angeboten, so daß es zur Gewöhnung kommen kann. Ein weiterer Unterschied zur Methode von Rachman findet sich in dem Punkt, daß von Beginn an die stärksten Zwangsgedanken benutzt werden, also nicht einer hierarchischen Präsentation gefolgt wird. Es ist von großer Bedeutung, daß während der Expositionssitzung keine Ruhepausen eingebaut werden, abgesehen von einigen Sekunden jeweils nach der Präsentation einer Szene, in denen der Patient angibt, wie ängstlich er ist. Während dieser Expositionsbehandlung scheint es tatsächlich zu einer Gewöhnung zu kommen. Bei einer Reihe von Patienten (Emmelkamp, 1982) ließen wir alle paar Minuten die subjektive Angst auf einer Skala von 0-10 angeben. Es zeigte sich eindeutig, daß die Angst – nach einer anfänglichen Spitze zu Beginn der Sitzung – zum Ende der Sitzung hin langsam aber sicher abnahm.

Es ist nicht immer deutlich, bei welchen Patienten Gedankenstopp bessere Resultate erbringt als die imaginäre Exposition. In einer Studie nach dem Effekt beider Methoden kamen Emmelkamp & Kwee (1977) zu dem Ergebnis, daß beide Methoden die gleiche Effektivität aufwiesen. Die Resultate dieser Studie legen die Hypothese nahe, daß bei beiden Behandlungsmethoden ein gemeinsamer Mechanismus für den erzielten Effekt verantwortlich war. Eine weitere Studie (Emmelkamp & Giesselbach, 1981) ergab, daß es von Bedeutung ist, Patienten ihren eigenen Zwangsgedanken auszusetzen anstelle von anderen angstweckenden Szenen. Wenn sich die Patienten beispielsweise vorstellten, durch einen Tiger zerrissen zu werden, mit einem Flugzeug zu verunglücken, zu verbrennen oder erwürgt zu werden, so schien dies weniger Effekt auf die Zwangsgedanken zu haben als die Vorstellung ihrer eigenen Zwangsgedanken. Es handelt sich hierbei scheinbar nicht so sehr um Gewöhnung an Angst im allgemeinen, als vielmehr um Gewöhnung an die Zwangsgedanken. Die Ergebnisse beider Studien zeigen, daß imaginäre Exposition über einer längeren Zeitraum eine bedeutungsvolle Behandlungsmethode bei Zwangsgedanken sein kann. Das folgende Beispiel illustriert die Anwendung dieser Methode bei Zwangsgedanken rund um das Thema Sterben (Emmelkamp & Emmelkamp-Benner, 1989).

Susanne

Susanne, eine 27jährige Frau, hat verschiedene Male pro Tag Zwangsgedanken, in denen sie sich selbst sterben sieht. Auch hier bildet das Aufspüren der Stimuli eine wesentliche Phase, bevor mit der Ausführung der Exposition begonnen werden kann. Ein Teil dieses Prozesses wird hier wiedergegeben.

Therapeut: „Kannst du mir erzählen, was in dem Moment mit dir geschieht?"
Patientin: „Nun, in meinem Kopf wird es warm, und dann denk ich, daß ich einen Tumor habe."
T.: „Und was geschieht dann?"
P.: „Dann beginn ich mich zu fürchten und sage dann ‚Oh Gott, was fühl ich mich schlecht' und dann sehe ich, daß alles zu Ende ist."
T.: „Was siehst du dann genau?"
P.: „Nun, daß ich tot bin und daß die Nachbarin David (den Ehemann) anruft und daß er es meinen Eltern erzählt und daß sie dann sagen: ‚So plötzlich und sie war doch noch so jung'."
T.: „Siehst du das alles vor dir?"
P.: „Ja, es ist wie in einem Film."
T.: „Und dann, was geschieht dann?"
P.: „Das weiß ich nicht."
T.: „Versuch dich zu konzentrieren; schließ ruhig die Augen. Stell dir vor, daß du stirbst..."
P.: (schließt die Augen)
T.: „Erzähl mir, was du jetzt siehst."
P.: „Nun ... ich sterbe, und ... das Begräbnis ... und dann sehen sie, daß mein Haus nicht aufgeräumt ist."
T.: „Wer sieht das?"
P.: „Martha und Irene" (Schwägerinnen).
T.: „Laß die Augen geschlossen. Wie geht es weiter?"
P.: „Nun, später erzählen sie es der ganzen Verwandtschaft, sie sagen: ‚Die Susanne hatte doch einen Dreck in ihrem Schrank'."

Weiteres Nachfragen erbringt noch folgende Information: Susanne fürchtet sich vor Krankheiten, die zu einem plötzlichen Tod führen können (z. B. Gehirnblutung, Tumor, Herzanfall). In Verbindung damit klagt sie auch über somatische Symptome (wie „heiß im Kopf", Versteifen, Kurzatmigkeit, ein brennender Schmerz in Brust und Armen). Sterben geschieht immer plötzlich (kein langes Krankenlager), und sie ist „sterbensbang", daß sie nach ihrem Tod wegen des Haushalts kritisiert wird. Sie sieht ihr eigenes Begräbnis lebhaft vor Augen. Es ist von Bedeutung, all diese Punkte in den Szenen zu verarbeiten, die für die imaginäre Exposition benutzt werden. Hier folgt eine der Szenen, die in der Behandlung benutzt wurden.

„Stell dir vor, du bist zuhause, das Wetter ist schön, aber du fühlst dich nicht gut. Du hast Kopfschmerzen und denkst: ‚Ich sollte eine Kopfschmerztablette nehmen, dann geht es vielleicht vorbei'. Du legst dich ins Bett, aber es geht nicht vorbei. Es ist ein komisches Gefühl, eine andere Art von Kopfschmerzen. Du stehst auf ... dir ist schwindlig, warm im Kopf, und dann denkst du ‚wenn das mal gut geht'. Du fühlst dich noch sonderbarer, du weißt nicht mehr, wo du bist ... du mußt zur Nachbarin ... du denkst, daß du eine Gehirnblutung hast ... sie muß den Doktor anrufen ... du klingelst bei der Nachbarin ... sie öffnet die Tür: ‚Was ist mit dir passiert?' fragt sie. Aber du kannst nichts mehr sagen ... du fällst einfach auf den Boden ... und dann fühlst du, daß du stirbst ... dann ist es vorbei ... du bist tot ... auf dem Bürgersteig der Nachbarin. David stürmt nach Hause ... deine Eltern auch. Sie können es nicht fassen: ‚Wie ist das möglich, sie ist doch erst 27?' Deine Mutter weint, dein Vater versucht sie zu trösten ... du kannst nie wieder mit ihnen sprechen, nie wieder mit ihnen ausgehen ... du bist tot. Dann kommt das Begräbnis ... du liegst im Sarg ... vor der Kirche ... Jeder ist da ... die ganze Verwandtschaft ... Freunde ... und dann sagt der Priester, daß es unvorstellbar ist, daß eine so junge Frau in der Blüte ihres Lebens dahingerafft ist, und die Menschen weinen ... dann gehen sie zum Friedhof ... du liegst in deinem Sarg über dem Grab ... langsam wird der Sarg hinabgelassen ... deine Mutter weint ... David weint ... und dann nehmen sie zum allerletzten Male Abschied von dir ... dann gehen sie weg ... sie lassen dich auf dem Friedhof zurück.

Nach dem Begräbnis gehen Irene und Martha in dein Haus, um die Mahlzeit für die Verwandtschaft zu bereiten. Irene öffnet den Küchenschrank und sagt zu Martha: ‚Was für ein Dreck, schau doch, sie hatte so wenig zu tun, und trotzdem ist es hier ein Saustall'. Sie erzählen der ganzen Verwandtschaft, was für eine Unordnung in deinem Haus herrscht... Irene wischt mit ihren Fingern über die Fensterbank, sieht die Hundehaare auf dem Fußboden und zeigt das all den anderen ... daß du so schlampig sein konntest...'' etc.

In dieser Szene ist es wichtig, bei den realen Gedanken der Patientin anzuschließen, um nicht zu übertreiben. Am besten können die Szenen in einem sachlichen, nüchternen Ton präsentiert werden. Dramatisierung macht die Geschichte nur unwahrscheinlich und bietet die Möglichkeit zur kognitiven Vermeidung: „Das ist nicht wahr; so ist die Wirklichkeit nicht.'' Es ist auch nicht gut, die Szenen mit Hilfe einer Tonbandaufnahme anzubieten, da eine derartige Präsentation in den meisten Fällen nur einen geringen Effekt hat.

Der Therapeut achtet fortwährend auf Zeichen der Angst, um zu entdecken, ob bestimmte Punkte besondere Angst hervorrufen. Ein derartiger Punkt kann dann wiederholt angeboten werden, bis er nicht länger Angst hervorruft. Auch bei der imaginären Exposition ist es sinnvoll, den Patienten nach jeder Szene die subjektiv erlebte Angst angeben zu lassen. Dabei muß aber darauf geachtet werden, daß die Exposition nicht unterbrochen wird. Zu lange Unterbrechungen stehen einer Habituation im Wege. Aus demselben Grunde ist es nicht sinnvoll, während der Expositionssitzungen nach ergänzender Information zu fragen. Dies muß vor oder nach der Sitzung geschehen. Die Dauer der Expositionssitzung hängt ab von der Zeit, die für das Abnehmen der Angst benötigt wird; aus diesem Grunde können dafür keine festen Regeln angegeben werden. Aber den meisten Personen ist es nach anderthalb Stunden unmöglich, sich noch länger auf eine der Szenen zu konzentrieren. Es ist von Bedeutung, zum Ende einer Sitzung keine neuen Szenen oder neue Variationen alter Szenen zu präsentieren. Es besteht dann das Risiko, daß sich nicht ausreichend Zeit findet, um die Angst abnehmen zu lassen. Ein derartiger Fehler wurde im Fall von Susanne in der zweiten Sitzung gemacht. Die Angst war auf ein erträgliches Maß gesunken, und der Therapeut veränderte nach 45 Minuten die Präsentation der Szenen derart, daß Susanne die Szenen selbst schildern mußte. Als Folge dieser Veränderung nahm die Angst wieder zu, und bedauerlicherweise war die restliche Zeit zu kurz, um die Angst wieder sinken zu lassen. Dies führte bei Suzanne zu einer unnötigen Verstärkung der Angst und beim Therapeuten zu berechtigten Schuldgefühlen. Variationen der Szenen sind notwendig, um zu vermeiden, daß die Patienten sich an den Text anstelle der Situation gewöhnen. Wenn Patienten Mühe haben sollten, sich in ihre eigene Rolle zu versetzen, kann es hilfreich sein, sie die Szene selbst laut schildern zu lassen. Der Therapeut muß aufmerksam auf subtiles Vermeidungsverhalten achten. Im oben genannten Beispiel (Susanne) sprach die Patientin oftmals über „es", wenn sie eigentlich sich selbst oder den Sarg meinte. Der Therapeut muß das korrigieren, beispielsweise indem er fragt: „Wer liegt in dem Sarg?" Nach einiger Zeit, wenn die Exposition in den Sitzungen erfolgreich verlaufen ist, kann man dem Patienten Expositions-Hausaufgaben mitgeben. Der Patient muß täglich mindestens eine Stunde freihalten, um die Szenen solange durchzunehmen, bis die Angst gesunken ist.

Andere Behandlungen

Eine bedeutende Kategorie von Zwangsgedanken wird gebildet durch Zwangsgedanken mit dem Thema, sich selbst oder anderen Verletzungen zuzufügen. So können Patienten beispielsweise an den Zwangsgedanken leiden, daß sie andere ermorden oder Selbstmord begehen werden. Da wir bei dieser Gruppe Patienten regelmäßig Subassertivität feststellten, entstand die Vermutung, daß sie Mühe hatten, ihre Aggression adäquat zu äußern. Unsere Hypothese lautete, daß derartige Zwangsgedanken durch die Zurückhaltung agressiver Gefühle und die damit einhergehenden Schuldgefühle erzeugt wurden. Uns stellte sich die Frage, ob ein adäquaterer Umgang mit Aggression (beispielsweise durch Training assertiver Fertigkeiten) letztendlich zu einer Abnahme derartiger Zwangsgedanken führen würde. Um diese Frage zu untersuchen, verglichen wir in einer Cross-over-Studie Assertivitätstraining und Gedankenstopp bei sechs Patienten, die an den Zwangsgedanken litten, anderen etwas antun zu können (Emmelkamp & van der Heyden, 1980). Jeder Patient erhielt beide Behandlungen, aber die Reihenfolge wurde variiert. Die Ergebnisse dieser Studie zeigten, daß Assertivitätstraining mindestens so effektiv war wie Gedankenstopp. In vier der sechs Fälle kam es nach dem Training assertiver Fertigkeiten zu einer beträchtlichen Abnahme hinsichtlich der Häufigkeit der Zwangsgedanken. Die Ergebnis von Gedankenstopp waren nicht so positiv. Nur in zwei Fällen kam es zu einer Abnahme der Zwangsgedanken.

7.5. Abschließendes

Obwohl sich auf Grund der besprochenen Studien keine eindeutigen Schlüsse ziehen lassen, da jeweils nur wenige Patienten an ihnen beteiligt waren, scheint die Annahme gerechtfertigt, daß imaginäre Exposition eine gute Behandlungsmethode bei Zwangsgedanken sein kann, während der Effekt von Gedankenstopp weniger deutlich ist. Bei Zwangsgedanken mit dem Thema von Verletzungen anderer Personen kann Assertivitätstraining eine bedeutende Hilfe sein. Ob auch Patienten mit anderen Zwangsgedanken damit geholfen werden kann, läßt sich noch nicht mit Sicherheit sagen.

8. Die Behandlung der übrigen Angststörungen Posttraumatische Streßstörung und generalisiertes Angstsyndrom

In den vorherigen Abschnitten wurden eine Anzahl Angststörungen behandelt, die bereits seit geraumer Zeit als solche benannt werden. Wesentlich jüngeren Datums ist die Aufmerksamkeit für die Störungen, die wir in diesem Kapitel besprechen, nämlich das posttraumatische Streßstörung und das generalisierte Angstsyndrom. Aus diesem Grunde stehen uns im Moment nur wenige Daten epidemiologischer Forschungen und Studien der Behandlungsmöglichkeiten dieser Leiden zur Verfügung.

8.1. Posttraumatische Streßstörung

Forschungsergebnisse

Im Rahmen des lerntheoretischen Modells wird die Entwicklung der posttraumatischen Streßstörung anhand klassischer und operanter Konditionierungsmechanismen erklärt. Das traumatische Geschehnis fungiert als aversiver unkonditionierter Stimulus (UKS), welcher in extremer Spannung resultiert. Durch einen Konditionierungsprozeß werden neutrale Stimuli, die mit der traumatischen Situation assoziiert werden, zu konditionierten Stimuli (KS), die anschließend die Angstreaktion selbständig hervorrufen können. Dies führt zur Vermeidung dieser konditionierten Stimuli. Die verhaltenstherapeutische Behandlung des posttraumatischen Streßstörungs besteht in den meisten Fällen aus der einen oder anderen Expositionsmethode. Es kann sich hierbei um eine imaginäre Exposition handeln, wobei sich der Patient allerlei aversive Bilder vorstellen muß, bis es zur Gewöhnung kommt. Dies kann aber auch in-vivo geschehen. Beim In-vivo-Verfahren wird der Patient in der Realität mit allerlei Situationen konfrontiert, die mit dem Trauma in Verbindung stehen, bis Gewöhnung eintritt und die Angst abnimmt.

Die Behandlungen können abgestuft durchgeführt werden, wobei immer schwierigere Situationen präsentiert werden, aber in einer großen Zahl von Fällen ist es notwendig, den Patienten gleich von Beginn an mit den anstrengendsten Situationen zu konfrontieren *(Flooding)*. Dies gilt in besonderem Maße für diejenigen Patienten, die befürchten, durch die schmerzvollen Gefühle überwältigt zu werden, und darum Gedanken an Aspekte der traumatischen Situation(en) beständig vermeiden.

Bis zum heutigen Zeitpunkt wurde der Effekt von Flooding nur in Einzelfallstudien untersucht. Imaginäres Flooding zeigte sich wirkungsvoll bei der Behandlung von Kriegstraumata (für eine Übersicht siehe Emmelkamp, 1990) und Traumata infolge von Vergewaltigungen (Steketee & Foa, 1987). Kipper (1977) berichtete von einer erfolgreichen Behandlung von Personen, die an Kriegstraumata litten, mit Hilfe einer In-vivo-Exposition mit Stimuli, die mit dem traumatischen Geschehnis in Verbindung standen (wie Verwundete, Kriegsfilme, Geräusche von Flugzeugen, Helikoptern und Schüssen).

Die Verwendung von Flooding bei Opfern von Vergewaltigungen wurde durch Kilpatrick (1984) kritisiert. Ihr wichtigster Einwand lautet, daß Flooding dazu führen könnte, daß sich Patient/innen an derartige Vergewaltigungssituationen gewöhnen, wodurch sie in Zukunft bei neuerlichen Bedrohungen nicht mehr ängstlich reagieren würden. Steketee & Foa (1987) beteuern demgegenüber, daß kein einziger Anhaltspunkt für die Annahme, daß Flooding zu einer Vernachlässigung der eigenen Sicherheit führt, gefunden werden kann. Kilpatricks zweiter Kritikpunkt richtet sich auf die Tatsache, daß bei der Behandlung mit Flooding dem Erlernen von Verarbeitungsstrategien keine Aufmerksamkeit geschenkt wird. In unseren Augen muß das nicht unbedingt eine Kritik an dieser Methode sein; es bedeutet lediglich, daß – jedenfalls bei einer Reihe von Patienten – mehr als nur eine bloße Linderung der Angst erfolgen muß.

Veronen & Kilpatrick (1983) untersuchten den Effekt eines Streßmanagementtrainings bei Opfern von Vergewaltigungen. Bei dieser Behandlung wurde zuerst in lerntheoretischen Begriffen die Entstehung des posttraumatischen Streßstörungs erklärt. Anschließend wurde den Patienten eine Reihe von Möglichkeiten zur Angstreduzierung, wie Entspannung, Rollenspiel, Gedankenstopp und kognitive Methoden, angeboten. Sie konnten sich für eine von drei verschiedenen Behandlungen entscheiden:
1. Streßmanagement,
2. systematische Desensibilisierung oder
3. nichtdirektive Gesprächstherapie.

Elf Patienten wählten das Streßmanagementverfahren, drei Desensibilisierung, während niemand sich für die nichtdirektive Gesprächstherapie entschied. Nur sechs Patienten durchliefen das vollständige Streßmanagementprogramm; nach Angaben des Autors zeigten alle sechs deutliche Besserung. Da die Patienten nicht wahllos über die verschiedenen Konditionen verteilt worden waren, lassen sich auf Grund dieser Studie keine weitergehenden Schlüsse ziehen.

Bis zum heutigen Zeitpunkt wurden lediglich zwei Studien veröffentlicht, in denen die Patienten wahllos den verschiedenen Behandlungen zugewiesen wurden. In der Studie von Defares & Brom (1986) handelte es sich um 112 Patienten, die Verarbeitungsprobleme nach dem plötzlichen Tod einer nahestehenden Person (z. B. durch Mord oder Selbstmord), nach Gewaltdelikten oder nach Unfällen hatten. Sie wurden folgenden drei Behandlungsgruppen sowie einer Kontrollgruppe (Warteliste) zugewiesen:
1. Traumadesensibilisierung
2. Hypnose und
3. psychodynamische Methode.

Traumadesensibilisierung bestand aus Entspannungsübungen, Atmungsregulation und einer graduellen imaginären Konfrontation mit der Angst, dem Zorn und den Schuldgefühlen. Nachdem der Patient sich entspannt hatte, wurde er aufgefordert, die Gefühle, die durch die Bilder hervorgerufen worden waren, zu durchleben. Der Patient konnte das Tempo selbst bestimmen, d. h. daß er selbst angab, wann er mit dem Vorstellen der Bilder stoppte. Hypnose richtete sich auf eine Verringerung der emotionalen Belastung infolge des traumatischen Geschehnisses. Nach einer Induktionsprozedur wurden dem Patienten Themen präsentiert, bei denen sich in einer vorhergegangenen Inventarisierung gezeigt hatte, daß sie für den Patienten von großer Bedeutung waren. Die Konfrontation mit dem Thema wurde solange fortgesetzt, bis sich die emotionale Reaktion verminderte. Die psychodynamische Methode war auf dem Werk von Horowitz (1976) aufgebaut, wobei danach gestrebt wurde, den Verarbeitungsprozeß nachträglich in Gang zu setzen, indem die Prozesse des Wiedererlebens und Erkennens abgebremst wurden. Alle drei Behandlungsweisen führten zu gleich großen, deutlichen Besserungen hinsichtlich der Beschwerden und Verarbeitung, während sich diese in der Kontrollgruppe nicht veränderten.

Über die zweite kontrollierte Studie berichtete Frank et al. (1988). Sie verglichen kognitive Therapie (nach Beck) mit systematischer Desensibilisierung. All ihre Patienten waren Opfer von Vergewaltigungen. Ein wesentliches Element bei beiden Behandlungen war In-vivo-Exposition, d. h. daß eine graduelle Konfrontation mit Situationen und Aktivitäten, welche die Patienten seit der Vergewaltigung vermieden hatten, stattfand. Beide Behandlungen zeigten sich gleichermaßen erfolgreich.

Man kann sich die Frage stellen, warum in den genannten Studien keine Unterschiede im Effekt der verschiedenen Behandlungen gefunden wurde. In erster Linie, so meinen wir, ist es nicht deutlich, ob sich die Behandlungen so stark voneinander unterscheiden. Auch wenn sie aufgrund grundsätzlich verschiedener theoretischer Erwägungen durchgeführt werden, bedeutet das nicht, daß sie in der Praxis so unterschiedlich sein müssen. In der Studie von Defares & Brom lassen sich in den drei Behandlungsweisen einige gemeinsame Elemente entdecken, nämlich, die Inventarisierung der Probleme und das nachträglich Ingangbringen des Verarbeitungsprozesses mittels Vorstellung traumatischer Themen. Konfrontation (mit Hilfe von In-vivo-Exposition) ist gleichfalls ein gemeinschaftliches Element bei den Behandlungen, die Frank et al. evaluierten. Daneben kann auch die Entdeckung, daß man eine größere Kontrolle über seine eigenen Gefühle erhält, eine wichtige Übereinstimmung zwischen den bisher beschriebenen Behandlungen darstellen.

Durchführung der Behandlung

Bei der Behandlung posttraumatischer Streßstörunge kommt der Qualität der therapeutischen Beziehung großes Gewicht zu, weitaus mehr als bei der Behandlung anderer Angstbeschwerden. Der Therapeut muß äußerst sorgfältig manövrieren, um das Vertrauen des Patienten nicht zu enttäuschen, da es den Betroffenen häufig viel Mühe kostet, Hilfe zu erbitten. Die Ursache hierfür liegt wahrscheinlich in der Tatsache, daß zahlreiche Patienten nicht geneigt sind, die Traumata erneut aufzurühren, zumindest nicht mit Absicht; bei der Besprechung der diagnostischen Kriterien wurden bereits verschiedene Formen von Vermeidung genannt, wie aktives Vermeidungsverhalten und psychogene Amnesie. Es erweist sich hier als gute Strategie, den Patienten zuerst ausreichende Möglichkeiten zu geben, um Ängste, Sorgen und Erinnerungen äußern zu können, wodurch der Therapeut sowohl einen verständnisvollen Kontakt aufbauen kann als auch den Einfluß der Erlebnisse einzuschätzen lernt. Ferner ist es von großer Bedeutung, die psychische Elastizität der betroffenen Person und die Risiken von Dekompensation oder Selbstmord beurteilen zu können.

Wie bereits erwähnt, scheint das Expositions-Paradigma ein wesentliches Element der Behandlung derartiger Probleme zu sein. Eine Fallstudie kann die Anwendung dieser Methode verdeutlichen.

Herr Jung war während des Zweiten Weltkriegs als Zwangsarbeiter nach Deutschland deportiert worden und hat dabei verschiedene Kriegssituationen miterlebt. Er sah viele seiner Kameraden sterben, während er selbst auf beinahe wunderbare Weise überlebte. Nach Beendigung des Krieges hat er, wie so viele andere auch, durch hartes Schaffen am Wiederaufbau der Wirtschaft mitgearbeitet, ohne zurückzuschauen. Als er vor einigen Jahren pensioniert wurde, brachen für ihn schlechte Zeiten an. Seitdem grübelt er häufig, ist reizbar, raucht und trinkt verhältnismäßig viel und schläft schlecht. Obwohl seine Frau ihn zu unterstützen versucht, kann er mit ihr nicht über seine Kriegserinnerungen und die damit verbundenen Gefühle sprechen. In derartigen Momenten kann er nur aus dem Fenster starren. Im Aufnahmegespräch zeigt sich, daß die sorgfältig verdrängten Erinnerungen an den Krieg in zunehmendem Maße zurückkehren. Er ist nach dem Kriege niemals wieder ins Ausland gereist und weigert sich, die Nordseeküste zu besuchen, da sich dort im Sommer die große Schar deutscher Touristen aufhält. In all diesen Jahren hat er mit niemandem über seine Kriegserfahrungen sprechen wollen.

Die Behandlung, die wir Herrn Jung anbieten, besteht aus verschiedenen Formen von Exposition: in den Sitzungen erörtert Herr Jung seine Erfahrungen mit dem Therapeuten. Des weiteren bringt er sie zu Papier und wird vom Therapeuten angeregt, mit seiner Frau darüber zu sprechen. Letzteres kann anhand von Kriegsdokumentationen und Filmen im deutschen Fernsehen geschehen, welche er bisher nur dann, wenn er alleine war, anschauen konnte. Im Laufe der Behandlung berichtet Herr Jung, daß es ihm immer leichter fällt, sich zu äußern, und daß er nicht mehr so stark die Neigung verspürt, seine Gefühle von Wut, Trauer und Frustrationen zu verbergen.

Bei Patienten, die Symptome einer posttraumatischen Streßstörung zeigen, muß der Therapeut darauf achten, nicht zu schnell und hart mit der Arbeit zu beginnen. Manchmal kann es scheinen, als sei es um die Leiden und Beschwerden des Patienten nicht so schlimm bestellt, – gerade wegen der hartnäckigen Vermeidung der Emotionen und Gesprächsthemen, die mit dem Trauma verknüpft sind. Es geschieht nicht selten, daß Patienten erst im Laufe der Behandlung oder erst nach verschiedenen Kontakten mit dem Fürsorgesektor ihr Trauma zur Sprache bringen dürfen.

Häufig besteht eine posttraumatische Streßstörung nicht isoliert, sondern neben anderen Beschwerden wie Depression und anderen Angstsyndromen. Das folgende Beispiel (Elsenga & Emmelkamp, 1990) zeigt, daß eine posttraumatische Streßstörung in manchen Fällen hinter einer anderen Beschwerde verborgen liegt.

Während der Behandlung einer agoraphobischen Frau ergibt sich, daß sie vor der Entstehung der Agoraphobie das Opfer sexueller Gewalt und von Mißbrauch gewesen ist. Anfänglich ist diese Information nicht bekannt und die Patientin wird wegen der Agoraphobie mit In-vivo-Exposition behandelt. Obwohl sich die Behandlung am Behandlungsort als ziemlich erfolgreich zeigt, behält die Patientin ihre Angst, wenn sie in ihrem Wohnort übt. Daneben berichtet sie über Kopfschmerzen, lästige Alpträume und Schlafwandeln und gibt an, daß sie immer reizbarer wird. Die Probleme scheinen mit der Tatsache zusammenzuhängen, daß sie während der Übungen in ihrem Wohnort ihrem Vater begegnet ist, der ebenfalls dort wohnt. In den folgenden Gesprächen erzählt die Patientin mit großer Mühe, daß sie jahrelang, bis zu ihrem 14. Lebensjahr, durch ihren älteren Bruder zu einer inzestuösen Beziehung gezwungen, daß sie einmal beinahe vergewaltigt und daß sie durch ihren Vater zum Inzest gezwungen worden war. Diese Gespräche führen zu der Hypothese, daß die Agoraphobie in starkem Maße durch die Vermeidung der Angst, die mit ihrem Vater verbunden ist, kontrolliert wird. Eine zweite Hypothese lautet, daß zahlreiche mit der traumatischen Inzesterfahrung verbundenen Stimuli an emotionale Reaktionen und Vermeidungsverhalten konditioniert sind. Die Stimuli können sowohl greifbarer Natur (wie Fotos und Geschenke) als auch kognitiv (Erinnerungen) sein. Es wird angenommen, daß eine längere imaginäre Exposition mit diesen angstweckenden Gedanken, Bildern, Erinnerungen und konkreten Gegenständen Gewöhnung erzeugen kann. Damit kann gleichzeitig eine essentielle Quelle, welche den Fortbestand der Agoraphobie garantiert, ausgeschaltet werden.

In der anschließenden Behandlung wird Patientin in langen Sitzungen viele Male mit den vier Vergewaltigungs- und Inzesterfahrungen, die sie beschrieben hat, konfrontiert. Während dieser Sitzungen gelingt es ihr immer besser, sich diese Erfahrungen zu vergegenwärtigen und die mit ihnen assoziierten Gefühle zu verarbeiten. Der Widerstand gegenüber der Konfrontation mit den väterlichen Inzesterfahrungen ist aber so stark, daß zu diesem Zeitpunkt von ihrer Fortsetzung abgesehen wird. Obwohl die imaginäre Exposition zur Verarbeitung der Geschehnisse führt, an denen ihr Vater nicht beteiligt war, scheint ihr Effekt auf die Agoraphobie äußerst negativ zu sein: die Patientin ist auf das Anfangsniveau zurückgefallen. Da sie momentan nicht imstande ist, die emotionalen Erfahrungen bezüglich ihres Vaters zu verarbeiten, erscheint es zweckmäßig, zuerst durch eine Wiederholung der Exposition mit agoraphobischen Situationen ihr Selbstvertrauen zu steigern und im Anschluß daran ihre sozialen Fertigkeiten zu vergrößern. Als Folge der wiederholten In-vivo-Expositionsübungen ist die Patientin erneut imstande, auf die Straße und einkaufen zu gehen. Dieses Resultat behauptet sich auch während des Assertivitätstrainings, welches eine Abnahme der Spannung in sozialen Situationen erwirkt. Hiernach ist die Patientin der Meinung, ihr Ziel erreicht zu haben, zumindest hinsichtlich der Agoraphobie. Noch immer leidet sie unter Beschwerden, die im Zusammenhang mit den inzestuösen Erfahrungen mit ihrem Vater stehen (unter anderem Reizbarkeit und Alpträume). Da sie selbst vorschlägt, das Problem mit ihrem Vater in Angriff nehmen zu wollen, werden die folgenden zwanzig Sitzungen imaginärer Exposition mit den traumatischen Situationen gewidmet. Gemäß den Erwartungen löst diese Behandlungsphase noch mehr Emotionen aus als die vorherige imaginäre Exposition. Die Behandlung zeigt einen deutlichen Effekt auf die Verarbeitung dieser traumatischen Geschehnisse. Der Effekt auf die Agoraphobie ist jedoch wiederum negativ. Aus diesem Grunde wird anschließend eine kurze Wiederholung der In-vivo-Expositionsübungen für die Agoraphobie vereinbart. Hierbei besteht das auffallendste Ergebnis in der Tatsache, daß Patientin sich nun zum ersten Male ohne Spannung in ihrem Wohnort auf der Straße bewegen kann.

Diese Fallstudie zeigt einen komplexen Zusammenhang zwischen den agoraphobischen Beschwerden und der traumatischen Vergangenheit. Es scheint, daß die Agoraphobie dazu diente, die schmerzvollen Erinnerungen und die traumatischen Erfahrungen zu verbergen. Das posttraumatische Streßstörung erschien an der Oberfläche, als es nicht länger gelang, den traumatischen Situationen zu entfliehen. Durch die Exposition im Rahmen der Agoraphobie-Behandlung drohte die Patientin doch noch mit diesen Situationen konfrontiert zu werden, wodurch die verdrängten traumatischen Erinnerungen scheinbar aktiviert wurden. Beide Phasen der imaginären Exposition weckten erneut Angst und führten zur Vermeidung agoraphobischer Situationen, obwohl sie hinsichtlich der Verarbeitung der traumatischen Geschehnisse erfolgreich waren.

8.2. Generalisierte Angstsstörung

Forschungsresultate

Die Entwicklung psychologischer Behandlungen des generalisierten Angstsyndroms wurde wesentlich durch die Tatsache stimuliert, daß sich bei vielen Personen, die an diesem Angstsyndrom leiden, eine große Abhängigkeit (bzw. Sucht) von Anxiolytica und Alkohol fand. Inzwischen wurden verschiedene Behandlungen entwickelt und in der Forschung beurteilt. Eine zentrale Position nehmen das Erlernen von Entspannung sowie die Modifikation angstauslösender Kognitionen ein. Die bedeutendsten Erkenntnisse werden wir kurz erörtern.

Entspannungsübungen

Ausgangspunkt bei Entspannungsübungen ist, daß der Patient lernt, sich zu entspannen, die somatischen Symptome von Spannung zu erkennen und die Entspannungsübungen in dem Augenblick durchzuführen, wenn er diese ersten Signale tatsächlich wahrnimmt. Dies bedeutet eine Bekämpfung der Angstbeschwerden auf eine aktive Art und Weise. Ein Großteil der Forschung zur Effektivität von Entspannungsübungen bei generalisierter Angst wurde mit nicht-klinischen Gruppen von Freiwilligen, wie Studenten, durchgeführt. Obwohl die Resultate einen positiven Eindruck der Effekte von Entspannung vermitteln, sind die Erkenntnisse für klinische Gruppen nicht direkt relevant. Weit verbreitete Techniken sind *Anxiety managementtraining (AMT), Applied relaxation (AR)* und *Cue controlled relaxation* (diese werden wir später in diesem Kapitel ausführlicher besprechen). *Anxiety managementtraining* ist eine Kombination von Entspannung, beruhigendem *Self-talk* und dem Hervorrufen (abwechselnd) angstauslösender und beruhigender Vorstellungen *(image switching)*. Jannoun et al. (1982) untersuchten den Effekt von *Anxiety managementtraining* bei ängstlichen, ambulanten Patienten. Sie kamen zu dem Ergebnis, daß diese Methode, im Vergleich mit einer nicht-behandelten Gruppe, zu einer Abnahme sowohl der Angst als auch des Gebrauchs angstunterdrückender Medikamente führte. Die Patienten in der Studie von Jannoun et al. erklärten aber, daß *Image switching* viel Mühe kostete. Aus diesem Grunde ersetzen Butler et al. (1987b) Image switching durch In-vivo-Exposition in Situationen, die gelegentlich vermieden wurden. In dieser Studie erzielten die Patienten der *Anxiety management*-Gruppe, verglichen mit einer Wartelistengruppe, signifikante Verbesserungen auf Skalen für Angst, Depression und allgemeine Probleme. Zwei Studien untersuchten die Effektivität von Gruppentherapien, durchgeführt von Eayers et al. (1984) und (in einer nicht-kontrollierten Studie) von Powell (1987). Eayers et al. verglichen *Anxiety managementtraining* mit Entspannungsübungen, beide in Gruppen gegeben. Sie kamen zu dem Ergebnis, daß beide Behandlungen gleich effektiv waren. Blowers et al. (1987) verglichen *Anxiety managementtraining* (zusammengestellt aus *Cue controlled relaxation* und kognitiver Therapie nach Beck) mit nichtdirektiver Gesprächstherapie und einer Wartelistengruppe. Erstgenanntes Behandlungsprogramm erwies sich effektiver als keine Behandlung, aber auch die Patienten, die nichtdirektive Gesprächstherapie erhielten, machten große Fortschritte. Ferner sollte noch erwähnt werden, daß die Effekte von *Anxiety managementtraining* in dieser Studie weniger ausgeprägt waren als in der Studie von Butler et al. (1987b), die, wie gesagt, Exposition in das Programm aufgenommen hatten.

Aus diesen Ergebnissen können wir folgern, daß *Anxiety managementtraining* wohl zu klinisch relevanten Ergebnissen führt, aber daß reine Entspannungsübungen oder nichtdirektive Gesprächstherapie ebenfalls Wirkung zeigen. Des weiteren ergibt sich aus den Resultaten der Studie von Butler et al., daß die Hinzufügung von In-vivo-Exposition ein wesentlicher Bestandteil der Behandlung zu sein scheint.

Abschließend noch einige Worte über eine Reihe Studien, welche die Rolle von Biofeedback bei der Abnahme von Angst untersuchten: zwei Übersichten (Emmelkamp, 1982, und Rice & Blanchard, 1982) lassen erkennen, daß Biofeedbacktraining keinen Wert hat bei der Behandlung generalisierter Angst; Entspannungsübungen erzielen ein vergleichbares Ergebnis.

Kognitive Therapie

Im kognitiven Paradigma gilt als Ausgangspunkt die Hypothese, daß spezifische Kognitionen und Vorstellungen des Patienten der Angst Vorschub leisten. Darum werden Behandlungen darauf ausgerichtet, diese mit Angst verbundenen Kognitionen, oftmals irrationale Einschätzungen von Gefahr, zu korrigieren. In einer der Studien über kognitive Umstrukturierung (Woodward & Jones, 1980) wurden die Patienten aufgefordert, sich eine angstauslösende Situation möglichst lebhaft vor Augen zu führen und gleichzeitig ihre negativen *Self-statements* durch positive zu ersetzen. Einer zweiten Gruppe wurde eine angepaßte Form von systematischer Desensibilisierung angeboten (zu der auch Entspannungsübungen gehörten), während die dritte Gruppe mit einer Kombination dieser beiden Methoden behandelt wurde. Die Resultate ergaben, daß die Gruppe mit dem kombinierten Verfahren am stärksten verbessert war, während die Gruppe mit der kognitiven Umstrukturierung überhaupt keine Fortschritte gemacht hatte. Studien, die ein umfangreicheres Programm kognitiver Interventionen (nämlich nach Beck und Emery, 1985) untersuchten, kommen im allgemeinen zu günstigeren Resultaten als die oben genannte Studie. Eine intensivere kognitive Therapie erscheint ebenso effektiv wie andere Verhaltenstherapien. Da diese Studien aber große methodologische Mängel aufweisen, können aus ihnen keine harten Folgerungen gezogen werden.

Durchführung der Behandlung

Aus obenstehendem ergibt sich, daß Entspannungsübungen ein wesentliches Element in der Behandlung dieser Angstbeschwerden darstellen. *Applied relaxation* wurde durch Öst (1986) als eine Technik eingeführt, mit welcher der Patient lernen kann, die ersten Signale der Angst zu erkennen und mit der Angst umzugehen, statt von ihr überwältigt zu werden. Bei der Erklärung der logischen Grundlage der Behandlung wird näher auf die Tatsache eingegangen, daß Angst gepaart ist mit somatischen Symptomen. Des weiteren erfährt der Patient, daß er eine Fertigkeit erlernt, die einfach und schnell anzuwenden ist und viel Übung erfordert. Die ersten Hausaufgaben bestehen im Observieren der eigenen Person im Alltagsleben, im Registrieren der ersten Angstsignale und der Situationen, in denen sie auftreten.

Das Einüben von *Applied relaxation* kennt eine Reihe aufeinanderfolgender Phasen. Zuerst übt der Patient sich in progressiver Relaxation (detailliert beschrieben durch Bernstein & Borkovec, 1977). Hierbei werden zwei Muskel-Hauptgruppen voneinander unterschieden, die in verschiedenen Sitzungen behandelt werden. Die eine Gruppe besteht aus den Muskeln der Hände, Arme, Gesicht, Hals und Schultern; die Muskeln von Rücken, Brust, Bauch, Hüfte, Beine und Füße bilden die andere Gruppe. Jeder Muskel einer derartigen Gruppe wird 5 Sekunden lang angespannt und anschließend 10-15 Sekunden entspannt. Der Patient übt dies zweimal täglich als Hausaufgabe, was jeweils 15–20 Minuten dauert.

In der zweiten Phase fällt das Anspannen der Muskeln fort und der Patient übt das unmittelbare Entspannen der Muskeln. Die Übungszeit reduziert sich auf 5–7 Minuten. Diese Entspannung wird mit der Atmung verknüpft, wobei der Therapeut mündlich folgende Entspannungsanleitung gibt:

„Atme ruhig ... fühl, wie du dich mit jedem Atemzug mehr entspannst ... laß dich ruhig gehen ... entspann die Stirn ... die Augenbrauen ... die Augenlider ... die Zunge und Kehle ... das ganze Gesicht... Entspann den Nacken ... Schultern ... Arme ... die ganzen Hände, bis in die Fingerspitzen... Atme die ganze Zeit langsam und ruhig mit dem Bauch... Laß die Entspannung zum Bauch ausstrahlen ... zur Taille und zum Rücken... Entspann den unteren Teil des Körpers ... das Gesäß ... Hüften ... die Knie ... Waden und Füße ... bis in die Zehen... Atme langsam und ruhig und fühl, wie du dich mit jedem Atemzug mehr entspannst... Atme einmal tief ein ... halte die Luft einige Sekunden an ... und laß die Luft langsam wieder ausströmen ... langsam... Fühl, wie du dich mehr und mehr entspannst." (Öst, 1986, S. 409).

Öst empfiehlt, dieses Verfahren ein bis zwei Wochen lang zu üben.

Das Training der sogenannten *Cue controlled relaxation* bildet das dritte Stadium der Behandlung. In dieser Phase lernt der Patient, die Entspannung an das Wort „Entspann" zu konditionieren. Die aktive Mitarbeit des Therapeuten ist in erster Linie auf die Instruktionen hinsichtlich des Atemrhythmus gerichtet. Beim Einatmen sagt er „Atme ein" und kurz vor dem Ausatmen „Entspann". Nach ein bis zwei Wochen häuslichen Trainings kann der Patient sich in ungefähr drei Minuten entspannen.

Differentielle Relaxation, die vierte Phase des *Applied relaxation*-Programms, ist darauf gerichtet, die Entspannung auf verschiedene Situationen zu generalisieren, z. B. wenn der Patient schreibt, telefoniert oder mit jemandem spricht.

Daneben muß der Patient auch üben, sich zu entspannen, wenn er sich in der Öffentlichkeit bewegt.

In der fünften Phase trainiert der Patient schnelle Relaxation, indem er sich 15-20 Mal pro Tag entspannt (was in ungefähr 30 Sekunden geschieht), z. B. beim Blick auf die Uhr oder beim Telefonieren. Nach ungefähr 8-10 Sitzungen ist der Patient in der Lage, die Fertigkeiten im täglichen Leben anzuwenden und der Angst entgegenzutreten. In den drei folgenden Sitzungen konfrontiert der Therapeut den Patienten mit angstauslösenden Stimuli, wobei dieser den Auftrag erhält, diese Stimuli als Signal zur Entspannung zu betrachten. Dem Patienten wird zum Abschluß der Behandlung empfohlen, die Fertigkeiten aufrechtzuerhalten, indem er tagtäglich zu bestimmten Zeiten kontrolliert, ob Entspannung notwendig ist. In der oben genannten Studie von Blowers et al. (1987) wurde eine verkürzte Form von Relaxation angewandt, die bei Entspannung mittels einer ruhigen Atmung ansetzt. Butler et al. (1987b) fügten in ihrem *Anxiety managementtraining*-Programm der Relaxation diverse kognitive Interventionen hinzu, in denen sie den Patienten anspornen, die Angst aufrechterhaltenden Faktoren aufzuspüren und zu eliminieren. Derartige Faktoren sind beispielsweise Antizipationsangst, Angst vor der Angst, Vermeidung aufreibender Situationen oder Verlust des Selbstvertrauens. Beunruhigende Gedanken werden unter die Lupe genommen und es wird zusammen mit dem Patienten überlegt, ob diese nicht durch realistischere und hilfreichere Gedanken ersetzt werden können. Daneben bekräftigt der Therapeut die positiven Aspekte im Funktionieren des Patienten, um dessen Selbstvertrauen zu heben.

Obenstehende Autoren haben in ihren Untersuchungen nur wenige Mitteilungen darüber gemacht, wie sie mit dem Gebrauch angstreduzierender Mittel durch die Patienten umgingen. Aus einer Vorstudie von Butler et al. (1987a) ergab sich, daß 15 % der Personen mit einem generalisierten Angstsyndrom Medikamente oder Alkohol zur Linderung der Angst gebrauchten. In ihrer Studie zur

Effektivität der Behandlungen begnügten Butler et al. (1987b) sich mit der Ermutigung der Patienten, auf ihre Anxiolytica zu verzichten. Auch Blowers et al. (1987, S. 495) überließen dies völlig ihren Patienten und sagten ihnen „*... that they could consult their general practitioner at any time they wish to stop taking medication...*". Es erscheint aber äußerst wünschenswert, daß eine psychologische Behandlung der Angstbeschwerden mit einem strukturierten Verfahren zur Verringerung des Anxiolytica-und/oder Alkoholkonsums Hand in Hand geht. Viele Patienten sehen das Stoppen als einen großen Schritt und schrecken vor den Entzugserscheinungen zurück.

8.3. Zusammenfassung

Zu den beiden Syndromen, von denen wir in diesem Kapitel einige Behandlungen besprochen haben, ist noch nicht allzu viel Forschungsarbeit vorhanden. Erst vor kurzem wurden diagnostische Kriterien festgestellt, die vor allem bei dem generalisierten Angstsyndrom noch viel an Deutlichkeit zu wünschen übrig lassen. Als Folge hiervon können sich Untersuchungsgruppen in ihrer Zusammensetzung weitreichend voneinander unterscheiden, wodurch die Interpretation der Behandlungsresultate erschwert wird. In der Gruppe von Butler et al. (1987b) befanden sich beispielsweise Patienten mit der Diagnose „generalisiertes Angstsyndrom", obwohl sie rezente Anfälle von Panik hatten. Im Falle der posttraumatischen Streßstörung werden die Patienten mit großer Umsicht behandelt, und darin liegt eventuell der Grund, warum in Forschungsstudien nur selten eine Zufallsverteilung auf die verschiedenen Behandlungskonditionen stattfindet. Ein Vergleich verschiedener Methoden ist insofern bei diesem Syndrom nicht möglich. Zukünftige Forschungsarbeit mit homogeneren Gruppen und genaueren Behandlungsprotokollen muß zu weiteren Ergebnissen führen. Wir sind uns daher bewußt, daß die derzeitigen Schlußfolgerungen durch diese neuen Erkenntnisse in ein anderes Licht gerückt werden können.

9. Psychopharmakologische Behandlung

An der Regulierung der Angst scheinen drei Neurotransmittersysteme beteiligt zu sein:

1. das Benzodiazepin-GABA-System,
2. das Noradrenalinsystem und
3. das Serotoninsystem (Hoehn-Saric & McLeod, 1988).

Der Neurotransmitter Gamma-Amino-Buttersäure (GABA) scheint bei der Senkung der Arousal eine Rolle zu spielen. Es besteht die Annahme, daß eine Hyperaktivität des Noradrenalinsystems am Entstehen von Panikanfällen beteiligt ist. Vermutungen gehen davon aus, daß sowohl das Noradrenalin- als auch das Serotoninsystem eine Funktion beim Hang zum Grübeln haben und daß beide eine wichtige Rolle vor allem bei der Zwangsstörung spielen. In jüngster Zeit wurde des weiteren die Vermutung geäußert, daß Störungen im Serotoninsystem mit dem Vorkommen von Panikanfällen zusammenhängen (Den Boer, 1988). Für eine Übersicht der Forschung im Bereich dieser pharmakologischen Modelle verweisen wir auf Wamboldt & Insel (1988).

9.1. Generalisierte Angststörung

Bisher ist der Effekt von Pharmaka bei Patienten mit einem generalisierten Angstsyndrom nur durch wenige Forschungsarbeiten untersucht worden. Der größte Teil dieser Studien ist auf die Effekte von Benzodiazepinen gerichtet. In drei kontrollierten Studien erwies sich ihr Effekt größer als der eines Placebos (Buchbaum et al., 1985; Ceulemans et al., 1985; Fontaine et al., 1983). Im großen und ganzen wurden keine Unterschiede zwischen den Effekten der diversen Benzodiazepinsorten gefunden.

Benzodiazepine verursachen relativ wenige Nebenwirkungen und sind nur in geringem Maße toxisch. Ein großer Nachteil von Benzodiazepinen liegt in der Gewöhnungs- und Abhängigkeitsgefahr. Nach einem abrupten Absetzen der Medikation kommt es häufig zu Entzugserscheinungen (Noyes et al., 1988). Diese

Erscheinungen sind desto schwerwiegender, je länger und je höher dosiert das Medikament eingenommen wurde. Außerdem zeigt sich, daß vor allem die Benzodiazepine mit einer kurzen bis mittellangen Halbwertzeit (wie Lorazepam, Oxazepam, Temazepam und Alprazolam) zu ernsthaften Nebenwirkungen wie Zittern, Übelkeit oder Übergeben, Konzentrationsstörungen, Ruhelosigkeit, Schlaflosigkeit, Transpirieren, Ermüdung und Gereiztheit führen. Bekannt sind auch die sogenannten Rebound-Effekte, die nach einem abrupten Absetzen der Medikation auftreten und häufig ernstere Folgen haben als die ursprünglichen Beschwerden (Zitman, 1982). Angesichts dieser Effekte sollten Benzodiazepine nur über einen begrenzten Zeitraum verschrieben werden (Van Praag, 1988).

Obwohl in weiten Kreisen angenommen wird, daß trizyklische Antidepressiva bei der Behandlung des generalisierten Angstsyndroms nur von geringem Nutzen sind, wurden kürzlich zwei Studien publiziert, aus denen sich ergibt, daß Imipramin ebenso effektiv ist wie Chlordiazepoxid (Kahn et al., 1986) und Alprazolam (Hoehn-Saric et al., 1988). In der letztgenannten Studie führte Imipramin vor allem zu einer Stimmungsverbesserung, geringerem Grübeln und weniger Befürchtungen vor negativen Ereignissen, während Alprazolam vor allem den somatischen Symptomen und der Spannung effektiv entgegenwirkte.

9.2. Panik und Agoraphobie

Benzodiazepine

Obwohl Benzodiazepine bei Panikanfällen und Agoraphobie häufig verschrieben werden, gibt es keine deutliche Antwort auf die Frage, ob die zum gegenwärtigen Zeitpunkt in Deutschland erhältlichen Medikamente zu einer Abnahme der Panikanfälle führen. In den letzten Jahren wurde mehrfach die Annahme geäußert, daß ein relativ neues Medikament, Alprazolam, für Patienten mit einem Paniksyndrom von Nutzen sein könnte. In einer Multicenter-Studie von Ballenger et al. (1988) erwies sich Alprazolam als effektiver als ein Placebo: nach vier Wochen hatten 50 % der Patienten, die Alprazolam erhalten hatten, keine Last mehr mit Panikanfällen, während lediglich bei 28 % der Patienten aus der Placebogruppe dasselbe Resultat erzielt wurde. Nach acht Wochen jedoch erwiesen sich beide Behandlungen als gleich effektiv. Nach Absetzen der Medikation erlitten zahlreiche Patienten einen Rückfall, und es ging ihnen schlechter als den Patienten der Placebogruppe (Pecknold et al., 1988). Obwohl die Medikation stufenweise abgebaut worden war, führte dies bei 27 % der Patienten zu Rebound-Effekten und bei 35 % zu Entzugserscheinungen. Auch aus den Ergebnissen anderer Studien stellt sich heraus, daß es zu ernsthaften Entzugserscheinungen und Rebound-Panikanfällen nach Absetzen dieses Medikamentes kommt (Fyer et al., 1987; Juergens & Morse, 1988). Bei einem Drittel einer Patientengruppe, die wegen Paniksymdroms mit Alprazolam behandelt worden waren, entstand eine Depression im engeren Sinne.

Klosko et al. (1988) verglichen die Effektivität von Alprazolam mit der einer kognitiv-verhaltenstherapeutischen Intervention. Die kognitive Verhaltenstherapie war wesentlich erfolgreicher als die Behandlung mit Alprazolam. Bei Abschluß der Behandlung hatten nur noch 13 % der Patienten in der Kondition kognitive Verhaltenstherapie Last mit Panikanfällen, während dies für 50 % der mit Alprazolam behandelten Patienten galt; diese Gruppe unterschied sich hinsichtlich der Frequenz von Panikanfällen nicht von der Placebogruppe.

Zusammenfassend: Die Effektivität von Benzodiazepinen beim Paniksyndrom ist nicht überzeugend nachgewiesen. Angesichts der möglichen Abhängigkeit, der Entzugserscheinungen und Rebound-Panikanfälle, die vor allem – aber nicht ausschließlich – bei Alprazolam festgestellt wurden, erscheint es nicht sinnvoll, (auch) dieses Medikament zu empfehlen.

Monoaminoxidase-Hemmer (MAOH)

Ergebnisse einer begrenzten Zahl von Studien suggerieren ein günstiges Resultat von Monoaminoxidase-Hemmern (MAOH), vor allem Phenelzin, bei Patienten mit Paniksyndrom und Agoraphobie (Lipsedge et al., 1973; Solyom et al., 1973; Sheehan et al., 1981; Tyrer et al., 1973). Solyom et al. (1981) konnten aber keinen Unterschied zwischen Phenelzin und einem Placebo finden. In den meisten dieser Studien wurden die Patienten instruiert, in phobischen Situationen zu üben (In-vivo-Exposition), was die Interpretation der Ergebnisse kompliziert. Der MAOH-Effekt ohne In-vivo-Exposition ist nicht festgestellt. In der einzigen Studie, in welcher versucht wurde, die Effekte von In-vivo-Exposition und Phenelzin zu trennen (Solyom et al., 1981), zeigte sich Phenelzin nicht effektiver als ein Placebo. Außerdem erlitt eine Reihe Patienten einen Rückfall nach Absetzen der Medikation (Lipsedge et al., 1973; Solyom et al., 1973; Tyrer et al., 1973). Im Lichte der begrenzten positiven Ergebnisse der MAOH und der zahlreichen Nachteile, die an ihren Gebrauch gebunden sind (Van Praag, 1988), erscheint große Zurückhaltung beim Verschreiben geboten.

Trizyklische Antidepressiva

Am deutlichsten nachgewiesen ist der Effekt dieser Medikamente bei Panikanfällen. Inzwischen ist eine große Zahl von Studien publiziert, in denen der Effekt von Imipramin mit dem eines Placebos bei Patienten mit Paniksyndrom und Agoraphobie verglichen wurde. Die meisten Studien weisen nach, daß Imipramin effektiver ist als ein Placebo (Marks, 1987). In zwei Studien war dies jedoch nicht der Fall (Marks et al., 1983; Evans et al., 1986). Bis zum heutigen Zeitpunkt wurde nur eine einzige kontrollierte Studie über den Effekt von Clomipramin beim Paniksyndrom publiziert und darin erwies sich Clomipramin als effektiver als ein Placebo (Johnston et al., 1988). Auch hierbei muß erwähnt werden, daß in den meisten Studien die Patienten In-vivo-Expositionsaufträge erhielten, was die Interpretation der Resultate kompliziert (Emmelkamp, 1982). Einige Studien ergaben, daß Imipramin zusammen mit In-vivo-Exposition effektiver war als Imipramin allein (Mavissakalian & Michelson, 1983; 1986a; 1986b; Telch et al., 1985). In letztgenannter Studie zeigte sich, daß Imipramin keinen Effekt auf die Agoraphobie und Panikanfälle hatte, wenn die Patienten die Instruktion erhielten, nicht in phobischen Situationen zu üben. Bei Panikpatienten konnte keine Beziehung zwischen der Dosierung bzw. dem Blutspiegel von Imipramin und der Besserung des Paniksyndroms gefunden werden (Marks et al., 1983; Mavissakalian & Michelson, 1986a). Im Lichte dieser Daten erscheint die Annahme von Klein (1964), daß Imipramin einen spezifischen „Anti-Panik"-Effekt habe, äußerst unwahrscheinlich. Weitaus plausibler ist die Hypothese, daß die Medikation zu einer Stimmungsverbesserung führt, wodurch die Patienten motiviert werden, die Situationen aufzusuchen, in denen sie vorher Panikanfälle hatten oder fürchteten, diese zu bekommen. Die letztendliche Besserung der Agoraphobie ist dann das Resultat der Gewöhnung, die während der In-vivo-Exposition aufgetreten ist. Falls Imipramin einen spezifischen Antipanik-Effekt besäße, wäre die Annahme berechtigt, daß dieser Effekt auch auftritt, wenn die Patienten keine Exposition erhalten, was in der Studie von Telch et al. (1985) aber nicht der Fall war.

Substantielle Probleme in der Behandlung von Panikpatienten mit trizyklischen Antidepressiva liegen darin, daß bei Behandlungsbeginn die Angst steigen kann, daß es häufig zu Nebenwirkungen kommt und daß ein therapeutischer Effekt erst nach Ablauf mehrerer Wochen erwartet werden kann. Dies führt dazu, daß viele Patienten (ungefähr 30 %) während der Behandlung ausscheiden. Bei denjenigen, welche die Behandlung fortsetzen, kommt es nach Absetzen der Medikation häufig zu Rückfällen. Telch et al. (1983) haben die Literatur zusammengefaßt und fanden Rückfallprozentsätze zwischen 27 % und 50 %.

Selektive 5HT-Aufnahme-Hemmer

Im Laufe der letzten Jahre wurden Stoffe entwickelt, die einen selektiven Einfluß auf das Serotoninsystem haben und nicht über das GABA-System wirken (z. B. Fluvoxamin).

Jüngste Forschungsergebnisse lassen erkennen, das Fluvoxamin Angst und Panik bei Panikpatienten verringern kann (Den Boer, 1988). Hingegen hat Fluvoxamin wenig Effekt auf das agoraphobische Vermeidungsverhalten. Zum Ende der Behandlung lag der Durchschnittswert der Subskala Agoraphobie des *Fear Questionnaire* bei 24, ein Anzeichen dafür, daß die Patienten nach zwei Monaten immer noch ziemlich agoraphobisch waren. Nach Ablauf einer dreiwöchigen Verhaltenstherapie, die aus verlängerter In-vivo-Exposition bestand, war der Durchschnittswert dieser Subskala bei einer vergleichbaren Gruppe von Agoraphobikern auf 15 herabgesunken (Arrindell et al., 1986).

Beta-Rezeptorenblocker

Eine Reihe von Forschern hat den Effekt von Beta-Rezeptorenblockern bei Patienten mit Panikanfällen und Agoraphobie untersucht. Beta-Rezeptorenblocker beeinflussen das sympathische System, indem sie die Übermittlung bestimmter Reize blockieren. Als Folge hiervon werden eine Reihe autonomer, somatischer Reaktionen wie Herzklopfen, Zittern und Transpirieren gedämpft. Aus diesem Grunde wurde angenommen, daß die Anwendung von Beta-Rezeptorenblockern sich bei den Syndromen als sinnvoll erweisen könnten, bei denen somatische Symptome von Angst und – als Folge davon – die Furcht vor ihnen im Vordergrund stehen. Diese Medikamente schienen geeignet zur Unterstützung von In-vivo-Exposition bei Agoraphobie, da angenommen wurde, daß sie die somatischen Symptome, die bei In-vivo-Expositionen auftreten, unterdrücken könnten. Die bisher erarbeiteten Studien zeigen jedoch, daß die Verwendung von Beta-Rezeptorenblockern keinen Einfluß auf den Effekt von In-vivo-Exposition haben. Weder Alprenelol (Ullrich et al., 1972), Propanolol (Hafner & Milton, 1977) noch Bupranolol (Butollo et al., 1978) konnten den Effekt von In-vivo-Exposition steigern. In einer Studie von Griez & Van den Hout (1986) erwies sich wiederholte CO_2-Inhalation als effektiver als die Behandlung mit Propanolol. Beta-Rezeptorenblocker scheinen daher ungeeignet für Panikpatienten.

9.3. Soziale Phobie

Bei sozial ängstlichen Personen wurden die Effekte von Benzodiazepinen, MAO-Hemmern und Beta-Rezeptorenblockern untersucht. Lediglich drei Studien wurden mit Sozial-Phobikern durchgeführt, die übrigen Studien bezogen sich auf freiwillige Versuchspersonen mit Lampenfieber. In Tabelle 9.1 findet sich eine Forschungsübersicht der vergangenen 15 Jahre.

Tabelle 9.1:
Resultate kontrollierter Studien nach den Effekten von Pharmakotherapie bei sozialer Angst

Studie	Leiden	Gruppe	N	Medikament	Design	Resultat
Brantigan u. a. (1982)	Lampenfieber	F	29	(1) Propanol* (40 mg) (2) Placebo	Double-blind Crossover	1 > 2
Falloon u. a. (1981)	Soziale Phobie	P	12	(1) Propanolol (160–320 mg) (2) Placebo	Double-blind Between-group	1 = 2
James u. a. (1977)	Lampenfieber	F	24	(1) Oxprenolot* (40 mg) (2) Placebo	Double-blind Crossover	1 > 2
James u. a. (1983)	Lampenfieber	F	30	(1) Pindolol* (5 mg) (2) Placebo	Double-blind Crossover	1 > 2[1] 1 = 2[2]
James & Savage (1984)	Lampenfieber	F	33	(1) Nadolol* (40 mg) (2) Diazepam (2 mg) (3) Placebo	Double-blind Crossover	1 > 2 und 3
Liden & Gottfries (1974)	Lampenfieber	F	15	(1) Alprenolol* (50 & 100 mg) (2) Placebo	Double-blind Between-group	1 > 2
Liebowitz u. a. (1985)	Soziale Phobie	P	21	(1) Atenolol (50–100 mg) (2) Phenelzin (60–90 mg)	Offene Studie Between-group	1 = 2 **
Liebowitz u. a. (1988)	Soziale Phobie	P	41	(1) Atenolol (50–100 mg) (2) Phenelzin (60–90 mg) (3) Placebo	Double-blind Between-group	2 > 1 = 3
Neftel (1982)	Lampenfieber	F	22	(1) Atenolol* (100 mg) (2) Placebo	Double-blind Between-group	1 > 2[1] 1 = 2[2]

a > b: Behandlung a besser als Behandlung b; F = Freiwillige; P = Patienten;
* = einmalige Dosierung vor dem Auftreten; ** = keine Randomisierung;
[1] beim Angstmaß; [2] bei Leistung

Benzodiazepine

Obwohl Benzodiazepine relativ häufig bei Spannung in sozialen Situationen verschrieben werden, ist bis heute noch keine Studie zu ihren Effekten auf klinische Sozial-Phobiker erstellt. Aus einer Studie (James & Savage, 1984) an Freiwilligen mit Lampenfieber vor Musikaufführungen ergab sich, daß Diazepam weitaus weniger Effekt hatte als der Beta-Rezeptorenblocker Nadolol und sogar im Vergleich zu den Leistungen, die ohne Medikamente erzielt wurden, zu einer kleinen Leistungsverschlechterung führte. Die Verwendung von Alprazolam ist in einer Fallstudie (Lydiard et al., 1988) und in einer unkontrollierten Studie (Reich & Yates, 1988) beschrieben. In letztgenannter Studie wurde Alprazolam mit In-vivo-Expositionsaufträgen kombiniert. Nach acht Wochen zeigte sich die Effektivität der Behandlung, aber nach Absetzen der Medikation wurden die Patienten wieder genauso ängstlich wie zu Beginn der Behandlung. Angesichts der Tatsache, daß bei anderen Angstbeschwerden die Verabreichung von Alprazolam zu einer Reihe ungewünschter Nebenwirkungen führte (starke Abhängigkeit, Panikanfälle und Depressivität nach dem Absetzen), ist beim Verschreiben dieser Mittel große Vorsicht geboten.

Beta-Rezeptorenblocker

Da soziale Angst mit verschiedenen somatischen Symptomen, wie Herzklopfen, Transpirieren, Zittern und Erröten häufig verbunden ist, wurde von einigen Seiten die Annahme geäußert, daß Beta-Rezeptorenblocker bei diesen Patienten die Angst lindern könnten. Die Verwendung von Beta-Rezeptorenblockern könnte den Teufelskreis (Furcht vor den vegetativen Nebenwirkungen der Angst) durchbrechen, da diese Symptome durch die Medikation verhindert werden. Es ist daher nicht verwunderlich, daß sich der größte Teil der Publikationen auf dem Gebiet pharmakologischer Behandlungen sozialer Angst auf die Effekte von Beta-Rezeptorenblockern bezieht. Beim Großteil dieser Studien wurde mit freiwilligen Versuchspersonen gearbeitet, die an irgendeiner Form „Lampenfieber" litten (z. B. Musiker mit Angst vor Aufführungen). Leider lassen sich die Resultate dieser Studien nicht ohne weiteres auf Sozial-Phobiker generalisieren. Mit dieser Gruppe wurden drei Studien erstellt. In der Studie von Falloon et al. (1981) konnten keine Unterschiede im Effekt zwischen Propanolol und einem Placebo gefunden werden.

Liebowitz et al. (1986) fanden keinen Unterschied zwischen dem Beta-Rezeptorenblocker Atenolol und dem MAO-Hemmer Phenelzin, aber wegen einiger methodologischer Mängel (weder Placebo-Gruppe noch willkürliche Verteilung der Versuchspersonen über die Konditionen) sind diese Resultate nicht eindeutig zu interpretieren. In einer methodologisch besser angelegten Studie (Liebowitz et al., 1988) erwies sich Phenelzin nach acht Wochen als effektiver als Atenolol und ein Placebo. Atenolol schien kaum effektiv zu sein, jedenfalls nicht effektiver als das Placebo.

Das Indikationsgebiet von Beta-Rezeptorenblockern bei sozialer Angst scheint demnach auf Lampenfieber (z. B. bei Reden vor der Öffentlichkeit oder musikalischen Auftritten) begrenzt zu sein, wobei das Medikament einmalig eine Stunde vor Beginn der Vorstellung eingenommen wird. Es ist von Bedeutung, hierbei anzumerken, daß Beta-Rezeptorenblocker in vielen Fällen mit Nebenwirkungen wie Übelkeit und Erbrechen verbunden sind, die vor allem bei kurzzeitigem oder einmaligem Gebrauch auftreten. Daneben ist die Einnahme von Beta-Rezeptorenblockern nicht frei von Gefahren. So können bei Patienten mit chronischen (aspezifischen) Leiden der Luftwege Beta-Rezeptorenblocker zu einer Verschlimmerung der Asthmabeschwerden führen. Ferner kann das Absetzen nach längerer Einnahme zu gefährlichen Herzrhythmusstörungen bis hin zu einem Herzstillstand führen.

Monoaminoxidase-Hemmer

An den bereits besprochenen Studien zum Effekt von Phenelzin auf Agoraphobiker nahmen auch Sozial-Phobiker teil. Aber die Ergebnisse wurden für diese Gruppe nicht gesondert analysiert. Jüngere Studien von Liebowitz et al. (1985; 1988) zum Effekt von Phenelzin kommen zu widersprüchlichen Resultaten. In der Studie von Liebowitz et al. (1985) erwies sich Phenelzin nicht als effektiver als ein Placebo, während dies in der Studie von Liebowitz et al. (1988) wohl der Fall war. Vor dem Hintergrund der kleinen Zahl an Untersuchungen, die auf diesem Gebiet veröffentlicht wurden, der widersprüchlichen Resultate sowie der Komplikationen, die bei der Verwendung von MAO-Hemmern auftreten können, scheint große Zurückhaltung beim Verschreiben wünschenswert.

9.4. Zwangsstörung

In einer Reihe Studien wurde der Effekt trizyklischer Antidepressiva bei Zwangspatienten untersucht. Die meisten Untersuchungen wurden mit Clomipramin durchgeführt, da die Vermutung besteht, daß bei Zwangspatienten hauptsächlich das Serotoninsystem gestört ist und Clomipramin unter anderem ein 5HT-Aufnahmehemmer ist. Clomipramin erwies sich als effektiver als ein Placebo, aber nicht als effektiver als andere trizyklische Antidepressiva (Marks, 1987). Diese

Erkenntnis entkräftet die Hypothese einer Störung des Serotoninsystems bei Zwangspatienten, da trizyklische Antidepressiva mit geringeren Wirkungen auf dieses System doch zu vergleichbaren Resultaten führten. Auf längere Sicht verschwanden die Effekte trizyklischer Antidepressiva (Mawson et al., 1982; Kasvikis & Marks, 1988). In zwei Studien wurde untersucht, ob Clomipramin den Effekt von In-vivo-Exposition und Reaktionsverhinderung vergrößern konnte. In der Studie von Marks et al. (1980) traf das nur zu bei Patienten, die zugleich depressiv waren. In einer jüngeren Studie (Marks et al., 1988) war eine Kombination von Clomipramin mit Expositionsaufträgen effektiver als die eines Placebos mut Expositionsaufträgen; dieser Unterschied war aber nach acht Wochen verschwunden. Clomipramin schien bei Patienten, die Anti-Expositionsaufträge erhalten hatten, kaum Effekt zu haben.

Eine Behandlung mit trizyklischen Antidepressiva scheint vor allem von Bedeutung bei Zwangspatienten, die depressiv sind (Marks et al., 1980; Thoren et al., 1980), als Unterstützung eines Programms, zusammengesetzt aus In-vivo-Exposition und Reaktionsverhinderung. Sobald die Stimmung gehoben ist, zeigen sich die Patienten eher bereit, Expositionsaufträge auszuführen. Wie auch bei Panikpatienten kommt es beim Absetzen der Medikation häufig zu Rückfällen.

Die Annahme, daß Clomipramin einen spezifischen „Anti-Zwang"-Effekt besäße, konnte in einer jüngeren Studie (Emmelkamp et al., 1989) nicht bestätigt werden. In dieser Studie wurden ausschließlich Patienten mit singulären Zwangsgedanken behandelt; Patienten mit Zwangshandlungen wurden ausgeschlossen. Die Ausgangshypothese lautete, daß sich ein spezifischer Anti-Zwang-Effekt von Clomipramin auch bei Patienten, die ausschließlich unter Zwangsgedanken litten, zeigen müßte. In diesem Falle könnten die Resultate nämlich nicht einer Interaktion von Clomipramin und Exposition zugeschrieben werden, da eine In-vivo-Exposition per Definition ausgeschlossen ist. Clomipramin war in keiner Messung effektiver als ein Placebo. Dies deutet darauf hin, daß die positiven Resultate anderer Studien in der Tat einer Interaktion zwischen Stimmungsverbesserung und In-vivo-Exposition zugeschrieben werden müssen.

9.5. Abschließendes

Das Hauptproblem liegt in der diagnostischen Unterscheidung von Depressionen und Angststörungen. Es besteht eine beträchtliche Symptomüberlappung zwischen diesen unterschiedlichen Klassen, wodurch die Interpretation vor allem der Untersuchungen von Antidepressiva (MAO-Hemmern, trizyklische Antidepressiva und Antidepressiva der zweiten Generation, wie 5HT-Aufnahmehemmern) erschwert wird. Die positiven Resultate dieser Medikamente auf Angst in einer Anzahl von Fällen können auch durch die Abnahme der Depression erklärt werden.

Literaturverzeichnis

Abe, K., & Masui, T. (1981) Age-sex trends of phobic and anxiety symptoms in adolescents. *British Journal of Psychiatry, 138,* 297–302.

Abraham, K. (1927) *Selected Papers.* London: Hogarth Press.

Agras, W.S., Chapin, H.N., & Oliveau, D.C. (1972) The natural history of phobia: Course and prognosis. *Archives of General Psychiatry, 26,* 315–317.

Agras, W.S., Sylvester, D., & Oliveau, D. (1969) The epidemiology of common fears and phobias. *Comprehensive Psychiatry, 10,* 151–156.

Ainsworth, M.D.S. (1984) Attachment. In N.S. Endler & J. McV. Hunt (Eds.), *Personality and the behavioral disorders.* Vol. I. New York: Wiley.

Aitken, R.C.B., Lister, J.A., & Main, C.J. (1981) Identification of features associated with flying phobia in aircrew. *British Journal of Psychiatry, 139,* 38–42.

Alström, J.E., Nordlund, C.L., Persson, G., Harding, M., & Ljungqvist, C. (1984) Effects of four methods on social phobic patients not suited for insight-oriented psychotherapy. *Acta Psychiatrica Scandinavica, 70,* 97–110.

American Psychiatric Association (1980) *Diagnostic and Statistical manual of mental disorders* (3rd edition). Washington, DC: Author.

American Psychiatric Association (1987) *Diagnostic and Statistical manual of mental disorders* (3rd revised edition). Washington, DC: Author.

Ameringen, M. van, Mancini, C., Styan, G., & Donison, D. (1991) Relationship of social phobia with other psychiatric illness. *Journal of Affective Disorders, 21,* 2, 93–99.

Amies, P.L., Gelder, M.G., & Shaw P.M. (1983) Social Phobia: a comparative clinical study. *British Journal of Psychiatry, 142,* 174–179.

Appleby, I.L., Klein, D.F., Sachar, E.J., & Levitt, M. (1981) Biochemical indices of lactate-induced panic: a preliminary report. In D.F. Klein & J. Rabkin (Eds.), *Anxiety: New research and changing concepts.* New York: Raven Press.

Arkowitz, H. (1977) The measurement and modification of minimal dating behavior. In M. Hersen, R.M. Eisler & P.M. Miller (Eds.), *Progress in behavior modification, Vol. 5.* New York: Academic Press.

Arkowitz, H., Lichtenstein, E., McGovern, K., & Hines, P. (1975) The behavioral assessment of social competence in males. *Behavior Therapy, 6,* 3–13.

Arrindell, W.A. (1987) *Marital conflict and agoraphobia: Fact or fantasy?* Phd. thesis, University of Groningen, The Netherlands.

Arrindell, W.A., & Emmelkamp, P.M.G. (1985) Psychological profile of the spouse of the female agoraphobic patient: Personality and symptoms. *British Journal of Psychiatry, 146,* 405–414.

Arrindell, W.A., & Emmelkamp, P.M.G. (1986) Marital adjustment, intimacy and needs in female agoraphobics and their partners: A controlled study. *British Journal of Psychiatry, 149,* 592–602.

Arrindell, W.A., Emmelkamp, P.M.G., Monsma, A., & Brilman, E. (1983) The role of perceived parental rearing practices in the aetiology of phobic disorders: A controlled study. *British Journal of Psychiatry, 143,* 183–187.

Arrindell, W.A., Emmelkamp, P.M.G., & Sanderman, R. (1986) Marital quality and general life adjustment in relation to treatment outcome in agoraphobia. *Advances in Behaviour Research and Therapy, 7,* 139–185.

Asso, D., & Beech, H.R. (1975) Susceptibility to the acquisition of a conditioned response in relation to the menstrual cycle. *Journal of Psychosomatic Research, 19,* 337–344.

Ballenger, J.C., Burrows, G.D., DuPont, R.L., Lesser, I.M., Noyes, R., Pecknold, J.C., Rifkin, A., & Swinson, R.P. (1988) Alprazolam in panic disorder and agoraphobia: Results from a multicenter trial. *Archives of General Psychiatry, 45,* 413–422.

Bandura, A. (1977) Self-efficacy: Toward a unifying theory of behavioral change. *Psychological Review, 84,* 191–215.

Bandura, A., Adams, N.E., & Beyer, J. (1977) Cognitive processes mediating behavioral change. *Journal of Personality and Social Psychology, 35,* 125–139.

Barlow, D.H., & Cerny, J.A. (1988) *Psychological treatment of panic.* New York: Guilford Press.

Barlow, D.H. & Hersen, M. (1984) *Single case experimental design.* New York: Pergamon Press.

Barlow, D.H., Leitenberg, H., Agras, W.S. & Wincze, J.P. (1969) The transfer gap in systematic desensitization: An analogue study. *Behaviour Research and Therapy, 7,* 191–196.

Basoglu, M., Lax, T., Kasvikis, Y, & Marks, I.M. (1988) Predictors of improvement in Obsessive-Compulsive Disorder. *Journal of Anxiety Disorders, 2,* 299–308.

Beck, A.T., & Emery, G. (1985) *Anxiety Disorders and Phobias: A Cognitive Perspective.* New York: Basic Books.

Beech, H.R. (1974) *Obsessional states.* London: Methuen & Co.

Beech, H.R. & Vaughan, M. (1978) *Behavioral treatment of obsessional states.* New York: Wiley.

Beidel, D.C., Turner, S.M., & Dancu, C.V. (1985) Psychological, cognitive and behavioral aspects of social anxiety. *Behaviour Research and Therapy, 23,* 109–117.

Berg, I. (1976) School phobia in children of agoraphobic women. *British Journal of Psychiatry, 128,* 86–89.

Bergler, E. (1944) A new approach to the therapy of erytrophobia. *Psychoanalytic Review, 44,* 452–456.

Bernstein, D.A., & Borkovec, T.D. (1973) *Progressive relaxation training. A manual for the helping professions.* Illinois: Research Press.

Biran, M., Augusto, F., Wilson, G.T. (1981) In vivo exposure versus cognitive restructuring in the treatment of scriptophobia. *Behaviour Research and Therapy, 19,* 525–532.

Biran, M., & Wilson, G.T. (1981) Treatment of phobic disorders using cognitive and exposure methods. *Journal of Consulting and Clinical Psychology, 49,* 886–889.

Black, A. (1974) The natural history of obsessional neurosis. In H.R. Beech (Ed.) *Obsessional States.* London: Methuen & Co.

Bland, R.C., Orn, H., & Newman, S.C. (1988) Lifetime prevalence of psychiatric disorders in Edmonton. *Acta Psychiatria Scandinavica,* (suppl. 338): 24–32.

Blowers, C., Cobb, J., & Mathews, A. (1987) Generalized anxiety: A controlled treatment study. *Behaviour Research and Therapy, 25,* 493–502.

Boersma, K., Hengst, S. den, Dekker, J., & Emmelkamp, P.M.G. (1976) Exposure and response prevention in the natural environment: A comparison with obsessive-compulsive patients. *Behaviour Research and Therapy, 14,* 19–24.

Bonn, J.A., Readhead, C.P.A., & Timmons, B.H. (1984) Enhanced adaptive behavioural response in agoraphobic patients pretreated with breathing retraining. *The Lancet, 2,* 665–669.

Bouman, T.K. & Emmelkamp, P.M.G. (1990). Cognitive and exposure ingredients in the treatment of panic disorder with agoraphobia: preliminary results. In H.G. Zapotocky (Ed.) *Annual Series of European Research in Behaviour Therapy* (pp.119–126). Lisse: Swets & Zeitlinger.

Bourque, P., & Ladouceur, R. (1980) An investigation of various performance-based treatments with acrophobics. *Behaviour Research and Therapy, 18,* 161–170.

Bowlby, J. (1973) *Attachment of loss: Vol. II: Separation, anxiety and anger.* New York: Basic Books.

Brantigan, C.O., Brantigan, T.A., & Joseph, N. (1982) Effect of beta blockade and beta stimulation on stage fright. *American Journal of Medicine, 72,* 88–94.

Bruch, M.A. (1989) Familial and developmental antecedents of social phobia: Issues and findings. *Clinical Psychology Review, 9, 1,* 37–47.

Bruch, M.A., Heimberg, R.G., Berger, P., Collins, T.M. (1989) Social phobia and perception of early parental and personal characteristics. *Anxiety Research, 2,* 57–65.

Buchbaum, M.S., Hazlett, E., Sicotte, N., Stein, M., Wu, J., & Zetin, M. (1985) Topographic EEG changes with benzodiazepine administation in generalized anxiety disorder. *Biological Psychiatry, 20*, 832–842.

Buss, A.H. (1980) *Self-consciousness and social anxiety*. San Fransisco: Freeman.

Butler, G. (1985) Exposure as a treatment for social phobia: Some instructive difficulties. *Behaviour Research and Therapy, 23*, 651–657.

Butler, G., Cullington, A., Hibbert, G., Klimes, I., & Gelder, M. (1987a) Anxiety management for persistent generalized anxiety. *British Journal of Psychiatry, 151*, 535–542.

Butler, G., Cullington, A., Munby, M., Amies, P., & Gelder, M. (1984) Exposure and anxiety management in the treatment of social phobia. *Journal of Consulting and Clinical Psychology, 52*, 642–650.

Butler, G., Gelder, M., Hibbert, G., Cullington, A., & Klimes, I. (1987b) Anxiety management: Developing effective strategies. *Behaviour Research and Therapy, 25*, 517–522.

Butollo, W., Burkhardt, P., Himmler, C., & Müller, M. (1978) *Mehrdimensionale Verhaltenstherapie und Beta-Blocker bei functionellen Dysrytmien und chronischen körperbezogenen Angstreaktionen.* Paper presented at the Konferenz für psychosomatische Medizin, Köln.

Carr, A.T. (1974) Compulsive neurosis: A review of the literature. *Psychological Bulletin, 81*, 311–318.

Carruthers, M. & Taggart, P. (1973) Vagotonicity and violence: biochemical and cardiac responses to violent films and TV programs. *British Medical Journal, 3*, 384–389.

Casat, C.D. (1988) Childhood anxiety disorders: A review of the possible relationship to adult panic disorder and agoraphobia. *Journal of Anxiety Disorders, 2*, 51–60.

Ceulemans, D.L.S., Hoppenbrouwers, M., Gelders, Y., & Reyntjens, A.J.M. (1985) The influence of Ritanserin, a serotonin antagonist, in anxiety disorders: A double-blind placebo controlled study versus lorazepam. *Pharmacopsychiatry, 18*, 303–305.

Chambless, D.L. (1982) Characteristics of agoraphobics. In D.L. Chambless, & A.J. Goldstein (Eds.), *Agoraphobia: Multiple perspectives on theory and treatment.* New York: Wiley & Sons.

Charney, D.S., Heninger, G.R., & Jatlow, P.I. (1985) Increased anxiogenic effects of caffeine in panic disorders. *Archives of General Psychiatry, 42*, 232–243.

Clark, D.M. (1986) A cognitive approach to panic. *Behaviour Research and Therapy, 24*, 461–470.

Clark, D.M. (1991) Cognitive Therapy for Panic Disorder., Paper presented at the NIH Consensus Development Conference, september 1991, Maryland, U.S.

Clark, D.M., & Salkovskis, P.M. (1989) *Manual*. Oxford: Warneford Hospital.

Clark, D.M., Salkovskis, P.M., & Chalkley, A.J. (1985) Respiratory control as a treatment for panic attacks. *Journal of Behaviour Therapy and Experimental Psychiatry, 16*, 23–30.

Cobb, J.P., Mathews, A.A., Childs-Clarke, A., & Blowers, C.M. (1984) The spouse as co-therapist in the treatment of agoraphobia. *British Journal of Psychiatry, 144*, 282–287.

Cohn, C.F., Kron, R.E., & Brady, J.P. (1976) A case of blood-illness-injury phobia treated behaviourally. *Journal of Nervous and Mental Disorders, 162*, 65–68.

Connolly, J.C., Hallam, R.S., & Marks, I.M. (1976) Selective association of fainting with blood-injury-illness fear. *Behavior Therapy, 7*, 8–13.

Costello, C.G. (1982) Fears and phobias in women: A community study. *Journal of Abnormal Psychology, 91*, 280–286.

Craske, M.G., Sanderson, W.C., & Barlow, D.H. (1987) The relationship among panic, fear, and avoidance. *Journal of Anxiety Disorders, 1*, 153–160.

Crowe, M.J., Marks, I.M., Agras, W.S., & Leitenberg, H. (1972) Time-limited desensitization, implosion and shaping for phobic patients: A cross-over study. *Behaviour Research and Therapy, 10*, 319–328.

Cullington, A., Butler, G., Hibbert, G., & Gelder, M. (1984) Problem-solving: Not a treatment for agoraphobia. *Behavior Therapy, 15*, 280–286.

Den Boer, J.A. (1988) Serotonergic mechanisms in anxiety disorders. Phd. thesis, University of Utrecht, The Netherlands

Derogatis, L.R. (1977) *SCL–90 Administration, scoring and procedures manual 1 for the R(evised) version and other instruments of the psychopathology rating scale series.* Baltimore, MD.: Clinical Psychometrics Research Unit, Johns Hopkins University School of Medicine.

DiNardo, P.A., Guzy, T., Jenkins, J.A., Bak, R.M., Tomasi, S.F., & Copland, M. (1988) Etiology and maintenance of dog fears. *Behaviour Research and Therapy, 26, 3,* 241–244.

DiNardo, P.A., Barlow, D.H., Cerny, J.A., Vermilyea, B.B., Vermilyea, J.A., Himadui, W.G., & Waddell, M.T.. (1985) Anxiety Disorders Interview Schedule – revised (ADIS-R). Albany, NY: Center for Stress and Anxiety Disorders.

DiNardo, P.A., O'Brien, G.T., Barlow, D.H., Waddell, M.T., & Blanchard, E.B. (1983) Reliability of DSM-III anxiety disorder categories using a new structured interview. *Archives of General Psychiatry, 40,* 1070–1075.

Dow, M.G., Biglan, A., & Glaser, S.R. (1985) Multimethod assessment of socially anxious and socially unanxious women. *Behavioral Assessment, 7,* 273–282.

Dyckman, J.M. & Cowan, P.A. (1978) Imagining vividness and the outcome of in vivo and imagined scene desensitization. *Journal of Consulting and Clinical Psychology, 48,* 1155–1156.

Eagle, M., & Wolitzky, D.L. (1988) Psychodynamics. In C.G. Last & M. Hersen (Eds.), *Handbook of Anxiety Disorders.* New York: Pergamon Press.

Eayrs, C.B., Rowan, D., & Harvey, P.G. (1984) Behavioural group training for anxiety management. *Behavioural Psychotherapy, 12,* 117–129.

Edelmann, R.J. (1985) Dealing with embarrasing events: socially anxious and non-socially anxious groups compared. *British Journal of Clinical Psychology, 24,* 281–288.

Ehlers, A., & Margraf, J. (1989) A psychological model of panic. In P.M.G. Emmelkamp, W.T.A.M. Everaerd, F. Kraaimaat, M.J.M. van Son (Eds.), *Annual Series of European Research in Behavior Therapy, Vol. IV: Fresh perspectives on anxiety disorders.* Amsterdam: Swets & Zeitlinger.

Ellis, A. (1962) *Reason and emotion in psychotherapy.* New York: Lyle-Stuart.

Elsenga, S., & Emmelkamp, P.M.G. (1989) Agorafobie en incest. *Directieve Therapie, 9,* 4–17.

Emmelkamp, P.M.G. (1974) Self-observation versus flooding in the treatment of agoraphobia. *Behaviour Research and Therapy, 12,* 229–237.

Emmelkamp, P.M.G. (1975) Effects of expectancy on systematic desensitization and flooding. *European Journal of Behavioral Analysis and Modification, 1,* 1–11.

Emmelkamp, P.M.G. (1979) The behavioral treatment of clinical phobias. In M. Hersen, M. Eisler & P. Miller (Eds.) *Progress in Behavior Modification.* New York: Academic press.

Emmelkamp, P.M.G. (1982) *Phobic and obsessive-compulsive disorders: Theory, research and practice.* New York: Plenum Press.

Emmelkamp, P.M.G. (1986) Behavior Therapy with adults. In S.L. Garfield & A.E. Bergin (Eds), *Handbook of Psychotherapy and Behavior Change.* New York: Wiley.

Emmelkamp, P.M.G. (1987) Obsessive-Compulsive Disorder. In L. Michelson & M. Ascher (Eds.), *Anxiety and Stress.* New York: Guilford Press.

Emmelkamp, P.M.G. (1990a) Anxiety Disorders. In A. Bellack, M. Hersen & A. Kazdin (Eds.), *The International Handbook of Behavior Modification and Therapy.* New York: Plenum Press.

Emmelkamp, P.M.G. (1990b) Obsessive-compulsive disorders in adulthood. In M. Hersen & C.G. Last (Eds.), *Handbook of child and adult psychopathology: A longitudinal perspective.* New York: Pergamon Press.

Emmelkamp, P.M.G. en Beens, H. (1991) Cognitive therapy with obsessive-compulsive disorder: A comparative evaluation. *Behaviour Research and Therapy, 29,* 293–300.

Emmelkamp, P.M.G., Brilman, E., Kuiper, H., & Mersch, P.P. (1986) The treatment of agoraphobia: A comparison of self-instructional training, rational emotive therapy and exposure in vivo. *Behavior Modification, 10,* 37–53.

Emmelkamp, P.M.G., & Cohen-Kettenis, P. (1975) Relationship of locus of control to phobic anxiety and depression. *Psychological Reports, 36, 2,* 390.

Emmelkamp, P.M.G., Dyck, R. van, Bitter, M., Heins, R., Onstein, E.J., & Eisen, B. (1992) Spouse-aided therapy with agoraphobics. *British Journal of Psychiatry, 160,* 51–56.

Emmelkamp, P.M.G., & Emmelkamp-Benner, A. (1975) Effects of historically portrayed modeling and group treatment on self-observation: A comparison with agoraphobics. *Behaviour Research and Therapy, 13,* 135–139.

216

Emmelkamp, P.M.G., & Felten, M. (1985) The process of exposure in vivo: Cognitive and physiological changes during treatment of acrophobia. *Behaviour Research and Therapy, 23,* 219–223.

Emmelkamp, P.M.G., & Giesselbach, P. (1981) Treatment of obsessions: Relevant versus irrelevant exposure. *Behavioural Psychotherapy, 9,* 322–329.

Emmelkamp, P.M.G., Haan, E. de, & Hoogduin, C.A.L. (1990) Marital adjustment and obsessive-compulsive disorder. *British Journal of Psychiatry, 156,* 55–60.

Emmelkamp, P.M.G., & Heyden, H. van der (1980) Treatment of harming obsessions. *Behavioural Analysis and Modification, 4,* 28–35.

Emmelkamp, P.M.G., & Hout, A. van den (1983) Failure in treating agoraphobia. In E.B. Foa & P.M.G. Emmelkamp (Eds.), *Failures in Behavior Therapy.* New York: Wiley.

Emmelkamp, P.M.G., Hout, A. van den, & De Vries, K. (1983) Assertive training for agoraphobics. *Behaviour Research and Therapy, 21,* 63–68.

Emmelkamp, P.M.G., & Kraanen, J. (1977) Therapist controlled exposure in vivo versus self-controlled exposure in vivo: A comparison with obsessive-compulsive patients. *Behaviour Research and Therapy, 15,* 491–495.

Emmelkamp, P.M.G., Kuipers, A., & Eggeraat, J. (1978) Cognitive modification versus prolonged exposure in vivo: A comparison with agoraphobics. *Behaviour Research and Therapy, 16,* 33–41.

Emmelkamp, P.M.G., & Kwee, G.K. (1977) Obsessional ruminations: A comparison between thought-stopping and prolonged exposure in imagination. *Behaviour Research and Therapy, 15,* 441–444.

Emmelkamp, P.M.G., & Lange, I. de (1983) Spouse involvement in the treatment of obsessive-compulsive patients. *Behaviour Research and Therapy, 21,* 341–346.

Emmelkamp, P.M.G., van Linden van den Heuvell, C., Ruphan, M., & Sanderman, R. (1989) Home-based treatment of obsessive-compulsive patients: Intersession interval and therapist involvement. *Behaviour Research & Therapy, 27,* 89–93.

Emmelkamp, P.M.G., & Mersch, P.P. (1982) Cognition and exposure in vivo in the treatment of agoraphobia: Short-term and delayed effects. *Cognitive Therapy and Research, 6,* 77–90.

Emmelkamp, P.M.G., Mersch, P.P., Vissia, E., & Van der Helm, M. (1985) Social phobia: A comparative evaluation of cognitive and behavioral interventions. *Behaviour Research and Therapy, 23,* 365–369.

Emmelkamp, P.M.G., & Ultee, K.A. (1974) A comparison of successive approximation and self-observation in the treatment of agoraphobia. *Behavior Therapy, 5,* 605–613.

Emmelkamp, P.M.G., Visser, S., & Hoekstra, R. (1988) Cognitive therapy versus exposure in vivo in the treatment of obsessive-compulsives. *Cognitive Therapy & Research, 12,* 103–114.

Emmelkamp, P.M.G., & Wessels, H. (1975) Flooding in imagination versus flooding in vivo: A comparison with agoraphobics. *Behaviour Research and Therapy, 13,* 7–16.

Evans, L., Kenardy, J., Schneider, P., & Hoey, H. (1986) Effect of a selective serotonin uptake inhibitor in agoraphobia with panic attacks: A double-blind comparison of zimeldine, imipramine and placebo. *Acta Psychiatrica Scandinavia, 73,* 49–53.

Evers, R. (1988) Een behandeling van dysmorfofobie. *Directieve Therapie, 9,* 326–335.

Falloon, I.R.H., Lindley, P. Mc.Donald, R., & Marks, I.M. (1977) Social skills training of out-patient groups. A controlled study of rehearsal and homework. *British Journal of Psychiatry, 131,* 599–609.

Falloon, I.R.H., Lloyd, G.G., & Harpin, R.E. (1981) The treatment of social phobia. *Journal of Nervous and Mental Disease, 169,* 180–184.

Fenichel, O. (1945) *The Psychoanalytic Theory of Neurosis.* New York: Norton.

Foa, E.B., Rothbaum, B.O., Riggs, D.S., & Murdock, T.B. (1991) Treatment of posttraumatic stress disorders in rape victims: A comparison between cognitive behavioral procedures and counseling. *Journal of Consulting and Clinical Psychology, 59,* 715–723.

Foa, E.B., Steketee, G., & Milby, J.B. (1980a) Differential effects of exposure and response prevention in obsessive-compulsive washers. *Journal of Consulting and Clinical Psychology, 48,* 71–79.

Foa, E.B., Jameson, J.R., Turner, R.M., & Payne, L.L. (1980b) Massed versus spaced exposure sessions in the treatment of agoraphobia. *Behaviour Research and Therapy, 18,* 333–338.

Foa, E.B., Steketee, G., Turner, R.M., & Fischer, S.C. (1980c) Effects of imaginal exposure to feared disasters in obsessive-compulsive checkers. *Behaviour Research and Therapy, 18,* 449–455.

Foa, E.B., Steketee, G., Graspar, J.B., Turner, R.M., & Latimer, R.L. (1984) Deliberate exposure and blocking of obsessive-compulsive rituals: Immediate and long-term effects. *Behavior Therapy, 15,* 450–472.

Foa, E.B., Steketee, G., & Grayson, J.B. (1985) Imaginal and in vivo exposure: A comparison with obsessive-compulsive checkers. *Behavior Therapy, 16,* 292–302.

Foa, E.B., Steketee, G., Grayson, J.B., & Doppelt, H.G. (1983) Treatment of obsessive-compulsives: When do we fail? In E.B. Foa & P.M.G. Emmelkamp (Eds.), *Failures in Behavior Therapy.* New York: Wiley.

Fontaine, R., Annable, L., Chouinard, G., & Ogilvie, R.I. (1983) Bromazepam en diazepam in generalized anxiety. *Journal of Clinical Psychopharmacology, 3,* 80–87.

Frank, E., Anderson, B., Stewart, B.D., Dancu, C., Hughes, C., & West, D. (1988) Efficacy of cognitive behavior therapy and systematic desensitization in the treatment of rape trauma. *Behavior Therapy, 19,* 403–420.

Fremouw, W., Gross, R., Monroe, J., & Rapp, S. (1982) Empirical subtypes of performance anxiety. *Behavioral Assessment, 4,* 179–193.

Freud, S. (1909) *Analysis of a phobia in a five-year old boy. Standard Edition (Vol. X).* London: Hogarth Press, 1966.

Freud, S. (1947) Wege der Psychoanalytische Therapie. In *Gesammelte Werke WII Band. Werke aus den Jahren 1917–1920.* London: Imago.

Frisch, M.B., Elliott, C.H., Atsaides, J.P., Salva, D.M., & Denney, D.R. (1982) Social skills and stress management training to enhance patients' interpersonal competencies. *Psychotherapy: Theory, Research and Practice, 19,* 349–358.

Fry, W.F. (1962) The marital context of anxiety syndrome. *Family Process, 1,* 245–252.

Fyer, A.J., Liebowitz, M.R., Gorman, J.M., Campeas, R., Levin, A., Davies, O., Goetz, D., & Klein, D.F. (1987) Discontinuation of Alprazolam treatment in panic patients. *American Journal of Psychiatry, 144,* 303–308.

Garssen, B., Veenendaal, W. van, & Bloemink, R. (1983) Agoraphobia and the Hyperventilation Syndrome. *Behaviour Research and Therapy, 21,* 643–649.

Garvey, M.J., & Tuason, V.B. (1984) The relationship of panic disorders to agoraphobia. *Comprehensive Psychiatry, 25,* 529–531.

Gelder, M.G., Bancroft, J.H.J., Gath, D.H., Johnston, D.W., Mathews, A.M., & Shaw, P.M. (1973) Specific and non-specific factors in behaviour therapy. *British Journal of Psychiatry, 123,* 445–462.

Gelder, M.G., & Marks, I.M. (1966) Severe agoraphobia: A controlled prospective trial of behaviour therapy. *British Journal of Psychiatry, 113,* 53–73.

Gelder, M.G., & Marks, I.M. (1968) Desensitization and phobias: A crossover study. *British Journal of Psychiatry, 114,* 323–328.

Gelder, M.G., Marks, I.M., & Wolff, H.H. (1967) Desensitization and psychotherapy in the treatment of phobic states: A controlled enquiry. *British Journal of Psychiatry, 113,* 53–73.

Gerlsma, C., Emmelkamp, P.M.G., & Arrindell, W.A. (1990) Anxiety, depression and perception of early parenting: a meta-analysis. *Clinical Psychology Review, 10,* 251–277.

Girodo, M., & Roehl, J. (1978) Cognitive preparation and coping self-talk: Anxiety management during the stress of flying. *Journal of Consulting and Clinical Psychology, 46,* 978–989.

Golden, M. (1981) A measure of cognition within the context of assertion. *Journal of Clinical Psychology, 37,* 253–262.

Goldfried, M.R. (1971) Systematic desensitization as training in self-control. *Journal of Consulting and Clinical Psychology, 37,* 228–234.

Goldfried, M.R., & Sobocinski, D. (1975) The effect of irrational beliefs on emotional arousal. *Journal of Consulting and Clinical Psychology, 43,* 348–355.

Goldstein, A. J., & Chambless, D.L. (1978) A reanalysis of agoraphobia. *Behavior Therapy, 9,* 47–59.

Goorney, A.B. (1970) Treatment of aviation phobias by behavior therapy. *British Journal of Psychiatry, 17,* 535–544.

Goorney, A.B., & O'Connor, P.J. (1971) Anxiety associated with flying. *British Journal of Psychiatry, 119,* 159–166.

Gormally, J., Sipps, G., Raphael, R., & Varvil-Weld, E.D. (1981) The relationship between maladaptive cognitions and social anxiety. *Journal of Consulting and Clinical Psychology, 39,* 300–301.

Griez, E., & Hout, M.A. van den (1986) CO_2 inhalation in the treatment of panic attacks. *Behaviour Research and Therapy, 24,* 145–150.

Griez, E., & Hout, M.A. van den (1984) *Carbondioxide and anxiety. An experimental approach to a clinical claim.* Phd. thesis, University of Maastricht, The Netherlands.

Hafner, R.J. (1982) The marital context of the agoraphobic syndrome. In D.L. Chambless and A.J. Goldstein (Eds.), *Agoraphobia: Multiple Perspectives on Theory and Treatment.* New York, Wiley.

Hafner, R.J., & Milton, F. (1977) The influence of propranolol on the exposure *in vivo* of agoraphobics. *Psychological Medicine, 7,* 419–425.

Hafner, R.J., & Marks, I.M. (1976) Exposure in vivo in agoraphobics: Contributions of diazepam, group exposure, and anxiety evocation. *Psychological Medicine, 6,* 71–88.

Hall, R., & Goldberg, D. (1977) The role of social anxiety in social interaction difficulties. *British Journal of Psychiatry, 131,* 610–615.

Hardy, G.E., & Cotterill, J.A. (1982) A study of depression and obsessionality in dysmorphophobic and psoriatic patients. *British Journal of Psychiatry, 140,* 19–22.

Hartman, L.M. (1983) A metacognitive modell of social anxiety: Implications for treatment. *Clinical Psychology Review, 3,* 435–456.

Hatzenbühler, L.C., & Schröder, H.E. (1982) Assertiveness training with outpatients: The effectiveness of skill and cognitive procedures. *Behavioral Psychotherapy, 10,* 234–252.

Herrnstein, R.J. (1969) Method and theory in the study of avoidance. *Psychological Review, 76,* 49–69.

Hersen, M., & Bellack, A.S. (1988) *Dictionary of Behavioral Assessment Techniques.* New York: Pergamon Press.

Hibbert, G.A. (1984a) Ideational components of anxiety, their origin and content. *British Journal of Psychiatry, 144,* 618–624.

Hibbert, G.A. (1984b) Hyperventilation as a cause of panic attacks. *British Medical Journal, 288,* 263–264.

Hitschmann, E. (1943) Neurotic bashfulness in erytrophobia. *Psychoanalytic Review, 30,* 438–466.

Hodgson, R., & Rachman, S. (1977) Obsessional-compulsive complaints. *Behaviour Research and Therapy, 15,* 389–395.

Hodgson, R., Rachman, S. & Marks, I. (1972) The treatment of chronic obsessive-compulsive neurosis: follow up and further findings. *Behaviour Research and Therapy, 10,* 181–184.

Hoehn-Saric, R., & Mc Leod, D.R. (1988) Panic and generalized anxiety disorders. In C.G. Last & M. Hersen (Eds.), *Handbook of Anxiety Disorders,* New York, Pergamon Press.

Hoehn-Saric, R., Mc Leod, D.R., & Zimmerli, W.D. (1988) Differential effects of alprazolam and imipramine in generalized anxiety disorder: Somatic versus psychic symptoms. *Journal of Clinical Psychiatry, 49,* 293–301.

Hoekstra, R.J., Visser, S., & Emmelkamp, P.M.G. (1989) A social learning formulation of the etiology of obsessive-compulsive disorders. In P.M.G. Emmelkamp, W.T.A.M. Everaerd, F. Kraaimaat, M.J.M. van Son (Eds.), *Annual Series of European Research in Behavior Therapy, Vol. IV: Fresh perspectives on anxiety disorders.* Amsterdam: Swets & Zeitlinger.

Hoogduin, C.A.L. (1985) *Mislukking en succes bij de ambulante behandeling van dwangneurose.* Phd. thesis, University of Rotterdam, The Netherlands.

Horney, K. (1950) *Neurosis and human Growth.* New York: Norton.

Hout, M. van den, Emmelkamp, P.M.G., Kraaijkamp, J., & Griez, E. (1988) Behavioural treatment of obsessive-compulsives: Inpatient versus outpatient. *Behaviour Research and Therapy, 26,* 331–332.

Hout, M.A. van den, & Molen, G.M. van der (1988) De experimentele psychopathologie van paniek. *Directieve Therapie, 8,* 163–187.

Hugdahl, K., Frederikson, M., & Ohman, A. (1977) "Preparedness" and "arousability" as determinants of electrodermal conditioning. *Behaviour Research and Therapy, 15,* 345–353.

Hugdahl, K. & Öst, L.-G. (1985) Subjectively rated physiological and cognitive symptoms in six different clinical phobias. *Personality and Individual Differences, 6,* 2, 175–188.

James, I.M., & Savage, I.T. (1984) Nadolol, diazepam and placebo for anxiety in musicians. *American Heart Journal, 108,* 1150–1155.

James, I.M., Burgoyne, W. & Savage, I.T. (1983) Effects of pindolol on stress-related disturbances of musical performance: preliminary communication. *Journal of the Royal Society of Medicine*, 76, 194–196.

James, I.M., Griffith, D.N.W., Pearson, R.M., Newby, P. (1977) Effects of oxprenolol on stage-fright in musicians. *Lancet, ii*, 952–954.

Jannoun, L., Oppenheimer, C., & Gelder, M. (1982) A self-help treatment program for anxiety state patients. *Behavior Therapy, 13*, 103–111.

Jerremalm, A., Jansson, L., & Öst, L.G. (1986) Cognitive and physiological reactivity and the effects of different behavioral methods in the treatment of social phobia. *Behaviour Research and Therapy, 24*, 171–180.

Johnson, J.H., & Sarason, I.G. (1978) Life stress, depression and anxiety: Internal-external control as a moderator variable. *Journal of Psychosomatic Research, 22*, 205–208.

Johnston, D.G., Troyer, I.E., & Whitsett, S.F. (1988) Clomipramine treatment of agoraphobic women. *Archives of General Psychiatry, 45*, 453–459.

Jong, P. de (1987) Angst voor trillende handen; een behandelingsstrategie. *Tijdschrift voor Directieve Therapie, 7*, 51–62.

Juergens, S.M. & Morse, R.M. (1988) Alprazolam dependence in seven patients. *American Journal of Psychiatry, 145*, 625–627.

Kahn, R.J., McNair, D.M., Lipman, R.S., Covi, L., Rickels, K., Downing, R., Fisher, S., Freakenthaler, L.M. (1986) Imipramine and chlordiazepoxide in depressive and anxiety disorders. *Archives of General Psychiatry, 43*, 79–85.

Kasvikis, Y., & Marks, I.M. (1988) Clomipramine, self-exposure and therapist-accompanied exposure in obsessive-compulsive ritualizers: Two year follow-up. *Journal of Anxiety Disorders, 2*, 291–298.

Keane, T.M., Fairbank, J.A., Caddell, J.M., & Zimering, R.T. (1989) Implosive (flooding) therapy reduces symptoms of PTSD in Vietnam combat veterans. *Behavior Therapy, 20*, 245–260.

Kenny, F.T., Mowbray, R.M., & Lalani, S. (1978) Faradic disruption of obsessive ideation in the treatment of obsessive neurosis: A controlled study. *Behavior Therapy, 9*, 209–221.

Kilpatrick, D.G., & Best, C. (1984) Some cautionary remarks on treating sexual assault victims with implosion. *Behavior Therapy, 15*, 421–423.

Kipper, D.A. (1977) Behavior therapy for fears brought on by war experiences. *Journal of Consulting and Clinical Psychology, 45*, 216–221.

Klein, D.F. (1964) Delineation of two drug-responsive anxiety syndromes. *Psychopharmacologia, 5*, 397–408.

Kleiner, L., & Marshall, W.L. (1987) Interpersonal problems and agoraphobia. *Journal of Anxiety Disorders, 1*, 313–323.

Klosko, J.S., Barlow, D.H., Tassinari, R.B., & Cerny, J.A. (1988) Comparison of alprazolam and cognitive behavior therapy in the treatment of panic disorder: A preliminary report. In I. Hand & H.U. Wittchen (Eds.), *Panic and phobias 2: Treatment and variables affecting course and outcome*, New York: Springer.

Kozak, M.J., & Montgomery, G.K. (1981) Multimodal behavioral treatment of recurrent injury-scene-elicited fainting (vasodepressor syncope). *Behavioral Psychotherapy, 9*, 316–321.

Kringlen, E. (1965) Obsessional neurotics: A long-term follow-up. *British Journal of Psychiatry, 111*, 709–722.

Kushner, M.G., Sher, K.J., & Beitman, B.D. (1990) The relation between alcohol problems and the anxiety disorders. *American Journal of Psychiatry, 147, 6*, 685–695.

Lader, M.H. (1967) Palmar conductance measures in anxiety and phobic states. *Journal of Psychosomatic Research, 11*, 271–281.

Lader, M.H., & Mathews, A.M. (1968) A physiological model of phobic anxiety and desensitization. *Behaviour Research and Therapy, 6*, 411–421.

Lader, M.H., & Wing, L. (1966) *Physiological Measures, Sedative Drugs, and Morbid Anxiety*. London, Oxford University Press.

Ladouceur, R. (1983) Participant modeling with or without cognitive treatment for phobias. *Journal of Consulting and Clinical Psychology, 51*, 942–944.

Lapouse, R., & Monk, M.A. (1959) Fears and worries in representative sample of children. *American Journal of Orthopsychiatry, 29,* 803–818.

Last, C.G. (1984) Cognitive treatment of phobia. In M. Hersen, R.M. Eisler & P.M. Miller (Eds.), *Progress in behavior modification, Vol. 16* (p. 65–82). New York: Academic Press.

Last, C.G., Barlow, D.H., & O'Brien, G.T. (1984) Precipitants of agoraphobia: Role of stressful life events. *Psychological Reports, 54,* 567–570.

Last, C.G., & Blanchard, E.B. (1982) Classification of phobic versus fearful non-phobics: procedural and theoretical issues. *Behavioral Assessment, 4,* 195–210.

Lautsch, H. (1971) Dental phobia. *British Journal of Psychiatry, 119,* 151–158.

Leitenberg, H., & Callahan, E.J. (1973) Reinforced practice and reduction of different kinds of fear in adults and children. *Behaviour Research and Therapy, 11,* 19–30.

Ley, R. (1985) Blood, breath and fears: A hyperventilation theory of panic attacks and agoraphobia. *Clinical Psychology Review, 5,* 271–285.

Liden, S. & Gottfries, C.G. (1974) Beta blocking agents in treatment of catecholamineinduced symptoms in musicians. *Lancet, ii,* 529.

Liebowitz, M.R., Gorman, J., Fyer, A., Campeas, R., Levin, A., Davies, S., & Klein, D.F. (1986) Psychopharmacological treatment of social phobia. *Journal of Clinical Psychopharmacology, 6,* 93–98.

Liebowitz, M.R., Gorman, J.M., Fyer, A.J., Campeas, R., Levin, A.P., Sandberg, D., Hollander, E., Papp, L. & Goetz, D. (1988) Pharmacotherapy of social phobia: a placebo-controlled comparison of phenelzine and atenolol. *Journal of Clinical Psychiatry, 49,* 252–257.

Linehan, M.M., Walker, R.O., Bronheim, S., Haynes, K.F., & Yerzeroff, H. (1979) Group versus individual assertion training. *Journal of Consulting and Clinical Psychology, 47,* 1000–1002.

Lipsedge, M.S., Hajioff, J., Huggins, P., Napier, L., Pearce, J., Pike, D.J., & Rich, M. (1973) The management of severe agoraphobia: A comparison of iproniazid and systematic desensitization. *Psychopharmacologia, 32,* 67–88.

Lum, L.C. (1976) The syndrome of habitual chronic hyperventilation. In O.W. Hill (Ed): *Modern trends in psychosomatic medicine, vol. 3.* London: Butterworths.

Lydiard, R.B., Laraia, M.T., Ballenger, J.C., & Howell, E.F. (1987) Emergence of depressive symptoms in patients receiving alprazolam for panic disorder. *American Journal of Psychiatry, 144,* 664–665.

Lydiard, R.B., Laraia, M.T., Howell, E.F., & Ballenger, J.C. (1988) Alprazolam in the treatment of social phobia. *Journal of Clinical Psychiatry, 49,* 17–19.

Mackay, W., & Liddell, A. (1986) An investigation into the matching of specific agoraphobic anxiety response characteristics with specific types of treatment. *Behaviour Research and Therapy, 24,* 361–364.

Margraf, J. & Schneider, S. (1991) *Outcome and active ingredients of cognitive – behavioural treatments for panic disorder.* Paper presented at Annual Conference of Association for the Advancement of Behaviour Therapy. New York.

Marks, I.M. (1969) *Fears and Phobias.* London: Heinemann.

Marks, I.M. (1987) *Fears, phobias and rituals.* Oxford: Oxford University Press.

Marks, I.M., Boulougouris, J., & Marset, P. (1971) Flooding versus desensitization in the treatment of phobic patients. *British Journal of Psychiatry, 119,* 353–375.

Marks, I.M., & Gelder, M.G. (1966) Different ages of onset in varieties of phobias. *American Journal of Psychiatry, 123,* 218–221.

Marks, I.M., Hodgson, R., & Rachman, S. (1975) Treatment of chronic obsessive-compulsive neurosis by in vivo exposure. *British Journal of Psychiatry, 127,* 349–364.

Marks, I.M., Gray, S., Cohen, D., et al. (1983) Imipramine and brief therapist aided exposure in agoraphobics having self-exposure homework. *Archives of General Psychiatry, 40,* 153–162.

Marks, I.M., Lelliott, P., Basuglu, M., *et al. (1988) Clomipramine, self exposure and therapist aided exposure in obsessive-compulsive ritualisers. *British Journal of Psychiatry, 152,* 522–534.

Marks, I.M., & Mathews, A.M. (1979) Brief standard self-rating for phobic patients. *Behaviour Research and Therapy, 17,* 59–68.

Marks, I.M., & Mishan, J. (1988) Dysmorphophobic avoidance with disturbed bodily perception. A pilot study of exposure therapy. *British Journal of Psychiatry, 152,* 674–678.

Marks, I.M., Stern, R.S., Mawson, D., Cobb, J., & McDonald, R. (1980) Clomipramine and exposure for obsessive-compulsive rituals: I. *British Journal of Psychiatry, 136*, 1–25.

Marks, I.M. & Swinson, S. (1990) Results of the cross-national control study of alprazolam and exposure. Paper presented at the International Conference on Panic Disorder, september 1990, Geneva.

Marshall, W.L. (1985) Variable exposure in flooding. *Behaviour Research and Therapy, 16*, 117–135.

Marshall, W.L. (1988) Behavioral indices of habituation and sensitization during exposure to phobic stimuli. *Behaviour Research and Therapy, 26*, 67–77.

Marzillier, J.S., Lambert, C., & Kellett, J. (1976) A controlled evaluation of systematic desensitization and social skills training for socially inadequate psychiatric patients. *Behaviour Research and Therapy, 14*, 225–238.

Mathews, A. (1978) Fear reduction research and clinical phobias. *Psychological Bulletin, 85*, 390–404.

Mathews, A. (1989) Cognitive aspects of the aetiology and phenomenology of anxiety disorders. In P.M.G. Emmelkamp, W.T.A.M. Everaerd, F. Kraaimaat, M.J.M. van Son (Eds.), *Annual Series of European Research in Behavior Therapy, Vol. IV: Fresh perspectives on anxiety disorders.* Amsterdam: Swets & Zeitlinger.

Mathews, A.M., Gelder, M.G., & Johnston, D.W. (1981) *Agoraphobia. Nature and treatment.* London: Tavistock Publications.

Mathews, A., & MacLeod, C. (1986) Discrimination of threat cues without awareness in anxiety states. *Journal of Abnormal Psychology, 95*, 131–138.

Mattick, R.P., & Peters, L. (1988) Treatment of severe social phobia: Effects of guided exposure with and without cognitive restructuring. *Journal of Consulting and Clinical Psychology, 56*, 251–260.

Mattick, R.P., Peters, L., & Clarke, J.D. (1989) Exposure and cognitive restructuring for social phobia: a controlled study. *Behavior Therapy, 20*, 3–23.

Mavissakalian, M., & Michelson, L. (1983) Self-directed in vivo exposure practice in behavioral and pharmacological treatment of agoraphobia. *Behavior Therapy, 14*, 506–519.

Mavissakalian, M., & Michelson, L. (1986a) Agoraphobia: Relative and combined effectiveness of therapist-asssisted in vivo exposure and imipramine. *Journal of Clinical Psychiatry, 47*, 117–122.

Mavissakalian, M., & Michelson, L. (1986b) Two-year follow-up of exposure and imipramine treatment of agoraphobia. *American Journal of Psychiatry, 143*, 1106–1112.

Mawson, D., Marks, I.M., & Ramm, E. (1982) Clomipramine and exposure for chronic OCD ritualisers: III. Two-year follow-up. *British Journal of Psychiatry, 140*, 11–18.

McGuffin, R. & Reich, R. (1984) Psychopathology and genetics. In H.E. Adams & P.B. Suther (Eds.) *Comprehensive Handbook of Psychopathology,* New York: Plenum Press.

McKean, J., Roa, B., & Mann, A. (1984) Life events and personality traits in obsessive-compulsive neurosis. *British Journal of Psychiatry, 144*, 185–189.

McNally, R.J., & Steketee, G.S. (1985) The etiology and maintenance of severe animal phobias. *Behaviour Research and Therapy, 23*, 4, 431–435.

McReynolds, W.T., & Grizzard, R.H. (1971) A comparison of three fear reduction procedures. *Psychotherapy: Theory, Research and Practice, 8*, 264–268.

Meichenbaum, D.H. (1975) Self-instructional methods. In F.H. Kanfer & A.P. Goldstein (Eds.), *Helping people change.* New York: Pergamon Press.

Mersch, P.P.A., Emmelkamp, P.M.G., Bögels, S.M., & Van der Sleen, J. (1989) Social phobia: Individual response pattern and the effects of behavioral and cognitive interventions. *Behaviour Research and Therapy, 27*, 421–434.

Meyer, V., Levy, R., & Schnurer, A. (1974) The behavioural treatment of obsessive-compulsive disorder. In H.R. Beech (Ed.), *Obsessional states.* London: Methuen & Co.

Michelson, L., Mavissakalian, M., & Marchione, K. (1988) Cognitive, behavioral and psychophysiological treatments of agoraphobia: A comparative outcome investigation. *Behavior Therapy, 19*, 97–120.

Miller, L.C., Barrett, C.L., & Hampe, E. (1974) Phobias of childhood. In A. Davids (Ed.), *Child Personality and psychopathology: Current topics* (Vol. 1). New York: Wiley.

Monti, P.M., Boice, R., Fingeret, A.L. Zwick, W.R., Kolko, D., Munroe, S & Grunberger, A. (1984) Midi-level measurement of social anxiety in psychiatric and non psychiatric samples. *Behaviour Research and Therapy, 22*, 651–660.

Mowrer, O.H. (1947) On the dual nature of learning – a reinterpretation of "conditioning" and "problemsolving". *Harvard Educational Review, 17*, 102–148.

Mullaney, J.A., & Trippett, C.J. (1979) Alcohol dependence and phobias: Clinical description and relevance. *British Journal of Psychiatry, 135,* 563–573.

Myers, K., Weissman, M., Tischler, L., Holzer, E., Leaf, J., Orvaschel, H., Anthony, C., Boyd, H., Burke, D., Kramer, M., & Stolzman, R. (1984) Six-month prevalence of psychiatric disorders in three communities: 1980–1982. *Archives of General Psychiatry, 41,* 959–967.

Neftel, K.A., Adler, R.H., Kappeli, L., Rossi, M., Dolder, M., Kaser, H.E., Brugesser, H.H. & Vorkauf, H. (1982) Stage fright in musicians: A model illustrating the effect of beta blockers. *Psychosomatic Medicine, 44,* 461–469.

Newton, A., Kindness, K., & McFadyen, M. (1983) Patients and social skills groups: do they lack social skills? *Behavioural Psychotherapy, 11,* 116–126.

Noyes, R., Garvey, M.J., Cook, B.L., & Perry, P.J. (1988) Benzodiazepine withdrawal: A review of the evidence. *Journal of Clinical Psychiatry, 49,* 382–389.

Ollendick, T.H., Matson, J.L., & Helsel, W.J. (1985) Fears in children and adolescents: Normative data. *Behaviour Research and Therapy, 23,* 465–467.

Öst, L-G. (1986) Applied relaxation: description of a coping technique and review of controlled studies. *Behaviour Research and Therapy, 25,* 397–409.

Öst, L-G. (1987) Age of onset in different phobias. *Journal of Abnormal Psychology, 96,* 3, 223–229.

Öst, L-G. (1989) One-session treatment for specific phobias. *Behaviour Research and Therapy, 27,* 1, 1–7.

Öst, L-G., & Hugdahl, K. (1981) Acquisition of phobias and anxiety response patterns in clinical patients. *Behaviour Research and Therapy, 19,* 439–447.

Öst, L-G., Jerremalm, A., & Jansson, L. (1984a) Individual response patterns and the effects of different behavioral methods in the treatment of agoraphobia. *Behaviour Research and Therapy, 22,* 697–707.

Öst, L-G., Jerremalm, A., & Johansson, J. (1981) Individual response patterns and the effects of different behavioral methods in the treatment of social phobia. *Behaviour Research and Therapy, 19,* 1–16.

Öst, L-G., Johansson, J., & Jerremalm, A. (1982) Individual response patterns and the effects of different behavioral methods in the treatment of claustrophobia. *Behaviour Research and Therapy, 20,* 445–460.

Öst, L-G., Lindahl, I.-L., Sterner, U., & Jerremalm, A. (1984b) Physiological responses in blood phobics. *Behaviour Research and Therapy, 22,* 109–177.

Öst, L.-G., & Sterner, U. (1987) Applied Tension: a specific behavioral method for treatment of blood phobia. *Behaviour Research and Therapy, 25,* 1, 25–29.

Ottaviani, R., & Beck, A.T. (1987) Cognitive aspects of panic disorders. *Journal of Anxiety Disorders, 1,* 15–28.

Parker, G. (1979) Reported parental characteristics of agoraphobics and social phobics. *British Journal of Psychiatry, 135,* 555–560.

Pecknold, J.C., Swinson, R.P., Kuch, K., & Lewis, C.P. (1988) Alprazolam in panic disorder and agoraphobia: Results from a multicenter trial. *Archives of General Psychiatry, 45,* 429–436.

Perry, P.J., Garvey M.J., & Noyes, R. (1990). Benzodiazepine treatment of generalized anxiety disorder. In R. Noyes, M. Roth, & G.D. Burrows (Eds.) *Handbook of Anxiety, Volume 4:* The treatment of Anxiety. Amsterdam: Elsevier.

Persson, G., & Nordlund, C.L. (1985) Agoraphobics and social phobics: differences in background factors, syndrome profiles and therapeutic response. *Acta Psychiatrica Scandinavica, 71,* 148–159.

Powel, T.J. (1987) Anxiety management groups in clinical practice: A preliminary report. *Behavioral Psychotherapy, 15.*

Praag, H.M. van (1988) *Psychofarmaca.* Assen: Van Gorcum.

Prochaska, J.O. (1971) Symptom and dynamic cues in the implosive treatment of test anxiety. *Journal of Abnormal Psychology, 77,* 133–142.

Rabavilas, A.D. & Boulougouris, J.C. (1979) Mood changes and flooding outcome in obsessive-compulsive patients: Report of a two-year follow-up. *Journal of Nervous and Mental Disease, 167,* 495–496.

Rabavilas, A.D., Boulougouris, J.C., Stefanis, C., & Vaidakis, N. (1977) Psychophysiological accompaniments of threat anticipation in obsessive-compulsive patients. In C.D. Spielberger & I.G. Sarason (Eds.), *Stress and anxiety* (Vol. 4). New York: Wiley.

Rachman, S. (1976) The modification of obsessions: A new formulation. *Behaviour Research and Therapy, 14,* 269–277.

Rachman, S., & Hodgson, R.J. (1980) *Obsessions and compulsions.* Englewood Cliffs, N.J.: Prentice Hall.

Rachman, S., Marks, I., & Hodgson, R. (1973) The treatment of obsessive-compulsive neurotics by modelling and flooding in vivo. *Behaviour Research and Therapy, 11,* 463–471.

Rachman, S., & Wilson, G.T. (1980) *The effects of Psychological Therapy.* Oxford: Pergamon Press.

Rapee, R.M. (1985) Distinction between panic disorder and generalized anxiety disorder. *Australian and New Zealand Journal of Psychiatry, 19,* 227–232.

Reed, G.F. (1977) Obsessional cognition: performance on two numerical tasks. *British Journal of Psychiatry, 130,* 184–185.

Reich, J., & Yates, W. (1988) A pilot study of treatment of social phobia with alprazolam. *American Journal of Psychiatry, 145,* 590–594.

Reiss, S., Peterson, R.A., Gursky, D.M., & McNally, R.J. (1986) Anxiety sensitivity, anxiety frequency and the prediction of fearfulness. *Behaviour Research and Therapy, 24,* 1–8.

Resick, P.A., Jordan, C.G., Girelli, S.A., Kotsis-Hutter, C., & Marhoefer-Dvorak, S. (1988) A comparative outcome study of behavioral group therapy for sexual assault victims. *Behavior Therapy, 19,* 385–401.

Rice, K.M., & Blanchard, E.B. (1982) Biofeedback in the treatment of anxiety disorders. *Clinical Psychology Review, 2,* 557–577.

Robins, L.N., Helzer, J.F., Weissman, M.M., Overaschel, H., Gruenberg, F., Burke, J.D., & Regier, D.A. (1984) Life-time prevalence of specific psychiatric disorders in three sites. *Archives of General Psychiatry, 41,* 949–958.

Rose, R.J., & Dilto, W.B. (1983) A developmental-genetic analysis of common fears from early adolescence to early adulthood. *Child Development, 54,* 361–368.

Roth, M. (1959) The phobic anxiety-depersonalization syndrome. *Proceedings of the Royal Society of Medicine, 52,* 587–595.

Rotter, J.B. (1966) Generalized expectancies for internal versus external control of reinforcement. *Psychological Monographs, 80,* 1–28.

Rutter, M., Tizard, J., & Whitmore, S. (1970) *Education, Health and Behaviour.* London: Longmans.

Salkovskis, P.M., Jones, D.R.G., & Clark, D.M. (1986a) Respiratory control in the treatment of panic attacks: Replication and extension with concurrent measurement of behaviour and pCO_2. *British Journal of Psychiatry, 148,* 526–532.

Salkovskis, P.M., Warwick, H.M.C., Clark, D.M., & Wessels, D.J. (1986b) A demonstration of acute hyperventilation during naturally occurring panic attacks. *Behaviour Research and Therapy, 24,* 91–94.

Sanderman, R., Mersch, P.P., van der Sleen, J., Emmelkamp, P.M.G., & Ormel, J. (1987) The rational behavior inventory (RBI): A psychometric evaluation. *Personality and Individual Differences, 8,* 561–569.

Schaap, C., & Hoogduin, C.A.L. (1988) The therapeutic relationship in behavior therapy: Enhancing the quality of the bond. In P.M.G. Emmelkamp, W.T.A.M. Everaerd, F. Kraaimaat, M.J.M. van Son (Eds.), *Annual Series of European Research in Behavior Therapy, Vol. IV: Fresh perspectives on anxiety disorders.* Amsterdam: Swets & Zeitlinger.

Schindler, L. (1988) Client-therapist interaction and therapeutic change. In P.M.G. Emmelkamp, W.T.A.M. Everaerd, F. Kraaimaat, M.J.M. van Son (Eds.), *Annual Series of European Research in Behavior Therapy, Vol. IV: Fresh perspectives on anxiety disorders.* Amsterdam: Swets & Zeitlinger.

Scholing, A., & Emmelkamp, P.M.G. (1989) Individualized treatment for social phobia. In P.M.G. Emmelkamp, W.T.A.M. Everaerd, F. Kraaimaat, M.J.M. van Son (Eds.), *Annual Series of European*

Research in Behavior Therapy, Vol. IV: Fresh perspectives on anxiety disorders. Amsterdam: Swets & Zeitlinger.

Shafar, S. (1976) Aspects of phobic illness – a study of 90 personal cases. British Journal of Medical Psychology, 49, 221–236.

Shaw, P. (1979) A comparison of three behaviour therapies in the treatment of social phobias. British Journal of Psychiatry, 134, 620–623.

Sheehan, D.V., Ballenger, J., & Jacobson, G. (1981) Relative efficacy of monomamine oxidase inhibitors and tricyclic antidepressants in the treatment of endogenous anxiety. In D.F. Klein & J. Rabkin (Eds.), Anxiety: New research and changing concepts. New York: Raven Press.

Smith, M. (1973) When I say no, I feel guilty. New York: The Dial Press.

Solyom, L., Heseltine, G.F., Mc Clure, D.J., Solyom, C., Ledwidge, B., & Steinberg, S. (1973) Behaviour therapy versus drug therapy in the treatment of phobic neurosis. Canadian Psychiatric Association Journal, 18, 25–31.

Solyom, C., Ledwidge, B., & Solyom, C. (1986) Delineating Social Phobia. British Journal of Psychiatry, 149, 464–470.

Solyom, C., Solyom, L., La Pierre, Y., Pecknold, J.C., & Morton, L. (1981) Phenelzine and exposure in the treatment of phobias. Journal of Biological Psychiatry, 16, 239–248.

Solyom, L., Beck, P., Solyom, C., & Hugel, R. (1974) Some etiological factors in phobic neurosis. Canadian Psychiatric Association Journal, 21, 109–113.

Sperling, M. (1971) Spider phobias and spider fantasies. Journal of the American Psychoanalytic Association, 19, 472–498.

Stampfl, T.G., & Levis, D.J. (1967) Essentials of implosive therapy. Journal of Abnormal Psychology, 72, 496–503.

Stekel, W. (1924) Nervöse Angstzustände und ihre Bedeutung. Berlin/Wien: Urban & Schwartzenberg.

Steketee, G., & Foa, E.B. (1987) Rape victims: Post-traumatic stress responses and their treatment. Journal of Anxiety Disorders, 1, 69–86.

Stern, R.S., & Marks, I.M. (1973) A comparison of brief and prolonged flooding in agoraphobics. Archives of General Psychiatry, 28, 210–216.

Stravynski, A., Marks, I., & Yule, W. (1982) Social skills problems in neurotic outpatients. Archives of General Psychiatry, 39, 1378–1385.

Sutton-Simon, K., & Goldfried, M.R. (1979) Faulty thinking patterns in two types of anxiety. Cognitive Therapy and Research, 3, 193–203.

Telch, M., Agras, W.S., Taylor, C.B., Roth, W.T. & Gallen, C.C. (1985) Combined pharmacological and behavioural treatment for agoraphobia. Behaviour Research and Therapy, 21, 505–527.

Telch, M., Tearnan, B.H., & Taylor, C.B. (1983) Anti-depressant medication in the treatment of agoraphobia: A critical review. Behaviour Research and Therapy, 21, 505–527.

Thoren, P., Asberg, M., Cronholm, B., Jörnestedt, L., & Träskman, L. (1980) Clomipramine treatment of obsessive-compulsive disorders. Archives of General Psychiatry, 37, 1281–1285.

Thyer, B.A., & Himle, J. (1985) Temporal relationship between panic attack onset and phobic avoidance in agoraphobia. Behaviour Research and Therapy, 23, 607–608.

Thyer, B.A., Parrish, R.T., Curtis, G.C., Nesse, R.M., & Cameron, G.G. (1985) Age of onset of DSM-III anxiety disorders. Comprehensive Psychiatry, 113–122.

Torgersen, S. (1979) The nature and origin of common phobic fears. British Journal of Psychiatry, 134, 343–351.

Torgersen, S. (1988) Genetics. In C.G. Last & M. Hersen (Eds.), Handbook of anxiety disorders, New York: Pergamon Press.

Trower, P. Casey, A, & Dryden, W. (1988) Cognitive-behavioural counselling in action. London: Sage.

Trower, P. Yardley, K., Bryant, B., & Shaw, P. (1978) The treatment of social failure: A comparison of anxiety reduction and skills-acquisition procedures on two social problems. Behaviour Modification, 2, 41–60.

Turner, S.M., & Beidel, D.C. (1985) Empirically derived subtypes of social anxiety. Behavior Therapy, 16, 384–392.

Turner, S.M., Beidel, D.C., Dancu, C.V., & Keys, D.J. (1986a) Psychopathology of social phobia and comparison to avoidant personality disorder. *Journal of Abnormal Psychology, 95*, 4, 389–394.

Turner, S.M., Beidel, D.C., & Larkin, K.T. (1986b) Situational determinants of social anxiety in clinic and nonclinic samples: Physiological and cognitive correlates. *Journal of Consulting and Clinical Psychology, 54*, 523–527.

Turner, S.M., Williams, S.L., Beidel, D.C., & Mezzich, J.E. (1986c) Panic disorder and agoraphobia with panic attacks: Covariation along the dimension of panic and agoraphobic fear. *Journal of Abnormal Psychology, 95*, 384–388.

Twentyman, C.T., & McFall, R.M. (1975) Behavioral training of social skills in shy males. *Journal of Consulting and Clinical Psychology, 43*, 384–395.

Tyrer, P., Candy, J., & Kelly, D. (1973) A study of the clinical effects of phenelzine and placebo in the treatment of phobic anxiety. *Psychopharmacology, 32*, 237–254.

Ullrich, R., Crombach, G., & Peikert, V. (1972) *Three flooding procedures in the treatment of agora-phobics.* Paper at the European Conference of Behaviour Modification. Wexford, Ireland.

Vandereycken, W., & Pollentier, S. (1986) Erytrofobie of de angst om te blozen – een literatuuro-verzicht. *Tijdschrift voor Directieve Therapie, 7*, 1, 36–55.

Verhulst, F.C. (1985) Normale en niet-normale angsten in de kinderontwikkeling. In H. Ras, T. van Rijthoven & R. Beunderman (Red.), *Angsten en fobieën.* Utrecht: Nederlandse Vereniging voor Psychotherapie.

Veronen, L.J., & Kilpatrick, D.G. (1983) Stress management for rape victims. In D. Meichenbaum, & M.E. Jaremko (Eds.), *Stress reduction and prevention.* New York: Plenum Press.

Vila, J., & Beech, H.R. (1977) Vulnerability and conditioning in relation to the human menstrual cycle. *British Journal of Social and Clinical Psychology, 16*, 69–75.

Vila, J., & Beech, H.R. (1978) Vulnerability and defensive reactions to the human menstrual cycle. *British Journal of Social and Clinical Psychology, 17*, 93–100.

Visser, S., Hoekstra, R.J., Emmelkamp, P.M.G. (1992) Longterm follow-up study of obsessive-com-pulsive patients after exposure treatment. In A. Ehlers, W. Fiegenbaum, J. Florin & J. Margraf (Eds.), *Perspectives and promises of clinical psychology.* New York: Plenum.

Walen, S.R., DiGiuseppe, R., & Wessler, R.L. (1980) *A practitioner's guide to Rational Emotive Therapy.* Oxford: University Press.

Wamboldt, M.Z., & Insel, T.R. (1988) Pharmacologic models. In C.G. Last & M. Hersen (Eds.), *Handbook of Anxiety Disorders,* New York, Pergamon.

Watson, J., & Rayner, R. (1920) Conditioned emotional reactions. *Journal of Experimental Psycho-logy, 3*, 1–22.

Watson, J.P., & Marks, I.M. (1971) Relevant and irrelevant fear in flooding. A crossover study of phobic patients. *Behavior Therapy, 2*, 275–293.

Weiss, K.J., & Rosenberg, D.J. (1985) Prevalence of anxiety disorders among alcoholics. *Journal of Clinical Psychiatry, 46*, 3–5.

Williams, S.L. (1985) On the nature and measurement of agoraphobia. In M. Hersen, R.M. Eisler & P.M. Miller (Eds.), *Progress in behavior modification* (Vol. 19 pp. 109–144). New York: Academic Press.

Williams, S.L., Dooseman, G., & Kleifield, E. (1984) Comparative effectiveness of guided mastery and exposure treatment for intractable phobias. *Journal of Consulting and Clinical Psychology, 52*, 502–518.

Williams, S.L., & Rappoport, A. (1983) Cognitive treatment in the natural environment for agora-phobics. *Behavior Therapy, 14*, 299–313.

Williams, S.L. & Watson Newhouse, N. (1985) Perceived danger and perceived self efficacy as co-gnitive determinants of acrophobic behavior. *Behavior Therapy, 16*, 2, 136–146.

Wilson, G.T., & Davison, G.C. (1975) Effects of expectancy on systematic desensitization and floo-ding: A critical analysis. *European Journal of Behavioural Analysis and Modification, 1*, 12–14.

Windheuser, H.J. (1977) Anxious mothers as models for coping with anxiety. *Behavioural Analysis and Modification, 1*, 39–58.

Wittchen, H.U. (1988) Natural course and spontaneous remissions of untreated anxiety disorders. In I. Hand & H.U. Wittchen (Eds.), *Panic and phobias, Vol. 2*, New York: Springer.

Wolpe, J. (1958) *Psychotherapy and reciprocal inhibition.* Stanford: Stanford University Press.

Wolpe, J. (1963) Quantitative relationships in the systematic desensitation of phobias. *American Journal of Psychiatry, 119,* 1062–1068.

Wolpe, J. & Lang, P.J. (1964) Fear Survey Schedule for use in behavior therapy. *Behaviour Research and Therapy, 2,* 27–30.

Woodward, R., & Jones, R.B. (1980) Cognitive restructuring treatment: A controlled trial with anxious patients. *Behaviour Research and Therapy, 18,* 401–409.

Yuksel, S., Marks, I., Ramm, E., & Ghosh, A. (1984) Slow versus rapid exposure in vivo of phobics. *Behavioural Psychotherapy, 12,* 249–256.

Zitman, F.G. (1982) Bijwerkingen van benzodiazepinen. In H.G.M. Rooymans & F.G. Zitman (Red.) *Benzodiazepinen.* Stafleu, Alphen a/d Rijn.